suhrkamp taschenbuch
wissenschaft 108

J.-B. Pontalis, geboren 1924, gehört dem Herausgeber-Kollegium der *Temps Modernes* an. Zusammen mit Jean Laplanche hat er das *Vokabular der Psychoanalyse* erarbeitet.

Pontalis verfolgt mit dem hier vorliegenden Buch die Absicht, Freuds theoretische Positionen zu überprüfen und sie dort, wo es notwendig erscheint, kritisch fortzuentwickeln, um die Psychoanalyse als wissenschaftliche Theorie für die Gegenwart handhabbar zu machen. Ausgangspunkt von Pontalis' Untersuchung ist die These, daß sich für die Psychoanalyse »nach Freud« neuartige Probleme stellen, die es erst einmal zu formulieren gilt. Das betrifft insbesondere die Rolle der Sprache als Brücke zwischen Analytiker und Patient, als Mittel und Ziel des therapeutischen Prozesses, schließlich als Medium, in dem die Heilpraxis zur Theorie gerinnt. Nicht minder wichtig ist Pontalis' Polemik gegen Versuche, die Psychoanalyse mittels Umbiegung in eine Theorie der Anpassung, wie sie besonders von der Ich-Psychologie angloamerikanischer Prägung betrieben wird, in ihren entscheidenden Punkten zu verflachen. Insofern erweist sich Pontalis als durchaus orthodoxer Analytiker auch da, wo er Freuds Auffassungen kritisiert.

J.-B. Pontalis
Nach Freud

Suhrkamp

Titel der Originalausgabe: Après Freud. Paris 1965, 1968
Aus dem Französischen von Peter Assion, Hermann Lang,
Eva Moldenhauer, Anette und Georg Roellenbleck

suhrkamp taschenbuch wissenschaft 108
Erste Auflage 1974
© der deutschen Ausgabe Suhrkamp Verlag,
Frankfurt am Main 1968.
Suhrkamp Taschenbuch Verlag
Alle Rechte vorbehalten, insbesondere das des
öffentlichen Vortrags, der Übertragung durch
Rundfunk oder Fernsehen und der Übersetzung, auch einzelner Teile.
Druck: Nomos, Baden-Baden.
Printed in Germany.
Umschlag nach Entwürfen von
Willy Fleckhaus und Rolf Staudt.

Inhalt

Vorwort   9

I Hauptprobleme
Freuds Entdeckung   21
Das Problem des Unbewußten bei Merleau-Ponty   66
Die Freudsche Utopie   85
Homo Psychoanalyticus   98
Vom Vokabular der Psychoanalyse zur Sprache des Psychoanalytikers   103
Wortfragen   135

II Tendenzen
Unser Eintritt ins Leben nach Melanie Klein   157
Die falschen Wege der Psychoanalyse oder Karen Horneys Kritik an Freud   176
Ein neuer Heiler: J.-L. Moreno   190
Die Gruppentechniken: von der Ideologie zu den Phänomenen   208
Die kleine Gruppe als Objekt   224

III Lektüre
Flauberts Krankheit   241
Michel Leiris oder die unendliche Psychoanalyse   273
Der Leser und sein Autor   294

IV Ein Gespräch
Analyse eines Wunders   315

Nachweise   331

Für Jean Pouillon

Vorwort

Nach Freud... Erwarten Sie hier kein Protokoll, das bescheinigen würde, Freud sei »abgetan«. Wenn es eines Protokolls bedürfte, dann hätte es zur Lektüre und nicht zur Preisgabe anzuregen. Denn in Frankreich zumindest lernte man lange Zeit Freud vorzüglich unter Vermittlung jener kennen, die ihm kritisch begegneten: zunächst sarkastisch und beleidigend, später besorgt, die Spreu vom Weizen zu trennen, schließlich akzeptierend. Diese Rezeptionshaltung fand sich indessen von ausgeprägtem Reformbestreben begleitet. (Als Philosophen werden wir das zur Sprache bringen, was Freud, der einem veralteten Begriffsarsenal verpflichtet war, hatte sagen *wollen*.) Selbst bei Psychoanalytikern bleibt die geschworene Treue nicht immer eindeutig: ein Beispiel für diese Art der Absage an Freud war der Verrat und die Ausklammerung seines spekulativen Impetus. Freuds Beitrag wurde in eine therapeutische Technik lokalisiert, der man dann inmitten einer mehr und mehr sich abschließenden Sprache isoliert begegnete – einer Sprache, welche die psychoanalytische »Literatur« für Jahrzehnte unlesbar werden ließ. Dies hat sich geändert. Seit einigen Jahren beginnen Werk und Person Freuds ihre Gestalt wieder anzunehmen.

Man darf indessen diese Art des Verschweigens nicht vergessen. Wenn es so langer Zeit bedurfte, um Freuds Entdeckung nicht länger in Verflachung zu belassen und in Abrede zu stellen, wenn sie nun aus ihrer Verstümmelung heraustritt und so endlich Aufnahme bei den Philosophen verdient, wenn sie es jetzt versteht, sich als jene *Dezentrierung*, die sie ist und die Freud vor allem anderen darin sah, Anerkennung zu verschaffen, so scheint diese Tatsache zu bedeutungsvoll, um selbst dann, wenn sie nicht mehr im Brennpunkt stände, eines Sinnes bar zu sein. Dies gilt um so mehr, als das offensichtlich inverse Schicksal, die Begeisterung und der unmittelbare Widerhall in der Ideologie, so wie es zahlreiche Betrachter der amerikanischen Situation konstatieren mußten, das zu obigem komplementäre Geschick verkörpert. »Nach Freud« gibt es ebenso viele Weisen des Sichverstehens wie nach einer Analyse. Als Freud nach fünfzehn Jahren jenen »kleinen Hans« wiedertraf, mit dem er so tief eine innere, doch gleichwohl von Wirrungen und Leiden gekennzeichnete Welt erforscht hatte, und nun wissen wollte, was davon verblieben war, bekam er zur Antwort: nichts. Hans hatte alles vergessen. Heute offenbar wird nicht vergessen, daß man analysiert worden war; man betont es vielmehr.

Es ist mir schon mehrmals zu Ohren gekommen, daß man in Zukunft, um seinem Gesprächspartner den Mund zu stopfen, ihn mit den Worten zu unterbrechen hat: »Ich, ich weiß genau, was ich sage, ich bin analysiert!« Eine Negation des Unbewußten, die sicherlich weniger irritiert als jene von Hans: der Analysierte wird zu dem, der seinen Mann steht, der sich ohne Scheu zum Vorbild erheben kann.

Diese Anekdoten sprechen für sich. Sie besagen, man könne in der Situation des »nach« eher in die Gefahr geraten, zu verkennen und sich zu verschließen, als in jener des »zuvor«. Selbst wenn Wahrheit in deplazierter und verformter Gestalt auftritt, bestätigt sie sich nämlich in der Neurose. Doch in einer »Anpassung«, die sich auf die Psychoanalyse nur stützt, um die Verdrängung zu intensivieren oder ein bestimmtes Bild von sich zu festigen, sieht man allein die Abwehr, die hier Fuß faßt, und gewahrt nicht mehr die Begierde, welche Zeichen gibt.

Man könnte darüber sprechen wie über eine bestimmte Weise, das psychoanalytische *Wissen* zu verstehen. Auch hier hätte man die Entdeckung wie etwas schon Verwirklichtes und Abgeschlossenes hinter sich: die Analyse wäre nur die Organisation eines Wissens. Die anfängliche Leistung der analytischen Erfahrung – ob nun beim Patienten oder beim Analytiker – bleibt indessen die Absage an dieses experimentalistische Schema, und dies nicht nur im Hinblick darauf, daß eine so extreme intersubjektive Beziehung vom Unvorhergesehenen gezeichnet ist, sondern auch in Rücksicht darauf, daß es im Wesen von jenem, was sie ins Spiel bringt, selbst beschlossen ist, eine fixierende Begrifflichkeit zu fliehen und ein Wissen in die Irre zu leiten. Wenn Freud am Ende seines Lebens die Frage der Übertragung noch einmal anschneidet, so um insbesondere das Befremdliche dieses Phänomens zu betonen. Wie zur Zeit der Anfänge und in Rücksicht auf eine glücklichere Annäherung an das nicht weiter Reduzierbare, müßten gerade auch wir die Erfahrung des Befremdlichen dessen, womit wir umgehen, erneut machen. (Allein darin, daß wir diesen Begriff und jene Hypothese, die Teil des Freudschen Begriffsapparates sind, als Modelle erscheinen lassen und sie so wieder in ihre metaphorische Funktion einweisen könnten, haben wir vielleicht den günstigeren Standpunkt.) Wir haben lange Zeit den umgekehrten Weg beschritten und wollten die Psychoanalyse integrieren, ohne unsere Kategorien in Frage zu stellen: Wir bestimmten beispielsweise das Unbewußte als Wirkung der Unaufrichtigkeit gegenüber sich selbst, oder als den Ort des Impliziten: die Verdrängung wurde zur intentionalen Operation und die Übertragung zum Fortleben von Gefühlen, die von der Kindheit her bedingt und geformt sind. Für die außerordentliche Verflachung des Wortes von Freud bedarf es heute keines weiteren Beweises.

Es wäre freilich falsch, alles dem »Widerstand« aufbürden zu wollen. Unbestreitbar ist es sehr schwierig, psychoanalytische Wirklichkeit sichtbar und verständlich werden zu lassen. Man wird hier auf eine Reihe tatsächlicher Gegebenheiten verweisen wollen, die abzulehnen doch wohl niemandem mehr in den Sinn käme. Indessen, sogleich bedarf es der Interpretation, bedarf es eines Schrittes über ein positives Wissen hinaus: beispielsweise hat die Psychoanalyse sicherlich die Sexualität sowohl hinsichtlich ihres Umfangs als auch im Hinblick auf ihr Verständnis neu geformt. Was aber berechtigt sie, in deren Geschick und mehr noch in der Ökonomie und Reifung der Bedürfnisse den Bruch in einem Fortschritt zu finden und in ihr das vorzügliche Objekt der Verdrängung zu sehen? Ebenso selbstverständlich hat auch das Studium der Traummechanismen in der *Traumdeutung* eine eigene Wahrheit, aber nur dank der Hypothese der funktionellen und strukturellen Äquivalenz von Traum und Symptom und der ihr zugrundeliegenden metapsychologischen Konzeption erhält es psychoanalytische Bedeutung. Welchen Status soll man nun dieser unbewußten Begierde zubilligen, die im Traum ihre *Erfüllung* zu finden sucht und die psychische Realität in ausgezeichneter Weise verkörpert? Wie immer auch der

Beobachter dazu stehen mag, hier wird er zum Philosophen. Was nun die zentrale Bedeutung anbelangt, welche die Psychoanalytiker dem Ödipuskomplex für die Konstitution des Menschen beimessen, so bliebe diese buchstäblich uneinsichtig, wäre sie auf einem ethologischen Niveau gehalten, das nur die Aktionen zwischen Individuum und familiär-gesellschaftlicher Umwelt in Betrachtung zieht.

Geht es hier um Begriffe, die auch andere Disziplinen thematisieren? So haben die Ethnologen, und in erster Linie Lévi-Strauss (zum Vorteil der Psychoanalytiker selbst) Bedeutendes zum Verständnis des Ödipuskomplexes beigetragen. Allein, je näher man den eigentlichen psychoanalytischen Wirklichkeiten, wie der Übertragung und der Phantasie, die für den Analytiker *die Sachen selbst* sind, kommt, desto schwieriger wird es, sich extra muros vernehmbar zu machen.

Vielleicht fangen wir jetzt an, der Hindernisse gewahr zu werden, die in einem inneren Bezug zu dem Plan, *über* Psychoanalyse zu schreiben, stehen. Zunächst die ganz evidenten: der Analytiker ist in hohem Maße einer Sprache verpflichtet, der Freudschen nämlich, die ein bis dahin für die Welt des Sinnes (zumindest für die Philosophen) verschlossenes Feld freilegte – vermöge der Bespannung mit einem begrifflichen und semantischen Netz, das unendlich komplexer, beweglicher und vielgestaltiger ist, als man gemeinhin glaubt. Gleichzeitig hat Freuds »Wissenschaft« als Ausgangspunkt, wenn nicht gar als Grenzen, eine einzigartige und auf keine andere reduzierbare Erfahrung – eine Erfahrung, die progredient ist und niemals zu ihrem Ende kommt, und welche die Psychoanalyse an die Initiation bindet (so sehr auch immer man sich gegen eine Flucht in die Faszination des Inkommunikablen verwahrt). Der Analytiker fände sich so zwiefach eingeschlossen: in eine Sprache und in eine Erfahrung.

So zu sprechen ist zweifellos wenig exakt. Das Band zwischen dieser Sprache und dieser Erfahrung ist in der Tat nicht äußerlich. Die Sprache, hier noch weniger als anderswo Instrument, ist einer Erfahrung koextensiv, die nur der Ort von Überschneidungen einer Reihe von Reden ist (bewußt, unbewußt; des Analysanden und des Analytikers). Andererseits: dem unerläßlichen Beharren auf dem spezifischem Charakter der analytischen Erfahrung (welche die sog. Lehranalyse zum entscheidenden Punkt für die Ausbildung zur analytischen Aufgabe werden läßt) eignet eine gewisse Zweideutigkeit: einmal läßt sich hier ein Vorwand finden, die außerordentlichen, durch die Begegnung eröffneten Möglichkeiten der Kommunikation, ja sogar der Einfühlung zu rühmen; zum anderen könnte man auf eine Konzeption induktiven Typs verweisen, welche die therapeutische Beziehung als eine unter Kontrolle stehende Erfahrung definierte – eine Erfahrung, die nicht ohne Gefahren als Ausgangspunkt für eine Extrapolation in Bereiche dienen könnte, die der eigentlichen Psychoanalyse fremd sind. Indessen, so hinderte man sich selbst, dem Originellen der Psychoanalyse wie auch den Forschungen Freuds gerecht zu werden, dessen Interessenmannigfaltigkeit hinreichend seine Überzeugung belegt, die Aktivität des Unbewußten in den Bereichen der Kunst, der Anthropologie und des Alltagslebens entbergen und analysieren zu können. Er pflegte stets regen Austausch zwischen den Erfahrungen, die er als Kliniker und Leser sammelte. Das gleiche gilt von seinem persönlichen Geschick und seinen spekulativen Wagnissen. Dieser Austausch war niemals nur auf die Übertragung von Begriffen beschränkt, deren Entdeckung und Verifikation die therapeutische Erfahrung allein erlaubte. Er schreibt einmal, eine Unterscheidung zwischen medizinischer und angewandter Psychoanalyse sei wenig korrekt, wenn auch vielleicht praxisbezogen: »In Wirklichkeit verläuft die Scheidungsgrenze zwischen der wissenschaftlichen Psychoanalyse und ihren Anwendungen auf medizinischem und nichtmedizinischem Gebiet.«[1]

Dies gilt auch für uns. Die Verbreitung und Anerkennung, welche die Psychoanalyse im klinischen Bereich zu gewinnen verstand, die Tatsache, daß es nicht mehr, wie zur Zeit der anfänglichen Kampfperiode, der Suche nach Selbstbestätigung in anderen Gebieten bedarf, dürfen keineswegs bedeuten, daß sie uns über einen sehr großen Bereich menschlicher Aktivitäten nichts zu lehren vermöchte (unter der doppelten Bedingung, daß einmal zwischen diesem und den Produktionen des Unbewußten eine Beziehung der Gleichförmigkeit zu begründen ist, und

[1] *Zur Frage der Laienanalyse*, 1927, GW XIV, 295

zum anderen das Spezifische der in Betracht kommenden Wirklichkeiten entsprechend berücksichtigt wird). Oft begegnet in einem Kunstwerk, das gleich einer Phantasie gebaut ist und worin das Unbewußte vernehmlich spricht, mehr an analytischem Geist als in einem »gelehrten« Beitrag, der bei der Wissenschaft tatsächlich nur die offensichtliche Kohärenz einer tautologischen Sprache entlehnt.

Damit sollte nur an jene elementare methodologische Forderung erinnert werden, die jeder Disziplin mit wissenschaftlichem Anspruch innewohnt, und die da lautet: Aufweis ihrer inwärtigen Determinanten. Diese Aufgabe kann die Psychoanalyse (als Wissenschaft, wenn nicht gar als therapeutische Funktion) nur durch Akzentuierung des ihr Spezifischen erfüllen. Mittels historisch-kritischer Forschung bedarf es einmal der Erhellung des theoretischen Rüstzeugs, das nahezu vollständig Freud zu danken und bis heute nur schwer von ihm ablösbar ist; zum andern aber müssen die von ihm thematisierten Wirklichkeitsbereiche umrissen werden. Im anderen Falle wird sie, in Rücksicht auf den Beifall seitens der Wissenschaften, für welchen sie ihren unergründlichen Zauber bietet, immer versucht bleiben, eine dem Tagesgeschmack entsprechende Zierde darzustellen. Die Psychoanalyse ist weit davon entfernt, eine Übereinstimmung mit benachbarten Disziplinen mittels einer Konvergenz in Interessen, Methoden und Sprachen zu erstreben (oder ihr Glück bei herrschenden Philosophien und Ideologien zu suchen, um schließlich darüber erstaunt zu sein, was sie selbst für sich darstellt ...); vielmehr wird sie (und sie ist schon) für die Wissenschaften vom Menschen, für die Philosophie nur dann das Zeichen einer Wende, die jener vergleichbar ist, welche eine geglückte Individualanalyse herbeiführt, wenn sie am Extrem ihrer Formulierungen und an der Paradoxie festhält. Diesen Wandel kann das Subjekt, selbst wenn es ihn nicht leugnet, nicht lokalisieren.

So ergeht es auch uns, wenn wir spüren, daß wir, nun aber im positiven Sinn des Begriffs, *nach* Freud leben: etwas hat gesprochen und kann nicht mehr zum Schweigen gebracht werden, etwas aber, das sich zugleich in die Leere des Seins[2] zu entziehen

---

2 Das ist nicht nur ein einfaches Bild. Um sich zu überzeugen, bedarf es nur der aufeinanderfolgenden Lektüre von Groddecks *Buch vom Es*, worin

scheint. Ein Zuhören ist uns übereignet, ein Zuhören, das sich eher dem Ungesagten, eher jenem, das sich anders sagte, zuwandte, als einem Lärm, der der Stille gleicht ... Die Untersuchung wird kaum mehr als diese banalen Formeln ernten, die sie mit Mühe jenen entrissen hat, die von weither kommen und worin das absolute »zuvor« und das absolute »danach« der Kindheit begegnen: »Es war *nach* ..., im Lichte des *zuvor* sehe ich die Dinge nicht mehr.« Insofern die vom Gesprächspartner, und sei es mit den besten Absichten, gestellten Fragen stets unangemessen erscheinen (da aus allen Gewißheiten gespeist und in Begriffen verankert, deren mangelnde Fixierung man gerade erkannt hat), antwortet man, schreibt man ein Buch, so gut man es vermag, und mit einer Zurückhaltung, die irritiert. Wie uns doch ein Bericht über diese Dezentrierung fehlt! Welcher Psychoanalytiker wird je seine *Traurigen Tropen* schreiben (er könnte den Titel auch bei Lewis Caroll erfragen; zur Auswahl stehen *Auf der anderen Seite des Spiegels* oder *Die Jagd nach dem Schnark*)!

Die psychoanalytische Wirklichkeit ist also jene, welche die Instauration einer bestimmten Situation erscheinen läßt, die wechselseitig durch die Regel, alles zu sagen, und durch die sich hier entfaltende Übertragung umgrenzt wird – eine Situation, die auf quasi spontane Weise ihre wesenhafte Ähnlichkeit mit ihrem Forschungsgegenstand selbst enthüllte. Gleichwohl – wie ausgezeichnet sie auch immer den Bereich des Unbewußten als konsistenten und autonomen in Erscheinung zu bringen vermag, wie sehr sie ihn auch zu differenzieren erlaubt und das Spiel der ihm inhärenten Transformationen zu spielen gestattet, so ist es andererseits unmöglich, die Praxis der Gesetze, Prozesse und Relationen, die sich hier enthüllen, auf diese Situation zu beschränken. Ein Widerspruch offensichtlich, ein Widerspruch indessen,

sich ein wenig delirant die psychosomatische Anschauung zum ersten Mal geltend macht, und der *Investigation psychosomatique* (1963), worin ausführlich die ersten Gespräche mit einem bestimmten Typus des Kranken berichtet sind, der jenes Durcharbeiten, welches die Autoren C. David, P. Marty und M. de M'Uzan das phantasmatische nennen, nicht zu leisten imstande ist. Es scheint, als ob er einer quasi undifferenzierten und opaken Sprache der Organe verfallen sei. Der Eindruck überrascht: das »offene« ist zum »verschlossenen Buch« geworden. Den Autoren gemäß handelte es sich hier um Kranke, die im besonderen Maße für den Menschen unserer Zeit repräsentativ sind.

der keineswegs unüberwindbar ist: es ist jener, der die Anfänge aller Wissenschaft kennzeichnet.

In der Psychoanalyse jedoch hat er sich in dem Maße verstärkt (jeder Versuch, das Wesentliche psychoanalytischer Wirklichkeit in die Alltagssprache eingehen zu lassen, stößt auf dieses entscheidende Hindernis), wie dieser Seinsbereich, den Freud der Nacht entriß und dessen ontologischer Status so schwer auszumachen ist, seine strukturierende Wirksamkeit gerade dem Faktum seiner Latenz verdankt: er ist transindividuell und präsubjektiv, transtemporal oder jenseits der zeitlichen Folge von Ereignissen, und er läßt schließlich das Bewußtsein wenn nicht ohne Wissen, so doch ohne Verfügungsgewalt. Ziel psychoanalytischer Wissenschaft kann es nicht sein (hat Freud nicht vor allem die Überwindung des Widerspruchs gesetzt, der in seinen Begriffen selbst beschlossen ist und dem Entwurf, eine Wissenschaft vom Unbewußten zu begründen, innewohnt?), Verzeichnisse, noch gar Bestandsaufnahmen einer Wirklichkeit aufzustellen, deren vielfältige und sich erneuernde Wirkungen der Analytiker im Detail der Kur zu fassen trachtet. Die Sprache dieser Wirkungen findet sich sowohl in ihren Gesetzen als auch in ihrer Praxis den Forderungen nach einer Rationalität untergeordnet, die mit der Logik des Unbewußten wenig gemein hat und nur schwerlich Äquivalenzen liefert. Seit es beispielsweise zur Aufgabe wurde, Struktur und Ablauf einer Analyse jenseits einer linearen Protokollierung der Sitzung zu begreifen, vermag man zu ermessen, daß die hier in Rede stehende Problematik weit davon entfernt ist, nur theoretischer Natur zu sein.

Was sich bei Freud und in der Erfahrung, die er inauguriert hat, Ausdruck verschaffte, fängt erst an, Wirkungen in unserer Kultur zu zeitigen: aus der vagen Empfindung wurde für mich Evidenz, während der ganz in seiner Praxis aufgegangene Psychoanalytiker nichts mehr empfindet. Was nun jenen anbelangt, der die Psychoanalyse äußerlich als einen wissenschaftlicher Forschung dargebotenen Gegenstand betrachtet, oder sie als eine philosophischer Reflexion aufgegebene Frage begreift, oder sie zumindest als einen erfolgreichen Mythos ansieht, so wird er sich, um seiner eigenen Position willen und um seine eigene Verblendung nicht zu verraten, an eine gewisse Weise, das Reale zu begreifen, an die Grundlage eines bestimmten Wissens (um Kohärenz und Homogenität bemüht) und an den Typus einer Sprache halten, die auf fixe und eindeutige Bedeutungen aus ist und ihm den Zugang zur Seinsweise des Unbewußten erschwert. Mehr und mehr *läßt* man den Psychoanalytiker *sprechen* (»An dieser Stelle sagte er, daß ... etc.«) – ein Beweis unter vielen dafür, daß er, da er viel öfter bemüht als verstanden wurde, nur unzulänglich mit seinen Zeitgenossen kommuniziert. Es wäre bedenklich, sich mit diesem Mißlingen abfinden zu wollen, denn ein Psychoanalytiker ist, wenn nicht wahrhafter Interpret, so doch zuallermindest Zeuge dessen, das in uns, durch uns und ohne unser Wissen spricht; er weiß von Berufs wegen, was es die Menschen im Leiden, das sie ertragen und einander zufügen, kostet, nicht verstehen zu wollen und nicht verstehen zu können.

Die hier zu einem Buch gesammelten Texte sind Gelegenheitsschriften, angeregt durch die Lektüre eines psychoanalytischen oder literarischen Werkes; sie sind dazu bestimmt, über eine Erfahrung Rechenschaft zu geben und den Sinn einer Suche zu umgrenzen. So sind es zuweilen glückliche, zuweilen mißliche Begegnungen, gleichwohl Begegnungen und als solche von Kontingenz gezeichnet. In der Mehrzahl sind es kritische Texte, die ihren Ort im Verhältnis zu Freud mannigfach distanziert und bisweilen entfernt, gleichwohl stets im Bereich, den er erschloß, finden. Dergestalt bilden sie auf einer mehr oder weniger ausgeprägte Weise eine Sprache, die über jenes spricht, was schon Sprache ist. Es sind schließlich Texte, die alle im Laufe meiner psychoanalytischen »Lehrjahre« entstanden sind. Nicht zuletzt hat sie dieser Sachverhalt geprägt.
Möglicherweise ist diese Summe von Gedanken rein akzidentiell und hat keinen anderen Sinn, als mich selbst zu bestimmen. Möglicherweise – und von dieser Voraussetzung her erhielt dieser Band ganz natürlich seine Form – zeigen diese »psychoanalytischen Chroniken« durch ihren Partialcharakter, ihre Wiederaufnahme von gleichen Themen und dank ihrer Einfügung in einen persönlichen Bildungsprozeß etwas an, was Wesen und Situation der Psychoanalyse selbst betrifft.

I Hauptprobleme

Freuds Entdeckung

I

Freud heute: vom Magazin bis zur philosophischen Zeitschrift feiert alles seinen 100. Geburtstag (* 6. 5. 1856). Eine kritische Ausgabe seiner gesammelten Werke[1] erscheint gerade, ebenso eine Biographie aus der Hand eines »ancien«[2]. Man tut zweifellos besser daran, auf die Quellen zurückzukommen, als lediglich sein Gedächtnis zu befragen. Konfrontiert man so die jüngst veröffentlichten Frühschriften, vor allem die Briefe an Fließ[3], mit der *Traumdeutung*, so zeigt sich eine deutliche Beziehung zwischen den Anfängen der Psychoanalyse und der Selbstanalyse Freuds. Endlich beansprucht eine neue Zeitschrift mit dem kühnen Namen *La Psychanalyse*[4], Freud aufs lebendigste wiederzuentdecken.

Freuds Reichweite: das psychoanalytische Wissen findet seine Objektivation und Verbreitung. Zwei Lehrstühle für Psychologie (Allgemeine und Pathologische Psychologie) haben an der Sorbonne Psychoanalytiker inne. Ein Blick auf die von Dr. H. Ey[5] geleitete Enzyklopädie und danach auf ein beliebiges, vor zwanzig Jahren erschienenes psychiatrisches Lehrbuch genügt, um zu sehen, daß die Psychoanalyse, deren bloßer Name damals kaum erwähnt wurde, heute weithin anerkannt ist – und das als führende Disziplin. Hinzugefügt sei, daß sowohl in Beratungsstellen, sei es nun im Krankenhaus oder auf ambulanten Stationen, als auch in psycho-pädagogischen Zentren zahlreiche Analytiker arbeiten.

Selbst Autoren, die sich der größten Distanz befleißigen, verzichten auf die traditionelle Kritik. Zweifellos gibt es sie noch,

1 *Gesammelte Werke* (GW), 17 Bände, London 1948 ff.
2 *Sigmund Freud, Life and Work*, von Ernest Jones (The Hogarth Press); deutsche Übersetzung unter dem Titel *Das Leben und Werk von Sigmund Freud*, Bern 1960/62
3 Sigmund Freud, *Aus den Anfängen der Psychoanalyse 1887–1902, Briefe an Wilhelm Fließ*, Frankfurt 1962
4 Der erste Band – den diese Seiten kommentieren – handelt von Rede und Sprache. Er ist unter der Leitung Jacques Lacans 1956 herausgekommen.
5 Drei Bände über Psychiatrie in der *Encyclopédie médico-chirurgicale*

aber sie bleibt unveröffentlicht; hält man sie nun heute für antiquiert, so gesteht man zu, daß die Psychoanalyse darüber Rechenschaft geben kann, während die streitsüchtige Kritik in ihrer Unvernunft die Freudsche Lehre nicht mehr zu treffen vermag. Keinem fiele es heute mehr ein, den Freudianismus als ein eher schlecht als recht systematisiertes Interpretationsdelirium hinzustellen, keiner mehr, der schriebe, daß wohl die Methode akzeptabel, die Theorie dagegen ganz und gar abzulehnen sei (Dalbiez); für keinen der leidlich imposanten Gegner wäre die Psychoanalyse eine Affenpsychologie (Alain), noch wäre einer so einfältig zu fürchten, die Psychoanalyse beschwöre, infolge der durch sie erwirkten Befreiung unserer Dämonen, die Anarchie; keiner der so lästigen Freunde mehr, die die Widersprüche des Kapitalismus als eine Fixierung an die anal-sadistische Phase interpretieren wollen ... Die heroische Epoche ist in der Tat am Ende; überall, selbst bei den klugen Jesuiten, wird Freud mit offenen Armen aufgenommen.[6] Vom Delirium, von der Mode, von der Exploration scheint die Psychoanalyse herzukommen ... Doch was ist sie wirklich? Und hier beginnen die Schwierigkeiten.

Wo ist ihr Ort? Eine bedenkliche Wissenschaft im Hinblick auf die Biologie, eine mangelhafte Technik im Vergleich zur Chirurgie, eine suspekte Institution, eine wirre, unkultivierte, sogar imperialistische Philosophie. Wohl hat sie fünfzig Jahre lang das kulturelle Klima beeinflußt, wohl hat sie Psychologie und Soziologie befruchtet – doch deren Gegenleistung hat sie dergestalt deformiert, daß sich die Frage aufdrängt, ob diese Anerkennung, über die man heute so glücklich ist, nicht eher Zeichen einer Verkennung sei.

Die Schwierigkeit, der Psychoanalyse einen gesellschaftlichen Status zuzuweisen, insbesondere ihren Ort in Abgrenzung zur Medizin zu bestimmen, macht die große Ungewißheit über ihr Wesen deutlich. (Wohl hat man das Tier gezähmt, doch belästigt es weiterhin.) Die gleiche Unsicherheit begegnet uns im Unbehagen

---

[6] Siehe dazu die von einer surrealistischen Zeitschrift gestellte Frage: *Öffnen Sie?* (dem »vornehmen Besucher«, der an Ihre Tür klopft). An Freud ergeht die Antwort: »Bitte, mit aller Ergebenheit!« Heute ist dies die gängige Antwort.

des Analytikers. Er weiß sehr wohl, daß er über ein Können verfügt, doch kennt er auch dessen Grenzen? Wir wollen sagen, daß er eine Technik in Händen hat – wiewohl der Begriff vielleicht vermessen ist, denn er impliziert Kontrolle und Übertragbarkeit von Erfahrung; kennt er indessen deren Prinzipien und Zielsetzungen: worauf gründet sie? welches Ziel verfolgt sie?[7]

Technik bedeutet Können – ein Können, das auf den Anderen namens einer Kompetenz wirkt; sie bedeutet Anerkennung dessen durch eine Gruppe, der es Befriedigungen bringt. Was die Psychoanalyse betrifft, so sieht man schwerlich diese Befriedigungen, denn sie sind nicht unmittelbar lokalisierbar. Es klafft ein Zwiespalt zwischen der Psychoanalyse als Quasi-Institution und der effektiv durch die Psychoanalytiker ihren Patienten geleisteten Hilfe – Dienstleistungen übrigens, die nur schwer in einer medizinischen Statistik unterzubringen wären. Man läuft also Gefahr, die kulturelle Funktion der Psychoanalyse oder ihren mythischen Wert auf dem Niveau ihrer therapeutischen Akte zu verfehlen. In gewissen, oft sehr summarischen psychotherapeutischen Techniken, die davon inspiriert sein wollen, kann man sie erahnen; expressiv bemerkt man sie bei zahlreichen amerikanischen Autoren »soziologisierender« Tendenz, und weniger deutlich in der Art und Weise, wie heute zahlreiche Praktiker ihre Erfahrung verarbeiten.

Noch scheint es in Frankreich möglich, die Psychoanalyse in ihrer (selbst konfusen) Wahrheit von ihrer Repräsentation in der Gesellschaft zu unterscheiden. Kann man dasselbe auch von den Vereinigten Staaten behaupten? Wo ist hier der Ort des Analytikers? Nicht an der Spitze der Hierarchie von Experten für zwischenmenschliche Beziehungen, der *counsellors*, der Seelenmanager? Inkarnation par excellence eines toleranten Über-Ichs; – wenn er Sie durch seine neutrale Haltung *frustriert*, so

---

[7] Eben jene Autoren, die es sich angelegen sein ließen, die Psychoanalyse auf eine »wissenschaftlich« definierte therapeutische Technik zu reduzieren, sind es auch, die aufgefordert, das Spezifische ihrer Erfahrung zu präzisieren oder ihre Kriterien (Indikation, Intervention, Heilung) zu explizieren, an die *Intuition,* ja sogar an den *gesunden Menschenverstand* appellieren. Sie scheuen sich nicht, jenes Monstrum einer *gelebten Erfahrung* (expérience vécue) zu beschwören, die angeblich ihre eigene Erkenntnis zeugen sollte. Die besten Köpfe wissen indes, daß ihre Technik zwischen abstraktem Schematismus und Empirismus oszilliert.

nur, um Sie neu zu *kräftigen,* denn in seiner Neutralität steht er Ihnen wohlwollend gegenüber. Sie müssen sich nur im Analytiker-Spiegel betrachten, und er wird Ihnen ein Bild reflektieren, das Sie bereitwillig annehmen, wenn Sie zu diesem Preis wieder in die Gemeinschaft eingefügt werden können – eine Gemeinschaft, die Sie ausschließt, zugrunde richtet, mit Füßen tritt, Sie buchstäblich krank macht – und wenn Sie darin eher eine *Wohltat* sehen als in Ihrer eigenen Krankheit.
Oft schon wurde das Spezifische der kulturellen Bedingungen dieses Sachverhalts für die Vereinigten Staaten aufgezeigt. Die Gruppe, schillernd und doch massiv in ihrem Sein, gilt dort als alleiniger Bezugspunkt. Ihr gegenüber kann sich das Individuum als wesenhaft unbestimmt, als seiner selbst vakant fühlen. Hin- und hergerissen zwischen all diesen sich ihm als Modelle aufdrängenden kollektiven Verhaltensweisen, lebt es zwischen ihren Forderungen einen Kompromiß. Der Erfolg des Begriffs *Rolle* in der amerikanischen Anthropologie ist bekannt; Moreno, einer der ersten, die diesen Begriff verbreiteten, zerlegt bekanntlich die Persönlichkeit in eine Anzahl von Rollen (gesellschaftliche, interpersonale, psychosomatische Verhaltenssysteme): jeder erwartet Rollen, jeder spielt Rollen, jeder nimmt sie wahr. Seltsamerweise findet dieser Don Quijote, der zum Krieg gegen Roboter und Stereotypen auszog, sein Ideal der Spontaneität schließlich in einem Individuum, das geschmeidig und mühelos von einer Rolle in die andere schlüpfen kann und sich stets nett gibt, sei es Vorgesetzten und Kollegen, sei es seinen Kindern und Lieferanten gegenüber. Dann werden Sie Erfolg haben – denn in jeder Situation übernehmen Sie schon im voraus die entsprechende Rolle; Ihr *Spontaneitätsquotient* ist gestiegen, Sie sind gerettet. Um so schlimmer für Sie aber, wenn Sie scheitern, Sie armer Soldat Schwejk...
Die amerikanische Gesellschaft, höchst widersprüchlich in ihren Forderungen, wird ferner durch ihre Beweglichkeit charakterisiert. Deshalb legen die angelsächsischen Autoren großen Wert auf den mechanischen Begriff *adjustment,* den man bei uns gern mit Anpassung übersetzt, also mit einem biologischen Akzent versieht. Bei dem Begriff Anpassung wird die Konkordanz zwischen einem relativ ausgewogenen Organismus und einem

relativ beständigen Milieu zum Problem; der Begriff *adjustment* indessen betrifft allein die Wandelbarkeit des hier in Rede stehenden Milieus. Eine wichtige Seite dieses Milieus ist nun ein »Koeffizient des Mißgeschicks« (ja selbst der Perversität, wie es beispielsweise amerikanische Trickfilme zeigen); unbekannt bleibt, was es für Sie bereit hält, man weiß nur, daß Sie, um nicht ausgeschlossen zu werden, sich seinen Imperativen unterwerfen müssen, den launenhaften und unüberwindlichen Wirkungen einer Ihnen entfliehenden Regel. Das Individuum kann zum Gehorsam nie willens genug sein; in dieser Art von Vielsprachigkeit fehlt ihm die Zeit, sich dort zu erkennen, wahrzunehmen, zu urteilen, sich zu verweigern. Will es überleben, muß es sich anpassen. Zögert es, so bieten sich als *Stütze* Sozio- und Psychotherapeuten an, um diesen Schwankenden zurechtzubiegen.
Mit seinen unvorhersehbaren und gebieterischen Änderungen erweist sich dieses bewegliche Milieu, diese ewige und doch diskontinuierliche Gegenwart, als unfähig, Geschichte zu stiften. Das gleiche gilt für das Individuum: nicht von seiner Geschichte spricht man, sondern von seinem Wachsen (*growth*, oder allgemeine Tendenz zur Integration). Hier nimmt der »Biologismus« seine Rechte wieder wahr, denn man verläßt sich auf eine natürliche Reifung, die das Individuum zu persönlichem Glück und gesellschaftlichem Erfolg führen soll – vorausgesetzt, daß seine inneren Spannungen, selbst Wirkungen einer fehlerhaften Anpassung, gelöst sind, daß sein Ich in gebührender Weise durch Bewußtwerdung erstarkt ist. Das persönliche Glück ist ja, wie schon oft betont, eine gesellschaftliche Pflicht. Allerdings hütet man sich, dieses Glück und diesen Erfolg näher zu bezeichnen. Der Begriff »volle Objektrealisierung« in der genitalen Phase führt eher dazu, Laien und *Unreife* zu verwirren, als daß er einen effektiven Inhalt beschlösse. Zweckmäßigerweise wird der Einzelne auch in der *Antwort* des Anderen das objektive Zeichen dafür sehen, daß sich sein *Wachsen* auf dem besten Wege befindet. Gerade seine guten Beziehungen zu den Anderen garantieren ihm seine Gesundheit – Beziehungen, die in der Relation zum Berater oder Therapeuten vorgeformt wurden. Der glückliche Verlauf seines sexuellen, affektiven und gesellschaftlichen Umgangs, beurteilt nach einem betrüblichen Konformismus, sind

ein Beweis für das Ende seiner Konflikte und für das *Gütezeichen* »gut analysiert«.
Diese Plattheiten sichern den Erfolg der Gruppentechniken. Die amerikanischen Psychologen werden nicht müde, sie zu ordnen und zu glossieren. Role-playing, training groups, psychodramas: verschiedene Ebenen, ein einziges Ziel, der Erwerb von Wendigkeiten *(skills)*, die Modifizierung von Verhaltensweisen zum Zwecke eines besseren gesellschaftlichen Arrangements nach Minderung der Spannungen.
Man wird sagen, daß wir alles vermischen und daß die Psychoanalyse weder für ihre Nachkommen noch für den Gebrauch verantwortlich ist, den eine ziemlich mächtige Sozietät davon zu machen imstande ist, um sich alles einzuverleiben und zu verkehren. »Sie ahnen nicht, daß wir ihnen die Pest bringen«, bemerkte Freud, so scheint es, bei der Ankunft in New York Jung gegenüber. Ahnte Freud indessen, daß gerade Amerika die Psychoanalyse verseuchen und ihr so, durch allzuviel Liebe, eine tödliche Krankheit einimpfen würde?
Es ist selbstverständlich notwendig, die Psychoanalyse streng von den wuchernden Techniken zu trennen, die, mit einer entarteten Begriffsbildung, sich auf ihr Wissen stützen. So verderblich, abweichend und parasitär diese sich auf die Psychoanalyse berufenden Techniken auch sind, so verraten sie sich doch in den zwei Bedeutungen des Wortes: gleich Symptomen verhüllen und enthüllen sie die Freudsche Lehre. Wie könnte man eine strenge Unterscheidung zwischen ihnen aufrechterhalten, wenn die Entstellung der Psychoanalyse nicht nur mit ihrem gesellschaftlichen Image und Gebrauch begänne? Bedient sie sich vielleicht in ihrer Praxis der Hilfe des Mythos? In welchem Maße verdankt sie ihre Wirksamkeit – ihr nicht bewußt – der Gruppe? Die Analytiker täten gut daran, über den Bezug ihrer Rolle zu ihren Operationen nachzudenken. Ihre eigene Analyse dürfte dann nicht ausschließlich psychologisch sein.
Die gängigen – wenn nicht gar klassischen – Formulierungen über die analytische Behandlung bestätigen durch ein gewisses Image des Analytikers dessen Vorstellung von seiner Funktion. Die Behandlung hätte in der Tat nur ein Ziel: »Wachstum von Umfang und Stärke des Ich«; die ordnenden und richtungge-

benden Regeln sind auf dieses Ziel hin abgestimmt.[8] Der Analytiker stützt sich auf die »gesunden Partien« des Patienten-Ich, oder, die gewagte Formulierung sei gestattet, man beschwört ein *Unbewußtheits-Phantom* – ein dritter Begriff, den auftauchen zu lassen, auszutreiben und nach Belieben zu reduzieren gemeinsame Bemühung der Komplizen Arzt und Patient ist. Die Freudsche Theorie der Psychogenese wäre ganz und gar in diesem Zirkel beschlossen: keine Symptome ohne Angst, keine Angst ohne verdrängte Aggressivität, keine Aggressivität ohne Frustration – also: keine Neurose ohne Frustration. Vielleicht zieht man indessen vor, den Zirkel anders zu verstehen: am Anfang haben wir die durch Verdrängung zur Aggressivität werdende Furcht, die so entstandene Aggressivität wandelt sich, falls sie nicht durch ein schwaches Ich übernommen wurde, in Angst.

Die analytische Beziehung sieht sich endlich zu einer dualen restringiert. Angeblich soll dort (Stil des »Lebens«) ein Unbewußtes einem anderen lauschen; zum erträumten Ausdruck dieser unergründlichen Kommunikation wird der Begriff »Einfühlung«*; andererseits (Stil des »Experimentellen«) würde dort in einer geprüften Erfahrung Neueinsetzung der für die Neurose konstitutiven Mechanismen relevant: denn im Blick auf eine weniger zerbrechliche Allianz verschmelzen in diesem Tiegel die drei »Instanzen«, die mit der ihnen eigenen Bosheit, Tugend und Kraft fast wie Persönlichkeiten begriffen werden. Ein gleiches Schema gibt Rechenschaft vom Ursprung der Neurose und beschreibt die dafür typische Kur: liegt jeder Neurose eine Frustration zugrunde, so beharrt man auf den frustrierenden Charakteristika der Analyse; geht es aber um einen Neurotiker, der sich mit seiner Aggressivität nicht abzufinden verstand – Produkt dieser Frustration, die man sich als höchst *real* vorstellen muß –, so begrüßt man erfreut jede Manifestation von Aggressivität in der Analyse. Ist er aber von vornherein ein Mensch mit schwachem und der Analytiker ein Mensch mit starkem Ich, besteht ihre Beziehung nur aus Kampf, der, mit seinen Widerständen und stufenförmigen Abwehrhaltungen entsprechenden

---

[8] Beispielsweise nachzulesen in einem Artikel der *Encyclopédie de psychiatrie*, der den *Typus der Kur* thematisiert.
* im Original deutsch

Attacken vom »Oberflächlichem zum Tiefen«, keinen Zweifel am Ausgang läßt. Die Dialektik wird zu einer hinterhältigen Strategie reduziert. All dies zum Besten für das Ich des *Patienten* (wie man richtig bemerkt), dessen gebührende Stärkung endlich im Ertragen der Frustrationen zu erkennen ist.[9] So umgestaltet und ohne weiterhin seine Energie in einem ermüdenden Kampf an drei Fronten (das Es, das Über-Ich, die Umwelt) vergeuden zu müssen, kann es sich nun seiner wesentlichen Aufgabe weihen. Diese heißt *Realitätsprüfung* und wird wie eine die Phantasien schrittweise abzubauende Lehre begriffen. Man verleiht ihm die spontane Funktion der Synthese und stattet es sogar mit der Gabe der Autonomie aus. Was erwarten unsere Neo-Freudianer noch, um Victor Cousin die gebührende Ehre zu erweisen?

Solch eine Orientierung ist eigentlich kein ausdrücklicher Verrat an Freud, man könnte sogar Stellen zitieren, die sie zu bestätigen scheinen. Wenn Freud aber beispielsweise vom *Ich* spricht, hat er verschiedene Bedeutungen im Blick (deren Übereinstimmung ihn nicht immer bekümmerte). Es gibt eine Definition des Ich als »Wahrnehmungs-Bewußtseinsapparat«, Garant für Realität. Es ist nun gerade diese Definition, auf die man sich heute beständig bezieht. Parallel dazu gibt es aber auch eine strukturelle und zugleich genetische Konzeption, welche, wenn sie gründlich verstanden wird, die erstere unmöglich macht. Die Einführung des Begriffs *Narzißmus*, bekanntlich ein entscheidendes Moment in der Entwicklung des Freudschen Denkens, führt in der Tat dazu, in der Ich-Formation einen »besonderen psychischen Akt« zu sehen und es als eine Einheit zu definieren, als imaginäre Totalität, in die hinein das Subjekt sich wesenhaft entfremdet. Das bedeutet aber, daß vom Analytiker das Ich keines-

---

[9] Manchmal quälen den Analytiker Zweifel: vielleicht gibt er sich zu frustrierend ... Sollte er nicht mehr gewähren? Er betrachtet sich seinerseits im Spiegel: ist er gut? Ist er böse?
Wie ein ingeniöser Artikel von Favez zeigt, liegt die Problematik anderswo. Favez konfrontierte das frustrierende Verhalten, das die Aggressivität entschuldigt, doch die Liebe anklagt, mit jenem gewährenden Verhalten, das die Liebe entschuldigt, doch der Begegnung mit der Aggressivität ausweicht.
Das psychoanalytische Feld ist nicht die Affektivität, sofern diese einen Bereich bilden sollte, der für den »tiefsten« der Psyche ausgegeben würde; die Erscheinung eines Affekts darf nur als Signal, als Vorfall der Symbolisierung verstanden werden.

wegs als ein bevorzugter Bezugspunkt angesehen werden darf: denn es ist seinem Wesen nach in einer Dialektik einbeschlossen, worin es sich als *Gestalt** und Grenze zeigt. Wie kann die Analyse den zu Unrecht ausgezeichneten Begriff des Ich ins Zentrum rücken, wenn dieses nur Objekt, ja sogar ein das Menschenwesen trügendes Objekt ist?

Kaum mehr Beachtung findet heute die Tatsache, daß sich Freud großer Zurückhaltung befleißigt, wenn er auf das Realitätsprinzip zurückgreift. Er war sich dessen, was er nicht ohne Bedenken »das Unbehagen in der Kultur« nannte, zu sehr bewußt, um noch, selbst bei aller Vorsicht im Sprachgebrauch, die Realität als Norm setzen zu können. Nur jenseits des verschworenen Gegensatzes von Lust- und Realitätsprinzip hat die menschliche Begierde Aussicht auf Erfüllung. Als *gegebene* hindert die Realität das Hervorkommen der Wahrheit, als Objekt hemmt das Ich die schöpferische Kraft des Subjekts, beide blockieren die Bewegung, sind Ort des »Widerstandes« selbst. Gerade jene Psychoanalyse leistet *Widerstand*, welche die genannten Momente in Einklang bringen will.

Der Frage des Neurotikers nach seiner Wahrheit sollte die Frage der Psychoanalyse nach der ihren entsprechen. Ihr wachsendes Ansehen erstaunt zweifellos nicht genügend. Eine sonderbare Technik gleichwohl, deren Einsatz dunkel bleibt. Was macht sie so anziehend, fasziniert bisweilen an ihr? Ist es ihr mythischer Wert oder ist es dies immer neu schmeckende Körnchen Wahrheit, das durch den Mythos und auch durch eine inzwischen ärgerlich gewordene »Literatur« rieselt? Heute macht sich Unruhe unter den Analytikern breit, denn manchen wird Situation und Wirken ihrer Disziplin, der Bereich ihrer Begriffe und die Ausbildung der Praktiker zum Problem. Im Zentrum dieser Überlegung steht (oder sollte stehen) die Frage nach ihrer »symbolischen Wirksamkeit«.

Muß man wirklich an die Tatsache erinnern, daß die Psychoanalyse ihre Herkunft gerade der Ablehnung suggestiver Methoden verdankt, nicht weil diese untauglich gewesen wären, ihr Erfolg war im Gegenteil garantiert? Wie steht es nun heute damit? Die Psychoanalyse kann sich vor der Suggestion nur dann

* im Original deutsch

schützen, wenn sie – ohne sich der Explikation zu entziehen – eine theoretische Grundlegung ihres eigenen Könnens zu entwerfen vermag. Schon mancher kranke Zeitgenosse hat es gelernt – ein Resultat der Verbreitung des »Wissens« –, in einer analytischen, einem Experten oft nicht unwürdigen Begriffsskala über sich zu berichten und sich zu beobachten. Wie kann man wissen, woher die Suggestion kommt, wenn man eben in dieser Täuschung befangen ist? Wer ist Spiegel des anderen, Analytiker oder Analysand?

Ethnologischen Theorien hat man oft vorgeworfen, Anschauungen von Eingeborenen, die dem Mythos entstammen, in ein wissenschaftliches Vokabular einfach transponiert zu haben. Das gleiche, und sogar noch verstärkte Paradoxon begegnet in der Psychoanalyse. Auch sie läuft Gefahr, Verführte zu sein eines nunmehr in der Gruppe verbreiteten Mythos, zu dessen Entstehung sie selbst beigetragen hat, und so sich selbst zu mystifizieren. So einfach, wie die Psychoanalytiker glauben, ist die Anschuldigung der Suggestion nicht zu widerlegen ... »Wir sind stumm«, sagen sie, »beinahe taub und gleich Toten; wir bieten kaum mehr eine Angriffsfläche, noch erlauben wir uns Eingriffe; wir werden weder gesehen noch gekannt. Schreiten wir gelegentlich unseren Kranken auf dem Weg des Entdeckens voran, so verfahren wir nicht anders als die Partei, die gemäß Lenin dem Proletariat immer um einen Schritt, aber nicht mehr, voranschreiten soll. Was könnten wir also suggerieren?« Tatsache ist, daß eine gut geführte Analyse ihr eigenes Objekt wird; auf diese Weise untersagt sie sich jeden, selbst verschleierten Rückgriff auf die Suggestion, die ganz im Gegensatz dazu die Nicht-Explikation des Arzt-Patient-Verhältnisses zur Voraussetzung hat. Gut so! Nichts beweist indessen, daß dem Analytiker ohne sein Dazutun nicht doch Eigenschaften zugesprochen werden müssen, die seine Behandlung in eine Technik der Suggestion umwandeln.

Lévi-Strauss hat darauf hingewiesen[10], wie die ganze Wirksamkeit von gewissen magischen Techniken im Glauben (des Zau-

---

10 In zwei Artikeln: »Le sorcier et sa magie« (*Les Temps Modernes*, März 1949) und »L'efficacité symbolique« (*Revue d'histoire des religions*, 1949, Nr. 1). Die Übersetzung beider Artikel findet sich jetzt unter den Titeln »Der Zauberer und seine Magie« und »Die Wirksamkeit der Symbole« in Claude Lévi-Strauss, *Strukturale Anthropologie*, Frankfurt 1967.

berers, des Kranken, der kollektiven Meinung) an die Magie gründen. In dem »schamanesken Komplex« ist der Kranke nur unwesentliches Systemelement; ein Zauberer heilt seine Kranken, weil er ein großer Zauberer geworden ist, und dies wird er nur, wenn er gewisse Gruppenpostulate befriedigt. Durch die Integration aller Phänomene in die Sprache – Phänomene, die in ihrer Bedeutung gleich undurchdringlich sind für die Gruppe, den Kranken und den Magier – legalisiert er die Krankheit im Umweg über den Mythos[11].

Bedeutete es nicht, die Frage an den Psychoanalytiker zu überhören, wenn die Antwort lautet[12]: »Die Beziehungen zur Gemeinschaft sind analysiert wie das übrige«? Was prinzipiell der Analyse entschlüpfen und in keiner Weise von ihr gemeistert werden könnte, ist vielleicht gerade die vorgängige Belehrung durch die Gemeinschaft mit magisch-gesellschaftlicher Macht – einer Macht, die er zu treuen Händen hätte und die Gewähr für Ansehen und Effizienz der Behandlung böte. Setzt die Analyse, wie jemand geschrieben hat, eine künstliche Paranoia, so bleibt dem Kranken, als dem Opfer, nur eine Zuflucht: seinen wohlwollenden Verfolger, sein *gutes Objekt*, zu *introjizieren*. Jenseits der imaginären Beziehung zwischen Analytiker und Analysand wäre ein wahrhafter Pakt zwischen Analytiker und Allgemeinheit geschlossen. Neurotiker wäre derjenige, dem es nicht gelingt, die Regeln der Kultur, die er bewohnt, zu den seinen zu machen, derjenige, der sich als unfähig erweist, sein singuläres »Sprechen«, durch welchen Kunstgriff auch immer, mit der allgemeinen »Rede« in Einklang zu bringen (Bedingung einer erfolgreichen Verdrängung), derjenige, der nicht vermag, sich an diese generalisierten Kompromisse anzupassen, die gemeinhin das *Normale*, wenn nicht gar die *Realität* genannt werden. Wer dem Kranken dazu verhelfen kann, in einer akzeptierbaren und schon verbürgten Sprache ein Leiden, eine Phantasmagorie oder

11 Allerdings, bemerkt Lévi-Strauss, »genügt es nicht, daß eine bestimmte Integrationsform denkbar und praktisch wirksam ist, damit sie sich als wahr erweise und damit man sicher sein könne, daß die so verwirklichte Anpassung keine absolute Regression im Vergleich zu der vorherigen Konfliktsituation darstellt« (*Strukturale Anthropologie*, a. a. O., S. 203).
12 Wie bei Francis Pasche in »Le psychanalyste sans magie« (*Les Temps Modernes*, Dezember 1949).

ein unverstandenes und erlittenes Schicksal zu formulieren, hieße dann Psychoanalytiker. So suchte er gerade nicht, den »persönlichen Mythos« des Patienten in seine Wahrheit zu entbergen; vielmehr würde er im Blick auf die Anpassung an die gesellschaftliche Mechanik diesen resorbieren wollen. Er selbst wäre an die Grenzen der Ideologie und jenes Mythos versetzt. Zutritt hierzu gestatteten Erfahrung und Lehranalyse, die gleich einer gut überstandenen Höllenfahrt dünkt. Diese Situation gerade garantierte ihm Privileg und Können.

Mit Recht kann der Psychoanalytiker dem entgegnen, daß seine Technik nicht auf die des Schamanen[13] reduzierbar sei. Doch die Frage bleibt: worauf stützt sich sein Wirken? In der Behandlung werden nur Worte gewechselt, meint man hier und da ganz richtig. Zieht man daraus aber auch die Konsequenzen? Die Sprache nämlich kann nur eine magische Funktion besitzen. Für jene, schon oben erwähnten »Theorien« hat sie sogar unabdingbar diese Funktion. Wie könnte man die Wirkung von Sprache auf Affektivität anders begreifen denn als magische Operation? Affektivität wird hier als Triebausdruck definiert. Nun aber beschränkt man sich darauf, Parallelen zwischen einem Sprachphänomen und einem »gelebten« oder beobachtbaren Phänomen zu konstatieren. Beispielsweise wird man notieren, daß nach dem Erscheinen dieses *Materials* im Monolog des Patienten jenes Symptom zum Verschwinden tendiert. Das hieße indessen lediglich, eine simple Entsprechung annehmen und nicht ein inneres Band knüpfen (häufig beruft man sich auf das bequeme *Bewußtwerden*). Diese Entsprechung fände sich erst dann entmystifiziert, wenn der Aufweis der Beziehung zwischen Sprachwirken in der Analyse und Sinnerarbeitung durch das Subjekt gelänge (in den Wechselfällen seiner Geschichte, seiner Mythologie, seinen persönlichen Institutionen).

Es ist banal, der Psychoanalyse ob der Entdeckung des Sinnes im »Psychischen« (wo man ihn am wenigsten erwartet hätte) Dank zu wissen. Es ist nicht damit getan, sich zu dieser Entdeckung zu beglückwünschen. Es gibt dort eine Weise, den Sinn einer Haltung zu verstehen, die in ihrem Bemühen um Sinnverständnis so

---

13 In diesem Punkt findet die von Lévi-Strauss vorgeschlagene Analogie keine Stütze, denn die Analyse ist etwas ganz anderes als nur ein Abreagieren.

weit geht, diesen auf Sequenzen psychologischer Typen hin zu überschreiten. »Verstehen«, daß ein Kind nach einer empfangenen Ohrfeige weint, gilt als selbstverständlich. Weshalb aber? fragt Lacan. Es könnte doch ebensogut die Ohrfeige zurückgeben oder seine andere Wange hinhalten, und dies wäre nicht weniger begreiflich.

Diese einfache Bemerkung ruft das ins Gedächtnis zurück, dem die Psychoanalyse ihre Fruchtbarkeit verdankt. Wie Freuds frühe Forschungen einleuchtend bezeugen, achtet sie auf all das, was am Rande der Prosa des Lebens bleibt: Worte, die verfliegen, Traumfetzen, das Paradoxe einer Geste; sie muß sich also hüten, diesen Einzelheiten eine vorgängig etablierte Ordnung von Relationen zu substituieren; selbst dann, wenn sie sich in einem Wissen konstituierte, das von diesen Entdeckungen seinen Ausgang genommen hätte. Die Ordnung, die ihr zukommen muß, ist genau das Gegenteil. »All diese Geräusche, die Sprache werden, sind vielleicht das interessanteste von allem«.[14] Gerade auf diese Geräusche hört die Psychoanalyse.

So horcht sie, aber worauf, auf wen? *Wer spricht?* Wie vollzieht sich die Verwandlung dieser wirren, intermittierenden und nebulosen Geräusche in »echtes Sprechen«, in Wahrheit? Welche Rolle und welche Verantwortung kommt hier dem Analytiker zu? *Wer hört zu?* Und weshalb diese leeren Minuten, diese Ausreden, dieses Ausweichen, diese Synkopen? *Wer leistet Widerstand?*

Fragen, die immer schon von den Analytikern vorausgesetzt werden. Fragen, die sie aber weder zu formulieren wissen noch zu stellen wagen (daher die schon erwähnten Mißhelligkeiten, Zweideutigkeiten und Verbiegungen der analytischen »Bewegung«). Die Originalität von *La Psychanalyse* besteht nun gerade darin, daß sie offen diese Fragen aufwirft. Dergestalt werden wir zu den Tatsachen zurückgeführt, denen die Psychoanalyse Existenz und entdeckende Funktion verdankt: sie schafft und ist eine spezifische intersubjektive Situation. (Die ganze Schwierigkeit liegt darin, sie auf Begriffe zu bringen.) Man vergißt allzu oft diese Binsenwahrheit: die Psychoanalyse ist »das in der Analyse Geschehende«. Rückhaltlos spricht einer auf der

14 Paul Claudel, zitiert von Merleau-Ponty.

Couch. Vorurteilslos lauscht einer im Sessel. Der Regel der »freien Assoziation« (Analysand) korrespondiert die der »freischwebenden Aufmerksamkeit« (Analytiker)[15]. Von hier ist auszugehen, daran hat man sich zu halten. Wenn sich die Psychoanalyse auf die Wissenschaften vom Menschen hin »öffnen« soll, so muß dies vom Tiefsten ihrer Erfahrung her geschehen, muß sich als Freisetzung der sie durchherrschenden Prinzipien und Bereiche vollziehen – nicht aber darf sich dies als eine akademische Verteilung von Ehren abwickeln. Für den Augenblick mag eine andere, von Geheimnissen verschont bleibende Bestimmung genügen: »Der ganze Prozeß, der hier zwischen Patient und Analytiker, zwischen Analytiker und Patient spielt, geschieht durch die Vermittlung der Sprache.«[16]

Eine in der Sprache gründende Erfahrung also. Wie aber das Wirken dieser Sprache begreifen? Freud bleibt hier nicht eindeutig, denn es stellt sich als immer schwieriger werdend heraus. Zu Beginn des dritten Kapitels von *Jenseits des Lustprinzips* skizziert er in wenigen Strichen die verschiedenen Momente der analytischen Wirksamkeit, die er, selbst wenn sie den tatsächlichen Schritten nicht entsprechen, wie folgt schematisieren kann: das Interesse erstreckt sich zunächst auf das »Material«, auf diese befremdliche Sprache, die der Patient spricht – in Symptomen, Träumen und Fehlhandlungen –, deren Sinn ihm aber verborgen bleibt. Als Linguist dechiffriert der Analytiker diesen Sinn und teilt ihn dem Patienten mit, der ihm dann im Gesamt der Bedeutungen, über die er verfügt, seinen Platz zuweist. Die Analyse ist einmal *Interpretation*, zum anderen intellektuelle Erkenntnis. Diese Erkenntnis aber – und hier kommen wir zum zweiten Schritt – genügt nicht: der verdrängte Konflikt kann nämlich dechiffriert sein, und doch stellt er sich als ungelöst heraus. Um die Geschichte des Einzelnen zu vervollständigen, ist mehr als nur Wiedererinnerung erforderlich; und um der Stagnierungen Herr zu werden, bedarf es mehr als einer angemessenen Wahrnehmung. Sinnanerkennung ist nur dann effektiv, wenn die Konflikte in der Aktualität einer Beziehung neu durch-

---

15 Diese Homologie hat Freud sehr klar in einer der psychoanalytischen Technik gewidmeten Schrift geschildert (GW VIII, 381).
16 E. Benveniste in *La Psychanalyse*, Bd. I, S. 4

lebt werden: die *Übertragung* wird so Gegenstand der Analyse.
Dritter Punkt: dieser Arbeit der Sinnerkenntnis widersetzt sich
ein gewisses Beharrenwollen. Der Patient leistet auf tausenderlei Arten Widerstand – inbegriffen die der Kooperation. Die
Analyse wird so zur Aufhebung von *Widerständen* (was man
ein wenig vorschnell die »Kehre« von 1920 genannt hat).
Kurz: wie die Entwicklung der Psychoanalyse zeigen wird, geht
sie mit einer immer enger werdenden Grenzziehung für die
Wirksamkeit der Sprache einher. Dergestalt verstand sie zumindest die Majorität der Analystiker: aus »Linguisten« wurden
Psychologen. Was hätten sie in der Tat von der Sprache erwarten können? Wenn sie nur (trügerisches) Zeichen für Realität ist,
weshalb nicht direkt zu dieser Realität vorstoßen: Charakter,
Gebaren, Verhaltensweisen werden Gegenstand wacher Aufmerksamkeit; ist der Signifikant aber nur Ausdruck eines Signifikats, weshalb sich dann um den Signifikanten scheren?
Wozu aber auch jene Entdeckung des Unbewußten, von der
Freud sagte, sie habe alle früheren Problemstellungen umgekehrt? Wozu überhaupt noch Freud, wenn die Psychoanalyse
ihr Resümee und ihre Vollendung in einer Psychologie findet?

II

Das Unbewußte hat keinen guten Ruf. Unsere Philosophen vor
allem mögen es kaum. Sie sind dabei nicht ganz im Unrecht: denn
es ist eher Rumpelkammer als Begriff. Zudem – warum sich
diesem Schlaukopf entgegenstellen, welcher behauptet, ich rationalisiere, während ich ihm meine Beweggründe zu unterbreiten
glaube? Der mir auf eine brillante Art versichert, daß die Liebe,
die mich aus mir selbst heraustreten läßt, nur Endprodukt einer
leidlich angewandten Phantasmagorie ist und, wie dem auch sei,
es niemals *sie* ist, was ich liebe, sondern *er*? ... Auf dieser Basis
scheint jede Gewißheit und jeder Dialog unmöglich.
Wenn die sinnvolle Anwendung der Psychoanalyse auf einem
solch ruinös-pedantischen Verdacht beruhte, wenn sie zu dieser
Art psychologischem Terror führte, wäre es besser, sofort darauf
zu verzichten und sich freudig dem Manifesten hinzugeben.

Freud aber sagt nichts dergleichen; er sagt sogar genau das Gegenteil. Nirgendwo fordert er von der Psychoanalyse, das Manifeste zu verwerfen, um in dessen Hinterwelt besser herrschen zu können. Wie könnte sie es auch? Ihr ist ja gerade die Verwerfung der Suggestion zu danken, die wie jede angewandte Magie ihren alleinigen Impetus und Bereich in einer von Einfluß und Abhängigkeit gekennzeichneten Situation findet und die fähig ist, ihrem Opfer Bedeutungen zu suggerieren, die ihm fremd sind. Ziel der Psychoanalyse ist, den Patienten wieder auf den Weg zum Wahren zu stoßen, ist die Antwort auf die in seinen Symptomen beschlossene Frage[17]. Mit vielleicht übertriebener Vorsicht (manche Interventionen Freuds kommen heutigen Analytikern *barbarisch* vor) verbietet sie es sich, die Rede des Analytikers (sei sie offen – als Wissen und Rolle – oder geheim) auf die Rede des Analysierten zu projizieren.

Die freudianische Inspiration ist also ihrem Wesen nach der phänomenologischen Methode nicht fremd; auch für sie ist die Sinnerstehung ein Problem. Das bedeutet keine Verwerfung des Wahrgenommenen. Der Analytiker kann dies tagtäglich verifizieren. Man stellt sich ihn gern als eine *wissende*, rätselhaft-orakelnde Feldherrnstatue vor, die manchmal vor Ungeduld zittert, während der Patient in einer kuriosen Situation von Unwissen, Unaufrichtigkeit und Feigheit zappelt, bis er schließlich als Besiegter sein Heil erlangt. Dies aber ist gängige Phantasie und nichts weiter. Was erwartet der Analytiker eigentlich? Was erhofft er von der Anwendung der Regel – nichts auszulassen, nichts zu systematisieren –, die er schon am ersten Tag seinem Patienten erklärt hat? Nichts anderes als Zutritt im Feld analytischer Beziehung zu einer im Körper vergrabenen, unter der Gestalt des Imaginären verhüllten und sich durch Übertragung verratenden Rede. Jenseits der unendlich wiederholten Maskerade der Stimmungen und des schon enger begrenzten Spiels von Trieben und Abwehrhaltungen wird sich die signifikative Kraft des Subjekts manifestieren. Die »künstlichen« Bedingungen sind

---

17 Im Laufe der Kur wird der Patient, der um bestimmter Symptome willen in die Analyse eintrat, sehr schnell entdecken, was er sich verbarg: ihn seiner Symptome zu befreien, ist keine chirurgische Entfernung von Gallensteinen; die Behandlung trifft ihn in seinem Wesen, sie bezwingt eine Angst und trägt so dazu bei, das Symptom zum Verschwinden zu bringen.

hier dazu bestimmt, eine ununterbrochene und in gewisser Weise autonome Rede zu provozieren. Deren vornehmliche Aufgabe ist die Überwindung der traditionellen Kluft zwischen unmittelbar einsichtigen Phänomenen und solchen, die sich in einen irritierend-schillernden Un-Sinn verflüchtigen. Ziel ist Selbstfindung und nicht Verwaltung eines Wissens. Die Interpretation eines Konfliktes oder die Enthüllung einer Imago bis zu ihren entferntesten Wirkungen sind noch keine Garantie für das Werden einer effektiven Geschichte durch ehemals verdrängte oder maskierte, nun aber gegenwärtige Bedeutungen.

Wenn dies hier Freudianismus wäre, weshalb spricht Freud dann vom Unbewußten und propagiert gar – sich für dessen Gegenwart noch entschuldigend – dieses Ungeheure eines »unbewußten Gedankens«? Nachlässigkeit? Terminologischer Mißgriff? Muß man sich also weigern, einem Freud durch all diese ökonomischen, politischen, energetischen, geologischen und linguistischen Metaphern zu folgen – einem Freud, den man für einen ebenso großen Forscher wie verabscheuungswürdigen Philosophen halten könnte? Wir müssen gestehen, daß die Entgegnung der Analytiker, des Gebrauchs undenkbarer Begriffe angeschuldigt, ängstlich und ungeschickt ist. Philosophischer Inquisition halten sie entgegen: »Wenn die Exaktheit unserer Begriffe im Argen liegt, so deshalb, weil sie immer in Abhängigkeit der Erfahrung gebildet, abgetan und modifiziert werden. Beim bloßen Lesen könnte man glauben, wir nähmen unsere Entwicklungsstadien und unsere Topik der Instanzen ganz wörtlich; wir betrügen uns aber nicht selbst, und ebensogut wie andere wissen auch wir unsere Mythologie anzuzeigen. Allein, unser Denken ist nicht metaphysisch, sondern operativ[18]; was die ›Theorie‹ angeht, so lassen wir uns gern belehren.« Es steht fest, daß die analytische Theorie seit Freud beispiellos verwässert wurde: hier und da wird die Sexualität affektivem Leben gleichgestellt, in der Symbolik sieht man einen simplen Index für einen Konflikt, unter die Vokabel Frustration fallen all die Anzeichen für die fundamentale Inadäquatheit menschlicher Begierde zu ihren Ob-

---

18 Allzu gern führt man heute dieses Wort im Munde, allzu oft scheint es die Frage nach der Legitimität eines Begriffes zu erlassen, will es jede Kritik, die sich nicht streng pragmatisch gibt, entwaffnen.

jekten. Dem Ich räumt man wieder eine zentrale Stellung ein, und dies mit einer Naivität, die selbst der präanalytischen Psychologie fremd war. Im Ödipuskomplex sah Freud die entscheidende Begegnung (für Kultur und Individuum) zwischen ursprünglich gesetzloser Sexualität und einem Universum von Regeln. Heute indessen findet man ihn auf Schwierigkeiten des Kindes mit seinen Eltern zurückgeführt, wenn nicht gar auf seine ausschließliche Beziehung zur Mutter. Reduktion analytischer Kommunikation auf eine glückliche »Objekt-Beziehung«, ja sogar auf einen guten affektiven Kontakt, totale Abkehr des für die Entwicklung des Freudschen Gedankens entscheidenden Todestriebes ... Der Bilanz ist kein Ende.

Die Philosophen ihrerseits geben vor, das Freudsche Gut zu bewahren, es aber genauer zu interpretieren – und zwar in den Begriffen Gestalt, Behaviour, Intentionalität. Und doch sieht man sie kummervoll. Freud schreibt ohne Umschweife: »Eine einzige Traumanalyse zeigt, daß die kompliziertesten und vollkommensten Gedankenprozesse ablaufen können, ohne daß sich der Kranke dessen bewußt würde«[19]; oder an anderer Stelle: »Ich kenne keine anderen Einzelbeobachtungen (als die Analysen von Zahleinfällen), die so schlagend die Existenz von hoch zusammengesetzten Denkvorgängen erweisen würden, von denen das Bewußtsein doch keine Kunde hat.«[20] Nichtakzeptierbare Behauptungen, wird man denken. Hier haben wir sie ja, die furchtbare Dämonologie Freuds, die aus dem Menschen ein passives, gefügiges, manipulierbares Wesen macht und so das Beste verrät: die Entdeckung nämlich, daß beim Menschen nichts ohne Sinn geschieht. Es wäre also ratsam, das Übel mit der Wurzel auszurotten und von der unnützen und unbegreiflichen Hypothese des Unbewußten abzulassen. Übrigens, hat nicht Freud selbst nach und nach diese Schnitte im Herzen der von ihm erkannten psychischen Vielfältigkeit abgeschwächt?

Muß man wirklich versuchen, Freud »akzeptabler« zu machen? Sollten wir denn vergessen haben, welche Bedeutung einer Entdeckung zukommt, und daß etwas Neues gerade aus verwirrenden Formulierungen erstehen kann? Es wäre vielleicht ratsam,

19 Sigmund Freud, *Die Traumdeutung*, Kap. 6, Abschn. G (GW II/III)
20 *Zur Psychopathologie des Alltagslebens*, GW IV, 276

bei Freud selbst die Regel anzuwenden, die er für seine Patienten empfahl: gerade den Anomalien der Rede sein Ohr leihen, denn hier gibt uns die Wahrheit Zeichen.

Wir erinnern uns beispielsweise der Kritik von Politzer.[21] Wie es scheint, denunziert er gerade in der Verdinglichung von Vorstellungen, Prozessen, Instanzen die Idee einer hinter dem Rücken des Subjekts wirkenden unbewußten Logik. Allein, was setzt er an deren Stelle? Die Idee eines Bewußtseins, das mehr oder weniger weit das individuelle *Drama* in sich aufnimmt und darin Erkenntnis erarbeitet. Merleau-Ponty versichert in einer anderen Sprache: »Aus den Fakten, die Freud mit dem Namen Verdrängung, Komplex, Regression, Widerstand belegt, resultiert nur die Möglichkeit eines fragmentierten Bewußtseinslebens, das in keinem seiner Momente eine einheitliche Bedeutung besäße (...) Das angebliche Unbewußtsein des Komplexes reduziert sich auf die Ambivalenz des unmittelbaren Bewußtseins.«[22]

In der Tat sind die meisten Kritiken am Begriff des Unbewußten phänomenologisch inspiriert. In der »unendlichen Weigerung des Bewußtseins, irgendetwas zu sein«, darf man kein Zeichen für Souveränität erblicken: sein Wahrnehmen reicht weiter als sein Besitzen, sein Sehen transzendiert sein Wissen, Intention übersteigt Thematisierung. Nun wäre das Unbewußte also Grund, Implizites, das Undurchsichtige, anonymer Entwurf, diese für das Sein des Bewußtseins unerläßliche Passivität – unerläßlich, seit Bewußtsein nicht mehr in bloßem Bezug von Vorstellung und Vorgestelltem seine Schranke findet, sondern als Geflecht signifikativer Intentionen, als Organisierendes eines Feldes, als Integrator von Verhaltensweisen bestimmt wird.

Gut so, doch Freud hatte anderes im Blick. Seit 1890, zu einem Zeitpunkt also, wo die Behandlung Hysterischer unter Hypnose noch Vorrang hatte, ist er mit der Frage unbewußten *Wirkens* (und nicht unbewußter Passivität) konfrontiert. »Das psychische Leben der Hysteriker ist voll von effizienten und gleichwohl unbewußten Gedanken; und eben in ihnen haben die

---

21 *Critique des fondements de la psychologie*, Paris 1928
22 *La structure du comportement*, 1941, S. 193. Die Bewertung Freuds durch Merleau-Ponty begleitet nicht nur dessen Denkweg, sondern macht auch eine Entwicklung durch. Das obige Zitat will nur eine gewisse Rezeptionshaltung gegenüber Freudschen Ideen streifen, die ihnen ihre Schärfe benimmt.

Symptome ihren Grund.« Wenn er später die verschiedenen Bedeutungen des Begriffs »unbewußt« zu präzisieren[23] sucht, wenn er dort Prozesse, den Index einer psychischen Kategorie, ein System heraushebt, so bewertet er die letztgenannte Bedeutung als entscheidend, als Träger der anderen. Zu behaupten, das Unbewußte sei ein anderes Ich, das »eigene Vorurteile, Leidenschaften, Finten« habe[24], ist eine dumme Idee, die es auszurotten gilt. Für Freud war das Unbewußte kein anderes Ich, es war vielmehr ein System von Gesetzen, die er in der *Traumdeutung* festlegte, Gesetze, deren Wirkungsweise er gleich einem Linguisten erforschte. Schwierig zwar, doch kein Grund, die Idee zu verwerfen.

Tradierte Begriffe aus der Verquickung von Logik und Psychologie, die das Bewußtsein zum alleinigen Existenzbereich erklärt, haben uns stärker, als in der Regel gesehen wird, eingenommen. Kann man sich einen Linguisten oder Ethnologen vorstellen, der ähnlich prinzipielle Einwände gegen die Freudschen Hypothesen erhöbe, wie es von Alain bis Sartre unsere Philosophen taten? Ihre Arbeitsmethoden sind Garant für eine wohlwollendere Rezeptionshaltung. Ein Mythos und eine Sprache sind Strukturen, denen eine immanente Logik zukommt, sind sinntragende Partialsysteme. Ihre Analyse führt dazu, daß man die Vorstellungen, die sich die Menschen, welche sie gebrauchen, davon machen, und die Erklärungen, die sie davon geben, nicht mehr für wahr hält. Ich glaube nicht, daß Saussure je Freud gelesen hat, und doch verbindet er sich ihm spontan, wenn er die Sprache *(langue)* als ein *unbewußtes System* definiert, von dem die individuellen Reden ihren Ausgang nehmen, als ein das Sprechen strukturierendes Spiel von Oppositionen und Differenzen zwischen Signifikanten.

Der Mißbrauch von Sprachanalogien ist zur Mode geworden: Sprache der Emotionen, der Malerei ... Was Freud angeht, so muß die Analogie in ihrer reinen Bedeutung verstanden werden, die nicht die allen Dingen wirklich immanente *Ausdrucks*kraft betrifft. Nur so dürfen wir Freud verstehen, wenn er selbst auf

---

23 Beispielsweise in *Einige Bemerkungen über den Begriff des Unbewußten in der Psychoanalyse* (1913), GW VIII, 404 f.
24 Alain: *Sentiments, passions et signes*

die Analogie zurückgreift und formuliert: das Unbewußte funktioniert *wie* eine Sprache. Das Zitat eines wenig bekannten Textes mag dafür zeugen: »Wenn wir daran denken, daß die Darstellungsmittel des Traumes hauptsächlich visuelle Bilder, nicht Worte sind, so wird uns der Vergleich des Traumes mit einem Schriftsystem noch passender erscheinen als der mit einer Sprache. In der Tat ist die Deutung eines Traumes durchaus analog der Entzifferung einer alten Bilderschrift, wie der ägyptischen Hieroglyphen. Es gibt hier wie dort Elemente, die nicht zur Deutung, respektive Lesung, bestimmt sind, sondern nur als Determinativa das Verständnis anderer Elemente sichern sollen ... Wenn eine solche Auffassung der Traumdarstellung noch keine weitere Ausführung gefunden hat, so geht dies auf den leicht begreiflichen Umstand zurück, daß dem Psychoanalytiker durchwegs jene Gesichtspunkte und Kenntnisse abgehen, mit denen der Sprachforscher an ein Thema wie das des Traumes herantreten würde.«[25]

Zweifellos kannte Freud sehr wohl diese philologische Methode; in jedem seiner Fälle, bei seiner minuziösen Dechiffrierung von Träumen und Symptomen kommt er darauf zurück. Ein Linguist hat inmitten der Sprache gerade eine Art »Flucht vor der Zweideutigkeit«[26] entdeckt, die namentlich im Gebrauch mehrerer Mittel zur Differenzierung der Signifikanten untereinander in Erscheinung tritt; der Vorsichtsmaßnahmen zur Vermeidung des Zweideutigen, des Doppelsinns sind nie genug.

Solch eine Bemerkung wirft ein Licht auf Freuds Interesse am Wortspiel, das nach Art des Traums und des Symptoms mit der Zweideutigkeit des Signifikanten spielt; Freud sieht in verbalen Abschweifungen das Wirken der Sprache im »Rohzustand« (wir wissen, wie sehr dieser Urzustand der Sprache und auch jeder Institution in Wirklichkeit systematisch und komplex ist). Ge-

---

25 Auszug aus einem Artikel Freuds von 1913, *Das Interesse an der Psychoanalyse*, GW VIII. Freud reflektiert hier einmal über den Beitrag der Psychoanalyse für die verschiedenen Wissenschaften und zum anderen über den Nutzen, den sie aus diesen zu ziehen vermag. Dieser Artikel zeigt auf, wie wenig Freud eines doktrinären Imperialismus verdächtigt werden kann; er zeigt zugleich, wie sehr die Psychoanalyse sich entwertet hat.
26 Joseph Tubiana, *Agencement et ambiguïté en phonologie*, Cahiers F. de Saussure, 1952

rade auf die gleiche Weise wird im Traum, der teilweise den Gesetzeszwang (Zensur) und die Flucht vor der Zweideutigkeit – Postulat jeder gewöhnlichen Rede – umgeht, hinter der Maske der Bildlichkeit das sozusagen autonome Wirken des signifikanten Systems sichtbar. Mit Grund erinnert Benveniste daran, daß Freud eben in der Traumsprache die Verfahren der »alten Rhetorik« hatte finden können. Er weigert sich indessen, die Analogie weiterzuführen; das Symbolische des Unbewußten kann in seinen Augen nur mit den »stilistischen Verfahren der Rede« sinnvoll verglichen werden. Verweisen diese stilistischen Verfahren nicht gleichwohl auf die Syntax, die Morphologie und schließlich geradezu auf die Ordnung des signifikanten Materials?

Im Augenblick will uns das weniger wichtig erscheinen. Es sei nur daran erinnert, wie unbeirrbar Freud seinen roten Faden durch all den *Nonsense* der Kalauer, des Imaginären, durch den phantastischen Dialekt der Symptome verfolgt. Was entdeckt er im Labyrinth? Lacan weiß darauf mehr als eine Formel: »Das sprechende Subjekt ist nicht das bewußte Subjekt.« (Im Hinblick auf den Witz bemerkt er: »Nirgendwo anders ist die Intention des Individuums durch den Fund des Subjekts augenscheinlicher überschritten.«) An anderer Stelle: »Das Unbewußte ist jener Teil der konkreten und transindividuellen Rede, welcher der Verfügungsgewalt des Subjekts zur Wiederherstellung der Kontinuität seiner bewußten Rede entzogen ist.« Schließlich diese schreckliche und noch rätselhaftere Lacansche Formel: »Das Unbewußte ist die Rede des Anderen.« Es wird so verständlich, daß in der Tat »die Paradoxie, welche dem Begriff des Unbewußten anhaftet, verschwindet – eine Paradoxie, die dann auftritt, wenn man ihn auf eine individuelle Realität bezieht«.[27]

Das ist sicherlich richtig, gleichwohl bleiben Schwierigkeiten: wie können die Wirkungen dieses Unbewußten auf die einzelnen Existenzen begriffen werden – dieses Unbewußten, das sich Lacan bald als symbolische Ordnung, bald als konstituierendes Subjekt vorzustellen scheint? Die Antwort auf diese Frage kommt gerade der Psychoanalyse zu, eine Antwort, die nicht mehr theoretisch sein kann, denn psychoanalytischem Forschen

---

27 Jacques Lacan, *Fonction et champ de la parole et du langage en psychanalyse*, in: *Ecrits*, Paris 1966

erschließen sich nicht nur Sachverhalte, die das Individuum sich selbst entzieht, vielmehr erfaßt es gerade dessen Beziehung zu einem Universum von Regeln und Institutionen, dem es sich einzuordnen hat. Treffend weiß es diese Beziehung zu artikulieren, denn es hat ja die Mittel, zu allen Vermittlungen und Einwirkungen, seien sie noch so paradox, zu gelangen.

Ist die von Freud angewandte Methode genau erforscht, und sucht man nun das von ihm effektiv Entdeckte zu präzisieren, so wird das Unbewußte unweigerlich einer »überindividuellen Realität« zugeordnet werden. Bekanntlich ist aber eine Theorie oft der ihr zugrundeliegenden Erfahrung untreu. Obwohl Freud zu dieser Realität des Unbewußten auf ähnliche Weise wie Linguisten oder Ethnologen gelangte, sind seine Formulierungen biologischer Art. Gleichwohl sind auch diese Formulierungen Zeuge dafür, daß das Unbewußte keinesfalls auf eine beliebige Ansammlung von Imaginärem reduziert werden darf.

Immer wieder wird ihm mit einer auf das Individuum zentrierten Psychologie entgegengehalten, der Begriff des Unbewußten sei unzulässig; Freuds Ärger darüber ist verständlich. Wie die ersten theoretischen Entwürfe zeigen, könnte ihm eher das Phänomen »Bewußtsein« Rätsel aufgeben, denn wo hat es seinen Ort? Ist es nicht wesenhaft zweideutig? Ein die Wahrheit verdeckender »Schirm«? Gleichwohl bleibt doch gerade Kreation von Bewußtem Ziel und Aufgabe der Kur. Die Psychoanalyse hat in eben dieser Ambiguität ihren Ursprung: der Mensch unterliegt sich selbst gegenüber einer fundamentalen Täuschung; in diesem wahrheitsverschleiernden Geschehen, das ihn gefangen hält und ihn umkehrt, wird das Wahre transparent. Dezentrierung heißt Freuds Entdeckung; gleichwohl schafft sie die Privilegien des Bewußtseins nicht ab, substituiert diesen kein absolutes Subjekt, keinen alleinigen Verwalter wahrer Bedeutungen, welchen sie dann das Unbewußte nennen würde. Bezugspunkt des Verstehens ist keinesfalls die Reduktion des Manifesten auf eine ganz andere Realität. Was sie festhält ist nicht Oktroyieren von Sinn, sondern Sinnerarbeitung, deren Vollzug sie (mit seinen Ursprüngen, Haltepunkten, Biegungen, seinem Hin und Her) darstellt. Damit wird aber keine Dämonologie ins Leben gerufen, sondern eine Art »Radikalismus« angesteuert. Wenn auch die unmittelbare Erfahrung Bedeutungen vorstellt, so nennt sie doch nicht deren organisierende Struktur, sie gibt kein Schema des Feldes, woraus diese Bedeutungen herrühren. Jemand bemerkte einmal, daß keine Beobachtung von Verhaltensweisen, keine Analyse des Gelebten die Entdeckung des Ödipuskomplexes je hätte erlauben können. Die Realität und das ihr korrelative »Organ«, das Ich, gewähren nicht ohne weiteres Zutritt zu der sie strukturierenden Organisation: Hier liegt der Ausgangspunkt der Freudschen Forschungen, und darum wäre es absurd, sie in eine Psychologie auslaufen zu sehen, auf eine Ebene, wo sie zum Interpreten rein individuellen Agierens würde. Erkenntnis der strukturierenden Funktion des Signifikanten und der Produktivität des Unbewußten ist für Freud gleichbedeutend – eines Unbewußten, das nicht nur unsere Träume, sondern auch die Seinsweise unseres Lebens in seinen Affirmationen und Verkennungen bestimmt.

Das Unbewußte ist Sinnträger von Symptomen. Wilhelm Reich hat nun gezeigt[28], daß zwischen symptomatischen Neurosen und Charakterneurosen keine wesentliche Differenz besteht. Der Unterschied liegt in der *insight* (das Symptom wird leichter als »Fremdkörper« identifiziert als ein Charakterzug), in der *Rationalisierung* (ein Symptom erscheint abartig, anachronistisch, aufgedrängt; ein Charakterzug scheint sich dagegen von selbst zu verstehen: ich bin wie ich bin ...), in der *Form* (selbst das überdeterminierte Symptom kann nur auf einen relativ gut lokalisierbaren Konflikt verweisen, während sich im Charakter, im Zugleich der Pattern, eine ganze Vergangenheit verdichtet). Aus diesem Grund empfahl Reich dem Analytiker, die Persönlichkeit zu »symptomatifizieren« und deren Züge zu objektivieren: ohne Zweifel eine schwierige Aufgabe – denn der Analytiker droht »die Rüstung« des Charakters zu sprengen –, sie bleibt aber unerläßlich, denn er wird, welchen Angriffspunkt auch immer er wählt, bei jeder Gelegenheit dasselbe Abwehrsystem antreffen.

---

28 *Charakteranalyse*, Berlin, 1928. Die Reproduktion eines wichtigen Artikels findet sich in einer ausgezeichneten Sammlung analytischer Schriften, die unter dem Titel *The Psycho-analytic reader* von Robert Fliess bei Hogarth press herausgegeben wurde.

Seltsamerweise hat diese Sicht, die es noch zu nuancieren gälte, dazu beigetragen, der Psychoanalyse diese von uns geschilderte agonale Form zu geben. Man kennt den Dialog zwischen Sadist und Masochist; der Masochist bettelt: quäle mich, worauf der Sadist erwidert: nein. In einem solchen Zirkel – Modell jeder dualen, letztlich in der Form des Duells spielenden Beziehung – befindet sich der Analytiker, wenn er bestrebt ist, die »Aggressivität radikal zu analysieren«. Er wird außerdem und, wie man mir versichert, mit einiger Ungeduld seinen Patienten dazu ermutigen, ihm gegenüber aggressiv zu werden. Fühlt der Patient sich dergestalt bedroht, wird er sich verteidigen, zur Attacke übergehen, denn er agiert in einem nützlichen Krieg ... So würde es sich verhalten, wenn der Kampf nicht von vornherein verfälscht wäre und der Analytiker seine Position, seine Beharrlichkeit und sein Schweigen nicht dazu benützte, den hier Stärkung suchenden Patienten zu überzeugen, daß es für seine »Zukkungen« nur einen Ausweg gibt: sich mit ihm, dem Analytiker, zu identifizieren.

Was Reich evident macht und was ganz auf der Linie des Freudschen Gedankens liegt, ist indessen etwas ganz anderes: nicht Zentrum des Subjekts ist das Ich, sondern gleich einem Symptom konstituiert. Nicht von ihm kommen diese vom Analytiker empfangenen und dechiffrierten Zeichen, sondern vom Unbewußten, vom »Kern unseres Wesens«[29], während das Ich den »Kern der Widerstände« darstellt. Lacan hat schon längst dessen imaginäre Funktion beschrieben und gezeigt, wie das Ich, dem man ein Vermögen zur Synthese zugesprochen hatte, sich in Wirklichkeit als ein Wirrwarr von Identifikationen definierte, darin einbeschlossen all dies, was diese Formation an Kontingentem, an Zerbrechlichem und an Anachronismen mit sich führt. Aus diesen Gründen hält er die Stärkung des Ich, absolutes Ziel der »psychologischen Orthopädie« von heute, für eine Verirrung. Was geschieht in einer Analyse? Eine imaginäre Dekomposition, die man hier unter der Bedingung, keinen »realen« Prozeß sehen zu wollen, Regression nennen könnte. Diese Dekomposition kann sehr weit reichen, und zwar weniger im Sinne einer zeitlichen Regression als im Sinne einer zugleich erfolgenden Zergliederung

29 *Die Traumdeutung*, Kap. 7, Abschn. E.

von Objekt und Körperbild. Die Kinderpsychoanalyse, und besonders das Werk von Melanie Klein, liefert uns faszinierende Bilder dieses phantastischen Lebens, worin alle Gleichungen berechtigt zu sein scheinen.

Ohne die Psychoanalyse wären wir dieser imaginären Proliferation, diesem immer wieder neugeborenen Produkt eines »kranken Tieres« nicht so nahegekommen. Es ist aber nicht ihre Aufgabe, Luftschlösser zu bewohnen, auch wenn es sich um ganze Paläste handeln sollte. Wenn das Imaginäre dem aufmerksamen Analytiker den Rhythmus der Triebspiele anzeigt, so kann es aufs beste Zutritt zum Unbewußten verschaffen. Freilich kann es aber auch nur die »regressiven Bedürfnisse« des Patienten befriedigen. Wie dem auch sei – im Geständnis dieser phantastischen Relationen könnte der Analytiker niemals den letzten Sinn der Wahrheit finden, die er eher in der Beziehung *zu* als *in* seinem Patienten zu entdecken sucht, selbst dann nicht, wenn er jene Relationen für »tiefer« hält als die organisierten Verhaltensweisen.

Fähige Köpfe preisen heute allzu gern die Wohltaten der *Kommunikation;* wenn man ihnen glauben wollte, so genügte die bloße Gegenwart eines *Anderen* (wenn er uns nur ein wenig entgegenkäme), um uns vor den Leiden und den Versuchungen des Solipsismus zu bewahren. Seltsamerweise scheint diese platte Idee ihren Ursprung bei Freud zu finden, dessen Ansichten über die Ich-Du-Beziehung indessen weniger bequem sind.

Die Lektüre des Paragraphen seines Artikels über den Narzißmus, der von der Liebesleidenschaft handelt, würde als Beispiel genügen[30]. Freud führt aus, daß die in den Übertragungsneurosen manifeste »Objektlibido« der Beobachtung einer dem Ich zugewandten Libido hinderlich war; so wurde zunächst ein Typus der Objektwahl herausgestellt, für den das nährende Weib und der beschützende Mann Modell steht. Indessen gibt es noch einen anderen Typus der Objektwahl, den narzißtischen nämlich. Dieser findet sein Modell in der eigenen Person (man liebt: was man selbst ist, was man selbst war, was man selbst sein

---

30 Das Phänomen der »Emanation der Libido«, das die Angelsachsen »falling in love« nennen, scheint bei Freud die Einführung des Narzißmus mitzumotivieren.

möchte, einen Teilaspekt seiner selbst). Kaum hat Freud diese Unterscheidung getroffen, so begrenzt er auch schon deren Tragweite. Er zeigt nämlich, daß der Narzißmus nicht eine *Phase*, sondern einen permanenten *Zustand* des Menschenwesens darstellt, daß Ichlibido und Objektlibido nicht in einem Bezug wechselseitigen Ausschlusses stehen. Schließlich weist er auf eine Art Zirkel des Ich hin: einer Verarmung durch Objekt-»Besetzung« würde man nur unter der Bedingung entsprechender Gegenleistung beipflichten. Auf eigenen Narzißmus wird nur dann verzichtet, wenn der des anderen dessen Stelle einnimmt. Hinweis darauf ist die Vorliebe des auf der Suche nach einem Liebesobjekt sich befindenden Mannes für die narzißtische Frau.

Diese stark schematisierten Ausführungen finden in den zeitgenössischen psychobiologischen Arbeiten eine treffende Illustration. Ruyer kommentiert in einem kürzlich erschienenen Artikel[31] die Forschungen von Tinbergen und Lorenz. Im Lichte des Phänomens *Prägung* sucht er dort nach der Antwort auf die Frage: »Weshalb wird gerade dieser Einzelne bevorzugtes Liebesobjekt?« Der Begriff »Prägung« ist teilweise der »Fixierung« der Psychoanalytiker analog zu setzen. Gleichwohl trifft Prägung die imaginäre Funktion besser. Bei diesem »akzelerierten Lernen« der von Lorenz[32] beobachteten Tiere scheinen zwei Momente von besonderer Wichtigkeit: die wenigen Stunden nach dem Ausschlüpfen und die nachpubertäre Periode, während derer sich der Sexualinstinkt auf irreversible Weise fixiert.[33] Jeder

---

31 R. Ruyer, »Le phénomène de l'empreinte et le choix amoureux« (*Journal de psychologie*, 1956, Nr. 1). Siehe vom selben Autor: »Les conceptions nouvelles de l'instinct« (*Les Temps Modernes*, November 1953).
32 Kann man hier noch von »Beobachtung« sprechen? In seinen Abhandlungen sieht man, wie er die Gans und die Ente spielt, wie er »im Interesse der Wissenschaft hockend geht und dabei ohne Unterlaß gluckst«. Unter dieser Bedingung kann ein Mensch einer jungen Ente als *Spiegel* dienen ...
33 An Martina, jenem Gänschen, das sich Lorenz zum Liebesobjekt erwählt hat, schildert R. Ruyer die Leiden »imaginärer« Liebe. »Es ginge ihm unter dem warmen Bauch der zuständigen und behaglichen Hausgans sehr gut, aber es will nur dem Menschen folgen, denn es ist in seine ›Art‹ vernarrt. Es wird sich enttäuscht, schockiert und in seinem natürlichen Verlangen verkannt sehen. Es wird viele Male flehend hinter dem Menschen herlaufen müssen, der ihm fremd und so wenig sicher ist; es wird schmerzliche Szenen ertragen und viele Tränen vergießen müssen; aber es wird nicht umhin können, nur den Menschen zu lieben, denn dieser steckt tief in ihm.«

Instinkt und insbesondere der sexuelle ist zunächst allgemeiner Natur und dann erst »einer Differenzierung durch Prägung ausgeliefert«. Mit anderen Worten könnte man sagen, daß viele Lebewesen der Anzeige der Bedürfnisse ihrer eigenen Art durch einen Anderen bedürfen. Als einer der ersten hat Freud unterstrichen, daß der Mensch ja »verfrüht« zur Welt kommt, daß er mit deutlich weniger differenzierten Instinktansprüchen als andere Lebewesen ausgerüstet ist. Somit wird beim Menschen der Prägung entscheidendere Bedeutung zukommen.

Hier könnte man noch ein anderes Phänomen erwähnen, das die Biologen mit dem Namen »Kettenreaktionen« bezeichnen, und das sie in dem Liebeskampf der Stichlinge zu beobachten Gelegenheit hatten: Anlaß und Auslöser jeder Reaktion ist die vorausgegangene Reaktion des Partners, wobei das Tier im vorhinein nicht weiß, »ob (sie) zum Liebesreigen wird und zur Begattung führt, oder aber ob (sie) sich in ebenso fließendem Übergang zum blutigen Kampf entwickelt ...« (Lorenz). Lacan würde sagen, daß hier die Erotik oder das Eingenommensein durch das Bild von Seinesgleichen von aggressiven Tendenzen nicht zu trennen ist. Diese niemals behobene Ambiguität zwischen Eros und Aggressivität gibt der erotischen Beziehung – Grenzfall jeder imaginären, auf einem Ebenbild gründenden Relation – ihre fundamentale Instabilität[34].

Schließlich hat die sogenannte »Trugbild«-Methode (die Benutzung künstlicher und höchst bezeichnender Stimuli) im Experiment die Funktion und Bedeutung des illusionären *Lockmittels* hinsichtlich der Auslösung von Verhaltensweisen gezeigt.

Freud hat nun diese Fakten nicht in der animalen Biologie entdeckt, sondern in den klassischen Manifestationen menschlicher Psychologie: in ihrem Streben nach Verführung und Despotie spielen Sympathie, Grausamkeit und Eifersucht im Zirkel Faszi-

---

34 Es gibt nur ein Ebenbild meiner – ein Anderer, der Ich ist –, weil das Ich ursprünglich ein Anderer ist. Jedoch entpuppt sich jede Relation der Ähnlichkeit als Beziehung gegenseitigen Ausschlusses: Ich oder er. Man oszilliert vielmehr unaufhörlich von einer Weise der Beziehung zur anderen. Die Ambivalenz oder die alles andere als friedliche Koexistenz zweier entgegengesetzter und sich ergänzender Verhalten inmitten eines Individuums hätte also in der narzißtischen Struktur des Ich ihren Ursprung. Narziß ist vor allem sein eigener Rivale; daran geht er zugrunde.

nation-Rivalität. Mehr als jeder andere war Freud davon entfernt, sich hinsichtlich der Problematik der Intersubjektivität Illusionen hinzugeben. Es klingt verwunderlich, heute die Psychoanalyse als Psychologie der Ich-Du-Beziehung definieren zu hören. Die »Mechanismen« Introjektion und Projektion besagen, daß am Ende die Schranken zwischen Ich und Anderem von dem Augenblick an wegfallen, wo das Ich seinen Ursprung und seine Stütze im Bild des Anderen findet.

Freud hat in seinen Eifersuchtsanalysen, die selbst in der so nüchternen Psychologie Wallons[35] Widerhall fanden, die furchtbar um sich greifende Gegenwart der Anderen in uns (und nicht nur *eines* Anderen) deutlich werden lassen. Die Ambivalenz jeder Beziehung, die in der Weise des *Spiegels* spielt, kulminiert in der Eifersucht. »Und wäre sie selbst tödlich, indem sie die Negation des Partners ins Extrem triebe,« schrieb Lagache, »so bliebe sie darum nicht weniger imaginäres Verhalten.«[36]

Unfähig, Geschichte zu stiften, führt diese Weise der Ich-Du-Beziehung durch das sie konstituierende Spiel der Imagines zu immer neuer Konfusion, sie provoziert endlos Attacken, Parieren und Gegenattacken und schließlich all die unser tagtägliches Staunen ausmachenden Pseudo-Akte. Die analytische Übertragung könnte nur die gefällige Wiederaufnahme dieses nicht ohne Tränen verlaufenden Spiels abgeben und so einmal mehr, wenn auch in einer ein wenig eigenen Gestalt, einen Narzißmus zu zweien inszenieren. Doch eine Psychoanalyse, die dem Freudschen Gedanken verbunden bleibt, will anderes. Sie ordnet die Beziehung des Menschen zu seinem Mitmenschen einem System zu, das ihr Sinn verleiht und Schranken setzt.

III

Ödipuskomplex, »Kern aller Neurosen« – lange führten zum Überdruß der Laien die Psychoanalytiker nur dieses Wort im Munde. Heute dagegen handelt ihre mehr durch den Umfang als

---

35 Siehe Merleau-Ponty, *Les relations avec autrui chez l'enfant*, Vorlesung an der Sorbonne, C. D. U.
36 Lagache, *La jalousie amoureuse*, Paris 1947, Bd. II, S. 346

die Vielfalt ihrer Interessen beeindruckende Literatur wesentlich von drei Themen: den präverbalen Phantasien, den Verwandlungen der Objektbeziehung und der Bedeutung der Gegenübertragung im analytischen Feld[37].

Worin gründet dieser Wandel in der Orientierung? Offensichtlich in einer Reihe von Schritten nach vorn, wie die Entwicklung der Psychoanalyse des Kindes, die Ausweitung der analytischen Technik auf Psychosen, hauptsächlich auf Schizophrenien, die Sorge endlich, alle Bereiche zu meistern, welche die Kontrolle des ärztlichen Einflusses auf den Verlauf der Kur thematisiert – eines Einflusses, den die Rolle, die Persönlichkeit und das Unbewußte des analysierenden Arztes notwendig mit sich bringt. Ist aber nicht in Entsprechung zu diesem »Fortschritt« eine wesentliche Seite der Entdeckung Freuds in Gefahr, verloren zu gehen?

Sieht man, in welcher Weise allzu oft die »analytische Beziehung« verstanden und das, was sie an Vorteilen hinsichtlich der anderen zwischenmenschlichen Beziehungen gewähren könnte, interpretiert wird, dann liegt es nahe, diese Frage zu bejahen. Denn nichts anderes wird hier akzentuiert als der Wert des »Kontaktes«, die diese Begegnung tragende Dimension des »Lebens« und des Affektiven. Selbst die Verschmelzung der »Unbewußtseine«, die sich hier begegnen, steht in Rede. Angesichts dieses Kommunikations-Pathos begreift und würdigt man die Zurückhaltung Freuds gegenüber dem Schicksal der analytischen Partner, ihren Höhen und Tiefen, ihrem Wechsel von Jubel und Leiden, welcher nicht ohne gewisse Befriedigungen vonstatten geht[38]. Für ihn war der Analytiker zweifellos durch seine *Funktion* bestimmt. Dieser wesentliche Aspekt der ärztlichen Aufgabe schien

---

37 Gemäß J. Lacan in *La Psychanalyse*, I, S. 87 f.
38 Die Analysen werden immer länger. Zumeist scheint die Problematik der Kur diese Länge zu rechtfertigen. Nicht selten jedoch macht sich der Kranke – bisweilen auch der Analytiker – im Komfort und der Mühsal ihrer Beziehung heimisch. Etabliert und verewigt sich in diesen Fällen eine solche Übertragungsneurose, so bleibt der Analytiker keinesfalls unberührt. Der Ausdruck *Gegenübertragung* (oft in irreführender Weise gebraucht – selbst zur Bezeichnung der Gesamtpersönlichkeit des Analytikers) findet hier seine prägnante Bedeutung. Mit anderen Worten: beim Analytiker rührt etwas an seine eigene Begierde, hindert so das Entstehen einer analysierbaren Übertragung und läßt diese Beziehung schließlich massiv anwachsen und stagnieren.

ihm zwei unauflösbare Momente zu vereinen: der Analytiker ist derjenige, der die Übertragung erleidet (und deren schillerndes Schwanken er zu erkennen weiß), aber zugleich auch der, welcher interpretiert. Scheint der Analytiker, zumindest in der ersten Zeit, sich zu entziehen, selbst dann, wenn der Analysand beharrt und sich aufdrängt, so wird deutlich, daß er nur eine Intention erfüllt sehen will: was will ihm sein Patient sagen, was erwartet er von ihm?

Diese Intention – er erfaßt sie bei sich in der Funktion, die er sich zuweisen sieht oder die die Rede seines Gesprächspartners ihm vorzeichnet. Es gilt also gerade die Position des Analytikers als außergewöhnlich zu betrachten (und schon deshalb ist es absurd und unerfreulich, sie ins gemeine Leben versetzen zu wollen, an welchem der Analytiker wie jedes andere Menschenwesen teilhat); sie ist schließlich weniger die Position eines absoluten Beobachters als die einer zweiten Subjektivität, was auf eine nicht nur rituelle Weise der Platz des Sessels hinter dem Divan deutlich macht.

Denn die Distanz zwischen Sessel und Divan ist nicht solcher Art, wie man gemeinhin annimmt. Sie trennt nicht einen wissenden und sich still verhaltenden Arzt von einem armen Teufel, der nichts wüßte außer zu sprechen und sich mehr und mehr in dem immer enger gespannten Netz seiner Rede zu verfangen. Worin gründet der »Vorrang« des Analytikers? Wohl ist der Analytiker der Andere des Patienten, zugleich ist er aber der *neutrale* Andere; wohl repräsentiert er auf imaginärer Ebene Gestalten des Anderen in all ihren Variationen, zugleich findet er sich aber in eine Position gestellt, die nicht zu einem Glied der dualen Beziehung des »Duells« reduziert werden kann – mag sich deren Spiel noch so komplex und regressiv gestalten. (In diesem Sinne sind Formeln wie »nicht in das Spiel des Patienten eintreten«, »seinen Bitten kein Gehör schenken« zu verstehen.) Man muß jene duale Relation, deren Modalitäten sich auf die Übertragungssituation projiziert finden, im Horizont einer anderen, menschliches Sein wesenhaft konstituierenden Beziehung zu begreifen lernen. Für diese Weise der Beziehung ist der Analytiker Garant, wenn er Interpret und nicht nur Träger von Projektionen und Identifikationen ist. Die scheinbar duale Situation der Analyse wird so, strukturell verstanden, zur triangulären, zur Situation des Ödipuskomplexes.

Schilderungen von Verhaltensweisen, Zugeständnisse über Gefühle und Phantasien, Traumerzählungen und Assoziationen oder jene Art agierender Rede, zur Szene gewordene Phantasie, die den Ort des Gesprächs scheut, *acting out* – dies alles richtet sich an die Adresse des Analytikers, wird von ihm für bedeutsam, ja für gleich bedeutsam erachtet. Auch er befolgt ja die Grundregel: keine Auswahl treffen! Die verschiedensten Bestandteile jener Rede werden in gewissem Sinne einander äquivalent; Unterschiede, die man gemeinhin zwischen Geistigem und Affektivem, zwischen Logik und Verworrenheit, Geordnetem und planlosem Ausschuß macht, finden sich auf dieser Ebene annulliert. Gleichwohl wird er gewissen Unterbrechungen dieser Rede bevorzugt Gehör schenken; so gelten dem Zuhörenden (nicht dem Interpreten) Ausfälle, Ansätze, Lücken, das Verstummen schlechthin als vorrangig. Den Grund dieser Bevorzugung haben wir nicht etwa in einer ausgesprochenen Tiefe dieser Punkte gegenüber anderen zu sehen. Was sie indessen zu privilegierten macht, ist ihr Vermögen, uns den Weg zu einer Rationalität zu weisen, die, wenn nicht dieser Rede überhaupt immanent, sie gleichwohl organisiert, ihr die Sicherung der Infrastruktur verleiht und sie schließlich zu einer signifikativen macht. Wie uns die moderne Linguistik lehrt, müssen hinter der kohärenten Rede, hinter einem Sprechen, das für den Gesprächspartner unmittelbar einsichtige Bedeutungen stiftet – so zweideutig sie immer sein mögen –, die Bedingungen der Sinnstabilität erfüllt sein, muß der Sprache Ähnliches schon da sein.

Die Vorgängigkeit der ödipalen Struktur und die Vorgängigkeit der unbewußten Strukturen, so begrenzt die Zahl der dort artikulierenden Elemente zunächst auch sein mag, werden in dieser Perspektive zu Momenten der gleichen psychischen Realität. Im Gesetz, das die menschliche Ordnung begründet, findet die Sprache ihre Entsprechung. Die Psychoanalyse versteht sich als Schnittpunkt der Grundkoordinaten *Begierde* und *Gesetz:* Eine Begierde, die zunächst nur ungeteilte, absolute Forderung nach einem natürlichen Objekt ist; ein Gesetz, das als Inzestverbot und vermittelt durch den Vater oder jede andere Instanz, Zutritt zur gesuchten Befriedigung verwehrt. Die analytische Erfahrung macht so die Illusion einer glücklichen und »natürlichen Kindheit« schwinden. Mit Nachdruck verkündet Lacan seit langem: was die Psychoanalyse tagtäglich verifiziert, ist das Schicksal der Begegnung von Begierde und Gesetz. Verkennen der Sprachfunktion in der Psychoanalyse und »Vergessen« des Ödipuskomplexes ist ein und dasselbe – jenes Ödipuskomplexes, dessen Prävalenz Freud nie einem Zweifel unterzog. Was lehrt uns der Mythos vom Ödipus im wesentlichen anderes, als daß man dafür zahlen muß, das »Tauschgesetz umgangen«[39] zu haben?

Man wird vielleicht entgegnen, die Psychoanalyse habe seit Freud vom Beitrag der Ethnologie Nutzen gezogen. Wenn es heute so scheinen wolle, als sei der Ödipuskomplex weniger bedeutungsvoll, so habe dies seinen Grund in Untersuchungen, die auf anderen Gebieten angestellt wurden. Dem Bestreben der Psychoanalytiker, Beziehungen zwischen Bedürfnissen und Institutionen zu formulieren, verliehen diese Forschungen so weit Vollmacht, daß es nicht nur die Variabilität der Modalitäten des Kultivierungsprozesses zu erfassen in der Lage sei, sondern auf den Mythos und seine angebliche Universalität überhaupt Verzicht leisten könne. Die Psychoanalyse wäre also endlich ihren Kinderschuhen entwachsen! Lassen wir die griechische Tragödie beiseite und erfreuen wir uns des Kulturalismus!
Aber man würde der Bedeutung, die Freud dem Ödipuskomplex beigemessen hat, nicht gerecht, wollte man ihn auf den realiter ausgeübten elterlichen Einfluß auf das Kind reduzieren, wollte man den Sinn der ödipalen Situation in der libidinösen Beziehung zur Mutter und in den feindseligen Gefühlen sehen, die der Knabe gegenüber dem verbietenden und rivalisierenden Vater hegt. Ohne Zweifel könnte man gewissen Kulturkreisen die Existenz eines spezifischen Ödipuskomplexes absprechen; dies wäre dann der Fall, wenn dem Vater keine repressive Funktion zufiele oder wenn die Mutter sich so intensiv frustrierend gäbe, daß sie nicht Liebesobjekt zu werden vermöchte. Einzig eine

---

39 C. Lévi-Strauss, *Les structures élémentaires de la parenté*, Paris 1949, S. 616

fundierte Nachforschung könnte für den einzelnen Fall der jeweiligen Gesellschaftsstruktur den sie charakterisierenden Kernkomplex bestimmen.
Doch hat Freud denn nicht selbst, im Bestreben, eine verallgemeinerte Formel vom Ödipuskomplex zu geben, zur Genüge gezeigt, daß die Illustration, die er durch die Sage vom König Ödipus erfährt, nur eine Variante darstellt, die sicherlich exemplarisch, aber doch nur Variante (unter anderen) einer triangulären Beziehung ist, wobei in verschiedener Abstufung eine positive und negative Form gleichzeitiges Bestehen hat. Diese Sichtweise nötigt den Psychoanalytiker, nicht nur den Patienten als alleinigen Pol in der Konstitution eines Ödipuskomplexes, sondern auch die restlichen Pole des Dreiecks in Betracht zu ziehen.
Zum anderen aber – und diesem Gesichtspunkt hat unsere besondere Aufmerksamkeit zu gelten – erkennen die Psychoanalytiker dem Ödipuskomplex eine für die Persönlichkeitsstrukturierung normative Bedeutung zu. Wenn sie nun gerade darin die Achse ihrer Beziehung zur Psychopathologie thematisieren – deren Aufgabe Erforschung von Konstellation und Lösung der verschiedenen Weisen des Krankhaften ist –, so will dies sagen, daß sie hier eine das individuelle Leben transzendierende Struktur sehen; man könnte sie die Struktur der Strukturen schlechthin nennen.
Und außerdem, was vermögen die kulturalistischen Arbeiten der Amerikaner überhaupt evident zu machen? In besonders frappierender Weise stellen sie in ihren *Lebensgeschichten* die Existenz einer Korrelation zwischen der Kultur einer Gruppe und der Persönlichkeit ihrer Mitglieder dar. Gewohnheiten, Spiel der Instinkte, selbst das Funktionieren des Organismus ordnen sich einem Ganzen von Vorstellungen, Praktiken und Institutionen kollektiver Art ein. Auf diese Weise läßt sich für bestimmte Verhaltenszyklen die Beziehung zwischen gewissen typischen Komplexen und der gesellschaftlichen Organisation spezifizieren. Jede Kultur hat ihre Übel, ihre Konflikte, ihre Neurosen.
Die Zweideutigkeit des Kulturalismus indessen, die am Anfang so vieler Diskussionen steht, ist zur Genüge bekannt. Ist die Institution als Projektion der Persönlichkeit oder die Persönlichkeit als Effekt der Institution zu verstehen? Nicht einmal bei den

besten Autoren, wie Kardiner, ist diese Zweideutigkeit behoben[40]. Vergeblich wird man nach der »Basis-Persönlichkeit« suchen: bald ist sie der einfache Mittelwert – gleichartige Erfahrungen führen zu gemeinschaftlichem Gesellschaftscharakter –, bald erscheint sie als Grenzfall, als abstraktes Modell eines maximal durch das Milieu beeinflußten Individuums. Das Idealschema bleibt hier das des Kausalbezugs: man könnte zuerst von einigen für nicht weiter reduzierbar gehaltenen Gegebenheiten kollektive Verhaltensweisen ableiten, dann die Persönlichkeit, die davon geformt wird, und schließlich die sekundären Institutionen, auf die sich jene Persönlichkeit projiziert.

Die Beschreibung gesellschaftlicher Phänomene in psychologischen Termini ist zweifellos eine radikale Weise, diese Problematik zu entscheiden. Doch verkennt diese »Lösung« sowohl die Natur der Gesellschaft als auch das Wesen individuellen Verhaltens. Eine Gesellschaft ist in der Tat nur die Gesamtheit ihrer Institutionen. In ihnen organisiert sie die Erfahrungen, ortet und regelt sie persönliche und kollektive Geschichte. Dergestalt ist sie in hohem Grade symbolisch und ihrem Wesen nach dem Signifikanten zugeordnet. Die individuellen Verhaltensweisen hingegen, das Gelebte, sind auf Seiten des Signifikats. »Die Verhaltensweisen des normalen Individuums sind niemals aus sich selbst heraus symbolisch«, schreibt Lévi-Strauss in seiner Einführung zu dem Oeuvre von Mauss; »einzig anomale, da desozialisierte und in gewisser Weise sich selbst überlassene Verhaltensweisen realisieren auf individueller Ebene die Illusion eines autonomen Symbolismus.« Was wir hier in aller Schärfe formuliert finden, ist die Voraussetzung der sozialen Anthropologie. Auf der Ebene analytischer Erfahrung hingegen ist eine solche Spaltung nur schwer aufrechtzuerhalten. Ein jeder gründet in und begründet sich aus persönlichen »Institutionen«, die all seine Beziehungen strukturieren und dem Lauf seiner Geschichte selbst die Richtung weisen. Freilich haben diese Institutionen oder Phantasien weder in dem, was Saussure die »amorphe Masse des Signifikats« nannte, ihren Ursprung, noch lösen sie sich von einer reinen signifikanten Kombinatorik ab.

40 Siehe Claude Lefort, »Notes critiques sur la méthode de Kardiner«, in *Cahiers internationaux de sociologie*, 1951, Bd. X

Die strukturelle Linguistik indessen untersucht rein formal das Sprachsystem; in grundlegender Weise stellt sie die phonematischen Gegensätze heraus, die dessen Infrastruktur bilden. Sie übersieht dabei aber nicht die Tatsache, daß eine Sprache nur dann gelebt hat bzw. lebt, wenn sie getragen ist durch einen anonymen, aber Kommunikation intendierenden Entwurf. Die Anzeige der psycho-soziologischen Objektivationen brächte also keinen Gewinn, wenn es sich nur darum handelte, ihr die Idee eines allein aus sich funktionierenden und »sprechenden« symbolischen Universums zu substituieren – eine Idee übrigens, die schon mehr als ein delirantes System inspirierte. Auch die heute viel zitierte Analogie zwischen Sprachsystem und anderen Systemen mit sozialen Zeichen läßt die Forderung nach einer Theorie des Symbolischen nur umso dringender erscheinen.

Bei der Ausarbeitung dieser Theorie kann man an Freud nicht vorbeigehen, obwohl wir sie bei ihm in systematisierter Form nicht finden. Was bedeutet denn schließlich die kopernikanische Wende Freuds? Was impliziert diese Dezentrierung, die durch sie angezeigt wird? Nichts anderes, als daß das Bewußtsein nicht Maß des Menschen ist – mit welchen »Fransen« auch immer eine gewisse Phänomenologie es ausstatten möchte. Es bedarf der Konfrontierung des Menschen mit einer »transindividuellen Realität«. Man bedarf ihrer, will man gerade dessen habhaft werden, was er an Unreduzierbarem in sich trägt. Ohne Zweifel war Freuds Denken sehr spekulativ. Gleichwohl brachte er allem Philosophischem ein tiefes Mißtrauen entgegen, weigerte sich, das Sein dieser Realität zu beschreiben. Im Gegensatz zu Jung wird man bei ihm keine Ontologie des Unbewußten finden. Daher gab es für ihn kein Problem seines Ursprungs. Indessen hat auch er versucht, es mit der Thematik des Ödipuskomplexes abzuhandeln, der hier als Prototyp signifikativer Institutionen fungiert. *Totem und Tabu* ist dieser Versuch.[41] Doch

---

[41] »Soziologischer Roman« nennt man ihn bisweilen. Meinethalben; Freuds Anliegen war nicht so sehr die Suche nach dem archäologischen Grund der Kultur, er wollte vielmehr ein mythisches Modell dieser vorstellen, wo Einehe und trianguläres Spannungsverhältnis des Ödipuskomplexes herrschen. Bekanntlich finden sich in unserer Gesellschaft sexuelle Verbote extrem reduziert. Vorschriften, welcher Art der Verwandtschaftsbeziehungen der Vorzug gebühre, scheinen ihr im Gegensatz zu allen anderen bekannten Sozietäten zu-

dieses Terrain ist nicht das eigentliche der Psychoanalyse. Ihr Forschungsgegenstand ist ein *singuläres* Verhältnis, vergleichbar dem Bezug, der zwischen Sprechen und Sprachsystem spielt. Ihre Aktionen machen zugleich die strukturierende Wirksamkeit des symbolischen Feldes und die Initiativen des Subjekts in der von ihm darin eingenommenen Position deutlich.

Weshalb sollte man sich also in den psycho-soziologischen Arbeiten zu einer »neuen Psychoanalyse« beglückwünschen – einer Psychoanalyse, der endlich eine fruchtbare Anlehnung an die Psychologie gelänge? Wohl mögen diese Arbeiten das Spezifische des Gesellschaftlichen nicht verkennen; zugleich wollen sie aber die Formung der Individuen durch die Kultur in der Ausbildung von Bedürfnissen, in der Übermittlung von leiblichen Fertigkeiten und Verhaltensweisen gründen lassen. Zwangsläufig stellt sich diese Aktion in zugleich massiver, kausaler und realer Form dar. Eine solche Vorstellung ist aber psychoanalytischer Intention diametral entgegengesetzt.

In ihrem Torkeln, ihrem Vor und Zurück, schreitet jede Analyse – und nur deshalb gibt es einen Fortschritt – vom Einzelnen zum Einzelnen. Ihr erschließen sich die Einwirkungen des *Symbolischen* auf die Mythen eines jeden, auf die persönliche Dynamik; sie erschließen sich gerade da, wo keine noch so minuziöse Beobachtung uns je hätte leiten können. Begriffe wie »Komplex«, »Imago«, »Identifikation« sollen einerseits die Relation eines Subjekts zur symbolischen Ordnung, dem Freudschen Unbewußten nämlich, vermitteln und gleichzeitig eine Annäherung daran gestatten. Für den Bezug des Individuums zur Kultur gilt also, daß er von der Psychoanalyse niemals mit Begriffen definiert wurde, die den Einfluß einer Realität auf eine andere beinhalten. Wo der Kulturalismus lediglich einen Adaptionsprozeß vor Augen hat – ein Individuum, das sich ins Kulturelle »eingetaucht« findet –, entdeckt Freud die Problematik einer Konfrontierung. Wie für Ödipus die Begegnung mit der Sphinx, ist für den Menschen diese Konfrontierung voller Rätsel und Konflikte.

mindest im Prinzip fremd. Es ist nun bemerkenswert, daß diese Gesellschaft es nicht vermocht hat, jene der ödipalen Situation entwachsenden Spannungen zu resorbieren. Mehr noch, nach der Anzahl unserer Neurosen zu urteilen, hat es den Anschein, daß die Spannungen umso größer werden, je weiter die Reduktion der Verbote fortschreitet.

Gemeinhin wird angenommen, Psychoanalyse messe dem Familiären besonderen Wert bei; einige Analytiker möchten geradezu in der Elternbeziehung das Konstituens für das Leben schlechthin sehen; Psychoanalyse lege davon Rechenschaft ab. Meinethalben – ich wiederhole gleichwohl: wie soll dies verstanden werden? Die Arbeiten über mütterliche Zärtlichkeit gehen in die Hunderte, die das *Mothering* bedrohenden Fallen in die Tausende; überall stoßen wir auf »schlechte Mütter« (Mangel an Liebe, Hostilität, kompensierte Erotik, Perfektionismus oder Überbemutterung), welche den fundamentalen Bedürfnissen in der frühesten Kindheit die Befriedigung verweigern und für immer der Persönlichkeit zum Schaden gereichen. Gleich den Arbeiten kulturalistischer Inspiration, die bekanntlich die individuelle Entwicklung als fortschreitende Sozialisierung begreifen, betonen auch diese Arbeiten den determinierenden Faktor der Umwelt. An die Stelle psychoanalytischen Forschens tritt die Psychologie[42] vom störenden Einfluß eines frustierenden Milieus. Die Ätiologie der Neurose wird in einer Folge realer Traumata gesucht, ihre Heilung wird zu einer Art Dekonditionierung.

Freud ist keineswegs im Bereich der Phantasie die Bedeutung der Mutter-Imago entgangen. Keineswegs hat er deren tiefe und weitgehende Auswirkungen, deren schwierige Sublimierung übersehen. Das Streotyp, Freud habe die Nachwirkungen präödipaler Konflikte wenn nicht ignoriert, so auf jeden Fall unterschätzt, begegnet heute allen Orts. Es begegnet völlig zu Unrecht, denn Freud hat keineswegs die Komplexität der Mutter-Kind-*Beziehung* verkannt; was er sich indessen versagte, war, diese zur autonomen *Struktur* zu erheben. Es scheint eher, als messe Freud dem Ödipuskomplex einen solchen retroaktiven Wert bei, daß man außerhalb seiner strukturierenden Wirkungen keine Beziehung verstehen könnte, die ihm im Laufe einer Lebensgeschichte vorausginge (weist nicht gerade der Terminus »präödipal« auf den Ödipuskomplex als eigentliche Achse hin?).

Die Funktion des Ödipuskomplexes läßt sich nur in Bezug zur Frühreife des Menschen verstehen; von selbst weist die Natur der menschlichen Begierde kein Objekt zu. Wir haben gezeigt,

---

[42] In ihren Methoden übrigens nicht selten spitzfindig, in ihren Beobachtungen nicht selten präzise – die Arbeiten von René Spitz geben davon Zeugnis.

daß der Mensch ursprünglich nicht um seine Begierde weiß; im Anderen oder im Umweg über dieses *Ich,* das ein Anderer ist, meldet sich das Begehrte; der Umweg über das Ich bindet ihn jedoch zugleich in konkurrierende Beziehung zum Partner. Diese sich immer neu erzeugende Opposition von Ich und Du zu überwinden, erlaubt der Ödipuskomplex.[43] Freilich ist dessen Vollendung und Untergang nie ausgemacht. Freuds Denken ist beständig von dem Gedanken einer zeitlichen Dichte mit all ihren Stagnierungen, Regressionen und Diskordanzen eingenommen. Jenseits der realen Eltern und ihrer psychologische und gesellschaftliche Bedeutungen verkörpernden Haltungen, jenseits selbst ihrer Repräsentation in der Phantasie hat der Analytiker mittels der Übertragung eine fundamentale Relation zu entbergen: die Relation zum Symbolischen. Sie ist für jeden Menschen Resultat eines persönlichen Arrangements und trägt ganz spezifische Züge. Eben diese konkreten und abwechslungsreich gestalteten Konstellationen sind Gegenstand der Analyse und nicht etwa formale Komplexe, die nur eine höchst beschränkte Anzahl von Grundbegriffen zulassen. Im übrigen bleibt die Perspektive eines Psychoanalytikers in erster Linie geschichtlich, so aufgeschlossen er sich auch gegenüber der Determination unbewußter Strukturen gibt. So führt zum Beispiel die Erkenntnis einer Phantasie die Verfolgung von deren Varianten im Verlaufe der Geschichte des Subjekts mit sich.

Bekanntlich geht eine Anzahl von Lauten, über die das Kind als Säugling verfügt, verloren, wenn es zu sprechen beginnt und in dem »Klang-Kontinuum« Laute »auszuwählen« anfängt, die kraft ihrer wechselseitigen Differenzierung Zeichenwert erhal-

---

[43] In seinem Artikel der *Encyclopédie française* »Les complexes familiaux dans la formation de l'individu« hat Lacan sehr präzise die wesentlichen Bedeutungen des Ödipuskomplexes herausgestellt: Reifung der Sexualität, welche, begünstigt durch den Komplex, an Objekte verwiesen wird; Konstitution der Realität: das Objekt erhält eine bestimmte »affektive Tiefe«; Repression der Sexualität und Entwicklung des Überichs; Sublimierung durch Identifikation mit dem Elternteil gleichen Geschlechts. Hinsichtlich der Identifikationen, die im Ödipuskomplex spielen, sei das Bild vom Vater reiner als jenes der Mutter, welche die ursprünglichen Identifikationen preisgibt. Im Niedergang dieser Vater-Imago – »der erniedrigte Vater« – sieht Lacan die hauptsächliche Determinante der zeitgenössischen Neurose.

ten. Dieses Phänomen findet sich nicht allein auf den Erwerb von Sprache beschränkt. Was sieht man in der Tat auf beispielhafte Weise im Traum, ja in jeder Produktion des Unbewußten auftauchen? Elemente, die vom bewußten Subjekt weder erwählt noch übernommen wurden, die aber gleichwohl als signifikante Elemente wirken. Muß man hier nicht eine vorgängige Symbolisierung setzen und darin mehrere Momente unterscheiden?

Solange das Unbewußte als Pulsschlag des Lebens, der noch geheimnisvoller als unsere Verhaltensweisen sein soll, vorgestellt wird, glaubt man den Analytiker im Kampf mit einem unergründlichen und listigen Monstrum, das nur auftauchte, um sich desto besser jeglichem Zugriff entziehen zu können. Weshalb sollte sich aber dann die Analyse im Medium der Sprache vollziehen? Jede andere Katharsis wäre doch eher angebracht. Ihre Mittel werden ihr indessen von ihrem Zweck vorgeschrieben. Wenn sie sich durch den alleinigen Dolmetscher der Rede vollzieht, wenn sie den Anspruch auf Entbergung dessen, was im Menschen schlechthin ursprünglich ist, erhebt, so deshalb, weil dieser Ursprung selbst Symbolisation, die Geschichte eines jeden Sinnerarbeitung ist.

Wie sollte man sonst den Verdrängungsvorgang verstehen? Des öfteren schon wurde dieser Begriff für unzulässig erklärt: auf widersprüchliche Weise setze er, so versichert man uns, die »Kenntnis« des zu Verwerfenden voraus, er impliziere ein Bewußtsein, das genaugenommen »kein Bewußtsein sein darf«.[44] Was aber sagt Freud? Er macht deutlich, daß die Definition der Neurose als Verzicht auf einen Teil psychischer Realität nicht wörtlich verstanden werden dürfe. Bei der Wesensbestimmung des Verdrängungsvorganges spricht er von einem »Versagen der Übersetzung«[45]: den ursprünglich der Triebbefriedigung verbundenen »Zeichen« wird die Niederschrift in jenes Gedächtnissystem verweigert, das sie unter die Verfügungsgewalt des Bewußtseins stellen würde. Gleichwohl finden sie sich im Kern des psychischen Apparats niedergeschrieben, in jenem abgetrennten System, das wir das Unbewußte heißen.

44 Sarte, *L'Etre et le Néant*, S. 91
45 Und dies bereits zur Zeit der Anfänge, in einem Brief an Fließ vom 6. Dezember 1896

Dergleichen erfordert aber eine Primärsymbolisierung. Jede Verneinung ist zunächst Bejahung. Freud eruiert dies anhand der *Verneinung* und deren verschiedener Momente. Leugnet der Patient im vorhinein (»Sie fragen, wer diese Person im Traum sein kann. Die Mutter ist es nicht.«) die Interpretation des Analytikers, der das zu Suchende gerade dort, wo es als ein Nicht-Seiendes gesagt wird, zu fassen trachtet, so ist, wie Freud schreibt, seine »Verneinung eine Art, das Verdrängte zur Kenntnis zu nehmen«. Wenn der Patient dann später die Interpretation »in voller intellektueller Annahme des Verdrängten« zu der seinigen zu machen vermag, ist damit »der Verdrängungsvorgang selbst ... noch nicht aufgehoben«.

Die Helle des Bewußtseins scheint also nicht die Verdrängung zu beseitigen; negierende Verhaltensweisen scheinen sich von einem Grund ursprünglicher Bejahung abzulösen. Dieser Widerspruch rechtfertigt in einem die Entstehung der Neurose und die Möglichkeit ihrer Heilung durch die Analyse. Weil wir im Innern mit Verdrängtem kommunizieren, können wir es erkennen. Allein, es genügt bekanntlich nicht, die Symptome des Patienten in Worte zu kleiden, um ihm Verfügungsgewalt über das Verdrängte zu verschaffen und um ihn zu befähigen, absolut zu bejahen, was bislang nur durch Negation bejaht ist. Die ursprüngliche Symbolisation ist ein Diesseits der Sprache und kein agiles Manipulieren mit exakten Bedeutungen. Verdrängtes artikuliert sich, doch eingebettet in körperliche Symbolik, in Charakter, in ein Schicksal. In einer treffenden Bemerkung bezeichnet Lacan »die absurden Aspekte einer seltsamen Symbolisierung« als das Frappierende der Neurosen. Gemäß den Prozessen Verschiebung und Verdichtung kehrt Verdrängtes in maskierter Gestalt wieder. Der Kranke spricht, doch zwischen den Zeilen; und wer hört und versteht ihn? Er selbst »hört« sich zwar, doch er versteht sich kaum. Aufgabe der Analyse muß es sein, die niemals oder nur ungenügend verstandenen Partialidiome aufzunehmen, zu entziffern und in einen lebendigen Logos umzuwandeln, der die Bedingungen seiner Kommunikation selbst einzusetzen imstande ist. Die symbolische Wirksamkeit der Analyse beruht definitiv auf einer fundamentalen Symbolisierung[46]. Freud

[46] Die Bedeutung dieser ursprünglichen Bejahung für die Struktur der Signi-

würde den Menschen als Sprachwesen, als beständig vergessene, verkannte und maskierte Modulation definieren.

Besteht die Aufgabe des Analytikers wirklich darin, das »Präverbale« zu einem gesprochenen Logos zu führen, soll er in Wahrheit seinem Patienten zur Manifestation »echter Rede« verhelfen, so wäre es absurd, sich ihn als absolut Weisen vorzustellen, der da *jenen sehr hohen, mit Orakeln und Maximen bevölkerten Sprachbaum bewohnte,* den Saint-John Perse beschwor. Die Analyse ist recht eigentlich Ort wechselseitiger Ablösung von Imaginärem und Symbolischem. Niemals begegnet symbolische Ordnung unvermittelt, niemals begegnet sie während einer Sitzung als solcher; vielmehr trifft man sie als in ihre sehr präzisen und verzweigten Bedeutungen je schon gebrochene. Wahrheit wird hier weniger in einer plötzlichen Illumination erkannt als in einer Bewegung gewonnen und bisweilen auch wieder verloren, die sie entschwinden läßt und uns doch wieder schenkt durch ihr Bestreben, uns zu entfliehen. Die Psychoanalyse gibt schließlich nicht vor, alle Konflikte lösen zu wollen – und wie könnte sie es, sie, die gerade die immerwährende Vielfalt der Persönlichkeit betont? Sie will sie vielmehr in eine positive Dimension rücken. Es würde schon genügen, den Menschen aus der Stagnation und aus dem Kreis dessen zu befreien, was sich, ohne Geschichte stiften zu können, wiederholt. Aus dem imaginären Engpaß der Neurose vermag uns die Psychoanalyse herauszugleiten, weil sie dieses Imaginäre an dem

---

fikanten läßt sich präziser fassen, wenn sie ausbleibt, wenn sich Ausschluß, ursprüngliche Verwerfung ereignet. Im Ausgang von dieser Verwerfung hat Lacan den Versuch unternommen, der Unterscheidung von Neurose und Psychose eine theoretische Grundlage zu geben. Der Geisteskranke habe ursprünglich einen fundamentalen Signifikanten verworfen, habe diesem Zutritt zu seiner symbolischen Welt verwehrt. Das so Ausgeschlossene könne nun nicht, wie das Verdrängte, in symbolisierter Form zurückkehren; stattdessen erscheine es im Realen, das nun »am Ort des Subjekts spricht«. Die Halluzination gebe uns ein Beispiel dieses Erscheinens. Oft schon konnte man hören, daß der Geisteskranke sie nicht mit seinen Wahrnehmungen zusammenbringe; oft schon wurde notiert, daß ihr Gegenstand in Bezug auf die Gegenwart unpassend sei. Hier liegt der Grund für die Ratlosigkeit so vieler Geisteskranker vor diesem Einbruch, den sie weder räumlich noch zeitlich einordnen können, den sie aber als eine an sie gerichtete Botschaft zu vernehmen vermögen. Doch von wem kommt diese Botschaft? Einzige Gewißheit bleibt, daß sie es sind, die da in Frage stehen.

mißt, wodurch es ursprünglich organisiert oder desorganisiert wird.
Die Akzentuierung der Sprachfunktion im psychoanalytischen Feld darf selbstverständlich nicht zu einem, hier offensichtlich paradoxen, Spiritualismus führen. Es ist gewiß wahr, daß der Patient nur eine Frage stellt: »Wer bin ich? Wo bin ich? Wo ist meine Wahrheit?« Wahr ist auch, daß der Analytiker nur eine Aufgabe hat – die ihn aber voll in Anspruch nimmt – nämlich: »In Wahrheit auf die Frage zu antworten, welche die Neurose stellt.«[47] Allein, es bedarf der Anmerkung, daß diese Wahrheit nirgendwo niedergelegt ist, weder im Analysanden noch im Analytiker, noch gar in deren Beziehung; sie ist ohne Ort, ohne Formel. Die Analyse ist weit davon entfernt, uns – dank der Gnade einiger souveräner Reden – ein *wahres* und sich selbst endlich unverborgenes *Subjekt* zu bescheren; uns von solch religiöser Sehnsucht zu erlösen, ist wohl der unmittelbarste Gewinn, den sie bringen kann.
Diese Bemerkung gibt Anlaß zu einer präzisen Reflexion über die Grenzen der Psychoanalyse. Sicherlich ist die dank ihr geübte Kommunikation in gewissem Sinn von »höherem Rang« als jene, die wir erreichen, wenn abgeschmacktes Verlangen den Anderen erahnen will und wenn dieser selbst sich seinerseits darauf versteift, uns unseres Bildes zu berauben. Jedermann weiß um den Hinterhalt, die Fallen und Drohungen dieser Jagd. Über Zauber und Misere dieses trügerischen Einverständnisses, dessen sich die müden Liebenden erfreuen, wurde schon alles gesagt. Das analytische Gespräch, welches auch immer seine Verdienste seien, bewegt sich auf der Ebene von Erkenntnis und Anerkennung. Es findet seine völlige Rechtfertigung darin, daß die zu ihm Zufluchtnehmenden mit ihrem Leiden für das Scheitern dieser Anerkennung zahlen und zugleich – was nicht genügend beachtet wird – auch für die Weigerung, auf ihre Begierde zu verzichten. Neurotisches Leid ist ein Schrei, dessen Umwandlung in Sprache dem Analytiker aufgegeben ist.
Gleichwohl bleibt, daß das Streben nach Anerkennung, gesetzt, es definiere die menschliche Begierde, zweifellos nicht der Mensch selbst ist. Keinesfalls könnte man sein Bemühen auf den Versuch,

[47] Serge Leclaire, *La Psychanalyse*, Bd. I, S. 233

sich in das symbolische Universum einzuordnen, noch auf den Versuch, jenem Sinn, den jeder in sich trägt, Stimme zu verleihen, reduzieren. Steht eine Analyse nicht ganz und gar im Zeichen des Todes, jenes absoluten Herrn, der am letzten Tage, der die Nacht ist, als einziger wissen wird, was ich je von Tilgung zu Tilgung, von Ausflüchten zu Versuchen gewesen bin – dieses Herrn, den zu beherrschen hieße, ihn meinem Leben zu gewinnen?

Es bedarf abschließend eines Wortes über die Bedeutung des Todes bei Freud. Es findet sich, und dies im besonderen in *Jenseits des Lustprinzips*, eine Konzeption des Werdens, die mit jener, welche den Grund für den friedfertigen Naturalismus so vieler Analytiker abgibt, nichts zu tun hat. Sicherlich sah er hier keinen Elan vitale, kein Setzen neuer Formen, keine integrierende Synthese. Dem Leben wird kein eigener Wert beigemessen. Die Bichatsche Formel: »Leben, das sind alle jene Kräfte, die sich dem Tod entgegenstellen«, glaubt man hier entfaltet zu sehen. Welche Fakten waren Anlaß, den die Theorie so störenden Begriff des Todestriebes einzuführen? Es waren Phänomene der *Wiederholung:* Träume Traumatisierter, jene »Bevorzugung« der Wiederholung gegenüber der Erinnerung in der Übertragung, schließlich das Spiel eines Kindes, das im Werfen und An-sich-ziehen einer Spule hundertmal das Weggehen und Wiederkommen der Mutter reproduziert: Abwesenheit und Anwesenheit, das erste signifikante Gegensatzpaar, das alle menschliche Begierde strukturiert. Am Ende des Werkes hat Freud bekanntlich Eros Thanatos untergeordnet.

Hier stoßen wir vielleicht auf die wesentliche Frage, die das Freudsche Oeuvre aufwirft: Wodurch geschieht wahrhaftig Öffnung zum Sein hin? Was inauguriert Geschichte? Die Libido? Ohne Zweifel eignet ihr Intentionalität – gleichwohl hat, wie mehr als eine Freudsche Schrift zeigt, kein Objekt Existenz, das von vornherein das entsprechende Korrelat für sie abgäbe.

Stets sind Begierde und Objekt einander fundamental inadäquat. Der Mensch ist keinesfalls »unreif« infolge der Unzulänglichkeit seiner Anlage, er ist vielmehr zur Frühreife berufen, ist auf immer Mangel. Seine Begierde hat in diesem »Abgrund des Lebens« Ursprung, sie übereignet ihn einer lückenhaften Geschichte, einem disharmonischen und konfliktreichen Werden. Die Bestimmung des Menschen ist nicht auf das Funktionieren vitaler Instinkte reduzierbar. Gewiß, Hunger ist objektbezogen. Auf direkte Weise ist seine Intentionalität einem Objekt zugewandt. Ist sie befriedigt, so ist sie behoben. Ihr Schicksal ist der stets neubegonnene Kreis. Das Los der Sexualität ist ein anderes: da ohne adäquates Objekt, entrinnt sie niemals gänzlich dem Narzißmus; gleichwohl wird mit ihrer Hilfe – infolge ihrer Beziehung zu dem Gesetz – der Mensch zum geschichtlichen Menschen. Allein aus diesem Grund setzte Freud stets den Akzent auf die sexuelle Begierde – eine Tatsache, die man allzu leicht vergißt –, und nur deshalb wurden der Ödipuskomplex und die in ihm spielenden Konflikte zur entscheidenden Institution.

Indessen – und diese Frage stellt *Jenseits des Lustprinzips* – war Freud nicht überzeugt, daß die durch den Ödipuskomplex eröffnete Dialektik der Sublimierungen jenes repetitive und tödliche Insistieren eines Triebes zu bezwingen vermöchte – eines Triebes, den zu sättigen nie glücken will, welche Objekte und Vermittlungen er auch wählt. Es ist in der Tat seltsam, daß Freuds tragisches Oeuvre, seine Konzeption vom beschädigten Leben und gespaltenen Menschen den Anfang für jenen einseitigen und moralisierenden Humanismus bilden soll, zu dessen Annahme psychoanalytische Lektüre bisweilen zu nötigen scheint.

Das Problem des Unbewußten bei Merleau-Ponty

Schriften und Lehre Merleau-Pontys zeugen von einer beständig sich vertiefenden Reflexion über Psychoanalyse. Der Leser und selbst der gelegentliche Hörer werden bemerkt haben, daß es dabei um mehr geht als lediglich um die generelle und konstante Sorge, die philosophische Bemühung niemals von den *empirischen Gegebenheiten* – und ihrer Verflechtung –, welche die Wissenschaften vom Menschen darbieten, zu trennen.

Wie soll man dieses Interesse verstehen, das – wie es die wenigen Seiten bezeugen, die einem kürzlich erschienenen Werk als Vorwort dienen – im Laufe der Jahre eine andere Richtung nahm, zumindest andere Akzente setzte?[1] Merleau-Ponty warnt dort den Autor und manchen anderen vor einer Annäherung der Phänomenologie an die Psychoanalyse, die zu verstehen sei, »als ob *Phänomen* das klar ausspräche, was die Psychoanalyse konfus dargelegt habe«. Es gibt eine »idealistische Abweichung«, die sowohl Freudschem Forschen als auch phänomenologischem Gedankengut abtrünnig ist. Solange wir den in der »psychoanalytischen Kommunikation verborgenen Erfahrungsschatz« nicht exakt formulieren können, empfiehlt es sich vielleicht, Freud »gleich einem Klassiker« zu lesen. Es wäre verfehlt, Freuds Sprache deshalb abzulehnen, weil sie philosophischem Ressentiment begegnet: »Vor jeder Idealisierung bewahren zumindest die energetischen und mechanistischen Metaphern den Keim einer Intuition, die als eine der kostbarsten der Freudschen Lehre gelten darf: die Intuition unserer Archäologie.«

Zunächst jedoch einige Markierungspunkte des zurückgelegten Weges.

Das Unbewußte wird nicht mehr abgetan – und dies vor allem scheidet Merleau-Ponty von Husserl, Sartre und selbst von der Kritik Politzers. Es gilt indessen, die Entdeckungen der Psychoanalyse von einer objektivistischen Ideologie zu trennen

[1] Vorwort zu A. Hesnards *L'oeuvre de Freud*, Paris 1960

und den *Sinn* von Realitäten und psychologisch unbestreitbaren Operationen wiederzufinden, welche durch die kausalen Begriffe der Metapsychologie eine Entstellung erfahren haben. Seit *La structure du comportement* wird an dieser Intention festgehalten. Der Freudismus steht hier als Beispiel für die Präzision der Beziehungen zwischen *menschlicher* und *vitaler Ordnung* und deren Übergang ineinander.² Diese der Goldsteinschen sehr ähnliche Perspektive führt zu einer Ethik der Integration: »Verdrängung träte dann auf, wenn die Integration nur scheinbar realisiert würde und im Verhalten bestimmte relativ isolierte Systeme weiterbestehen ließe, deren Transformierung und Übernahme ineins das Subjekt verweigerte.« (S. 192) Selbst wenn hier gewisse Termini – andere Passagen zeigen dies noch deutlicher – an Sartre oder Politzer erinnern – die Lösung ist eine andere; sie darf nicht auf der Ebene eines Bewußtseins oder eines Wissens gesucht werden, das immer Gefahr läuft, sich im eigenen Labyrinth zu verirren, sondern auf der Ebene des Leibes, dem *eingeborenen* und *a priori* normativen Komplex. Das Unbewußte wird nicht mit der Unaufrichtigkeit des Analysanden gegenüber sich selbst verwechselt, der das Erfahrene verkennt (Sartre), noch mit der des Analytikers, der legitime Konstruktionen – die das konkrete *Drama* individuellen Lebens zu analysieren gestatten – mit einem latenten Inhalt vermischt, der nur Resultat nachträglicher Projektion wäre (Politzer)³.

2 Natürlich darf diese Unterscheidung nur *funktional* und nicht in einem *substantiellen* Sinn verstanden werden. Gleichwohl wirken jene Bilder von Hierarchie und Schichten – die ihre psychologische Tradition haben und dazu verleiten, das Unbewußte dem Niederen gleichzustellen – fort. Die folgenden Zeilen sind dafür Zeuge: »Die Regression des Traumes, das Fortwirken eines in der Vergangenheit erworbenen Komplexes und schließlich das Unbewußtsein des Verdrängten manifestieren einzig die Rückkehr einer primitiven Weise, das Verhalten zu gestalten, eine Simplifizierung von komplexeren und ein Rückschritt zu primitiveren Strukturen.« (S. 193)
3 »... Nachdem einmal das Unbewußte negiert ist, brauchen wir uns nicht mehr zu fragen, wie sein Inhalt zu verstehen sei. *Diesen Inhalt gibt es nicht.* Das Subjekt hat geträumt: das alles, was es zu tun hatte. Um den Sinn des Traumes weiß es nicht; als simples Subjekt muß es ihn nicht kennen, denn für diese Erkenntnis ist der Psychologe zuständig; kurz gesagt, den latenten Inhalt, d. h. das Wissen um den Sinn des Traumes kann es *vor der Analyse* weder bewußt noch unbewußt geben: es gibt ihn nicht, da das Wissen allein aus der Arbeit des Gelehrten resultiert.« (Politzer, *Critique des fondements de la psychologie,* Paris 1929, S. 212

Eine phänomenologische Lösung ist von vornherein ausgeschlossen – falls darunter eine *intentionale Analyse* zu verstehen wäre, die Korrelationen zwischen Sichtweisen und Bedeutungen exakt beschriebe. Mehr noch, es ist keineswegs ausgemacht, ob die Ambiguität und die Tiefe des »intentionalen Lebens« hinreichend Rechenschaft über die Paradoxie des Freudschen Unbewußten zu geben vermögen. Noch heute erlebt man, daß ein Freud so geneigter Autor wie A. de Waelhens das Skandalöse an der Hypothese des Unbewußten mit der These zu kompensieren sucht, daß wir ebensowenig die exakte Bestimmung des Begriffes Bewußtsein kennen, seit wir in ihm nicht mehr nur *einen* Blick sehen, sondern gelernt haben, eine Simultaneität von Sehweisen zu erkennen, deren jede komplex und dynamisch strukturiert ist.[4] Gewisse Formulierungen in *La structure du comportement* weisen in diese Richtung.[5] Gleichwohl scheint sich von da an bemerkenswerterweise eine andere Perspektive zu eröffnen – zumindest als Index einer für phänomenologische Deskription nicht reduzierbaren Schwierigkeit. »Es gälte zu verstehen, wie gewisse abgesonderte Dialektiken und den Sinn des Wortes verkehrende, mit einer inneren Logik ausgestattete geistige Automaten sich im Bewußtseinsstrom konstituieren und den kausalen Gedanken, die Freudschen Erklärungen in der dritten Person, sichtbar rechtfertigen können.« (S. 193)

Ein Problem, dessen Lösung die *Phénoménologie de la perception* kraft ihrer freieren »existentialistischen« Orientierung[6] allein kaum voranzutreiben vermochte. Das Unbewußte stellt hier keine speziellen Probleme; es findet sich unter der Rubrik des Präpersonalen. Die Psychologie des Unbewußten und die Psychologie des Bewußtseins finden sich Seite an Seite, denn beide

---

4 A. de Waelhens: *Sur l'inconscient et la pensée philosophique*, vorgetragen auf den »Tagen von Bonneval« 1960.
5 Beispielsweise: »Was die von Freud beschriebenen Fakten fordern (...), ist einzig die Möglichkeit eines bruchstückhaften Bewußtseinslebens, das in all seinen Momenten keine einheitliche Bedeutung besitzt.« (S. 193)
6 Selbst wenn stets jene Bewegung akzentuiert wird, mit deren Hilfe der Mensch eine Situation aufnimmt, die seinen eigenen Sinn schon auf anonyme Weise konstituiert; keinesfalls wird hier, wie bei dem Sartre von *Das Sein und das Nichts*, einer den Sinn zeitigenden Macht der Freiheit das Wort geredet.

weisen der Existenz nur »repräsentativen« Inhalt zu – die eine einen enthüllten, die andere einen verborgenen.

Aufgabe der psychoanalytischen Beispiele – öfter der *Daseinsanalyse* Binswangers als Freud selbst entliehen – ist es, zu veranschaulichen, auf welche Weise gerade der Leib »jederzeit Ausdruck der Modalitäten der Existenz überhaupt ist«; der Sinn des Symptoms findet sich in einem global existentiellen Verhalten beschlossen; er kann und muß unmittelbar auf ein Subjekt der ersten Person bezogen sein. (»Die verlorene Erinnerung ist stets ihrer Zugehörigkeit zu einem bestimmten, von mir abgewiesenen Lebensbereich wegen verloren«, S. 189.) Ganz entschieden wird hier der Leib zur »Möglichkeit für meine Existenz, sich ihrer selbst zu entschlagen, zur anonymen und passiven zu werden und sich in einer Scholastik zu verfestigen«. Schlaf und Verdrängung sind mit ähnlichen Termini beschrieben; der dynamische Prozeß der Verdrängung – bei Freud an die topische Unterscheidung zwischen Denksystemen gebunden, die radikal differenten Gesetzen gemäß spielen – wird zum Begriff der Fixierung verwischt, der ungleich einfacher mit Goldsteins Worten darzustellen wäre.

Verhüllt die explizite Differenz in der Perspektive zwischen den beiden Werken – das erste thematisiert von außen her den wahrnehmenden Menschen, das zweite macht sich den Gesichtspunkt des Subjekts zu eigen – nicht eine fundamentalere Divergenz, derzufolge entweder die Struktur oder die Bedeutung vorrangig würde? Zweifellos ist Merleau-Pontys gesamte Philosophie dafür Zeuge, daß keine Antinomie zwischen diesen Begriffen besteht, denn nur im Kern einer spezifischen Struktur wird Bedeutung sichtbar und verständlich. Welcher Grad an Formalismus, den man der Struktur beimißt, auch erreicht werden mag, so hat diese sich doch immer effektiv im Bereich des Lebens zu verifizieren, wo den Phänomenen unmittelbare intersubjektive Bedeutung zukommt.[7] Gleichwohl rechtfertigt das Erfor-

---

[7] »Die logischen und höchst befremdlichen Operationen, welche die Formalstruktur der Gesellschaften bestätigen kann, müssen wohl auf irgendeine Weise von den Populationen, die diese Systeme leben, vollzogen werden.« (»De Mauss à Lévi-Strauss«, in *Signes*, S. 149)

Im gleichen Text ist ein sehr ausführlicher Abschnitt über den (bis zu jeglichem Sinnverlust) verallgemeinerten Gebrauch des Strukturbegriffs zu finden:

dernis, zwei Begriffe in Gegenseitigkeit zu artikulieren, noch lange nicht deren anfängliches Vermengen. Es fordert ganz im Gegenteil den entgegengesetzten Schritt. Es geht beispielsweise nicht an, in der allzu globalen Kategorie des *Sinns* eine so wesentliche Unterscheidung wie die zwischen Ausdrucksbeziehung (eine dem Objekt immanente Bedeutung) und Sprachbeziehung (Differenz zwischen Signifikanten) zu ertränken.[8] Zweifellos hat der kurze Satz Freuds »die Symptome haben einen Sinn« eine solche Verwirrung begünstigt – jener Satz, der so gern zum Zeugen für das Mißverhältnis zwischen seinen Kausalbegriffen und seiner Erfahrung angerufen wird und aus ihm einen Phänomenologen wider Willen zu machen scheint.

Struktur und Bedeutung: einer Differenz in ihrer Orientierung läßt sich leicht beipflichten. Auch wenn das Subjekt heute nicht mehr definiert wird, als ob es Welt konstituierte und aus sich entließe, so führt die Idee der Bedeutung doch zu einem Subjekt, das als Intentionalität nicht weniger Grund des Sinngeschehens bleibt.[9] Im Gegensatz dazu dezentriert der Gedanke der Struk-

»Das heute stark strapazierte Wort hatte anfänglich eine präzise Bedeutung. Den Psychologen diente es zur Bezeichnung der Konfigurationen des Wahrnehmungsfeldes, – jener Totalitäten, die mittels bestimmter Kraftlinien gegliedert wurden und die jedem Phänomen den entsprechenden räumlichen Wert zuwiesen. Auch in der Linguistik fungiert die Struktur als konkretes und leibhaftiges System. Wenn Saussure das Sprachzeichen diakritisch nannte – es wirke allein kraft seiner Differenz mittels eines bestimmten Abstands zwischen ihm und anderen Zeichen, und zunächst keinesfalls durch Evokation einer positiven Bedeutung –, so machte er die Einheit der Sprache als eine Systematisierung deutlich, die unterhalb der expliziten Bedeutung spielt und sich bildet, bevor noch deren ideales Prinzip gekannt wird. Nach Ansicht der Sozialanthropologie besteht die Gesellschaft aus Systemen der folgenden Art: Verwandtschafts- und Abstammungssystem, System des sprachlichen Austausches, System des ökonomischen Austausches, Systeme der Kunst, des Mythos und des Rituals (...) Die in einer Gesellschaft lebenden Subjekte haben notwendigerweise keine Kenntnis von dem sie beherrschenden Tauschprinzip; sie haben sie ebensowenig, wie das sprechende Subjekt, um sprechen zu können, sich einer linguistischen Analyse seiner Sprache zu unterziehen braucht. Diese ›hat sie‹ viel eher, als daß die Subjekte die Sprache haben.«

8 Über die Bedeutung dieses Punktes in Freuds Konzeption des Unbewußten siehe J. Laplanche und S. Leclaire in *Les Temps Modernes*, Juli 1961.
9 Ungeachtet der Tatsache, daß ein Ablösen des »phänomenologischen Subjekts« vom Subjekt der klassischen Philosophie, dem bewußten Träger von Tätigkeiten, Schwierigkeiten bereitet, denn ersteres differenziert sich nur mittels Berichtigungen, die Schritt für Schritt vom zweiten ausgehen. Sobald man die phänomenologische Deskription mit einer Kritik verstümmelt, die ewig

tur die Subjekte und läßt sie als von Prozessen bestimmt erscheinen, innerhalb derer sie nur Momente oder Zeichen sind. Eine auf das Primat der Bedeutung gebaute Philosophie dürfte so natürlicherweise das Unbewußte nur unter dem Vorbehalt gelten lassen, es in eine Theorie des wahrnehmbaren Leibes und des Ausdrucks und in eine subjektive, einen Sinn artikulierende Aktivität integrieren zu wollen. Ein Denken hingegen, das dem Strukturbegriff den Vorzug gibt, zeigt sich zunächst im Hinblick auf die traditionellen Gegensätze neutral, als da sind: Bewußtes und Unbewußtes (intrasubjektiv)[10], Ich und Du (intersubjektiv).
Doch kann man sich damit begnügen, hier nur Differenzen hinsichtlich der Methode und der Orientierung zu sehen? Hier nun muß eine Reflexion über die Sprache einsetzen, um deren entscheidende Bedeutung für die Entwicklung des Merleau-Pontyschen Denkens man weiß.
Das Primat der Wahrnehmung in der *Phénoménologie de la perception* hat eine gewisse Verkennung der Sprache zur Folge. Sprache findet sich hier nicht in dem ihr zukommenden Bereich beschrieben, sondern als Verallgemeinerung der Ausdrucksfunktion dargestellt. Das Sprachsystem, aus Vokabular und Syntax konstituiert, kann als Niederschlag und Verwahrung der gesprochenen Akte angesehen werden, die selbst als *Gebärden* zu verstehen sind: »In Wahrheit ist das Wort Gebärde, und es trägt seinen Sinn in sich wie die Geste den ihren (...) Die sprachliche Geste bringt, wie jede andere Gebärde, ihren Sinn selber hervor. Die Sprachwelt ist ein Äquivalent dessen, was die Sinnenwelt für die Geste ist (...) Von diesem *irrationalen Vermögen der Bedeutungsschöpfung* und Bedeutungskommunikation abzusehen, ist schlechterdings unmöglich. *Die Sprache ist nur ein Sonderfall der Entfaltung dieses Vermögens.*« (S. 217; Hervorhebungen von mir.) Der Ursprung der Sprache selbst (ein Problem,

zwischen einer intellektualistischen und empiristischen Lösung schwankt, verliert sie viel an Wirksamkeit; sie wird diesem Einwand niemals gänzlich entgehen, solange ihre »Naivität« von der Sophistikation nicht zu trennen ist.
10 Man kann sogar einer Umkehrung der Perspektive hinsichtlich der klassischen Ansichten beiwohnen. In Konzeptionen, die vom Begriff des Unbewußten einen spontanen (Saussure) oder systematischen (Freud) Gebrauch machen, gibt wohl paradoxerweise Funktion und Ort des Bewußtseins eher Probleme auf.

dem auszuweichen nicht erlaubt ist) ist ein »nicht mehr und nicht weniger großes Wunder als das Auftauchen der Liebe in der Begierde oder der Geste in den nicht koordinierten Bewegungen am Anfang des Lebens« (S. 226).

Zweifellos ist solchen Analysen wenig zu entgegnen. Ihnen indessen eine positive Bestimmung der Sprache als Werkzeug entgegenhalten, welche das Sprechen zu einem Nebenprodukt, zur simplen individuellen Ausübung reduzierte, ist unstatthaft und bringt nichts Neues. Was Merleau-Ponty faszinierte, war deren dialektische Beziehung, die er zu explizieren suchte[11], ohne schon in der sprachlichen Institution das *Modell* zu sehen, das andere Institutionen in ihrer Genese, ihrem Zusammenspiel, ihren Verwandlungen zu verstehen gestattet.

Interessant ist, daß Merleau-Ponty in dem Jahr, als er am Collège de France über »L'Institution dans l'histoire personelle et publique« las, eine weitere Vorlesung dem »Problème de la passivité« widmete: zwei Wege gegenseitiger Annäherung, mit deren Hilfe er die Grenzen einer Bewußtseinsphilosophie abstekken und gleichzeitig seine eigene Philosophie der Wahrnehmung (zumindest die Weise, in der sie oft verstanden wurde) zurechtrücken konnte.[12]

Zunächst mußte mittels einer Verallgemeinerung des durch die Analyse der Wahrnehmung bereits Erarbeiteten der Begriff des Subjekts erneuert, es als *Instituens* definiert werden. Die Rede vom Primat der Wahrnehmung bedeutet nicht, eine *Tätigkeit* zum primordialen Bereich unseres Seinsbezugs zu erklären (oder gar das Sensorische hervorzuheben), sondern einen *Seinsbereich* zu erschließen zu suchen, dem das Subjekt nicht eingefügt ist[13],

---

11 Siehe insbesondere »Sur la phénoménologie du langage« in Signes, S. 105–122.

12 In den folgenden Bemerkungen beanspruche ich selbstverständlich nicht, über die von Merleau-Ponty in jenem Jahr (1955) gehaltenen und von mir nur sporadisch besuchten Vorlesungen auch nur summarisch Rechenschaft geben zu können. Ich berichte einzig – und dabei vertraue ich der Erinnerung meines damaligen Interesses –, was ich aus ihrer Orientierung bezüglich des von uns hier diskutierten Problems entnommen habe.

13 »Während ich glaubte, gewisse Zur-Schau-Stellungen zu beherrschen, finde ich mich von ihnen beherrscht; und ich sehe im Raum eine Gestalt sich abzeichnen, die Möglichkeiten meines eigenen Leibes weckt und beschwört, als

über den es aber ebensowenig Souveränität besitzt. Vom Primat der Wahrnehmung sprechen hieße, auf einem exemplarischen Terrain den Begriff des *Bereiches* entfalten, der letztlich als im Subjekt selbst wirkend zu erkennen ist.

Sollten sich dort einem Subjekt Hindernisse in den Weg stellen – die weder rein natürlich noch einfach als Kehrseite seines Könnens durch es selbst gesetzt sind – und ein *Problem* der Passivität – d. h. etwas anderes, als das Faktum Trägheit meint –, so bedeutete Bewußtsein haben notwendigerweise »die Verwirklichung einer bestimmten Variante in einem schon instituierten Bereich der Existenz, dessen Gewicht, gleich einem Schwungrad, auch in jene Aktionen einwirkt, kraft derer wir ihn transformieren«.

Befragen wir doch, um ein Beispiel zu nennen, unsere Erfahrung vom Gewesenen: es erscheint nicht als gewählte Aneinanderreihung, sondern als Gewebe, an dem Tag für Tag gewoben wurde – oft sehr weitmaschig, plötzlich aber auch straff, mit blind gelebten Konflikten gemustert, zuweilen mit Ereignissen belastet, die schwerer wiegen als andere und die nach und nach ihre Wirksamkeit dergestalt enthüllen, als ob sie in uns eine Art System begründeten, das in der Lage wäre, Werte dem beizumessen, was sich präsentiert. Des weiteren: ein Rückgriff auf unsere Erfahrung von Schlaf und entsprechendem Erwachen wird uns auf Sartres radikalen Dualismus von Präsenz und Abwesenheit der realen Welt, auf eine jeder Umschließung bare Diskontinuität verzichten lassen.[14] Schlafen ist nicht Vollzug eines leeren und »imaginierenden Bewußtseins«, das zum Gefangenen seines Sturzes geworden wäre, sondern eine Modalität

---

ob es sich um meine Gebärden und Verhaltensweisen handelte.« (*Signes*, S. 118)

[14] »Dem Wesen nach können das Reale und das Imaginäre nicht nebeneinander bestehen. Es handelt sich um zwei Objekttypen, um Gefühle und Verhaltensweisen, die gänzlich unreduzierbar sind« (*L'imaginaire*, S. 188). Man wird sich erinnern, daß das reflexive Bewußtsein bei Sartre auf diese Weise plötzlich den Traum zerstört, und daß demgegenüber das imaginierende Bewußtsein, insofern es in seiner Haltung verharrt, für eine Änderung unmotiviert bleibt; »solange der Traum andauert, kann das Bewußtsein sich selbst nicht als ein reflektierendes bestimmen; es ist in seinem eigenen Sturz befangen und hört nicht auf, immer wieder Bilder aufzugreifen« (S. 216).

des Leibes, der sich der Welt verschließt und eben dadurch weiterhin an ihr teilhat.

Freud ist Sartre gegenüber im Recht; es ist nicht wahr, daß der Traum nichts weiter ist als das »bloße Vermögen, etwas Beliebiges durch ein beliebiges Emblem zu fixieren«[15], da jeder Eindruck nach und nach für eine Vielzahl von Objekten *Geltung* haben kann[16]; es gilt, Freuds Idee eines »für den Traum und, noch allgemeiner, für das Ganze unseres Lebens verantwortlichen Ursymbolismus«[17] aufrecht zu erhalten und zu entwickeln.

Die Fiktion bezieht ihre gesamte Kraft nicht aus der Abwesenheit des Realen, und andererseits hat die wahrgenommene Welt Lücken. Ihre Fülle bleibt präsumptiv, und unschwer läßt sich hier im Wettbewerb mit ihr, aber nicht ausgeschlossen durch sie, die Kraft des Imaginären antreffen – sei es in unserem sog. inneren Monolog (da er nicht aus Worten besteht, bleibt diese Benennung unbefriedigend), sei es dann, wenn unsere Wahrnehmung des Anderen, in dem Hin und Her des Konfliktes beispielsweise, sozusagen traumhaft wird. Wo nun und auf welche Weise konstituiert sich diese Rede, die nicht spricht?

Dergestalt zeichnet sich eine Konzeption des Unbewußten ab, die den Freudschen Objektivismus wohl zurückweist, ohne indessen jenes, was er an Opakem und Anonymem in unsere Existenz einbringt, auf die für das imaginierende Bewußtsein konstitutive Unaufrichtigkeit gegenüber sich selbst zurückzuführen. Dem Unbewußten ist vielmehr eine bestimmte Wirksamkeit einzuräumen, und es müßte als *Wahrnehmungsbewußtsein* definiert werden.

---

15 und 17 Diese Zeilen sind dem Resümee der Vorlesungen im Jahrbuch des Collège de France entnommen.
16 »Wenn sich das Bewußtsein seines eigenen Sorgens und Begehrens nur in symbolhafter Gestalt innewerden kann, so liegt dem keineswegs, wie Freud glaubte, eine Verdrängung zugrunde, die sie zu maskieren gezwungen hätte. Der Grund liegt vielmehr in der Unfähigkeit des Bewußtseins, irgend etwas Reales in der Form der Realität zu erfassen. Die Funktion des Realen hat es gänzlich verloren.« (Sartre, op. cit. S. 216) Für Sartre entspricht die »Leere« des Imaginären der Fülle des Realen, das er auf das zu reduzieren scheint, was beobachtet und gelernt wird; dieses realistische Postulat gestattet es ihm, die Strukturierung des Realen durch das Imaginäre – zumindest in diesem Augenblick seines Denkens – stillschweigend zu übergehen.

Gewiß bedarf eine Philosophie der Wahrnehmung nicht der Absage an den Freudismus – ist sie indessen imstande, ihn ohne Verkennung zu integrieren? Sind in der Sicht Merleau-Pontys die Mechanismen der Traumarbeit beispielsweise nicht wesenhaft auf eine Seinsweise des Bewußtseins bezogen, auf das Traumbewußtsein nämlich? Die Phänomenologie kann die Beziehung beschreiben, welche dieses Bewußtsein zu jener absoluten Welt, wie es die der Kindheit ist, aufrecht erhält, zu einer so wenig datierten Vergangenheit, daß sie transtemporal wird, zu den Anderen, die nicht so sehr als isolierbare Personen zu erkennen sind, vielmehr im stetigen Rollentausch als Instrumente für unsere eigene Auseinandersetzung und für unseren persönlichen Mythos erscheinen... So kommt man dazu, die *Verdichtung* auf das für den Traum konstitutive Vermögen, vielfältige Bedeutungen zu bieten, zurückzuführen; darin ist einbeschlossen, daß der Traum niemals inventarisiert werden kann, daß er wohl Themata erarbeitet und Sinnbilder sehen läßt, nicht aber Zeichen artikuliert. In gleichem Maße wird die *Verschiebung* nicht mehr zu jenem Vorgang einer Rhetorik des Unbewußten, die ein Element an die Stelle eines anderen setzt; sie besagt einzig, daß der Traum ein Strahlen ist, das von mehreren Zentren ausgeht. Indessen – ist hier noch Traumanalyse möglich?

In seinen Kommentaren zu bestimmten Interpretationen Freuds (insbesondere zum Fall Dora) vertrat Merleau-Ponty die Ansicht, wenn man die Interpretationen für richtig halte, müsse man auch einräumen, daß das Unbewußte des Kranken sehr wohl darüber Bescheid wisse ... Weshalb denn beständig eine Maskierung der Gedanken postulieren, die dazu bestimmt sei, ihnen einen bekennbaren Charakter zu verleihen? Dergestalt wird man nicht jene Paradoxie eines »Wissens, das doch nicht weiß« lösen können. Das Wahrnehmungsmodell hingegen vermag dies viel eher zu leisten, denn es zeigt die Weise, wie ein im wahrsten Sinn des Wortes abwesender Gegenstand gleichwohl wahrzunehmen ist. Weshalb hätte denn beispielsweise Dora ihren Vater nicht als Liebesobjekt wahrnehmen sollen, ohne indessen ihr Gefühl als Liebe bestimmen zu können? Kann man denn, fragt Merleau-Ponty, eine ursprüngliche Liebe auf direkte Weise erkennen? Wenn Doras Vater für sie den Prototyp des

Mannes verkörperte, waren alle anderen eben »nicht er«. Für ein *Wissen*, so wie Freud es ihr abverlangte, hätte sie einer Erfahrung von Welt bedurft, die ihren Vater nicht hätte enthalten dürfen. Warum auch stets diese Person zum *Ersatz* jener anderen erklären, die das Subjekt nicht zu identifizieren wagt, während jene doch in Wahrheit wie eine Norm wirkt, die gewissermaßen in einer Reihe von letztlich substituierbare Äquivalente erzeugenden Schaltstellen für die neuhinzukommenden Personen das Maß wird?

Die zitierten Beispiele sollen nicht nur von der Sorge zeugen, Interpretationen zu nuancieren, deren vorläufigen und gezwungenen Charakter die Analytiker selbst oft genug betont haben.[18] Merleau-Pontys Fragen und seine bisweilen auffällige Ungeduld[19] haben noch ganz andere Bedeutung. Zunächst sind sie Ausdruck eines berechtigten Verdachts gegenüber einer Philosophie, welche die Vermögen des Bewußtseins nur negiere, um sie einem überhellen und boshaft genialen Unbewußten vervielfältigt wieder einzusetzen; daneben gibt es aber noch einen anderen Punkt, über den wir diskutieren möchten. Nachdem der Begriff eines für den Gegenstand konstitutiven Bewußtseins zugunsten eines Bewußtseins, das er in Ermangelung eines besseren Terminus Wahrnehmungsbewußtsein nannte, zurückgewiesen war, schien es ihm ohne Zweifel, daß vieles, was die Psychoanalytiker in die Vokabel »Unbewußtes« projizierten, zu jener *Däomonologie* gehörte, vor welcher Freud selbst seine Leser zu bewahren suchte.

---

18 Aber vergessen wir nicht den Wert der Entdeckung, die orakelhafte Resonanz, die Interpretationen zu einer Zeit eignete, da die Psychoanalyse sich mit dem Worte Freuds vereinte.
19 In seinem Vorwort zu Hesnards Buch spricht er darüber in erheiternden Worten: »Jeder Leser Freuds, glaube ich, wird sich seiner ersten Eindrücke erinnern: eine unglaubliche Vorliebe für die am wenigsten wahrscheinlichen Interpretationen, ein besessenes Sichversteifen auf das Sexuelle, und vor allem anderen Bedeutung, Wort und Handlung in *verfallener* Gestalt und zugunsten von lächerlichen Kalauern entwertet.« Als Lacan vor einigen Jahren seinen Vortrag vor der *Société de philosophie* mit dem Freudschen Beispiel eines Namensvergessens (Signorelli) illustrierte, äußerte Merleau-Ponty sein Befremden.

Mit Recht wird ein Gutteil von Gegebenheiten, für welche man leichthin das Unbewußte – diese Rumpelkammer – parat hat, verständlich, ohne daß man das Feld der Bedeutungen zu verlassen brauchte. Trägt diese Bestimmung indessen weit genug? Die Schwierigkeit trifft unbestreitbar den Nerv von Merleau-Pontys Reflexion über das Unbewußte. Sie ist meiner Meinung nach für bestimmte Formulierungen verantwortlich, die hinter seinem eigenen Denken zurückzubleiben scheinen. Sie lassen nämlich das Unbewußte in dem gründen, was die Existenz an Implizitem, Zweideutigem und Überdeterminiertem bietet.[20] Doch weist die Lektüre jener Gegebenheiten, die er unter den Begriff Institution gruppierte, nicht in eine ganz andere Richtung? Wenn Merleau-Ponty so disparate Phänomene wie den Ödipuskomplex und das Erwachen einer Liebe, die Anwendung der Perspektive in der Geschichte der Malerei oder die Wirkungsweise eines Verwandtschaftssystems zusammenbrachte, wenn er in all diesen Fällen nach den Ereignissen suchte, die in unserer Auseinandersetzung mit der Natur, uns selbst und den Anderen ein System zu stiften vermochten, brachte er die Existenz von *symbolischen Matrizen* zur Evidenz, die einem gestörten Gleichgewicht entstammen, das wie ein Appell wirkt; die einer ganzen Reihe von Ereignissen, die sie aneinanderbinden, Sinn geben; die nicht Begriffe, sondern Differenzen einführen und die, gleich einem Sub-Universum, im Bereich unseres Verhaltens präsent sind, ohne daß wir es vermöchten, sie positiv zu bezeichnen. So betrachtet, wäre das Unbewußte als Gesamtheit von Regelmechanismen zu bestimmen. Es böte sich so die Möglichkeit, dem Vulgär-Freudismus zu entrinnen, der in dem Maße, wie er dem Unbewußten geheime Gedanken und vergrabene Erinnerungen als Inhalt zuspricht, es dem Bereich des *ich denke* einordnet. Das Unbewußte wäre auch nicht auf eine imaginäre Thematik zu reduzieren, denn in der Wiederholung des Konflikts bringt es ja die Struktur eines intersubjektiven Feldes zum Aus-

---

20 Beispielsweise diese Zeilen von 1955: »Das Wesentliche an der Lehre Freuds ist nicht, aufgezeigt zu haben, daß den Erscheinungen eine ganz andere Realität zugrunde liegt, sondern daß hier die Analyse eines Verhaltens mehrere Bedeutungsebenen findet, die alle ihre Wahrheit haben, denn die Vielzahl der Interpretationen ist nur diskursiver Ausdruck eines vielgestaltigen Lebens.« (Resümee der Vorlesung)

druck. Es wirkt in Wahrheit als ein Ganzes von mehr oder weniger koordinierten Institutionen. Letztlich ist es unsere primordiale Institution.

Allein, ebenso wie dem Sprachsystem verweigerte Merleau-Ponty auch dieser Institution den Charakter der Transzendenz; er lehnte es ab, sie als den Ort von Gruppierungen und Permutationen zu betrachten, der sie zu einem wesenhaften Nicht-Wissen für das Subjekt werden ließe. So kam er dazu, Freuds Kommentar zur *Gradiva* wiederaufzugreifen. Er explizierte, Hanold dürfe nicht als ein seiner Vergangenheit verfallener Mensch gesehen werden, der, ohne jemals darum zu wissen, jeden Verständnisses bar, von Wahrnehmung zu Wahrnehmung schreite bis zu jenem Tag, an dem Stück für Stück die Realität das Delirium ersetzt hätte. Ganz im Gegenteil wolle Jensens Novelle veranschaulichen, auf welche Weise das Delirium, dessen Genese Thema ist, von unmittelbaren Wahrnehmungen gespeist werde, welche keinen Anschluß zum Kontext der Vergangenheit finden können. Hanold zumindest meidet ganz systematisch einen bestimmten Bereich seines Lebens. Er kennt die Art des Verdrängten, wahrscheinlich auch die Ordnung der Ereignisse. Man könnte gar sagen, Hanold wisse in der Weise der Wahrnehmung, daß er Gradiva liebe. Die Bedeutung des Deliriums ist also durch Verdrängung fixiert. Das Falsche sagt das Richtige.[21] Was die Produktivität anbelangt, so gewinnt das Delirium sie aus der Kraft des Begehrten. So wäre das Verdrängte in uns systematische Lücke, wirksame Leere.

Nicht zufällig berief sich Merleau-Ponty auf diesen Text; hier findet man in der Tat die wohl »phänomenologischste« Konzeption des Freudschen Unbewußten, denn eben hier werden Verdrängung und Wiederkehr des Verdrängten als zwei sich gänzlich korrelative Vorgänge beschrieben: »Gerade dasjenige, was zum Mittel der Verdrängung gewählt worden ist..., wird Träger des Wiederkehrenden; in und hinter dem Verdrängen-

---

[21] Gründen der Zauber und das Belustigende an *Gradiva* nicht zu einem Teil in dem Eindruck, den eine rückwärts projizierte kinematographische Folge vermittelt? Um zum Ausgangspunkt, zu einem Stuhl beispielsweise, zurückzukommen, sieht man eine Person Umwege gehen, die kompliziert und absurd erscheinen.

den macht sich endlich siegreich das Verdrängte geltend.«[22] Meines Wissens ist dies der einzige Text, worin Freud in symmetrische Beziehung bindet, was er später, nachdem er seinen »Irrtum« erkannt hatte, als zwei spezifische und voneinander unabhängige Mechanismen der »Verdrängung im weiteren Sinn« unterschieden wissen wollte. Zweifelsohne versetzt uns diese Unschlüssigkeit, die keinesfalls nur auf eine Frage der Schule hinausläuft, geradewegs in jede Problematik des Unbewußten. Die »Lösung Gradiva« legt es nahe, den Sinn des Unbewußten als dem Gelebten koextensiv zu begreifen: das Verdrängte wird gerade in jener Bewegung sichtbar, kraft derer das Subjekt es zu verbergen trachtet – so verschlungen und schwierig ihr Nachvollzug auch sein mag. Die Analytiker drücken es so aus: die Abwehr hält dem Trieb die Waage.

Das Unbewußte ist durch und durch Sinn; diese Tatsache wird in der Lösung der anderen Schriften (von der *Traumdeutung* bis zu den metapsychologischen Artikeln) keineswegs bestritten; allerdings erscheint darin die Sinnerstehung in Abhängigkeit von einem Prozeß – dem Primärvorgang –, der seine eigenen Mechanismen (Verdichtung, Verschiebung) hat. Sie sind indessen von Phänomenen des Ausdrucks zu verschieden, als daß die Gebilde des Unbewußten sich uns von vornherein als sinnvoll darböten; vielmehr präsentieren sie sich zunächst als Un–sinn[23]. Dieser Sachverhalt kann als Grundlage von Lacans Interpretation angesehen werden. Bekanntlich hält er es für wesentlich, zwischen der Beziehung eines Signifikanten zu einem Signifikanten und der Beziehung des Signifikanten zum Signifikat (den Sinnwirkungen), die Resultat der ersteren ist, zu unterscheiden. In analytischer Sicht wird so das Unbewußte durch die Autonomie der Signifikantenkette, durch Kombinationen und Permutationen der hier wirkenden Signifikanten definiert. Mit Nachdruck spricht er von jener Heterogeneität, die Freud den Gesetzen des Unbewußten in Bezug auf alles, was den Bereich des Vorbewuß-

---

22 *Gradiva*, GW VII, 60
23 Der Versuch Freuds – heute, da sich die Psychoanalyse zu einer allgemeinen Psychologie verwandelt hat, neigt man dazu, ihn zu vergessen – war es zunächst, Gebilde wie den Traum, der in allen Punkten den Symptomen in ihrer Struktur, ihrer Funktion und ihren Mechanismen äquivalent sein sollte, freizulegen und der Analyse zugänglich zu machen.

ten, Verstehbaren und Signifikativen betrifft, beimaß. Wenn sich bei Freud Bewußtsein und Unbewußtes nicht auf zwei Intentionalitäten, die gemäß verschiedener Modulationen den Sinn artikulieren würden, zurückführen lassen, wenn sie nicht auf zwei Ebenen reduziert werden können, wo es sich um zwei Strukturen oder um zwei *Systeme,* wie er es nennt, handeln soll, die zweifellos miteinander in dynamischer Beziehung stehen, deren eigener Zusammenhalt und spezifisches Funktionsprinzip jedoch zuerst der Begründung bedürfte, so deshalb, weil seine Erfahrung im Unterschied zur philosophischen Tradition nicht von einem wissenden Subjekt in Entsprechung zu einem mit Qualitäten ausgestatteten Objekt spricht, und weil sie nicht, wie für eine bestimmte Psychologie, die Erfahrung eines Organismus ist, der nach den Bedingungen seiner Homöostase mit der Umwelt sucht; sie ist vielmehr in grundlegender Weise Erfahrung der Begierde, eines Mangels an Sein, der den Signifikanten, deren Insistenz keine Stütze in der bewußten Intention des Subjekts hat, zugeordnet ist. Der Akzent auf der Heterogeneität des Unbewußten ist für einen mit Lacan gelesenen Freud nur die theoretische Antwort auf die Position der Andersheit der Begierde, die zugleich in fundamentaler Beziehung zur Begierde des Anderen und zum »Ort des Codes«, dem synchronischen System der Signifikanten, steht, welche die Weise des Zutritts zur gesuchten Befriedigung vorschreiben. Eine solche Konzeption bildet keine in ein linguistisches Modell verkleidete Rückkehr zur Dämonologie. Wird dem Signifikanten in seinem Subjektbezug Transzendenz und relative Autonomie zuerkannt, dann ist in jener Konzeption keine Ontologie des Unbewußten impliziert, welche daraus ein Universum an sich machte, das außerhalb jeglicher Beziehung zum Signifikat zu denken wäre. Wie verstand Merleau-Ponty diese ihm sehr wohlbekannte Konzeption? In seinem Namen zu antworten, wäre überheblich und vermessen. Vielleicht aber ist es uns gestattet, mit einigen Betrachtungen abzuschließen, die jeder anstellen konnte, der ihn las oder ihn über den Sinn Freudscher Forschung, über Sprache und das Unbewußte hat sprechen hören.

Vor einigen Monaten äußerte Merleau-Ponty während einer Begegnung mit Psychoanalytikern sein Unbehagen darüber, daß die Kategorie der Sprache für alles stehen sollte. Für diese Zurückhaltung findet sich leicht ein erstes Motiv: was er diesseits der institutionierten Sprache entdeckt, ist die signifikative Kraft sprechender Subjekte, ist ihr Verlangen nach Kommunikation[24]. Lévi-Strauss[25] und später Lacan fanden in der strukturellen Linguistik eine Weise der Analyse, die sie auf Strukturen transponierten, die einer Sprachstruktur für gleichwertig befunden wurden. Merleau-Ponty schien in ihr mehr als diese Methode zu sehen: der Umgang mit der strukturellen Linguistik, die eine Phänomenologie des Sprechens mit dem objektiven Studium der Sprache ergänzt, sollte bestätigen, daß die Zeichen für sich genommen wohl nichts bedeuten (da ihnen nur diakritische Bedeutung eignet), sie aber doch letztlich »nach einem Sinn verlangen«[26]. Beschreibt sein Gesamtwerk nicht unermüdlich die Bewegung von einer perceptiven Logik zu einem gesprochenen Logos? Analysiert er die Sprache, so setzt er sie ständig mit vorsprachlichen Ausdrucksformen wie der Malerei in Beziehung, denn auch in ihr sieht er, wenn auch unter weniger »hinfälliger« Gestalt, den gleichen Sinn am Werke. Diese Annäherung ist indessen nicht zweideutig, und sie will keinesfalls reduzieren. Sie bedeutet im Gegenteil – und hier wäre vielleicht ein weiteres Motiv für die Absage an einen gewissen Sprachabsolutismus –,

---

24 In einer seiner letzten Schriften beschreibt er mit fast denselben Termini wie in der *Phänomenologie der Wahrnehmung* das Wirken des Wortes: »Es gewinnt seine Kraft und wird getragen von der Woge stummer Kommunikation. Wie unsere Gebärden dem gänzlich Ungeteilten des Wahrnehmbaren, entreißt es dem gänzlich Ungeteilten des Nennbaren Bedeutungen. Wird die Sprache zum Mittel oder Code des Gedankens, so zerbricht sie. Man verbietet es sich so zu verstehen, bis zu welcher Tiefe die Worte in uns reichen; man versagt es sich, jenes Bedürfnis, jene Leidenschaft zu sprechen, jenen Zwang, gesprochen zu werden, sobald man denkt, und jenes Vermögen der Worte, Gedanken zu evozieren, verstehen zu wollen.« (Vorwort zu *Signes*, S. 24)
25 »Die phonologische Analyse machte es gerade möglich, eine Sprache durch eine geringe Zahl von konstanten Beziehungen zu definieren, deren Vielfalt und offensichtliche Komplexität im phonetischen System nur die Illustration der möglichen Skala autorisierter Kombinationen liefert.« (Lévi-Strauss, Einleitung zu: Marcel Mauss, *Sociologie et Anthropologie*, Paris 1966, S. 35)
26 Siehe die ersten Seiten von *Le langage indirect et les voix du silence*, die im Hinblick darauf sehr illustrativ sind.

daß wir gerade in der Wahrnehmung die Geburtsstätte des Wortes finden können: es läßt sich ebensogut sagen, daß eine Öffnung zum Sein hin nicht sprachlicher Natur zu sein braucht, die primordiale Artikulation vielmehr eine perceptive ist. Wie man weiß, suchte er in seinen letzten Schriften diese Artikulation diesseits selbst der subjektiven Strukturierung der Welt; er suchte sie in jenem, was er nach Heidegger *Verborgenheit* nannte, welche er als Simultanbezug zwischen Sichtbarem und Unsichtbarem verstand: »Das bedeutet ..., daß es dem Sichtbaren eigentümlich ist, im strengsten Sinne des Wortes durch ein Unsichtbares gedoppelt zu sein, das es als ein gewissermaßen Abwesendes gegenwärtig macht.«[27]

Wenn Merleau-Ponty über Malerei als eine »zentrale Tätigkeit« meditiert, »die dazu beiträgt, unseren Zugang zum Sein zu bestimmen«[28], wenn sie als der Ort des *Rätsels* erscheint, der bewirkt, »daß ich die Dinge jeweils an ihrem Platz sehe, eben weil sie sich gegenseitig verdecken«[29], und so in ausgezeichneter Weise den Gedanken der Unergründlichkeit des Sichtbaren verifiziert; wenn Merleau-Ponty endlich die Linie als *konstitutive Leere*[30] begreifen kann – und dergestalt an die Definition des Symboles selbst Anschluß findet –, haben wir hier dann nicht einen Hinweis dafür, daß das Unreflektierte von einer primordialen, der sprachlichen Differenzierung vorausliegenden Symbolisation durchwoben ist und daß es ein Vermögen der Sinnlichkeit gibt, worin bereits die Dialektik von Abwesenheit und Präsenz, jener das sogenannte Unbewußte konstituierende Kern, spielt?[31] Der Ursprung des Unbewußten wäre somit nicht

27 »L'Œil et l'Esprit«, *Les Temps Modernes*, Nr. 184/85, S. 24 (*Das Auge und der Geist*, Hamburg 1967)
28 a. a. O., S. 206
29 a. a. O., S. 215
30 »Sie ist eine bestimmte Verrückung des Gleichgewichtes auf der Indifferenz des weißen Papiers, eine bestimmte Bohrung im Ansich, eine bestimmte konstitutive Leere (...). Die Linie ist nicht mehr, wie in der klassischen Geometrie, die Erscheinung eines Seins auf der Leere des Hintergrunds; sie ist, wie in den modernen Geometrien, Einschränkung, Absonderung, Modulation einer vorherigen Räumlichkeit.« (a. a. O., S. 220)
31 »Läßt das Hinabsteigen ins Gebiet unserer ›Archäologie‹ die Instrumente unserer Analyse unversehrt? (...) So muß es für uns Wesenheiten geben, die noch nicht durch die zentrifugale Aktivität des Bewußtseins ins Sein getragen sind, Bedeutungen, die dieses nicht spontan den Inhalten vermittelt, Inhalte,

in jenem Vorgang zu suchen, der das Subjekt in das symbolische Spiel einführt; seinem Wesen nach wäre das Unbewußte keine Rede, die aus Relationen zwischen diskreten Gliedern gebaut wäre; diese Artikulationen wären vielmehr in dem von vornherein intersubjektiven Bereich der Wahrnehmung als dem einzigen, worin Kommunikation nicht »zweifelhaft«[32] ist, vorweggenommen. Es scheint, als ob unsere expressiven intentionalen Tätigkeiten sich im Vollzug einer Differenzierung konstituierten, die sie inmitten eines ursprünglichen Bezugs zum *ungestalteten Sein* ausübten; was wir im Kampf der Bewußtseine als »Solipsismus zu Vielen« zu erleben Gelegenheit haben, ist nur das letzte Glied einer Reihe von Negationen: »Es geht also darum, nicht eine Seele der Welt oder der Gruppe oder des Paares zu konzipieren, deren Instrumente wir wären, sondern ein ursprüngliches *Man*, das seine Authentizität hat, das auch immer bestehen bleibt und die größten Leidenschaften des Erwachsenen trägt...«[33]

Schon diese wenigen Hinweise zeigen, wie weit entfernt wir von einer Philosophie stehen, welche die *Deutung* des Unbewußten auf die *Bedeutungen* eines intentionalen Feldes verlegte, und wie wenig hier von einem Versuch die Rede sein kann, der diese Bedeutungen für zwei Ordnungen hielte, die ohne unaufhörlichen Austausch blieben. Es gilt vornehmlich, ihre Beziehung zu begreifen, ihre »Nahtstellen« freizulegen. Hier ist recht eigentlich der mit psychoanalytischer Erfahrung durchsetzte Ort: auf welche Weise können sich dieser Leib, der die Umwelt als Funktion seiner eigenen Struktur gestaltet, dieses Subjekt, das sich in einer Bewegung verzeitlicht, die ihren eigenen Sinn in sich trägt,

---

die auf Umwegen an einem Sinn teilhaben, die ihn aufweisen, ohne mit ihm zusammenzutreffen und ohne daß er an ihnen als das Monogramm oder die Prägung des thetischen Bewußtseins schon ablesbar ist.« In anderen Passagen wird man auf den Ausdruck *Tätigkeit auf Entfernung* oder jene Formulierung stoßen, die von dieser »*Fernsicht*« spricht, »die uns in hohem Maße der Gemeinsamkeit mit den anderen beraubt«. (Le philosophe et son ombre, *Signes*, S. 209)

32 »Niemals werde ich in aller Strenge den Gedanken des anderen denken können (...) Demgegenüber weiß ich unzweifelhaft, daß jeder Mensch dort *sieht*, daß meine wahrnehmbare Welt auch die seine ist, denn *ich wohne seinem Sehen bei*.« (a. a. O., S. 214)

33 a. a. O., S. 221

und diese einzigartige Spontaneität in eine Diskontinuität und Diskordanz von Zeichen einfügen, die zwar das Sein zu fassen nicht imstande sind, es indessen gleichwohl zu postulieren haben. Dergestalt bleibt immer eine Kluft, wohinein sich die Begierde stürzt und der sich die Angst verschreibt. Diese Problematik trifft den Kern Freudschen Denkens, namentlich seine Reflexionen in *Jenseits des Lustprinzips*. Bei Merleau-Ponty erscheint sie nur in anderen Worten. Im Ausgang von einer Analyse der Leiblichkeit entwickelt er die Forderungen, die in seinen Augen eine radikal fragende Philosophie der Wahrnehmung zu stellen hat, und weist so jede Bewußtseinsphilosophie zurück, die sich verurteilt findet, »von einer solipsistischen Ebene aus« das Objekt und den Anderen zu konstruieren. Er überwindet so schließlich alle Voraussetzungen, die der Begriff *Gestalt* beinhaltet. Wenn er nämlich ein für sich bestehendes Universum des Symbolischen ablehnt, wenn in seinem Denken das Unbewußte im Sinne eines Niederschlags von Signifikanten keinen Raum hat, so besagt dies nicht, daß wir seiner Meinung nach die Hoffnung hegen könnten, den Sinn im Fortschritt von Bedeutung zur Gestaltung zu erfassen – was sie konstituiert, ist dort in der Tat nicht zu fassen –, vielmehr sieht er diese Macht des Symbolischen, die Freud mit dem Namen Unbewußtes belegte und einem separaten Bereich zuordnete (den er auch vom Bewußtsein seiner Patienten abgeschnitten wußte), am Werke, jedoch nicht als den *anderen Schauplatz* (Freud), sondern als die *andere Seite* unserer Existenz.*

---

* Als diese Seiten geschrieben wurden (1961), kannten wir natürlich jenes unvollendet gebliebene Manuskript nicht, das seitdem (1964) unter dem Titel »Le visible et l'invisible« seine Veröffentlichung fand. Das Werk läßt erkennen, wie weit das Denken Merleau-Pontys von der Psychoanalyse *geprägt* worden war. Sie vermochte nicht nur die philosophische Fragestellung zu bereichern; wie die *Arbeitsentwürfe* bezeugen, wird sie vielmehr schöpferischer Anstoß für eine neue Ontologie.

Die Freudsche Utopie

Einheit und Vielfalt Freuds: eine Banalität, die für jedes große Werk gilt, oder eine Evidenz, die hier ein eigenes Gewicht hat und es verdient, daß man sie prüft?
Die Vielfalt ist auf den ersten Blick allein an den Titeln zu erkennen: *Der Witz; Sexualtheorie; Gradiva; Psychoanalytische Technik; Totem und Tabu; Geschichte einer infantilen Neurose; Hemmung, Symptom und Angst.* Nicht nur ist das Interessengebiet ungeheuer groß, es konstituiert sich vor allem ein völlig neues Gebiet des Wissens. Freud geht nicht *zum* Soziologen oder Literaturkritiker, um ihm zu bringen, was er anderweitig erworben hat, um ihm begriffliche Werkzeuge zu übertragen, die sich in einem streng abgegrenzten Wahlbereich bewährt haben: die analytische Kur. Sogar und vielleicht vor allem hinsichtlich eines offenbar angrenzenden Forschungsgebietes wie der Psychiatrie handelt es sich weder um eine Beziehung der Annexion noch der bloßen Koexistenz.
In der Vielfalt selbst finden wir die Einheit. Freud kann sowohl über einen »psychiatrischen« Fall sprechen – den Präsidenten Schreber – wie über ein Problem, das wir ein sozialpsychologisches Problem nennen würden – das Band, das sich innerhalb einer Gruppe von allen und von jedem Einzelnen zum Führer bildet –, weil er die Gewißheit besitzt, daß der ins Auge gefaßte Gegenstand der gleiche ist: die unbewußte Organisation, auch wenn sich bei jedem Fall neue Probleme der Methode stellen; denn die psychoanalytische Methode wird paradoxerweise weniger zuverlässig, wenn der Gegenstand sich nicht mehr von sich aus als ein Text darbietet, der nach Deutung verlangt, sondern im Gegenteil einen vollen kohärenten Sinn zu erkennen gibt.
Betrachtet man das Werk in seiner Bewegung und nicht als ein fertiges Produkt, so ergibt sich die gleiche Feststellung: keinerlei Bruch, keinerlei Lossagung, kein Schnitt, der die Behauptung rechtfertigte, daß sich Freud irgendwann für einen bestimm-

ten »Sektor« der menschlichen Erfahrung interessiert habe und später für einen anderen (die Briefe an Fließ, wo das gesamte anthropologische Feld mit einem Schlag präsent ist, überzeugen uns sogleich vom Gegenteil); auch nichts, das uns, ob wir es gleich wünschten, gestatten würde, einen »guten« Freud einem »bösen« gegenüberzustellen oder das Fortschreiten eines Gedankens einem Fortschritt gleichzusetzen, indem wir uns abwechselnd der Ursprungsphantasie und der Illusion eines kumulativen Wissens hingäben. Der aufmerksame Leser kann nicht umhin, die Beständigkeit einiger innerer Forderungen zu verspüren: die klinischen Beiträge, die Vielfalt der erforschten Erfahrung zwingen das Werk dazu, sich neu zu organisieren; mehr als Einführung eines Quentchen Wissens in die positive Erkenntnis, mehr als Aufeinanderfolge von Schichten – es wird eine Problematik aufgewühlt, die anderswo ihr Gleichgewicht oder ihr Ungleichgewicht sucht. Wenn Freud selber in einigen wesentlichen Punkten – dem Status der Ichinstanz, der Funktion der Angst – einen Verzicht andeutet, eine »Wende« (indem er sich, und nach ihm die Kommentatoren, auf eine *zweite* Topik, eine *neue* Theorie der Angst beruft, die die erste hinfällig machen würde), dann sehen wir in ihm, wie bei vielen anderen Gelegenheiten, einen Historiker, der seinem eigenen Gedanken untreu ist. Nicht als ob man, entgegen dem Augenschein, alle eingetretenen Veränderungen leugnen müßte, doch verlangen diese eher nach einer Deutung, die ihre Funktion innerhalb der Gesamtökonomie des Werkes ermittelte, als nach einem Kommentar, der sich darauf beschränkte, für sie zu bürgen. Desgleichen im umgekehrten Fall: wo *Freud* Kontinuität sieht (wenn er z. B. glaubt, mit Eros eben die Wirklichkeit zu bezeichnen, die er zuerst als Sexualtrieb beschrieben hat), erblicken *wir* eine Verschiebung, ja sogar einen Sinn-Gegensatz. Welches ist also Freuds Ort?

Topik: Theorie der Orte. Die Psychoanalyse wurde in dem Augenblick geboren (Freud sagt von Anbeginn »Psychoanalyse«, auch als sie erst in ihm und durch ihn existierte), da sie die Notwendigkeit einer Topik erkannte, um die Ordnung der Phänomene, die sie ans Licht brachte, zu begründen. Lesen wir Janet und alles, was ihn, mehr als man glaubt, mit Freud verbindet;

lesen wir Breuer und alles, was ihn von ihm trennt. Diese doppelte Konfrontation bleibt auch heute erhellend.

Die Existenz einer »Verdopplung der Persönlichkeit« in Form der Alternanz (Modell des Somnambulismus) oder der Gleichzeitigkeit (Modell der Suggestion mit post-hypnotischen Wirkungen) zwingt Janet die Vorstellung einer Spaltung auf, einer Dissoziation, d. h. des Nebeneinanders zweier getrennter Gruppen von Phänomenen innerhalb des Psychischen. Die isolierten Vorstellungen (die »fixen Ideen«, wir könnten sagen: die »fixierten«) erweisen sich gleichzeitig als persistent und aktiv: ihre Trennung sichert ihnen ihre Wirkung und ihre Proliferation.[1] Janet erkennt nicht nur eine Aktivität, eine der Gruppe eigene Kraft, die von diesen Vorstellungen konstituiert wird, er hält auch die Trennung (die Kritik von Freud, der bestrebt war, sich von ihm zu befreien, und nach ihm die Kritik der Psychoanalytiker ist also nicht genau motiviert) nicht für eine reine Schwächung der »Aktivität zur Synthese«: er beruft sich auf eine Autonomie, die den Begriff der Verdrängung vorwegnimmt.[2]

Bei Janet finden sich also sehr wohl die ersten Andeutungen eines dynamischen Unbewußten. Entgegen der herkömmlichen Meinung wird die Wirkung der im Seelischen wirkenden Kräfte durchaus erwogen, doch ohne daß dies die völlig andere These nach sich zöge, daß diese Kräfte notwendig einander gegenübertreten, da beide gleichermaßen Strukturgesetzen unterworfen sind: weil er ihnen kein topisches Substrat gibt, sie nicht in verschiedene Systeme einordnet, verflüchtigt sich die Ahnung des Konflikts selbst. Damit es wirklich einen Konflikt zwischen psychischen Kräften geben kann, den kein Mittler zu versöhnen vermag, es sei denn, er unterschöbe ihm seine eigenen Interessen (die Aufrechterhaltung des Gleichgewichts, der Homöostase),

---

[1] »Die Kraft solcher Vorstellungen hängt ab von ihrer Isolierung; sie wachsen und können in ihrer Entwicklung nicht von den Anstrengungen des Subjekts aufgehalten werden, weil sie nicht gewußt werden, weil sie abgesondert in einem zweiten Denken existieren, das von dem ersten getrennt ist.« *L'état mental des hystériques*, Paris 1911, 2. Aufl., S. 419)

[2] »Dieses Verwerfen einer ganzen Gruppe von störenden psychischen Elementen würde eine Art spontaner psychologischer Autonomie bilden« (ibid., S. 428).

muß man zwei antagonistische Strukturen in ihrer Funktionsweise und Anordnung voraussetzen. Sonst ist der Konflikt nur ein Unfall, die Hysterikerin eine »arme Kleine«, die Neurose ein energetischer Entzug.[3] Die Existenz, die Wirksamkeit, sogar die Lebhaftigkeit von getrennten psychischen Gruppen stellen nicht durch sich selbst das Primat des Bewußtseins in Frage. Wenn das Anderssein des Unbewußten das eines geringeren Seins (eines Unterbewußten) ist, dann sind es nicht allein seine Funktionsweisen, sondern auch seine *Inhalte*, die nicht als solche spezifiziert zu werden brauchen: interessiert Janet das, was der Neurotiker sagt?

Wenn Freud sich ausdrücklich anheischig macht, das zu bestimmen, was der Terminus »unbewußt« in der Psychoanalyse und nur in der Psychoanalyse[4] inzwischen bezeichnet, wird diese Bedeutung weder auf der »beschreibenden« Ebene des Latenten noch auf der eigentlich dynamischen Ebene der Kraft der Vorstellungen gewonnen, sondern auf der systematischen Ebene. »Unbewußt« qualifiziert nicht nur diesen oder jenen seelischen Akt, sondern besiegelt dessen Zugehörigkeit zu einem System (Ubw), das seine eigenen Gesetze hat, seine eigene Organisation, seine eigene Realität.

Oder Breuers Seite: die Begegnung mit Anna O. ist zwar die mit dem Anderssein des Unbewußten, der getrennten psychischen Gruppe, wie es der zentrale Verweis auf einen solchen hypnoiden Zustand bezeugt, wo die Bewußtseinsinhalte, die darin erscheinen, nicht in assoziative Verbindung mit dem übrigen geistigen Leben und der Rolle träte, die der (hiermit eingeführten) Spaltung in der Konstitution der Hysterie zufällt. Aber die »andere Szene« ist bei Breuer nur ein »Privattheater«, das Unbewußte einem individuellen Imaginären gleichzusetzen: der Hysteriker sieht sich überschwemmt von seinen Phantasien.[5]

---

[3] Daß die Neurose bei Janet immer nur in negativen Termini beschrieben wird, ist ohne weiteres an seinem im übrigen tautologischen Vokabular erkennbar: geistige *Zersetzung*, psychologische *Insuffizienz*, *Psychoasthenie*, *Schrumpfung* des Bewußtseinsfeldes, zerebrale *Erschöpfung*, ja sogar *Faulheit*.

[4] In der kleinen Schrift von 1912: *Einige Bemerkungen über den Begriff des Unbewußten*.

[5] Als sie Breuer selbst befallen, ist die therapeutische Beziehung unterbro-

Die Haltung ist hier komplementär und umgekehrt zu jener, die man bei Janet beobachtet: volles Erkennen des Andersseins, Nichterkennen des Konflikts; doch das Resultat ist letztlich das gleiche.

Liest man die Beobachtungen von Freud in den *Studien über Hysterie* nach denen von Breuer, so ist man erstaunt, wieviel mehr Aufmerksamkeit als jener, und zwar auf eine Weise, die präanalytisch erscheinen könnte, er den wirklichen Ereignissen schenkt, die den seelischen Konflikt möglicherweise motiviert oder punktualisiert haben. Dennoch impliziert dies Bestreben keineswegs eine Aufwertung des Realen als von äußerlichen Ereignissen konstituiert, sondern das Primat der *Kategorie* des Realen. Der Anspruch, um den es geht, ist, dem Unbewußten mindestens ebensoviel Realität zuzuerkennen wie dem Ereignis (psychische *Realität*).

Die topische Hypothese und die Behauptung der Irreduktibilität des Konflikts sind absolut untrennbar.

Die Konstruktion einer Topik dient dazu, diese Untrennbarkeit in der Theorie zu begründen. Innerhalb der »Fiktion eines seelischen Apparats« stehen sich Systeme gegenüber, und dieser Gegensatz bringt eine Reihe von Gegensatzpaaren ins Spiel (Primärvorgang, Sekundärvorgang; Sachvorstellung, Wortvorstellung; freie und gebundene Energie, etc.), die zwar nicht völlig deckungsgleich, doch alle in den höheren Gegensatz von *Ubw* und *Vbw-Bw* eingegliedert sind. Die Vielfalt ist auf einen Dualismus zurückgeführt, und dieser ist in der Einheit des Apparats niedergeschrieben.

Doch diese Topik[6] ist bei weitem nicht erschöpfend. Immer bedarf es für Freud noch weiterer Bezugsachsen: Triebdualismus (»populärer« Gegensatz zwischen Liebe und Hunger, Sexual-

---

chen, und das Phantasma kreist weiter. Die Episode ist bekannt, ihre Lehre alltäglich.
6 Die Empfehlung Freuds – es müsse die drei Gesichtspunkte, den topischen, den dynamischen und den ökonomischen berücksichtigen, wer die vollständige Beschreibung eines Prozesses geben wolle – hat für uns mehr einen Indexwert: Notwendigkeit einer Vielfalt von Modellen. In der Tat umfaßt eine Topik, im weitesten Sinn genommen, die dynamischen und die ökonomischen Beziehungen.

triebe und Selbsterhaltungstriebe), der, so schwierig die Konzeption seiner Vermittlungen sein mag, vorausgesetzt wird als das letzte Substrat des Konflikts; der Begriff der Abwehr, der seinerseits aus dem Register der Biologie stammt und von dem Freud sehr bald die verschiedenen psychopathologischen Dispositionen zu erkennen sich bemüht; und vor allem: der Ödipuskomplex, aus der Mythologie transponiert, dessen Entdeckung und allmähliche Erarbeitung sich am Rande und auf ihrer eigenen Linie vollziehen; der Kastrationskomplex, dem er in jenen Sexual-»Theorien« des Kindes begegnete, in welchen eine Wahrheit steckt, die zu behalten das Wissen des Erwachsenen außerstande ist.

In der ersten Topik erschöpft sich also weder die ganze Kraft des seelischen Konflikts noch die ganze Ordnung der Struktur. Muß man somit eine derartige Vielfalt des Registers als dem psychoanalytischen Denken wesentlich erachten, oder entspricht sie einer Etappe des Freudschen Denkens, über die man hinweggehen könnte?[7] Die zweite Topik scheint tatsächlich umfassender zu sein: sie bringt Formen der Abwehr ins Spiel; indem sie den Schwerpunkt auf die Identifizierungen legt, verbindet sie die ödipalen Bezüge mit einer genetischen Sukzession; mit dem Es schließlich gliedert sie die Triebansprüche in das Geschehen des Apparats selbst ein.

---

7 Diesen zweiten Weg hat eine ganze theoretische Strömung der amerikanischen Psychoanalyse offen eingeschlagen. Vgl. insbesondere das Buch von J. Arlow und C. Brenner, *Psychoanalytic concepts and structural theory*, International U. P., 1964. Nach der These dieser beiden Autoren können die zwei Freudschen Topiken nicht koexistieren, nur die zweite erlaube es, der Gesamtheit der psychischen Phänomene und namentlich der Dynamik des Abwehrkonflikts Rechnung zu tragen, dem Hauptgegenstand der psychoanalytischen Forschung; sie also muß sowohl auf theoretischer Ebene wie für die Behandlungsführung als Bezugsrahmen dienen, was die Überprüfung einiger von Freud im Rahmen seiner ersten Topik eingeführten Grundbegriffe impliziert. So würde es z. B. keine Spaltung, sondern ein Kontinuum zwischen dem Primärvorgang und dem Sekundärvorgang geben; der Begriff »unbewußt« müßte auf die traditionelle Bedeutung »nicht-bewußt« beschränkt werden, ohne daß ihm systematische Implikationen zuerkannt würden; und selbst hinsichtlich der »Traumarbeit« müßte die erste Freudsche Theorie, traditionellerweise als Maßarbeit anerkannt, aufgegeben werden: sie könnte in einem System des seelischen Apparats keinen Platz erhalten, etc. Nach und nach sieht sich die gesamte Psychoanalyse eingekapselt in eine Psychologie der Funktionen des Ich und seiner Abwehrmechanismen.

Wir wollen die uferlose Debatte über die Beziehung zwischen den beiden Topiken nicht noch einmal aufnehmen. Hier soll es uns genügen festzustellen, daß sie schon im Ansatz verfälscht ist, solange man jene als zwei autonome Konstruktionen betrachtet. Um nur ein besonders demonstratives Beispiel zu nehmen: die Theorie der Persönlichkeit, die in *Das Ich und das Es* erarbeitet wird, entspricht einer Erneuerung des Ich-Begriffs (Narzißmus) und der Einführung des Todestriebs. Anders gesagt: die Topik wird implizit um so strittiger, als sie geeignet scheint, der Gesamtheit der psychoanalytischen Erfahrung Rechnung zu tragen.

Die Bedeutung des Todestriebs ist außerhalb der Freudschen Rede nicht erfaßbar. Als der Begriff auftaucht, an jenem fruchtbaren Wendepunkt von *Jenseits des Lustprinzips*, herrscht bei Freud die Gewißheit, eine Neuerung einzuführen, ein Gefühl, dessen Folgen sich augenblicks als zwiespältig erweisen: wenn der Begründer der Psychoanalyse selber den Begriff als eine Zutat betrachtet und darauf besteht, daß man in ihm in erster Linie das Produkt einer persönlichen spekulativen Forderung sieht[8], so ist er alsbald dem Spürsinn reduzierender Geister ausgeliefert: wild durcheinander beschwört man als auslösende Faktoren des »Symptoms« Todestrieb bei Freud den vom Großen Krieg ausgelösten Schock, Triumph des Thanatos, die tödliche Krankheit, die ihn befallen hatte, den Tod einer über alles geliebten Tochter oder, als letztes Residuum, einen grundlegenden Pessimismus... Und da Freud auch zugeben muß, daß, »da seine Annahme auf theoretischen Gründen ruht«, »sie auch gegen theoretische Einwendungen nicht voll gesichert ist«[9], wird man nicht verwundert sein, daß seine Schüler sehr schnell uneins wurden – etwas Ungewöhnliches in der Geschichte der Psychoanalyse, wo die von Freud vorgebrachten Begriffe sofort von der Gemeinschaft integriert wurden und sich sogar augenblicklich auf die Theorie der Kur auswirkten – und sich in solche teilten,

---

8 »Ich hatte die hier entwickelten Auffassungen nur versuchsweise vertreten, aber im Laufe der Zeit haben sie eine solche Macht über mich gewonnen, daß ich nicht mehr anders denken kann.« (GW XIV, 478 f.)
9 GW XIV, 480 f.

die daran glaubten, und solche, die nicht daran glaubten. Kurz, es wurde Widerstand geleistet.

Die Tatsachen, für sich befragt, können keine Entscheidung bringen: immer ist es möglich (und Freud als erstem), repetitiven Verhaltensweisen, Aggressionsausbrüchen gegenüber anderen und sich selbst Rechnung zu tragen, ohne zu jener monströsen Legierung[10] eines aktiven Todes im biopsychologischen Individuum Zuflucht zu nehmen, zu der beunruhigenden Fremdartigkeit einer dem Subjekt innewohnenden Kraft, die es, in letzter Instanz, veranlaßte, nach seiner eigenen Zerstörung zu trachten.

Eine weitere Schwierigkeit: Es ist nicht ausgemacht, daß diejenigen unter den Psychoanalytikern, die den Todestrieben eine Hauptrolle gewähren, so sehr, daß sie ihr ganzes System auf den grundlegenden Dualismus gründen, der sie in Gegensatz zu den Lebenstrieben stellt, dem Vorschlag Freuds eine bessere Antwort gegeben haben. Die Arbeiten der Kleinschen Schule zum Beispiel zeugen von der Unfähigkeit, den Begriff, den sie gleichwohl dauernd verwenden, einzukreisen; und zudem wird der Gegensatz auf die Zielhandlungen eingeschränkt: vereinfachend kann man sagen, daß im Kleinschen Manichäismus der Lebenstrieb eine integrierende Kraft ist, die am Ende die Bildung des »guten« Objekts und damit des Ichs sichert, während der Todestrieb eine ursprünglichere und zerstückelndere Kraft ist. Ein Kampf, dessen Auf und Ab und dessen Ausgang für Melanie Klein in der Tat die Entwicklung des Individuums bestimmt, der aber dennoch einen quasi legendären Widerhall besitzt: die Beschwörung des ewigen Kampfes zwischen Eros und Thanatos wäre hier voll und ganz begründet.

Bei Freud aber – darüber lassen die Texte keinen Zweifel – ist der Gegensatz radikaler und zugleich unklarer. Radikaler, denn mit dem Namen Todestrieb wird eher ein Prinzip der psychischen Leistung als ein Typus von beobachtbaren und in eine Quelle, ein Objekt und ein Ziel zerlegbaren Trieben vorgestellt: der Beweis dafür ist einerseits, daß alle bisher beschriebenen Triebe – Sexualtriebe und Ichtriebe – sich um den antagonistischen Pol der Lebenstriebe gruppieren, und andererseits, daß Freud

10 Trieb, Einbruch des Lebens in die Psyche, Tod.

ebensowohl die Schwierigkeit zugeben muß, den Todestrieb im Reinzustand zu beobachten, wie jene, die gegensätzliche Wirkung der beiden großen Triebkategorien in den vom seelischen Konflikt wirklich betroffenen Kräften zu erkennen. Und unklarer, weil der Todestrieb auch als Trieb par excellence definiert wird, als das, was am Anfang eines *jeden* Triebes steht.

Um einen solchen Widerspruch zu lösen und, allgemeiner, um einen Rat zu schaffen für eine Debatte, die nicht nur den Status des Begriffs betrifft, sondern die Gesamtheit der Determinanten der psychoanalytischen Theorie umfaßt, müßte man die Forderung erkennen, die sich mit dem Todestrieb erhebt oder von neuem behauptet.[11] Alles verläuft so, als habe Freud, bevor er die Rollen unter die drei Instanzen des Es, des Ich und des Über-Ich verteilte, der (unbewußten) Forderung oder der (strukturalen) Notwendigkeit entsprochen, anderswo, in einem fundamentaleren Register, einen Dualismus wiederzufinden. Anfangs scheinen die verschiedenen beschworenen Dualismen dahin zu tendieren, sich zu decken: Lustprinzip, Primärvorgang, Ubw, Sexualtriebe einerseits; Realitätsprinzip, System Vbw-Bw, Sekundärvorgang, Ichtriebe andererseits. Die extreme Vereinfachung, zu der eine solche Deckung führen würde, wird nur dadurch vermieden, daß an einer Reihe von Gegensätzen mit ihrem eigenen Spiel festgehalten wird, die Freud durchaus nicht zur Kongruenz zu bringen trachtet.

Die offensichtliche Einheit des Apparats – die »Fiktion« des seelischen Apparats und die (nicht mindere) Fiktion der Persönlichkeit – wird immer wieder relativiert. Die auftretenden Gegensätze zwischen Instanzen – so abwechslungsreich und komplex ihr Spiel auch sein mag –, die ganze innere Dramaturgie ist nur ein sekundärer Ausdruck, nur Projektion eines radikalen Antagonismus auf die Oberfläche der Psyche, welcher Antagonismus nur auf der Ebene des philosophischen Mythos (Empedokles) oder des biologischen Mythos (Rückkehr zum Unorganischen) darstellbar wäre.

Gerade zu der Zeit, da Freud mit *Das Ich und das Es* den Begriff des seelischen Konflikts stärker mit dem der Topik zu verknüp-

11 Dies haben wir zusammen mit J. Laplanche im *Vocabulaire de la Psychanalyse* (Paris 1967) skizziert.

fen scheint, ihn somit dem der differenzierten Instanzen unterordnet, führt er wieder ein Irreduktibles ein, setzt ein Prinzip jenseits des Lustprinzips, obwohl dieses in direkter oder modifizierter Form sowohl die Leistung einer jeden Instanz wie deren Beziehung zu regulieren vermag. Wenn unter dem klinischen Druck das Unbewußte einmal voll anerkannt ist, als in einer jeden dieser Instanzen der Persönlichkeit am Werk befindlich, und sein Anderssein als eine Domäne für sich, die ihren Status besitzt, dann könnte seine eigene Logik Gefahr laufen, zu verblassen: es koinzidiert nicht mehr mit einem »psychischen Ort«, und statt Trennung liegt eher progressive Differenzierung der Instanzen vor. Der Dualismus – das *Gegensatzpaar* als solches – als Achse der Psychoanalyse wird dann, radikaler denn je, von neuem behauptet. Die begriffliche Untersuchung schafft eine Verbindung zwischen jenem Wiederauftauchen und den früheren theoretischen Formulierungen; sie kann sogar die Permutationen sichtbar machen, denen – durch Freuds ganzes Werk hindurch, um den Preis vieler Mißverständnisse – die Prinzipien des psychischen Geschehens unterworfen sind.[12] Gleichwohl sollte man das Paradox nicht unterschlagen, das in der Verbindung der Termini steckt: Freud spricht jetzt von Trieb, nicht mehr von Prinzip; von Tod, nicht mehr von Trägheit oder von »Tendenz = Null«.

In dem gegenwärtigen Bestreben, den Standort oder NichtStandort der Psychoanalyse zu bestimmen, kann die Bezugnahme auf den Todestrieb exemplarischen Wert gewinnen.
Der Todestrieb steht in der Tat im Gegensatz zu Eros, dem großen Synthetiker, der das Ziel verfolgt, »das Leben durch immer weitergreifende Zusammenfassung der in Partikel zersprengten lebenden Substanz zu komplizieren, natürlich es dabei zu erhalten«[13]. Der Todestrieb ist keine (positive) Kraft, die sich einer anderen entgegenstellte, sondern Zeichen des Gegensatzes, des »Haders«, grenzenloser Ort des Negativen. Nicht eine ihrem Wesen nach aggressive Kraft, die der Libido entgegen-

---

[12] Vgl. insbesondere die verschiedenen Artikel des *Vocabulaire*, die den *Prinzipien* gewidmet sind.
[13] GW XIII, 269

träte und sich mit ihr in wechselnden Verhältnissen vereinte, sondern Prinzip der Entzweiung.

Was nun aber Freud der Philosophie vorwirft, ist keineswegs, daß sie über eine unmittelbare Erfahrung hinausgeht[14]; es sind im wesentlichen zwei Dinge. Zunächst ihre Neigung zur Synthese: der »Systembauer« verfällt unausweichlich der »Lockung der Einheit«[15]. Die philosophische Illusion wird ebenso scharf zurückgewiesen wie die religiöse (einzig die künstlerische Illusion wird gewürdigt und sogar mit Demut begrüßt, zweifellos weil sie sich als solche ausgibt und Freud zufolge darauf abzielt, die psychische Lust zu verewigen, und nicht, das Wahre zu *ersetzen*). Zweiter Grund der Ablehnung: die Philosophie läuft, ebenfalls durch eine Art natürlicher Logik, in eine Ethik der Werte aus. Man sollte die meistens humorvollen Warnungen noch einmal lesen, die Freud an jene richtet, die in der Psychologie mittels der Theorie der Sublimierung die Propädeutik zu einer neuen erbaulichen Rede zu finden meinen: »Ich habe mich immer nur im Parterre oder Souterrain des Gebäudes aufgehalten.«[16]

Tatsächlich berühren sich diese beiden Kritiken, wie es der gesamte Briefwechsel mit Pfister bezeugt. Die Vorbehalte, die Freud über den Nutzen äußert, den der Pastor aus den Möglichkeiten der Sublimierung zu ziehen meint[17], finden jenseits des ideologischen Unterschiedes der Partner ihre Erklärung darin, daß Pfister eine Gegebenheit verkannte, die für die Analyse konstituierend ist. »Was fällt Ihnen denn ein, die Zerlegung des Sexualtriebs in Partialtriebe zu bestreiten?«[18] Hier ist der

14 Dafür gibt es zahlreiche Zeugnisse. Von dem berühmten Brief an Fließ (2. April 1896) – »Ich habe als junger Mensch keine andere Sehnsucht gekannt als die nach philosophischer Erkenntnis, und ich bin jetzt im Begriffe sie zu erfüllen, indem ich von der Medizin zur Psychologie hinüberlenke« – bis hin zur Begründung einer als Hexe bezeichneten *Meta*psychologie, einer indirekten und ironischen Huldigung an die Metaphysik.
15 Brief vom 5. Juni 1917 an Groddeck, dem er gerade diesen zu unitarischen, zu indifferenzierten Begriff des Es verdankt. Vgl. auch: »... daß man im Grunde doch das denkerische Bedürfnis nach endgültiger Einheit der Dinge bekämpfen müsse ...« (Lou Andreas-Salomé, *In der Schule bei Freud*, Zürich 1958, S. 106)
16 Brief an Binswanger, 8. Oktober 1936
17 Brief an Pfister, 9. Oktober 1918
18 ibid.

Ton nicht mehr gutmütig, sondern heftig und gereizt. Worum es in der Tat geht, ist zunächst die zentrale These der psychoanalytischen Auffassung der Sexualität. Pfister anerkennt zwar die Existenz einer infantilen Sexualität, aber nicht, was sie impliziert: die allgemeine Perversion jeder Sexualität, die weder Quelle noch vorbestimmtes Ziel und Objekt kennt. Doch darüberhinaus bestreitet Pfister, immerhin ein aktiver Propagandist, ohne sein Wissen die Analyse selbst. In jenem tadelnden Brief fährt Freud dann fort: »Sie wollen eine Synthese ohne vorherige Analyse. In der psychoanalytischen Technik braucht es eine besondere synthetische Arbeit nicht.« Die menschliche Sexualität ist definiert als in ihrem Wesen zersplittert, als das, was sich der Einheit entgegenstellt, nicht nur insofern sie von innen her das Gleichgewicht, die Konstanz bedroht, sondern auch insofern sie selbst ihrer *eigenen* Einheit ursprünglich entgegensteht; das ist es, worin sie der Methode der Analyse genauestens korreliert. Leugnet man die Zerlegung des Triebes, so verschwindet auch die Bedingung für ein Unbewußtes, es gibt nichts mehr zu analysieren: und eben dies bringt Freud Pfister in Erinnerung.

Der Todestrieb treibt diese Forderung noch weiter: wenn der Sexualtrieb am Ende in die Bahnen des Lebens mündet, bedarf es für Freud eines neuen Prinzips des Haders, des Bruchs, der Negation: mit dem Todestrieb erhärtet sich abermals die Irreduzibilität des Konflikts, mehr noch, es prägt sich dem Wesen des Triebs selbst dessen Tod, dessen Widerspruch auf.[19]

Die exemplarische Philosophie: der Synthese verschrieben, ob sie diese nun in einem konstituierenden Subjekt, in einer schönen natürlichen Totalität oder in der dramatischen Geschichte findet. Der Todestrieb: ein Unbedingtes der Anti-Synthese, in dem sich, in wahrlich ungewöhnlicher Form, der Anspruch der Analyse begründet.

Es ist eine banale Feststellung, daß die Psychoanalyse sich heutzutage schlecht abgrenzen läßt, und ein jeder spürt, daß die

---

19 Oft wird der Todestrieb von Freud selbst in erniedrigter Form aufgefaßt. Er wird zur Bekräftigung der Vorherrschaft der Aggression, ja sogar der unabänderlichen Feindseligkeit des Menschen *(Das Unbehagen in der Kultur)*. Zumindest bezeichnet er dann die Zurückhaltung Freuds, in die Wirksamkeit der Sublimierung Vertrauen zu setzen, die im nicht-analytischen Sinn verstanden wird als eine Übertragung des Wunsches »nach oben«.

Schwierigkeit, ihr in der Klassifizierung der gegenwärtigen Wissenschaften einen Platz zuzuweisen, nicht nur darin gründet, daß sie, gleich jeder neu hinzukommenden, die geltende Klassifizierung verändern würde (Problem und Topik der Grenzen). Sie ist eine Umwälzung unserer Beziehung zum Wissen. Weder »Gesichtspunkt«, dessen man sich entledigen könnte, noch »Weltanschauung«, wie Freud schon vor langer Zeit sagte. Und er hat sich behauptet. Vielleicht müßte man im Freudschen Denken den Todestrieb des Wissens sehen: er funktioniert als negative U-topie (Nicht-Ort) in der zeitgenössischen Kultur.[20]

Schließen wir mit einer Anekdote. Ein Psychoanalytiker, scharfsinniger Aufspürer von *Alibis*, der einige Prüflinge fragte: »Wie sind Sie zur Analyse gekommen?«, hielt angeblich die Antwort »Durch die Lektüre von Freud« für verdächtig. Wie recht er hat! Wenn die Psychoanalyse nicht dort ist, wo die Philosophen sie haben möchten, wenn der Analytiker nicht dort ist, wo der Analysierte ihn vermutet, dann ist es zweifelhaft, ob man Freud *in* seinem Werk zu suchen hat, und gar in einem, das sich anheischig machte, es zu *ersetzen*. Die Psychoanalyse wird zu einer Illusion ohne Zukunft, wenn sie vorgibt, sich an die Stelle der Reden zu setzen, die sie als Illusionen denunziert. Jedem sein *rendez-vous*[21] (und nicht »jedem seinen Freud«). Das ist die Formel, wenn nicht der Ort, des Psychoanalytikers.

20 Seine Auswirkungen sind besonders spürbar in den modernen Formen der Literatur.
21 Nach dem Ausdruck von Georges Favez.

Homo Psychoanalyticus

Gibt die Psychoanalyse ein Beispiel ab für eine wissenschaftliche Theorie, deren Verbreitungsweisen mittels Befragung zu erforschen sind?[1] Gewiß, und kein Analytiker wird das ärgerliche Gerede verurteilen, da er kaum überrascht ist, daß man als gelehrte Theorie einen Erfahrungsbereich ehrt, in dem es, wie es einer von ihnen formuliert hat »darum geht, dem Unvorhergesehenen, auf das man gefaßt sein muß, begegnen zu können, und nicht darum, alles vorherzusehen«. Wundern wird er sich jedoch (im Hinblick auf seine eigenen Erfordernisse ebenso wie auf die des Sozialpsychologen), daß man die Psychoanalyse unter die großen Theorien des Jahrhunderts einordnet, ohne sich mehr zu fragen, was sie beispielsweise von der Chromosomentheorie, der Erblehre, von der Atomtheorie oder selbst, um im Bereich der Wissenschaften vom Menschen zu bleiben, vom historischen Materialismus unterscheidet.

Wird man sich damit zufrieden geben, sich zu Gunsten der Psychoanalyse auf eine Verbreitung von außergewöhnlichem Umfang zu berufen? Das hieße jedoch zugeben, daß wir nicht mehr die Mittel haben, sie auf eine gesellschaftliche Vorstellung zu beschränken. Öffnen wir eine Zeitung: auf jeder Seite macht sich der »Einfluß« der Psychoanalyse bemerkbar; im politischen Kommentar, in der Werbung, in der Literaturkritik, in der Witzzeichnung. Moscovici hat recht, einen Teil seines Buches der Analyse der Presse zu widmen. Aber muß man wirklich in den Artikeln, die die Psychoanalyse selbst betreffen, nachsuchen, wie die Gesellschaft sich den Freudianismus einverleibt hat[2], was sie darunter versteht und was sie daraus macht? Mehr als jede

---

[1] Vgl. das Buch von Serge Moscovici, *La Psychanalyse, son image et son public*, Paris 1961

[2] Auch wenn man nur vorgibt, der Naturgeschichte der Dummheit ein Kapitel hinzuzufügen. Die Auswahl von Moscovici enttäuscht jedoch den Leser: die »Verzerrung« ist geringer, als man fürchten (oder hoffen) könnte, und der Unterschied zwischen dem Magazin und der gelehrten Abhandlung nicht immer ins Auge springend, was das Lesen erleichtert.

Theorie, der es gelungen ist, sich mehr als eine andere auszubreiten, ist die Psychoanalyse im Begriff, so etwas wie ein kollektiver Mythos zu werden.

»Du bräuchtest eine *gute* Psychoanalyse«, sagt sich heutigentags der erschöpfte Ehemann. »How *immature* you are!«, sagt in einem amerikanischen Film die Frau zum Vierzigjährigen, der sie plötzlich umarmt. »Er ist verdammt aggressiv«, sagt der Kumpan schließlich vom dritten, der ohne viel Federlesens bei der Dirne anlegt, und die kleinen Mädchen bedauern den Exhibitionisten vom Luxembourg: »Der arme Mann!« Das sind Redensarten, die wir täglich hören oder von uns geben. Zweifellos eignet sich ihre Analyse wenig für die statistische Behandlung, aber dennoch spricht in dieser Art der *homo psychoanalyticus*, hat man so eine Chance, ihn zu packen, und zwar viel mehr, als wenn man ihn fragt: »Was verstehen Sie unter Psychoanalyse? Was sind deren Aufgaben, deren Methode? Glauben Sie, daß sie einen Einfluß auf die Persönlichkeit gewinnen könnte? usw.« Gelehrte Fragen, bei denen man sich nicht zu wundern braucht, wenn der »Akademiker« genauere Antworten gibt als der »Arbeiter«.

Ich sehe einen Widerspruch zwischen der *Theorie* von Moscovici – der so weit geht, die Sättigung unserer ganzen Kultur mit Psychoanalyse zuzugeben – und seiner *Methode*, die diejenige der Meinungsforschung bleibt, deren Ungenauigkeit hier noch größer ist als anderswo. Denn was könnte ein Befrager, der sich auf das stützt, was »die Leute von der Psychoanalyse halten«, von deren tatsächlicher Teilhabe an diesem großen Dialog filtrieren, der während ihres Lebens geführt wird und von dem jeder weiß, daß er von Grund auf jedes Wissen, jedes Handeln des Menschen verändert hat?

Wenn man die Psychoanalyse behandelt, als ob ihre Absicht die Konstruktion »psychologischer Modelle« wäre, zeigt man leicht, daß diese Modelle im Begriff sind, sich in der Vorstellung, die sich die gesellschaftlichen Gruppen davon machen, zu vereinfachen. Man vergißt jedoch, daß diese Modelle niemals als verbrauchte Metaphern für eine Entdeckung gedient haben, die ihrerseits stets neu ist. Es gibt kaum einen Analysierten (und, so hoffen wir, keinen Analytiker), der die Psychoanalyse mit einem

positiven Wissen und einer technischen Macht gleichsetzte. Und die »breite Öffentlichkeit«? Zweifellos ist ihre Theorie vom Unbewußten oberflächlich, aber wozu sie mit der vom Analytiker erzeugten Sorge behelligen, »sich ihre eigene Theorie aus den Theorien zu schmieden, die man ihr erläßt«? Die Theorie, auch wenn sie dürftig ist und nicht mehr neu, gilt als Sonntagskleid, ist für die anderen da und gleichsam schon sozialisiert.
Was mit Freud zu Tage kam, ist durch seine Verbreitung verändert worden, das ist offensichtlich. Es ist jedoch auch offensichtlich, daß dieser Vorgang nicht der gleiche ist wie der der Propagierung einer Theorie. Wenn die Psychoanalyse zunächst eine Art *Praxis* ist, kann ihre gesellschaftliche Funktion sich nicht auf die einer wissenschaftlichen Disziplin beschränken, und warum sollte man nicht, um diese Funktion zu bestimmen, eine spezifische Forschungsmethode verlangen, die dem Verhalten und der Sprache näher ist?
Eine andere Schwierigkeit taucht auf, wenn man nur einen Augenblick bei dem Widerspruch verweilen will, der in dem Ausdruck *Entdeckung* (und mehr noch *Wissenschaft*) des *Unbewußten* steckt. Eine Entdeckung, die nicht die eines Kontinents ist, wohl aber einer Dimension – des unbewußten Subjektes –, und darum mehr das Ganze der menschlichen Bestimmung betrifft als irgendeinen Sektor menschlicher Aktivität. Und das ist auch der Grund, warum ihre Ergebnisse sich nicht an eine wie immer geartete Aufklärungs-Philosophie binden lassen: nichts gibt uns Grund zu glauben, daß wir die Sprache des Unbewußten heute besser verstehen als vor einem halben Jahrhundert. Merleau-Ponty sagt treffend von dieser zu sehr tolerierten Psychoanalyse, daß sie »Menschen prägt, die ihr allzu ähnlich sind, sie scheinbar bestätigen, und die doch auf die Dauer ein Unbewußtes verhüllen«.
Seit 1919 hat es Karl Abraham verstanden, auf das aufmerksam zu machen, was er eine »besondere Form des Widerstandes gegen die Psychoanalyse« im Verhalten derjenigen Analysierten nannte, deren offensichtlicher guter Wille während der Sitzung und ständige Selbstanalyse in Wirklichkeit versuchen, ihren Gesprächspartner in Distanz zu halten, der Intervention des Analytikers oder dem Durchbruch des Unbewußten zuvorzukom-

men, die sie gleichermaßen verwirren. Was Abraham hier beim Individuum erkannte, dem werden wir möglicherweise von nun an auch beim Kollektiv in Gestalt eines *massiven* Widerstandes zu begegnen haben, der in umgekehrter Weise durch seinen massiven Charakter ein wenig an denjenigen der Kampfzeit erinnert. Damals der erbitterte Widerstand, heute die übertriebene Ehrerbietung. Irgend jemand erinnerte mich einmal daran, daß vor nicht so langer Zeit »freudianisch« ein Synonym für obszön war: man sprach hinsichtlich eines verdorbenen Geschöpfes von freudianischen Sitten, während man heute den *Freudianer* um Rat fragt, wie unsere Sitten beschaffen sein sollen. Vor dreißig Jahren hat Alain die Psychoanalyse als eine »Affenpsychologie« denunziert, während nunmehr unsere Philosophen vom Psychoanalytiker erwarten, daß er den Menschen darüber belehre, was das Glück, was ein Erwachsener, ein Vater sei; daß er sie summarisch einer Ethik enthebe und sie ihnen erlasse...

Der Physiker wird von den Diskussionen über Atom oder Kosmos gefühlsmäßig nicht mehr berührt als die Planeten selbst; die Physik entwickelt sich weiter. Der Psychoanalytiker kennt diese Gleichgültigkeit nicht: was von seiner »Wissenschaft« die Zeitgenossen erreicht, was sie zum Beispiel aus dem Ödipuskomplex machen, seit man diesen in der Schule lehrt, gehört zu seiner Wissenschaft selbst. Mehr noch: wenn, wie man weiß, zu viele analytische Kenntnisse sich in einzelnen Fällen als Hindernis der Vollendung einer Kur entgegenstellen können, dann vor allem deshalb, weil im Bereich der Psychoanalyse Wissen und Wahrheit getrennte Wege gehen. Die Analyse zielt auf ein *Nicht-Wissen*, ein Ich-weiß-nicht, Ich-kann-nicht-wissen, das jedoch mein Wesen bezeichnet. Glaubt man, daß Freud, indem er die Verdrängung benannte, zugleich deren Wirkungen unterdrückt hat? Würde man es glauben, so zeigte die Untersuchung von Moscovici, daß man Unrecht hätte.

Eine letzte Bemerkung: mit Freud hat sich angesichts der Träume, der Symptome, der Phantasien die Frage erhoben: Was soll dies *bedeuten*? Zweifellos glaubt der *homo sapiens psychoanalyticus* (jedenfalls *americanus*) die Antwort zu kennen und zugleich oft die Rätsel lösen zu können. Aber das eigentliche Element der Analyse ist das Fragen, es ist das Mittel, der Begierde und ihren Zeichen am nächsten zu kommen. Halten wir fest, was offensichtlich ist: die Psychoanalyse hat als einziges Mittel eine Sprache, die sich, in übrigens zweifelhaftem Zusammenhang, als Antwort auf eine andere Sprache gebildet hat, auf das, was sich im Traum, in den Phantasien des Diwans ausspricht. Aber sie hat sich als Ziel gesetzt, ein Begehren zu erkennen und abzustecken, das sich jedem begrifflichen Zugriff entzieht. Das heißt, daß es schwer und vielleicht absurd ist, auch nur annähernd die Grenze zu bezeichnen, die die konforme beglaubigte Psychoanalyse von ihren Verzerrungen trennt. Bevor uns *France-soir* der Kompliziertheit beschuldigt und überführt oder ein ähnlicher Kommentator eine so beschaffene freudianische Konzeption schimpflich vereinfacht, sind wir bereits in der Ordnung von »Image et public«. Wir sind es mit der Analyse selbst, sobald sie mit einem konstituierten Wissen verschmilzt; gemessen an der Währung des Triebhaften ist jede Sprechweise, die sich als Ersatz ausgibt, Falschgeld.

Der Psychoanalytiker wird nicht den Augenblick bestimmen, da die Verkleidung beginnt, denn er hat keine klare und immunisierte Vorstellung von der Psychoanalyse den anderen voraus; er wird sich dennoch dabei wissender erweisen als der Psychosoziologe. Paradoxerweise wird er jedoch den gesellschaftlichen Verzerrungen größere Bedeutung zumessen als dieser. Und deshalb wird er vielleicht auch mit seinem berufsnotwendigen Gespür für persönliche Geschichte seine Disziplin von vornherein in die kollektive Geschichte einschreiben; er vergißt nicht – sein doppeldeutiger Erfolg bezeugt es –, daß das Auftauchen der Psychoanalyse auch ein gesellschaftliches Moment ist, zumindest in der westlichen Kultur.

Vom Vokabular der Psychoanalyse zur Sprache des Psychoanalytikers

I

Der Prozeß des psychoanalytischen Vokabulars bleibt unentschieden: hermetisch, Deutlichkeit und Zusammenhang entbehrend, von dogmatischer Plattheit, viel verjährtes Wissen mit sich führend und von einer ungeheuren, stets neuen und eminent problematischen Erfahrung nur wenig in Sprache umsetzend, ist es für viele eine ständige Quelle des Mißverständnisses – zwischen der Psychoanalyse und anderen Disziplinen, zwischen den Psychoanalytikern untereinander, und zweifellos auch im geheimen Denken und Urteilen eines jeden von ihnen. In gewissem Sinn drückt sich die Kritik der Analytiker so aus: da ihnen bewußt ist, daß viele ihrer Termini von Anfang an inadäquat waren oder neuerdings nur noch als abgenutzte Begriffe zu Gebote stehen, gebrauchen sie sie nur mehr in Anführungszeichen, in einem doppelten *als ob* (denn bereits Freud hat immer wieder ihren metaphorischen Charakter hervorgehoben). Aber andererseits halten sie an dieser Sprache fest, die sie geerbt haben. Sie wissen, daß sie mit einem Verzicht darauf viel mehr verlieren würden als außer Gebrauch gekommene Wörter. Sie zögern, denn bald besitzt die terminologische Ausrüstung in ihren Augen nur die Funktion eines Filters, eines Gitters, eines zwanghaften Schutzwalles für jene, die in der Tat eine Begegnung verwirren würde, die um so schwindelerregender ist, als sie in der eigenen Leere eines jeden widerhallt; bald sehen sie dort den Schatz ihrer Sprache sich bestätigen, wo sie nicht allzuviel zu schöpfen wüßten, um sich in einer fließenden, wenn nicht chaotischen Erfahrung zurechtzufinden und zugleich diese in ihrem Bereich, ihrer Ordnung und ihrem Ablauf zu konstituieren.

Beeilen wir uns nicht, den Prozeß durchzuführen, der zur Debatte steht. Denn bedingt er nur die Reflexion über das Vokabular der Psychoanalyse? Ist es nicht ergiebiger, dessen Vorzüge zu prüfen, indem man sich seiner bedient, oder dessen Grenzen, indem man es verbessert? So sehr es auch zutrifft, daß jeder Streit über eine spezifische Terminologie letztlich dazu verdammt ist, Mißverständnisse zu vertiefen, die zu heilen er gerade beansprucht.

Man denke beispielsweise an die sarkastischen, in ihrer Inkonsistenz monotonen Bemerkungen, die der »Laie« (damit auf sich aufmerksam machend und sich von der gleicherweise suspekten und beneideten Gemeinschaft ausschließend) über den »Jargon« der Philosophen fallen läßt.[1] Man sieht, wie sehr das Leibnizsche Ideal einer »vollkommenen« Sprache lebendig bleibt, wenn man bedenkt, daß jede Sprache, die die Menschen sprechen, um verstanden und nicht verstanden zu werden, ungestalt ist und hinkt. Hier wirkt die künstliche Vorstellung von einer transparenten, auf das Funktionieren eines Systems durch und durch entzifferbarer Zeichen reduzierten Sprache, eine Vorstellung, die seit dem Augenblick, da das sich vervollkommnende Wort Sinnwirkungen erzeugt, von sprachlicher Dichte sprechen läßt; es ist die gleiche Illusion, die allerorts der Sprachverwirrung und dem Aufkommen des Babylonismus vorhergeht und vergessen macht, daß das, was letztlich vor der Tautologie schützt, die Möglichkeit einer mehrfachen Verwendung eines Terminus ist, so daß man paradoxerweise hat sagen können, daß »eine Sprache ohne Doppelsinn so beschaffen wäre, daß kein eindeutiger Sinn erfaßt werden könnte«[2].

So besorgt man auch um die terminologische Präzision sein mag, wird man sich doch nicht dazu hinreißen lassen, die in Inhalt und Umfang definitive Aussage der Begriffe, die man benützt, als prinzipielle Forderung zu formulieren. Eine solche Forderung erweist sich ohnehin als unannehmbar, von welchem Gesichtspunkt aus man sie auch betrachtet: sie widerspricht, wie es die philosophische Reflexion von Hegel bis Heidegger zeigt, dem *Wesen* der Sprache selbst, die Verneinung ist und Entbergung, ihrer *Struktur*, wie sie seit Saussure die linguistische Analyse aufzeigt, die aus der Sprache ein System von Unterscheidungen und nicht eine Nomenklatur positiver Termini macht, und endlich der *Erfahrung* des Wortes, wie sie uns die

---

[1] Siehe Y. Belaval, *Les philosophes et leur langage*, Paris 1952
[2] J. Laplanche und S. Leclaire, »L'inconscient« in: *Les Temps Modernes*, Juli 1961

Phänomenologie machen läßt: »Wir brauchen zu ihrem Verständnis nicht irgendein innersprachliches Wörterbuch zu Rate zu ziehen, das uns von Wörtern und Formen klare, jedoch zugleich verhüllende Vorstellungen gäbe. Die Sprache bedarf nicht des Verzeichnisses ihrer Entsprechungen, sie enthüllt sich selbst ihre Geheimnisse...«[3]

Wenn man darüber hinaus wagte, in einem Zug die Bewegung zu umschreiben, die die Geisteswissenschaften und den größten Teil der heutigen ästhetischen Versuche trägt, könnte man sagen, daß sie, übrigens teilweise unter dem Anstoß der Psychoanalyse, diesseits der analytischen Logik des Wortes wieder eine ursprüngliche Artikulierung zu erlangen bestrebt ist, die eine innere Rationalität, eine Ordnung unterhalb von Begriff und Urteil erzeugt. Den Akzent auf die technischen Möglichkeiten des psychoanalytischen Vokabulars setzen – sei es, um es zu übernehmen oder um es zu kritisieren, wobei es in beiden Fällen darum geht, im Zentrum einer Rede Termini voneinander abzugrenzen und sie zu differenzieren – hieße jedoch, sich in genau umgekehrtem Sinne engagieren.

Genügt es indessen, sich auf die Gründe zu berufen, die den Philosophen dazu bringen, jede die Terminologie betreffende Reflexion mit legitimem Argwohn zu betrachten, um das Unbehagen der Psychoanalytiker angesichts der ihrigen zu zerstreuen? Das hieße vergessen, daß die Psychoanalyse in dieser Beziehung eine besondere Position einnimmt, sowohl im Hinblick auf die Naturwissenschaften als auch im Hinblick auf die Geistes- und Sozialwissenschaften. Es sei gestattet, hierzu kurz einige ihrer Wesenszüge in Erinnerung zu bringen, von denen sie einige mit anderen Disziplinen teilt, deren Mehrzahl jedoch nur ihr selbst eignet.

1. Die Definition dieser Disziplin als Theorie einer Praxis und Praxis einer Theorie kann leicht, wie man es mehr als einmal erlebt hat, dem Analytiker als Alibi dienen. Er wird sich auf die unbestreitbare und ergiebige Tatsache berufen, daß seine Wissenschaft ohne die therapeutischen Akte, durch die sie sich übt, nichts ist, sei es um den Empirismus zu empfehlen, sei es allge-

---

[3] M. Merleau-Ponty, »Le langage indirect et les voix du silence«, in: *Signes*, S. 53 f.

meiner, um sich über das perfekte, indessen stets geforderte Einvernehmen zwischen Metapsychologie und technischen Regeln höchlichst zu verwundern.[4] Um sich jedoch hinsichtlich der Psychoanalyse mit aller Entschiedenheit auf die Praxis berufen zu können, wäre es nötig, so scheint uns, einer ganz anderen Forderung Genüge zu tun: der, daß die ganze Theorie eine Praxis sei und umgekehrt. Nun kann ein solcher Zusammenfall in der Psychoanalyse effektiv nicht erreicht werden, wo man, so sehr die Reise in jedem Falle einmalig und unvorhersehbar ist, nie anders als mit Kompaß fährt: erst nach dem Spiel werden die Karten aufgedeckt. Allerdings kann die Durcharbeitung einer Erfahrung, die auf andere Weise nicht in den Griff zu bekommen ist, den Psychoanalytikern nicht erlassen werden.

Nur wird diese Erfahrung, so schöpferisch sie auch sein mag, von allen Analytikern – welcher würde es bestreiten? – der in ihren Prinzipien und Hauptkoordinaten bereits von der Doktrin Freuds festgelegten Erfahrung genähert. Schwerer zu bestimmen ist dagegen, in welchem Ausmaß sie sich (in ihrer Art, die Kur zu leben, sie zu lenken, zu reflektieren) auf die metapsychologischen Begriffe beziehen, von denen mehr als einer, auch wenn sein theoretisches Ungenügen zu Tage liegt, dennoch fähig ist, seinen praktischen Wert ins rechte Licht zu rücken. Manche wünschen vielleicht eine veredelte Psychoanalyse, die nichts wäre als eine Sammlung von Lösungen für die von den Patienten gestellten Probleme (D. Lagache), oder versuchen sogar, wenigstens mit dem Anstrich des geistigen Experiments, so zu tun, als ob für sie nichts *bereits benannt* wäre. Auf beide Arten wird bezeugt, daß die analytische Erfahrung zunächst aus ihren technischen Fertigkeiten[5] besteht, und daß sie durch den sich in ihr manifestierenden Sinn unlösbar mit der Sprache Freuds verflochten ist. Ob er die Begriffe seiner Wissenschaft gebraucht oder nicht, der Analytiker bewohnt diese ererbte Sprache.

2. Es ist eine Erbschaft, die um so gegenwärtiger ist, als diese Sprache von *einem* Manne geschaffen und hinterlassen und seither

---

4 Siehe z. B. den Aufsatz von M. Bouvet über »la cure-type« in der *Encyclopédie de psychiatrie*, hrsg. von Henri Ey
5 Siehe D. Lagache, »Les artifices de la psychanalyse«, in: *Études philosophiques*, XI (1956), S. 585–593

kaum noch bereichert wurde. In der Geschichte der Wissenschaften ist dies ein außergewöhnlicher Fall: Entdeckung und Entwicklung der Psychoanalyse sind kaum von der Person, dem Denken und der ununterbrochenen und weitreichenden Teilnahme Freuds zu trennen. Lacan erläutert: »Alles, was sich in der Analyse abspielt, schlägt sich in einer tiefen Andersheit nieder. So sehr wir versuchen, dieses Jenseits in der Analyse zu überwinden, so geraten wir doch unweigerlich per Vollmacht wieder dorthin, weil wir es beim Patienten als Analytiker und in der Übertragung als Analysierter entdecken.« Es wäre hier der Zusatz nötig, daß die Position, die jeder Analytiker an Freuds Stelle einnimmt, eine solche Andersheit zugleich verstärkt, indem sie die Aufgabe stellt, zu den Quellen einer Sprache hinabzusteigen, die nicht der heutige Analytiker eingesetzt hat, die jedoch ihn einsetzt, ihn in seiner Funktion; und zwar nicht, um ihre Termini in einem eindeutigen Sinne zu bestimmen, sondern um ihre Genese nachzuvollziehen.

Maurice Blanchot notierte eines Tages, daß der Analytiker viel lieber seine Person als sein Wissen einer Psychoanalyse unterwerfen würde. Dennoch sind diese beiden Erfordernisse – die sogenannte Lehranalyse vorzunehmen und das erworbene Wissen zu prüfen – einander näher als es scheint, denn beide streben nach einer symbolischen Herrschaft. Außerhalb der »analytischen Gemeinde« verliert sich diese Bezugnahme auf Freud, dieser oft am Buchstaben klebende Respekt vor seinen Texten. Paradoxerweise würden sich die Psychoanalytiker, die alle Zweideutigkeiten der Vater-Identifizierung kennen, weigern, ihre eigene Beziehung zu ihrem Erzeuger in Frage zu stellen; der Geist der Autorität, sagt man, finde bei ihnen eine letzte Zuflucht ...

3. Wir sprachen eben von der psychoanalytischen *Wissenschaft* und von Freud als ihrem Stifter. Das ist jedoch zu wenig gesagt, oder mißverständlich formuliert.

Einesteils hat Freud mehr getan, als einem menschlichen Erfahrungsbereich wissenschaftliche Würde zu verleihen, der vor ihm nicht nur von dieser ausgeschlossen, sondern noch nicht einmal *definiert* war; er hat ihn, indem er ihm zu seinem Recht verhalf, in den Bereich des Sinnes eingehen lassen. Daraus folgt, daß der Analytiker im gleichen Maße, in dem er einer Erfahrung nahekommt, die, obwohl er sie auch selbst macht, durch die Sprache Freuds Leben gewann und mehr und mehr von ihr strukturiert wird, sich unserer Meinung nach schwerlich enthalten kann, den von ihm benützten begrifflichen und semantischen Apparat kritischer Prüfung zu unterziehen, will er nicht Gefahr laufen, sich selbst nicht mehr wiederzuerkennen in dem, was er sagt.

Andererseits – damit der Terminus vom »Bereich« keine falschen Vorstellungen erwecke – ist Freuds Entdeckung in Wirklichkeit weniger Erforschung einer *terra ignota* als vielmehr Erschließung oder Abfolge kurzer Eröffnungen eines per Definition verschlossenen Gebietes. Das ist der Grund, warum ihre Ergebnisse sich nicht mit einer neuen Aufklärungsphilosophie verknüpfen noch den Analytiker zum Experten werden lassen. In dem Maße, in dem die psychoanalytische Sprache eine Anhäufung sich sammelnden *Wissens* darstellt, verkennt sie zugleich vom Prinzip her den Richtpunkt der Erfahrung, das *Nicht-Wissen*: ein Widerspruch, den der Anspruch auf wissenschaftliche Genauigkeit, der von dem Augenblick an notwendig ist, da der Analytiker sich bei seinen Kollegen und a fortiori bei der Gemeinde der Forscher verständlich zu machen wünscht, auf die Spitze treibt.

Die Schwierigkeit ist auf anderer Ebene bei Freud zugegen. Mehr als einmal begegnet man ihr in der Ökonomie und ständigen Umarbeitung seines Werkes.[6] Sie ist ausgesprochen in den seltenen Passagen, wo über die Methodologie gehandelt wird. Bald sagt Freud ohne Umschweife, daß die Begriffe in der Psychoanalyse in seinen Augen nur als Suprastrukturen dienen, die man ersetzen oder fallenlassen kann, ohne einer Wissenschaft zu schaden, deren wahre Grundlage die Beobachtung ist.[7] Bald wieder zögert er nicht, als Objekt der Psychoanalyse die Bestimmung jener Gesetze festzuhalten, die die unbewußte geistige Tä-

---

[6] Vor allem im Wechsel der historischen und der systematischen Darlegungen, die bezeugen, daß Freud selbst im Zusammenhang der Lehre nicht die Wahrheit seiner Entdeckung finden kann. Ebenso scheinen die sich ablösenden Umarbeitungen, z. B. diejenige der Theorie der Triebe, vor allem dazu bestimmt, das Gleichgewicht eines Systems wiederherzustellen, das eine von der Praxis aufgenötigte Ergänzung gerade modifiziert hatte.

[7] Siehe *Zur Einführung des Narzißmus*, am Schluß von Abschnitt I (GW X)

tigkeit regieren, und selbst die analytische Therapeutik für eine unter mehreren Anwendungen der wissenschaftlichen Psychoanalyse zu halten.[8] Man kann in dieser zweiten Perspektive kaum erkennen, wo die Macht der »Hexe Metapsychologie« ihre Grenze finden würde.

Dieser Widerspruch zwischen den Erfordernissen der Begriffsbildung und denen der analytischen Erfahrung berührt jedoch nicht den Kern des Freudschen Werkes, wo es nichts gibt, was erstaunlich wäre. Indem Freud daran erinnert, daß keine Wissenschaft, und sei es die exakteste, von klaren Definitionen ihren Ausgang nimmt, und daß jede, nachdem sie einmal sicherer geworden ist, ihre Voraussetzungen in unaufhörlicher Veränderung sieht, löst er in der Tat diesen Widerspruch auf. Die Wissenschaft bedient sich darüber hinaus gewisser Voraussetzungen, die gleichwohl nicht willkürlich sind, da sie »bedeutsame Beziehungen« zur Erfahrung unterhalten.[9] Man kann zweifellos nicht genauer unterscheiden, was im Kern des analytischen Wissens Postulat oder bloßes Produkt der Untersuchung ist.[10] Das ist die selbstbewußte Sprache des Neuerers. Doch können seine Erben sie von Generation zu Generation in eigener Verantwortung übernehmen? Das ginge und geht nicht ohne Schaden ab. Und zwar aus mehreren Gründen.

Nicht auf die Auswirkungen der Verbreitung der Psychoanalyse wird man in dieser Hinsicht Gewicht legen; sie sind bekannt und unabwendbar. Kein Terminus Freuds, der nicht degradiert worden wäre. Wenn die Psychoanalyse unbestreitbar einen großen Bereich der menschlichen Erfahrung verändert hat, indem sie ihn benannte, hat sie zugleich in einer Gegenbewegung die Auswirkungen ihrer Macht erfahren: die Sozialisierung der Psychoanalyse hat die Freudsche Sprechweise verflacht. Ursprünglich geschaffen, um über das Unbewußte Rechenschaft zu geben, dient sie in ihrer heutigen Gestalt dazu, ihm vor allem zu entfliehen. Jedem heutigen Analytiker ist dies vertraut. Seine Praxis bestätigt es ihm.

Aber die sattsam bekannte und anmaßende Existenz dessen, was

---

8 Siehe besonders das Nachwort zu *Die Frage der Laienanalyse* (GW XIV)
9 Vgl. den Anfang von *Triebe und Triebschicksale* (GW X)
10 Siehe GW XVII, 142

man die gesellschaftlichen Vorstellungen über die Psychoanalyse genannt hat, berechtigt den Analytiker nicht, den Augenblick zu bestimmen, da die Verwirrung beginnt, denn die »richtige« Vorstellung ist nirgendwo fixiert. Eine Schwierigkeit, die mehr als einen Grund hat. Zufällige Gründe zunächst: vor dem Kriege las man Freud, zumindest in Frankreich, unsystematisch, nach zufälligen Veröffentlichungen, die keineswegs die chronologische Ordnung der Werke beachteten, in oft mittelmäßigen Übersetzungen, die stets ungenau waren und durch die Vielzahl oder das mangelhafte Wissen der Übersetzer das Gefühl vermittelten, es mit einem zusammenhanglosen, verworrenen und sogar, was die metapsychologischen Texte angeht, unverständlichen Denken zu tun zu haben. Es wird keine Übertreibung sein zu sagen, daß aufgrund dessen Freud von niemandem als Autor wirklich ernst genommen wurde, daß niemand, wobei die Analytiker und die Universitätszugehörigen aus ganz unterschiedlichen Gründen zusammentrafen, daran gedacht hat, ihn zu lesen, wie man einen Philosophen liest, wie man jedes Werk lesen muß: buchstabengetreu, beim Lesen nicht die Entwicklung des Autors vergessend, sich Mühe gebend, auch jenseits von nach und nach bestätigten Thesen den grundlegenden Anforderungen und den im System beschlossenen Zusammenhängen gerecht zu werden. Erst heute beginnt man, die Texte Freuds in dieser Weise zu lesen, das heißt nicht in dem Bestreben, ein positives Wissen daraus zu ziehen, das öffentlich gelehrt und nach und nach gemehrt werden könnte, sondern indem ihre Problematik ans Licht gebracht wird. Vielleicht wird dann das, was ans Licht gebracht wurde, erlauben, von der Alternative »Handbuch« – die dem Widerspruch nur durch einen Eklektizismus ausweicht, der die Freudschen Thesen schlicht aneinanderreiht – oder »Neuformulierung« loszukommen (und von jenen Alternativen, die seit einigen Jahrzehnten, sich auf die Gestaltpsychologie, den Behaviorismus, die Phänomenologie, den Existentialismus, die Sozialpsychologie, die Ethologie berufend, vorgeschlagen werden und Gelegenheit geben könnten, sich in verkleinertem Maßstab an den Erscheinungsformen und Irrtümern heutigen Denkens zu ergötzen).
Illustriert nicht die Entwicklung von Merleau-Ponty auf exem-

plarische Weise die im Lesen der Werke Freuds eingetretene Wendung? Er geht von der Idee aus, daß es vor allem nötig ist, die unbestreitbaren Errungenschaften der Freudschen Ideologie zu bewahren und anzuwenden, aber das wiederholte Lesen der Texte Freuds läßt ihn nach und nach entdecken, daß in den Wörtern etwas anderes anzutreffen ist als eine grob gearbeitete und nach Gebrauch ersetzbare Ausrüstung. In einer seiner letzten Schriften fordert er selbst dazu auf, der Phänomenologie nicht allzu sehr zu vertrauen, wenn es darum geht, »den Erfahrungsschatz, der in der analytischen Kommunikation verborgen ist«, zu formulieren, und er empfiehlt, Freud zu lesen, ohne von vornherein seine Sprache zu verwerfen, weil sie dem Philosophen widerstrebt, und »aus ihr die Wörter und die theoretischen Begriffe zu beziehen, derer er sich nicht in ihrem lexikalischen und gemeinen Sinne bedient, sondern in dem, den sie im Innenbereich der Erfahrung erlangen, von der sie sprechen«.[11]

Weil die Analytiker lange gezögert haben, sich in dieser Richtung zu engagieren, befinden sie sich allzu oft gegenüber den Texten Freuds in einem fast neurotischen Verhältnis: angeschlagene Historisierung und um jeden Preis behauptetes Festhalten an einem Wissen, das entweder in der Art der für wissenschaftlich ausgegebenen oder in jener der alltäglichen Rede strukturiert ist. So verhilft man, wenn nicht der Unzerstörbarkeit eines immer aktuellen Unzeitlichen (des Unbewußten), so doch der Konversation zur Fortdauer... Aber wozu?

Darin, daß alle vorausgegangenen Bemerkungen betonten, daß der Analytiker es mit einer Erfahrung zu tun hat, die, wie sehr er sich auch bemühen mag, sich ihr ohne theoretische Voraussetzungen zu nähern, von Freud bereits strukturiert und benannt ist, gehen sie zweifellos nur um die Evidenz dessen herum, was die Ausübung der Analyse ist, nämlich – sowohl auf der Ebene

---

11 Aus dem Vorwort zu *L'oeuvre de Freud* von A. Hesnard (Paris 1960). Diese Empfehlung ist umso höher zu veranschlagen, als es Merleau-Ponty stets abgelehnt hat, folgende Alternative für die Geschichte der Philosophie für zulässig zu erklären: entweder eine »objektive« Systematisierung, die allein die Darlegung der Lehre eines Autors in der ihm eigenen begrifflichen Sprache und vor dem ihm eigenen kulturellen Hintergrund für akzeptabel hält, oder eine subjektivistische Ungeniertheit, die von klassischen Texten verlangt, Antworten auf moderne Fragen zu liefern.

der Interpretation wie der des Durcharbeitens einer Kur wie der der psychoanalytischen Wissenschaft – eine Sprache über eine Sprache. Auch wenn man nicht über den ontologischen Status des Unbewußten spekuliert, sondern sich an die einfachste Beobachtung hält, ist es eine Tatsache, daß der Analysierte über das, was er empfindet, *spricht,* über gewisse Ereignisse seines gegenwärtigen oder vergangenen Lebens, über seine Träume, oder besser gesagt, daß er *sich spricht,* und daß der Analytiker zuhört und diese an ihn gerichtete Rede als noch nicht in die Vollständigkeit ihres Sinnes übergegangen interpretiert. Man kann den manifesten Inhalt verstehen, sei es, indem man ihn als lückenhaft gelten läßt, sei es, indem man ihn als relativ bedeutungslos im Vergleich zu einem für tiefer oder wahrer gehaltenen latenten Inhalt nimmt; in jedem Fall ist es ein *anderer* Text, auf den man sich bezieht. Nur durch diese Übersetzung aber läßt sich dem Konflikt und dem unbewußten Begehren, in dem er gründet, näherkommen.

Macht man sich die Konzeption von Lacan zu eigen, der das im psychoanalytischen Sinne Unbewußte als eine Struktur sieht, die ähnlich wie eine Sprache funktioniert, und der das menschliche Begehren den Gesetzen der signifikanten Artikulierung unterwirft, dann gewinnt diese einfache Feststellung offensichtlich größere Tragweite. Sie führt, außer zu anderen Konsequenzen, dazu, die Unvereinbarkeit von *Begriff** und *Deutung** zu untermauern, von einer Sprache, die vorgibt, das Reale durch einen Begriffsapparat zu packen, und einer unbewußten Rede, die nur soweit interpretiert werden kann, als sie den Sinnwirkungen der Verschiebung, der Verdichtung und der Überdeterminierung entspricht. Welcher Abstand liegt in dieser Hinsicht zwischen dem Vokabular der Psychoanalyse als einem Produkt der Theorien, der Hypothesen, der den verschiedenen Erfordernissen entsprechenden Konstruktionen, und dem unbewußten *es spricht,* das, wenn es nicht schon bei jedem Zugriff entschlüpft, sich auf jeden Fall dem begrifflichen Zugriff widersetzt und, da es eigene (seit der *Traumdeutung* formulierte) Gesetze kennt, nicht auf die Ordnung des Begriffsvermögens zurückgeführt werden kann! Ein solcher Abstand schafft die Hauptschwierigkeit jeden Ge-

* im Original deutsch

sprächs über die Analyse, das auf wissenschaftliche Kommunikation und Unterrichtung abzielt. Indem jedoch diese Schwierigkeit ans Licht der Reflexion gebracht wird, kann man versuchen, sie zu meistern[12], anstatt den Analytiker zur Aphasie zu verdammen oder zu akzeptieren, daß er unzugänglich sei und, wie seine Kranken, in einem geschlossenen Kreis spreche.

Daß man uns recht verstehe: Wir sagen nicht, daß das Wesentliche der Entdeckung Freuds in seiner Terminologie stecke und daß man, indem man diese strukturiere, die Gewißheit gewänne, der Entwicklung jener auf die Spur zu kommen und ihre Umwege zu erkennen. Wir sind lediglich für einen Tatbestand eingenommen, von dem wir hoffen, daß er nicht allzu subjektiv gesehen ist: uns ist unbehaglich mit den Freudschen Begriffen, und dennoch können wir nicht darauf verzichten oder sie durch befriedigendere ersetzen; die genauere Bestimmung der Gründe für eine solche Situation ist überfällig.

Gewiß eignet sie nicht ausschließlich der Psychoanalyse, wie es leicht jede Epistemologie der Geisteswissenschaften zeigen würde, wo die Erfahrung *als solche* prinzipiell ungreifbar ist: das Objekt scheint stets in einem methodischen Feld vorgebildet, nur gefangen in einem aus einem oder mehreren Bezugssystemen gebildeten Netz ist es erreichbar. Auf andere Art gibt es keine Erfahrung, gibt es nichts zu analysieren noch gar zu beschreiben.

Die Situation der Psychoanalyse bleibt dennoch wegen der Erfragung der Erfahrung und wegen der Beziehung des Analytikers zum Werke Freuds im Kreis der Humanwissenschaften ein Paradox. Aber eines, das auch weiterhin aufrechterhalten werden muß, jedoch mit der Einschränkung, daß nicht auf die persönliche theoretische Durcharbeitung verzichtet wird, die eine in ständiger Bewegung sich befindende Erfahrung verlangt, die wesensmäßig nicht ein für alle Mal fixiert werden könnte. Die psychoanalytische »Bewegung« reißt nicht nur die Vorstellungen mit sich fort ...

Die Freudsche Rede ist nicht eine, die wir sprechen würden,

---

[12] Übrigens ist sie nicht, wenn sie auch in der Psychoanalyse kulminiert, anderen anthropologischen Disziplinen fremd: der Analyse der Mythen oder der Dichtung zum Beispiel.

wenn es nur an uns läge, sondern eine, in der wir gefangen sind. Dies ist die Situation eines jeden menschlichen Subjekts, so wie die Psychoanalyse sie bestimmt hat: es ist eingefügt in das *Schon-Sein* einer Struktur (Ödipus) und hinkt dem Bemühen hinterher, das zu deuten, was sich in ihm schon niedergeschlagen hat. Auch der Analytiker muß »wählen« zwischen dem Zwang der Bestimmung, die der Wiederholung eines unwandelbaren Szenariums ausliefert, und der Übernahme des »Vertragsabschlusses«, der die Filiation verbürgt und, wenn nicht die Mittel, so doch zumindest die Fähigkeit zur Erneuerung gibt.

II

»Das der Psychoanalyse eigene Vokabular ist, im großen und ganzen, knapp bemessen. Jene wenigen von Anfang an so vielseitigen Begriffe: Energie, Dynamik, Regression, das Unbewußte, Schuld, Ödipuskomplex, Selbstbewußtsein, Es, dann gewisse Anleihen bei der Physik oder der Biologie, und andere bei der herkömmlichen Psychologie, der Mythologie und schließlich der Umgangssprache bilden ein Ensemble, das es gerade seiner wesenhaften Vielfalt verdankt, daß es auf die verschiedenartigen Veränderungen angewendet werden kann, die die psychische Persönlichkeit und die Elemente, die sie bilden, aufweisen. Wenn es jedoch darum geht, die wesentlichen Elemente der Persönlichkeit und die großen Linien ihrer Veränderungen zu bezeichnen, wird klar, daß jedes einzelne Wort für sich allein eine Vielfalt miteinander verwandter, aber keineswegs klar unterschiedener Bedeutungen in sich trägt, und daß der allgemeine Charakter seines Sinnes die Einheit darstellt, die alle disparaten Fakten durch den gleichen Begriff zusammenbindet. Dadurch ist es möglich, die Verwendung dieses Begriffes im gleichen Maße auszuweiten und einzuschränken, in dem sich die Erfahrung und die Reflexion entwickeln.«[13]

Wir können nicht umhin, über diese Zeilen, die kürzlich eine Studie von F. Pasche einleiteten, zu stutzen. Das der Psychoana-

---

[13] F. Pasche, »Régression, perversion, névrose (Examen critique de la notion de régression)«, in: *Revue française de psychanalyse*, XXVI (1962), S. 161

lyse eigene Vokabular soll knapp bemessen sein? Man braucht nur den Index der *Gesammelten Werke* durchzugehen, um sich zu überzeugen, daß gut dreihundert Termini den Leser, der nicht vom Fach ist, verweilen lassen und eine Erklärung verlangen. Hinzu kommt, daß in diesem Inventar die Begriffe gar nicht vorkommen, die die Psychoanalyse durch mehr oder weniger treffende neue ersetzt hat, wie Liebe und Haß, Angst und Furcht, Maskulinität und Femininität. Das heißt, daß es auf Begriffe begrenzt ist, die von der Psychoanalyse geschaffen oder von ihr in der Weise modifiziert wurden, daß man von einem spezifischen Sinn sprechen kann.

»Wesenhafte Vielfalt«? Auf den ersten Blick gewiß, aber nicht im Sinne eines zusammenhanglosen Beieinanders und der vielfachen Verwendbarkeit; und die Zuflucht zum Metaphorischen, das übrigens weniger vielfältig ist, als man behauptet, hat auf jeden Fall ihre Berechtigung. Und muß man unbedingt, wie es F. Pasche ein wenig später anzudeuten scheint, das Bestreben, die Termini sparsam zu verwenden und nicht »das Verhalten mit unzähligen Wörtern zu benennen«, dafür verantwortlich machen, daß Freud und seine Schüler zögerten, zum Beispiel noch mehr mythologische Komplexe zu benennen? In Wirklichkeit haben die ausgesprochenen Vorbehalte Freuds, ja seine Abneigung gegen den Terminus Komplex, andere Gründe[14], und wenn es nötig ist, die Vorgänge zu differenzieren, zögert Freud keineswegs, »Vokabeln« zu kreieren.

14 »Kein anderer der von dem psychoanalytischen Bedürfnis neugeschaffenen Namen und Bezeichnungen hat eine ähnlich weitgehende Popularität erreicht und so viel mißbräuchliche Verwendung zum Schaden schärferer Begriffsbildungen gefunden« (GW X, 68 f.). An anderem Ort lehnt Freud die Jungsche Mythologie der Komplexe ab und besteht auf der Ansicht, daß Komplex kein befriedigender theoretischer Begriff ist. Er läuft in der Tat Gefahr, zugleich die Einmaligkeit der Fälle zu verbergen und sie mit dem zu erklären, was das Problem selbst ausmacht; er neigt auch dazu, sich mit der Idee eines rein pathogenen Kernes zu verschmelzen, den es zu eliminieren gilt, und läßt die zu gewissen Zeiten der Entwicklung der Person normative Funktion jener einzigen Strukturen vergessen, für die Freud stets den Terminus Komplex beibehalten hatte: Ödipus und Kastration. Das bedeutet letztlich die Weigerung, sich auf eine Typologie einzulassen, die die Vorbehalte Freuds gegenüber dem Erfolg des Begriffes rechtfertigt und ihm, außer im Falle von Ödipus, wo die Zuflucht zum Mythos die fundierende Bedeutung anzeigt, die mythologischen Benennungen einer wie auch immer gearteten psychologischen Konfiguration verbietet.

»Die wesentlichen Elemente der psychischen Persönlichkeit ...,
die großen Linien ihrer Veränderungen.« Ist dies wirklich letzter Zweck des terminologischen Apparates Freuds? Nichts, was
in dieser Richtung irgendeine Prävalenz einer genetischen Perspektive gefestigt hätte, wenige Termini, die damit in Zusammenhang stünden (der Ursprung selbst des Terminus Regression
ist topisch, und es ist ihr *strukturierender Wert*, den Freud, vor
allem in den libidinösen Stadien, festhält). Und selbst wenn
Freud in *Das Ich und das Es* dem Modell einer vereinfachten
Psyche am nächsten zu sein scheint, hütet sich sein Leser doch,
eine solche Konstruktion isoliert, losgelöst von allen zur gleichen
Zeit durchgeführten Untersuchungen (zweite Trieb-Theorie) zu
betrachten.

Diese Verschiebung indessen, von der der zitierte Text zeugt –
und die uns aufmerken läßt –, geht bei manchen noch weiter:
Gerald Blum, der eine Synthese der »psychoanalytischen Theorien von der Persönlichkeit« geben will, hält ganz natürlich eine
auf der chronologischen Entwicklung der Persönlichkeit basierende Vorstellung für die adäquateste und versucht, eine Kontinuität zwischen den »Altersstufen« zu etablieren[15]; Fenichel leitet
seine psychoanalytische Theorie der Neurosen mit Betrachtungen über die »geistige Entwicklung« etc. ein. In dem jedoch,
was Freud als »vollständigste« Darlegung, die man von einem
psychischen Vorgang geben könne, bezeichnet, wird dieser »genetische Gesichtspunkt« nie ins Spiel gebracht, durch den verschiedene Autoren die Freudschen Konzeptionen geradezu zu »vervollständigen« glauben.[16]

Auch ist es wohl möglich, wie z. B. Marjorie Brierley versichert,
daß die Fortschritte der Psychoanalyse es erforderlich machen,
daß die Metapsychologie sich in eine »Personologie«[17] verwan-

---

15 Gerald S. Blum, *Les théories psychanalytiques de la personnalité*, franz. Übersetzung, Paris 1955, S. VIII. »Ein solcher Rahmen liegt nahe, weil die psychoanalytischen Autoren dauernd mit dem Prozeß der Entwicklung beschäftigt sind; er wird außerdem durch die Tatsache gerechtfertigt, daß letztlich eine adäquate Theorie helfen muß, die Erscheinung eines Verhaltens zu begreifen, vorauszusagen und zu kontrollieren.«
16 Die Tatsache, daß Freud den genetischen Gesichtspunkt nicht in seine Definition der Metapsychologie integriert hat, ist umso erstaunlicher, als er Vorgänge ins Auge faßt, die ja einen zeitlichen Ablauf implizieren.
17 Der Terminus wurde von J. C. Smuts 1926 eingeführt, ohne jede Bezie-

delt. Ferner darf man nicht die Absicht verkennen, die das Prinzip der Freudschen Konstruktionen (deren Abstraktion, ja Entpersönlichung man herausstellt) ausmacht. Um dieser Absicht wieder habhaft zu werden und dem Werke Freuds nicht ohne weiteres die Erfordernisse und Vorurteile der oder jener heutigen Mode wissenschaftlicher Rationalisierung aufzupflanzen, ist es kein Fehler, der ihm eigenen Sprechweise Aufmerksamkeit zu widmen und bei seiner Sprache zu verweilen.
In diesem Bemühen – auf der Hypothese basierend, daß der psychoanalytische Bereich von dem semantischen Bereich strukturiert bleibt, der derjenige Freuds war, daß der *Sinn* der Erfahrung dem Freudschen *Text* untergeordnet bleibt, und auf der Annahme basierend, daß die Psychoanalyse durch die Wiederansiedlung in diesem semantischen Bereich die meisten Chancen gewinnt, mit dem heute in Fluß geratenen Wissen Schritt zu halten – engagiert sich die terminologische Untersuchung.
Von den verschiedenen Anwendungen eines Terminus handelnd, ist diese Untersuchung notwendigerweise historisch: sie sucht, bevor noch seine Bedeutung festgestellt ist, den von einem Wort eingeschlagenen Weg von seinem Ursprung an nachzuzeichnen oder umgekehrt den Faden wiederzufinden, der die verschiedenen Termini als Ausdruck des gleichen Bedürfnisses verbindet.
Wenn die Wortstudien oder Kolloquien zwischen verschiedenen Disziplinen über den Sinn eines mehrdeutigen Begriffes sich oft als enttäuschend herausstellen, dann deshalb, weil sie sich in dem Bemühen erschöpfen, die vielfachen Verwendungsmöglichkeiten eines Terminus zusammenzustellen (wenn sie sich nicht überhaupt darauf beschränken, sie nebeneinander zu stellen) und deren gemeinsamen Nenner zu entdecken. Wir meinen, daß die Reflexion über Vokabeln nur Wert hat, wenn sie zu begrifflicher Ausarbeitung anreizt, wenn sie über die Sichtung der Anwendungsmöglichkeiten hinaus die Problematik des Begriffes bloßlegt.

hung zur Psychoanalyse: »Die Personologie erforscht die Person nicht als eine Abstraktion oder ein Paket von psychologischen Abstraktionen, sondern vielmehr als einen vitalen Organismus, als organische psychische Gesamtheit, die sie par excellence ist, und ein solches Forschen wird zur Formulierung von Wachstumsgesetzen dieser Gesamtheit führen ...« (*Holism and Evolution*, S. 293).

Um von einer solchen Untersuchung eine Vorstellung zu geben, soll kurz aufgezeigt werden, wo sie hinführt und was von ihr erwartet werden kann:

1. einen Begriff entwickeln, indem man einen Terminus, der unbestreitbar Teil der Sprache des Autors ist, wenn dieser auch nicht die entsprechende Vorstellung ausdrücklich erklärt hat, fixiert;
2. die terminologischen Beiträge erkennen und datieren, die eine Umarbeitung eines ganzen Abschnittes des Systems herbeigeführt und fast unentbehrlich gemacht haben;
3. benachbarte Begriffe abgrenzen, ohne dabei zu fürchten, übermäßig scholastisch zu erscheinen, und auf diesem Wege zumindest zur Artikulierung der Fragen gelangen.

Hierdurch könnten die Psychoanalytiker hoffen, wenn auch ohne greifbare Gewinne für die Kommunikation *extra* und *intra muros*, weniger massiv als bisher der Freudschen Terminologie ausgesetzt zu sein; jeder würde dabei erkennen, was für ihn bedeutungsvoll, d. h. notwendiges Merkzeichen bleibt, um sich in der Erfahrung zurechtzufinden, fruchtbarer Antrieb, um sie zu durchdenken, und was hingegen aufgehört hat zu sprechen – und warum schließlich nicht auch untersuchen, warum die Leitlinie Freuds uns nirgends mehr hinführt, was auch schon bei Freud am Anfang dessen steht, was wir als neuere Abweichung bezeichnen?

In dem Maße, wie wir zuerst das Freudsche Wissen, diesen sedimentierten Sinn, als eine Sprache behandeln, indem wir Inventur machen, ihre Schlüsselbegriffe heraussuchen – die, wohlgemerkt, nicht notwendigerweise die meistgebrauchten sind, aber oft in einer Abschweifung oder einer Randbemerkung *ausgedrückt* werden –, indem wir auch signifikative Serien oder Gruppen zusammenstellen, haben wir zweifellos mehr Chancen, der Erfahrung ihre eigene Wortgewalt zurückzugeben (denn wie die Poesie zeigt, befreit allein die Beherrschung der Sprache die Stimme des Naturhaften). Es ist gar nicht nötig, sich allzu sehr in der psychoanalytischen Literatur umzutun, um zu erkennen, daß ihre mangelnde Anziehungskraft weniger von der Schwierigkeit der Erfahrung selbst kommt, von der sie Rechenschaft geben will, als von den Auswirkungen der von ihr nicht beseitigten *Sprachverwirrung*, in der sie allein den sich auf den Marxismus berufenden Schriften vergleichbar ist.[18]

Während es sehr bald offenbar wurde, daß die Freudsche Entdeckung Opfer dessen werden mußte, was sie bloßgelegt hat, und folglich der Verdrängung und Verkennung verfiel (zuerst Widerstand, dann Einkapselung), konnten auf den Text der Werke sich beziehende Auswirkungen erst später festgestellt werden. Da nun die Verdrängung von Freud zuerst als »Übersetzungsfehler« definiert wurde[19], wollen auch wir uns einem Faktum dieser Art zuwenden, das heutzutage wohlbekannt ist und das uns der Mühe einer allzu schwerfälligen Argumentation enthebt. Wir wollen von der fälschlichen Übersetzung von *Trieb** mit Instinkt handeln.

Geht man von der klassischen Definition von Instinkt als vorgeprägtem Schema des einer Gattung eigenen Verhaltens aus, das bei jedem Individuum fast gleich zu finden ist, sich ohne Veränderung nach einer zeitlichen Folge abwickelt und einer endgültigen Bestimmung zu entsprechen scheint, und konfrontiert man dann eine solche Definition mit dem, was Freud mit *Trieb* bezeichnet, nämlich eine verhältnismäßig unbestimmte antreibende Kraft, unbestimmt auch, was das Verhalten anbelangt, das zum Objekt hinleitet, welches die Befriedigung gewährt, dann muß man einen Unterschied der Auffassungen feststellen, der unüberbrückbar scheint. Dieses Gefühl verstärkt sich noch angesichts der Tatsache, daß Freud einerseits den Terminus *Instinkt** nur in dem Sinn verwendet, den Philosophie und Tierpsychologie ihm seit jeher zuerkannt haben, und daß er andererseits, wenn er sich fragt, ob es beim Menschen erbliche Gebilde gibt, die in etwa dem Instinkt der Tiere analog sind, nicht im Trieb dieses Äquivalent findet.[20]

18 Es geht in diesem Abschnitt nicht um die Trennung von Offenem und Verborgenem, von einer Rede, deren Kontinuität die Assoziationen des Analysierten herstellen, und einer Rede, die der Analytiker rekonstruiert, von Klinik und spekulativer Ungebundenheit, von spezifisch analytischer Interpretation und Anleihe bei einer wie immer gearteten Geisteswissenschaft; es gibt Zitate von Freud, die das alles *verbinden*...
19 Brief an W. Fließ vom 6. Dezember 1896
20 GW X, 294 und XII, 156
* im Original deutsch

Es gibt also bei Freud zwei Termini, die, anders als es im Großteil der psychoanalytischen Literatur der Fall ist, einen Gegensatz bilden. Diese Gegensätzlichkeit spielt zwar bei Freud keine ausdrückliche Rolle, ist darum aber nicht weniger wirksam, und man erhellt, wird man sich ihrer bewußt, manche klassische Schwierigkeit des Systems.

Man wird zunächst feststellen, daß die menschliche Sexualität, wie sie in den *Drei Abhandlungen zur Sexualtheorie* neu beschrieben wird, mit ihrem sehr veränderlichen und zufälligen Objekt[21], dessen Wahl die Wechselfälle des Einzelschicksals bestimmen, mit ihren vielfachen, parzellierten, eng von ebenso vielfachen somatischen Ursachen abhängigen Zielen, die für die Person eine beherrschende und ziemlich weitreichende Funktion bei der Herstellung der Objektbeziehung ausüben, das Modell der Freudschen Analyse der Triebe liefert. Fügt man hinzu, daß diese den Organismus von innen attackierende Kraft »einen Begriff der Abgrenzung des Seelischen vom Körperlichen«[22] darstellt und »Repräsentanten« ausschickt, die die Befriedigung von Bedingungen abhängig machen, die von der Phantasie geschaffen wurden, die Objektwahl und die Einrichtung der Aktivität weitgehend bestimmen und dadurch dem inneren Drang, der zuerst noch unbestimmt ist und einfach ein »dem psychischen Apparat auferlegtes Arbeitssoll« bedeutet, eine von stark individualisierten Zügen markierte Bestimmung aufprägen, dann ermißt man, wie weitgehend der herkömmliche Instinktbegriff irgendwie verwischt ist. Er ist es um so mehr, als Freud die Triebe weniger als konkrete Motivationen des Funktionierens des Organismus selbst beschreibt denn als Grundprinzipien, die letztlich dessen Aktivität regeln. Ohne nun – wozu die Instinkt-Theoretiker neigen – hinter jeder Handlungsweise eine ihr entsprechende biologische Kraft postulieren zu wollen, faßt Freud die Gesamtheit der Trieb-Äußerungen in einem einzigen großen fundamentalen Gegensatzpaar zusammen, das übrigens erklärterweise der mythischen Tradition entlehnt ist: im Gegensatz

---

21 »Es ist das variabelste am Triebe, nicht ursprünglich mit ihm verknüpft, sondern ihm nur infolge seiner Eignung zur Ermöglichung der Befriedigung zugeordnet.« (GW X, 215)

22 GW V, 67

von Hunger und Liebe, sodann von Liebe und Streit. »Polymorphes« oder »in seiner Unbestimmtheit grandios Mythisches« im Trieb, was bleibt da noch vom Instinkt?

Es ist indessen eine Tatsache, daß nicht allein *vor* Freuds radikaler Modifizierung des Sexualitätsbegriffes (die übrigens weniger dessen Umfang als dessen Inhalt betraf), sondern auch *nach* ihr noch das Unterschiedliche zwischen Trieb und Instinkt sich immer mehr zu verwischen scheint. Es muß hier angemerkt werden, daß es nicht genügt, nur irgendeine Abweichung von der Freudschen Doktrin anzuschuldigen, sondern daß im Wesen des Gegensatz selbst etwas steckt, was dazu Anlaß gibt. Es kann hier weiterhelfen, die Aufmerksamkeit auf gewisse Freudsche Termini zu richten.

Da ist z. B. der Terminus *Anlehnung**, mit dem Freud die primitive Beziehung zwischen Sexualtrieben und Ich-Trieben bezeichnet.[23] Die Sexualität lehnt sich zunächst an die »körperlichen Funktionen von lebenswichtiger Bedeutung« an, die ihr eine organische Stütze geben, eine Richtung, ein Objekt, aber die in dem Maße, in dem sie ein Vergnügen verschaffen, das nicht ganz auf die Erfüllung der Funktion oder die Befriedigung des Bedürfnisses zurückgeführt werden kann (die in der Organlust gewonnene Prämie), die Sexualität auftauchen lassen. Erst in zweiter Linie wird diese sekundäre Lust als solche gesucht, außerhalb jedes Lebensbedürfnisses, jeder funktionalen Lust und in einer Weise, die ganz auf eine erogene Zone bezogen ist. Ebenso definiert Freud ausdrücklich die kindliche Sexualität mit Anlehnung, erogener Zone und Auto-Erotismus, drei Erscheinungen, deren engen Zusammenhang er aufzeigt. Ebenso läßt Freud, wenn er den Zeitpunkt zu bestimmen sucht, da der sexuelle Trieb aufzutauchen beginnt[24], diesen als Perversion des

---

[23] Dieser Begriff konnte unseres Wissens bis jetzt nicht von den Kommentatoren geklärt werden, und dies zum Großteil aus rein terminologischen Gründen.

[24] Denn er geht keineswegs dem naheliegendsten Einwand aus dem Weg: »Warum steifen Sie sich darauf, die nach Ihrem eigenen Zeugnis unbestimmbaren Äußerungen der Kindheit, aus denen später Sexuelles wird, auch schon Sexualität zu nennen?« (GW XI, 335)

* im Original deutsch

Instinktes erscheinen, und zwar, indem er eine fast physiologische Beschreibung des Verhaltens gibt.²⁵

Versetzt man sich nun in eine weniger evolutionistische Perspektive als die der *Drei Abhandlungen*, so wird diese Dimension nur noch deutlicher. Auch hierzu liefert ein Terminus, auf den J. Lacan seit langem die Aufmerksamkeit zu lenken wußte, ein treffendes Merkmal: der Terminus *nachträglich**. Er allein setzt sich der Vorstellung von einer reinen Aktion *a tergo* des Triebes entgegen: Erfahrungen, »Gedächtnisspuren« werden umgearbeitet mittels neuer Erfahrungen und sehen sich dann Bedeutung und psychische Wirksamkeit erlangen. Wenn der Terminus zunächst einer streng deterministischen Auffassung von der psychischen Kausalität widerspricht, bedeutet das nicht, daß er so weitgefaßt wäre, daß er alle vergangenen Erfahrungen unter dem Zeichen der Retroaktivität, d. h. der retroaktiven Illusion (*Zurückphantasieren* bei Jung) sehen würde. Die Freudsche Verwendung des Begriffes »nachträglich« ist genauer: was auf diese Weise umgearbeitet wird, ist das, was sich im Moment, da es gelebt wurde, nicht in einen signifikativen Kontext einzufügen vermochte. Nun begünstigt die Sexualität durch die zeitlichen Pausen in ihrer Entwicklung eine solche Umarbeitung ungemein. Wenn Freud sich in einer seiner ersten theoretischen Durcharbeitungen fragt, warum die Verdrängung (beim Hysteriker) gerade die Sexualität betrifft, zeigt er, wie sie zwei in der zeitlichen Abfolge säuberlich getrennte Ereignisse bedingt, wobei das erste in einer Verführungsszene besteht, die für das Kind keine ausgesprochen sexuelle Bedeutung besitzt, das zweite in einer assoziativen Rückerinnerung des ersten. Und gerade dessen Gedächt-

---

25 Aus dem gleichen Grund ist Freud auch gezwungen zuzugeben, daß es kein »allgemein anerkanntes Kennzeichen für die sexuelle Natur eines Vorganges« gibt (GW XI, 331). Deshalb muß auch der Libido-Begriff in einem rein energetischen Sinne verstanden werden, und ohne daß es erlaubt wäre, die beschworene Energie mit irgendeinem materiellen Substrat zu verwechseln. Der Analytiker stellt einfach die Erscheinungsformen des sexuellen Begehrens in Bezug auf Objekt, Ziel und Ursprung fest und gewinnt dadurch das Recht, qualitativ verschiedene Äußerungen für gleichwertig zu halten. Die Psychoanalyse liefert kein Kriterium der Sexualität, sondern postuliert eine sexuelle Energie, von der uns die Klinik keine Definition gibt, wohl aber ihre Entwicklung und ihre Umformungen zeigt.

* im Original deutsch (so auch im folgenden)

nisspur, die einen Zufluß endogener Erregungen auslöst und ein nachträgliches Trauma schafft, wird verdrängt und wird so zum Objekt des »posthumen Primärprozesses«.[26]

Daß ein solches, hier sehr gedrängt dargestelltes theoretisches Schema (mit *proton pseudos* bezeichnet) die vollständige Erkundung der Existenz einer spontanen kindlichen Sexualität überlebt, beweist uns die zentrale Diskussion in der *Geschichte einer infantilen Neurose (Wolfsmann)* über die Beziehung zwischen Traum und Urszene.[27] Ebenso wäre leicht zu zeigen, daß es auch nach der Entdeckung, daß die Verführungsszenen meist[28] das Ergebnis von Einbildungen der Phantasie sind, nicht hinfällig wird. Wenn Freud tatsächlich nicht allein die Bedeutung der *Verführungsszenen* betonen, sondern von diesen ausgehend eine *Theorie* erarbeiten konnte, die über die Verdrängung Klarheit gibt, und passive Szenen[29] ebenso in der Zwangsneurose wie in der Hysterie, wo er sie zuerst antraf, systematisch suchen konnte, so deshalb, weil er dort »die einzige Möglichkeit verwirklicht (fand), daß eine Erinnerung nachträglich stärker entbindend wirkt, als das ihr entsprechende Erlebnis gewirkt hatte«[30]. Anders ausgedrückt: es ist die »psychische Realität«, die die Verdrängung motiviert, jene Realität, die Freud als die der Phantasie selbst erkannte.[31]

---

26 Zum Ganzen siehe »Entwurf einer Psychologie« (1895), 2. Teil, 4, 5, 6 (in: *Aus den Anfängen*, a. a. O., S. 353 ff.)
27 »Der Traum verleiht der Beobachtung des Koitus nachträgliche Wirksamkeit.«
28 Wir sagen »meist«, weil Freud bis zu seinem Lebensende nicht aufgehört hat, an der Existenz, der Häufigkeit und der pathogenen Rolle tatsächlich erlebter Verführungsszenen beim Kind festzuhalten.
29 Eine Passivität, die nicht nur zum Ausdruck bringen soll, daß das Verhalten der Person während der Szene passiv bleibt, sondern auch die Tatsache, daß sie ihr unterliegt, ohne daß sie bei ihr eine Antwort hervorrufen könnte. Die Verführung bewirkt einen »Sexualschreck«.
30 Manuskript K, 1. Januar 1896 (in: *Aus den Anfängen*, a. a. O., S. 129)
31 Es erscheint angezeigt, den vom Gebrauch ein wenig abgenutzten Ausdruck *psychische Realität* genauer zu umreißen. Er muß in seinem vollen Sinne genommen werden und nicht nur in der Nebenbedeutung, daß der Bereich des Psychischen seine eigene, der wissenschaftlichen Erforschung zugängliche Wirklichkeitsordnung hätte. Schenkt man gewissen Texten Freuds Glauben, so kann man sogar meinen, psychische Realität bezeichne das nicht mehr weiter Reduzierbare der Person: das unbewußte Begehren und die Phantasien, die es nähren.

Nun weiß man, daß Freud in der Phantasie nie nur den reinen und einfachen Ausdruck des Trieblebens in Bildern (oder in imaginärem Verhalten) sieht. Zweierlei gibt davon Zeugnis. Durch sein ganzes Werk hindurch sehen wir Freud hinter der Phantasie nach dem fahnden, was diese in dem, was er den »Boden der Realität« nennt, hatte ansiedeln können, und nach den mutmaßlichen Indizien, die nachträglich in der Entwicklung der Phantasie Bedeutung gewinnen konnten. Vor allem aber finden wir bei Freud den Begriff der Phantasiestrukturen (den man noch aus dem 1915 eingeführten Terminus *Urphantasie** herauslesen kann), die die Ordnung individuellen Erlebens bestimmen.

Die Urphantasien fehlen laut Freud selten im Schatz der unbewußten Phantasien, die man bei allen Neurotikern und vielleicht bei allen Menschen entdecken kann, ohne daß man sich in jedem Falle auf Entsprechungen in der tatsächlichen Geschichte der Person berufen könnte. Nun, genau in diesen Phantasien, und nicht in den Trieben findet Freud als Antwort auf die Frage, an deren Termini wir oben erinnert haben, das Äquivalent zum Instinkt der Tiere: »Es scheint mir sehr wohl möglich, daß alles, was uns heute in der Analyse als Phantasie erzählt wird ..., in den Urzeiten der menschlichen Familie einmal Realität war.«[32] Die phylogenetische Erklärung ist natürlich nicht völlig unangreifbar, und sie kann Ärgernis erregen, dennoch ist es bedeutsam, daß sie hier hinsichtlich des Gegensatzes von Trieb und Instinkt erhellend wirkt. Denn was sind diese »phylogenetischen Schemen«, diese Gedächtnisreste, die vererbbar sind und von in der Vorgeschichte der menschlichen Gattung tatsächlich gelebten Erfahrungen stammen, was ist diese »tatsächliche Wirklichkeit«, die zur »psychischen Wirklichkeit« geworden ist?

Freud beschränkt ihren Inhalt auf die Urszene, die Verführung, die Kastration. So verschieden sie hinsichtlich der Bedeutungselemente, die sie ins Spiel bringen, sein können, sind sie doch, wie die Mythen (und wie die Instinkte), monoton hinsichtlich ihrer Themen. Die Urphantasien sind nicht allein deshalb ursprünglich, weil sie uranfänglich sind, sondern auch deshalb, weil sie sich auf Ursprünge beziehen: sie repräsentieren und »lösen«

---

32 GW XI, 386

der Person die Rätsel ihrer Konzeption und ihrer Filiation, das Ursprungs der Sexualität und des Unterschiedes der Geschlechter.[33]

Man sieht, wie die Sexualität für Freud weder in den Konflikten, die sie kennt, wenn sie erst voll entwickelt ist, noch selbst in ihrer Genese auf das Ausklinken und die endogene Reife eines Instinktes zurückführbar ist. Ihr Ursprung wäre auch nicht mit mehr Recht in einem Ereignis zu suchen, das auf die tatsächliche Geschichte oder die der Phantasie zurückführbar ist: sie ist nicht faßlich außerhalb einer Struktur, die vor ihrem Auftauchen beim Individuum schon vorhanden ist.

Sind die sexuellen Triebe einmal erkannt in der Einmaligkeit ihrer Stellung, ihres Werdens und ihres Funktionierens, so klärt sich die Frage ihres Verhältnisses zu den Trieben der Selbsterhaltung und deren Natur.[34] Ist es auch dasselbe Wort *Trieb*, das die einen wie die andern bezeichnet, wird man dennoch beobachten können, daß Freud, wenn er allgemein vom Trieb handelt, ihm Züge wie Variabilität des Zieles und Zufälligkeit des Objektes zuschreibt, die bezeugen, daß er sich auf den sexuellen Trieb bezieht. Für den Selbsterhaltungstrieb ist das Objekt der Befriedigung zunächst ebenso festgelegt, wie die Apparate und die Ziele unabänderlich sind; auch benützt Freud mehrmals zu ihrer Charakterisierung den Terminus *Bedürfnis**, der einen wesentlichen Unterschied gegenüber den sexuellen Trieben anzeigt.

Freilich ist es eine Tatsache, daß dieser Unterschied von Freud nicht zu hoch bewertet wurde und auch nicht zu hoch bewertet werden kann. Und zwar zunächst deshalb, weil in der inneren Notwendigkeit sowohl des sexuellen wie des Selbsterhaltungstriebes und in dem, was sie in Bezug auf Begehren und Bedürfnis hervorbringen, etwas Zwingendes zu finden ist. Und dann vor allem, weil der Trieb-Dualismus, der als grundsätzlich im neurotischen Konflikt enthalten dargestellt wurde, zwei Aspekte

---

33 Dieses hier nur gestreifte Thema wurde nach der Fertigstellung dieses Abschnittes von Jean Laplanche und J.-B. Pontalis in dem Aufsatz »Fantasme originaire, fantasmes des origines, origine du fantasme« (*Les Temps Modernes,* April 1964) eingehender behandelt.
34 Um die Diskussion zu vereinfachen, bleiben wir im Rahmen der ersten Trieb-Theorie.

mit sich bringt, die in ihrer Verkettung gegenwärtig sind: Anlehnung und Abstoßung.

Die Theorie (oder die Phantasie) vom Befriedigungserlebnis, einem Erlebnis, das Freud an den Anfang jeder weiteren Untersuchung des Objektes setzt, würde in dieser Hinsicht die Zweideutigkeit der Doktrin illustrieren. Tatsächlich vereinigten sich in der Befriedigung, von der die Rede ist, die Befriedigung des Bedürfnisses und die Wunscherfüllung, oder es wird hier vielmehr der gleichsam mythische Moment ihrer Vereinigung vergegenwärtigt. Dabei bewirkt das Befriedigungserlebnis – wie die *Formulierungen über die zwei Prinzipien des psychischen Geschehens* dokumentieren – eine unumgängliche Spaltung zwischen dem, was das Modell der »unerziehbaren«, weil der Phantasie hingegebenen Begierde liefert, und dem, was die Untersuchung des den Bedürfnissen entsprechenden Objektes auslöst (hier spielt das Gesetz der Wirkung seine regulative Rolle).

Wenn Freud die eine dauerhafte Lösung der inneren Spannung erlaubende *spezifische Aktion* beschreibt, d. h. die Gesamtheit der unwillkürlichen Akte, deren Abrollen das Vorhandensein eines spezifischen Objektes (Nahrung zum Beispiel) und einer Reihe äußerer Bedingungen voraussetzt, dann entwirft er das ethologische Modell des Instinktes (Stadien des Verlangens und des Konsums). Wenn er hier noch nicht seine Konzeption der spezifischen Aktion und seine Theorie der Sexualität miteinander verbindet, so zunächst deshalb, weil die Entdeckung dessen, was die Ursprünglichkeit des Sexualtriebes ausmacht, erst nach und nach erfolgte[35], weil die grundlegende Unterscheidung zwischen Instinkt-Zusammensetzung und Anordnung der Triebrepräsentanten keineswegs völlig klargestellt ist[36], und endlich

---

35 In den ersten Schriften (1895) wird die Sexualität unter die »großen Bedürfnisse« eingeordnet und, was die spezifische Aktion betrifft, eine Analogie zwischen der Befriedigung des Hungers und dem Sexualakt gesehen. Freud erkannte jedoch, als er von der Angst-Neurose Rechenschaft geben wollte, sehr schnell die Existenz von »psychischen Bedingungen« historischen Ursprungs (das »Verarbeiten« der Libido), die zur Vollendung der spezifisch sexuellen Aktion notwendig sind. Dann entdeckte er die infantile Sexualität; »spezifisch« gewinnt nun einen anderen Sinn: es sind historische Faktoren, die die Wahl des Objektes und die Befriedigung »spezifizieren«.

36 Wie es der Begriff des Es – Anlaß für viele biologisierende Interpretationen der Freudschen Theorie – in dem Maße zeigen wird, in dem erstens die

deshalb, weil der Verlauf selbst der *verfrühten* Geschichte der Sexualität in seinem Ausgangspunkt (Anlehnung) wie in seinem zur Erwachsenen-Phase überleitenden Endzustand (genitale Organisation) eine Instinkt-*Reife* mit den Bedingungen des Ablaufes des Aktes, mit der gesuchten und erhaltenen Befriedigung zu verbinden scheint, wobei der Trieb bei flüchtigem Hinblick das Erscheinungsbild des Instinktes annimmt, da ihre Verschiedenheit bezüglich der Stellung des Objektes sich verwischt: die jedem instinkthaften Zyklus wie jeder Mechanik und jedem Instinktobjekt immanente *Gestalt** verhüllt die Bedeutungs*struktur* (Phantasie) der Triebrepräsentanten. Eine Verhüllung, deren Auswirkungen man auf terminologischer Ebene wiederfindet.

Die vorausgehenden Seiten sollten – in raschem Überblick – vor allem ein Beispiel geben dafür, welchen Weg die Reflexion über die grundlegenden psychoanalytischen Begriffe zurückgelegt hat, soweit sie ihre Merkzeichen in den von Freud vorgegebenen Termini findet. Die Methode mag befremdlich erscheinen. Wir haben bereits aufgezeigt, welchem umfassenden Erfordernis sie entspricht, indem sie an der sprachlichen Aussage, die der analytischen Erfahrung und der Freudschen Rede eignet, festhält. Und sicher versteht man nun besser, was ihre Funktion sein kann. Untersuchungen von der Art, von der wir eine Probe gegeben haben, erbringen den Beweis, so scheint uns, daß man, wenn man die Begriffe im Augenblick ihrer Entdeckung und in ihrer Genese ins Auge faßt, ihren ursprünglichen Sinn und ihre wechselseitigen Beziehungen hervortreten sieht; man sieht auch, daß nicht immer die Dinge großen Kalibers die größte Nachwirkung haben ... Dennoch würden wir das Wesentliche anderswo suchen: die Dialektik von Bedeutungsstruktur und *Gestalt*, die an Hand des Beispiels von der Beziehung zwischen Trieb und Instinkt sichtbar gemacht wurde, hätten wir auf ganz anderer Ebene zeigen können (zum Beispiel unter Bezugnahme auf die Identifizie-

---

beiden Trieb-Typen (sexuelle Triebe und Ich-Trieb) in eine gleiche, als Triebpol der Persönlichkeit definierte Instanz eingeschlossen werden, zweitens diese neue Instanz sich kaum von ihrer biologischen Grundlage abhebt und folglich die Unterscheidung zwischen dem Drängen des Triebes und seiner Einschreibung ins Unbewußte sich verwischt, und drittens die Genese der verschiedenen Instanzen als fortschreitende Differenzierung aufgefaßt wird.

rung); sie ist zudem so grundlegend, daß wir sie sogar im Funktionieren des Freudschen Denkens wiederfinden würden, insofern sie nämlich den Leser ebenso dazu verleitet, daraus Modelle zu beziehen – Idealvorstellungen vom psychischen Apparat, von der Triebökonomie, von der Entwicklung der Kur, die schon von Natur aus der Vereinfachung preisgegeben sind –, wie darin die Anordnung impliziter Strukturen zu sehen und deren symbolische Wirksamkeit zu erkennen. Die terminologische Untersuchung kann eine propädeutische Rolle spielen, wenn ein Wortstreit entsteht und zu lösen ist, der die Schwierigkeit nicht allein jeder Theoretisierung der Analyse, sondern auch ihrer Praxis ausmacht.

III

Wir sprachen von Modellen und Strukturen, und zwar in einer Weise, die zwischen den beiden Termini keinen großen Unterschied zu machen schien. Wir möchten nunmehr einige Bemerkungen über deren Verwendung in der Psychoanalyse anfügen, soweit eine kritische Reflexion über die analytische Terminologie hier einige Schlüsse erlaubt.[37]
Ein jüngst veranstaltetes Kolloquium bestätigte, daß der Begriff Struktur heute ebenso verbreitet wie verworren ist.[38] Was ein Linguist aussprach – nämlich daß der sehr allgemeine Gebrauch, der von ihm gemacht wird, tiefgreifende Unterschiede verdeckt –, würde sich gewiß in der Psychoanalyse bestätigen lassen, die zu diesem Begriff mehr und mehr ihre Zuflucht nimmt, jedoch in sehr verschiedenartigen Perspektiven.
Betrachtet man den wissenschaftlichen Bereich, in dem von Strukturen die Rede ist, im Ganzen, so kann man schematisch sagen, daß man bei zwei Extremen – nehmen wir zum Beispiel biologische Beobachtung und mathematische Formalisierung – zwei verschiedene Auffassungen von diesem Begriff findet:

37 Wir behalten uns vor, in einer anderen Arbeit das Problem der theoretischen Modelle Freuds als Ganzes zu untersuchen.
38 »Sens et usage du terme ›structure‹ dans les sciences humaines et sociales«, hg. von R. Bastide (Paris 1962). Datum des Kolloquiums: Januar 1959.

empirische Realität beim Biologen, der im Kern der »Struktur des Organismus« die natürliche Hierarchie der Molekular-, Zell- und Gewebestrukturen erkennt[39]; und auf der anderen Seite: Ausleseinstrument eines rein operativen Denkens, das, indem es die Erfahrung in den Griff zu bekommen sucht, Wechselbeziehungen zwischen »Variablen« herstellt und sich nicht um den wirklichen Status des Objektes kümmert, welches es zum Pol seiner Konstruktionen macht.

Zu dieser ersten Auswahlmöglichkeit – der zwischen *biologischer Beschaffenheit* und *Netz, das die mathematische Sprache spannt* –, tritt eine andere: die zwischen der Kategorie der *Totalität*, wie sie die *Gestalttheorie* in den drei Ordnungen (der unbelebten, der belebten und der menschlichen) am Werk sieht, und der Vorstellung von der *inneren Anordnung signifikanter differentieller Einheiten,* wie sie die von Saussure ausgehende Linguistik bei der Analyse von Sprachsystemen und die strukturale Anthropologie bei der Untersuchung von Verwandtschaftssystemen oder Mythen gewonnen und angewandt hat.

Gegenüber der ersten Möglichkeit zu wählen befindet sich die Psychoanalyse in einer Mittelstellung (unter dem Vorbehalt, daß sie sich nicht darauf beschränkt, von anderen Disziplinen Begriffe und Methoden zu entlehnen, weil sie sich als brauchbar erwiesen haben, sondern daß sie sich selbst diejenigen schafft, die ihr ihren eigenen Bereich zu definieren und zu erklären erlauben). Sie erkennt, was die Beschaffenheit der Persönlichkeit wie die Dynamik der Kur angeht, sehr genau »die Umkehrung gewisser Beziehungen, die Latenz, die Kohäsion und die Autonomie gewisser Strukturen«[40], die, und wäre es nur durch den Widerstand, den sie jeder Veränderung entgegensetzen, mit biologischen Gebilden vergleichbare Realitäten sind. Im psychoanalytischen Bereich treten aber auch, um mit dem Ödipuskomplex zu beginnen, unbestreitbar Strukturen zu Tage, die jede psychobiologische Beobachtung transzendieren[41], auch wenn diese sich

---

39 Siehe in dem zitierten Kolloquium-Band E. Wolff, der den Begriff der Struktur dem der Beschaffenheit annähert: »Struktur ist ein einfacher Begriff; er entspricht etwas Gegebenem und nicht nur etwas Intelligiblem.«
40 D. Lagache, »La psychanalyse et la structure de la personnalité«, in: *La Psychanalyse,* VI (1961), S. 6
41 J. Boutonier betont dies in seinem Buch über die Angst.

nicht auf unmittelbar wahrnehmbare Merkmale richtet, sondern auf unterschwellige Bezüge. Man kann dann in dem Bemühen, auf adäquate Weise Rechenschaft zu geben von dem, was diesen Bereich lenkt und ordnet, versucht sein, eine Konstruktion – in gewissen Grenzen – zu formalisieren (und das heißt »der Erfahrung Symbol-Systeme zu unterschieben, die die charakteristischen Eigenheiten der Erfahrung beinhalten«[42]), eine Konstruktion, die aber nicht dazu berechtigt, die Tragweite der Beobachtung zu reduzieren.[43] Eine solche Divergenz bei der Interpretation des Begriffes Struktur wäre, notieren wir das am Rande, selbst bei der Krankheitsbeschreibung spürbar, je nachdem man versucht oder nicht, in die Definition klinische Formen, Bezüge – wie die Stellung der Person zum Kastrationskomplex – einzufügen, die nicht nur nicht im symptomatischen Feld, sondern z. B. auch nicht in den Abwehrmechanismen gegenwärtig sind.[44] Dennoch sollte, so glauben wir, die Divergenz nicht überbewertet werden, denn es liegt schließlich in der Natur der »strukturalen« Untersuchung selbst, sich auf mehr als einer Ebene zu üben und weiter auszuholen, d. h. sich nicht darauf zu beschränken, Wechselbeziehungen festzustellen, sondern die symbolischen Matrizen jeden Erfahrungsbereiches freizulegen.

---

42 C. Lévi-Strauss, »Der Strukturbegriff der Ethnologie«, in: *Strukturale Anthropologie,* Frankfurt 1967

43 Es ist in dieser Hinsicht bemerkenswert, einen so kühnen Strukturalisten wie Lévi-Strauss gerade »die Genauigkeit der integralen Beobachtung« fordern sowie in Erinnerung bringen zu sehen, daß »auf der Ebene der Beobachtung ... die Hauptregel – man möchte sogar sagen die einzige – (lautet), daß alle Tatsachen genau beobachtet und beschrieben werden müssen, ohne daß den theoretischen Vorurteilen gestattet wird, Natur und Bedeutung zu verändern« (a. a. O., S. 303). Der Psychoanalytiker mag sich an Freud erinnern, der empfiehlt, unermüdlich von neuem die gleichen Phänomene zu betrachten und sich davor zu hüten, an seinen eigenen Aussagen sich zu berauschen.

44 Vor kurzem hat A. Green einen Versuch in dieser Richtung gemacht. Tatsächlich ist es offensichtlich, daß wir allzu oft von zwanghafter oder hysterischer Struktur sprechen, ohne sehr besorgt zu sein, den Erfordernissen des Begriffes Struktur zu entsprechen, und auf eine Weise, die jene Linguisten oder Anthropologen lächeln lassen würde, die ihm einen genau bestimmten und vor allem ergiebigen Sinn zu geben wußten. Viele in der Psychoanalyse strukturell genannte Definitionen beschränken sich darauf, verschiedenen Bezugssystemen entliehene Größen zusammenzustellen. Man wird sich jenes Wortes von Kroeber erinnern, das die extreme Verallgemeinerung der Vokabel anzeigt: »Alles, was nicht völlig amorph ist, besitzt eine Struktur.«

Andererseits erscheint uns der zweite aufgezeigte Gegensatz, der zwischen *Gestalt* und Bedeutungsstruktur, unversöhnlich[45], und es ist besser, ihn als solchen bestehen zu lassen. Wenn man ihn ausräumen wollte, würde man zugleich der Originalität der Entdeckung Freuds und der Eigenart der analytischen Erfahrung untreu werden.

Wenn auch das Bedürfnis nach Strukturen bei Freud mit dem »Entwurf« von 1895 offenkundig wird (und zwar derart, daß J. Lacan, ohne spitzfindig zu werden, vom Funktionieren des »nervösen Apparates« eine Interpretation in linguistischen Termini geben konnte), so braucht man doch nicht hier zu verweilen. Man bemüht sich jedenfalls, es durch das ganze Freudsche Werk hindurch unter wechselnder Gestalt wiederzufinden: in der endogenen Theorie der Libido, die durch die fortschreitende Entdeckung der Funktion des Ödipuskomplexes bestätigt wurde, in der durch das Auftauchen des Todestriebes ausgeglichenen Zentrierung auf das Ich als zweite Topik, und schließlich tritt, als die Angst der Furcht vor einer äußeren Gefahr angenähert erscheint, korrelativ die Kastrationstheorie auf den Plan. Die »strukturale« Geschichte des Freudschen Denkens (die uns noch fehlt) würde zeigen, wie der spontane Gebrauch, den Freud von der Kategorie der Struktur macht, sich nicht nur nicht mit der Theorie von den *Instanzen* der Persönlichkeit seiner zweiten Topik deckt, sondern deren Grenzen aufzeigt: die Psyche findet außerhalb ihrer selbst die Strukturen, die ihr Funktionieren bestimmen, welches niemals, auch nicht für die Phantasiewelt, auf einen inneren Mischmasch zurückgeführt werden kann, und sei er noch so kompliziert. Ebenso wenig läßt sich die Tragweite der Abwehrmechanismen erfassen, wenn man sich damit begnügt, sie als Funktionen des Ich oder als innerseelische Vorgänge zu definieren, ohne sich auf andere Bezugssysteme zu beziehen, vor allem dasjenige des Realen »als solchen«, das z. B. bei der retroaktiven Annullierung ins Blickfeld tritt, oder das der Kastration bei der *Verleugnung*.

---

45 Auch wenn die strukturale Linguistik zunächst dessen nicht gewahr wurde und verkannt hat, was an ihrem Beitrag zugunsten der herrschenden *Gestalttheorie* radikal neu war. Siehe z. B. V. Brondal, der von E. Benveniste in dem genannten Kolloquium-Band zitiert wird.

Doch von einer anderen Seite her – von der zugleich die rein gestaltpsychologische Auffassung von der Struktur ihren Wert zurückgewinnt – ist die Vorstellung von einer ganzheitlichen, jedoch ebenfalls in wechselnden Bildungen sich darstellenden Psyche vielleicht ein vom Philosophen angreifbarer Mythos, aber sie führt eine letzte Realität in die Erfahrung ein und sogar in die Beschaffenheit der Person. Genau deshalb kann nur ein psychoanalytisches »Modell« der Persönlichkeit, insofern es der übermäßig verschleiernden »akademischen« Psychologie überlegen sein will, dem Rechnung tragen. Wie Daniel Lagache richtig bemerkt hat, ist es absurd, den Anthropomorphismus eines psychoanalytischen Modells zu fürchten: »Durch eine personalistische Einstellung macht man dem Anthropomorphismus keine andere Konzession, als seine Gegenwart im Funktionieren und in der Genese des psychischen Systems und der interpersonellen Beziehungen anzuerkennen; es stört unsere intellektualistischen und naturalistischen Vorurteile, daß die Psychoanalyse im psychischen Apparat die Existenz ›animistischer‹ Enklaven entdeckt hat.«[46] Der Beitrag von Melanie Klein akzentuiert nur diesen Gesichtspunkt. Zudem wäre es nötig – und das ist eine Schwierigkeit, die in den Arbeiten der Kleinschen Schule manifest ist und nirgends bei analytischen Begriffsbildungen völlig bewältigt wurde –, nicht nur das, was sozusagen rein metaphorisch, und das, was »wissenschaftlicher« Begriff wäre[47], in gleicher Weise zu differenzieren, sondern auch in jedem Falle zu bestimmen, was der Bereich der metaphorisierten psychoanalytischen Realität ist. In der Freudschen Terminologie gibt es dauernd Zweideutiges: zum Beispiel kann der Terminus unbewußte »Inhalte« schockieren, indem er die Vorstellung von einem unbewußten Schlupfwinkel beschwört; nichtsdestoweniger besitzt er Indexwert, sofern er zu einer realistischen Interpretation des Unbewußten auffordert; die Vorstellung vom Bläschen und seinem Reizschutz, die uns *Jenseits des Lustprinzips* vermittelt,

---

46 a. a. O., S. 13
47 Denn sich mit biologischem Stil zu schmücken macht noch nicht die wissenschaftliche Würde aus, und andererseits ist nichts Abwertendes dabei, wenn man z. B. die Kleinschen Begriffe von »gutem« und »bösem« Objekt für metaphorisch hält.

braucht keine objektive Überzeugungskraft zu haben, sie zeugt aber vom Interesse, die Funktion der körperlichen Schranke in ihren imaginären Wirkungen sichtbar werden zu lassen. Umgekehrt wird ein Terminus wie *Gegensatzpaar* im Licht des Gebrauchs, der heute vom Begriff des binären Gegensatzes gemacht wird, eine Tragweite gewinnen, die größer ist als die ihm von Freud ausdrücklich zugesprochene – und zwar bei der Interpretation des Freudschen Werkes und seines grundlegenden Dualismus selbst.

Die Untersuchung über das Freudsche Vokabular erscheint nun nicht länger als ein Mittel, die Kohärenz und die Präzision der Persönlichkeitsmodelle zu verstärken. Indem sie – was etwas ganz anderes ist – deren Verschiedenheit aufzeigt, die aufgrund der Vielfalt der Ebenen analytischer Erfahrung notwendig ist[48], deutet sie auch an, was sie legitimerweise zu leisten beanspruchen können und was sie außerhalb ihrer Sichtweite lassen.

Sie führt dazu, sich nicht mit den vom Funktionieren des psychischen Apparates gebildeten Vorstellungen zu begnügen, ganz wie die analytische Arbeit die Wirksamkeit von Strukturen sichtbar werden läßt (unbewußte Phantasie, Identifikationsnetz, Wiederholungen eines Szenariums), die anders sind als alle Typen der Objektbeziehungen oder die Verhaltensmuster, die jene Strukturen sogar verhüllen, als ob die *Gestalt* der Struktur als Schirm dienen würde. Und schließlich bewahrt sie, hier die Erfahrung einholend, den Analytiker vor jeder Versuchung zu einer sich allzuviel zutrauenden psychoanalytischen Begriffsbildung; es genügt, die sekundäre Durcharbeitung oder Rationalisierung zu definieren ... Paradoxerweise wird sie desto hellhöriger und feiner werden, je weiter sie über Aussagen und Begriffe hinausführt: als Sprache behandelt, belebt sich das System zugleich mit dieser; der Weg ist frei zum Verständnis dieser Sprache, die, weil sie in kein Buch aufgenommen wird, sich in die Partitur des Unbewußten einschreibt. Hier begänne jedoch eine ganz andere Untersuchung, denn wenn der Patient sein Modell

---

48 Das ist genau das, was es so schwierig macht, von einer Kur analytisch Rechenschaft zu geben. Freud hat es in der *Geschichte einer infantilen Neurose* zum Ausdruck gebracht: wie ist eine mehreren Bezügen zugehörige Formation auf der einen Ebene der Beschreibung zu fassen? (GW XII, 103)

mitbringt und der Analytiker seine strukturellen Richtlinien, und wenn wir dabei sogar irgendeine Vorstellung von der Syntax haben, so ist doch nirgends, weder für den, der spricht, noch für den, der zuhört, die Definition der Vokabeln niedergelegt.

Wortfragen

Die Methode

Jean Laplanche und ich haben soeben ein *Vocabulaire de la Psychanalyse* fertiggestellt.¹ Dieses Werk unterscheidet sich sowohl von einem *Lexikon,* das sich darauf beschränkte, die Bedeutung oder die Bedeutungen der der Psychoanalyse eigenen Termini festzuhalten, als auch von einer *Enzyklopädie,* die den Ehrgeiz hätte, quer durch eine »Literatur« von beträchtlichem Umfang² die verschiedenen Anwendungen psychoanalytischer Begriffe zu analysieren, nämlich die Gesamtheit der Begriffe, die sie nach und nach erarbeitet hat, um auf ihrem »Terrain« einer Methode und spezifischen Entdeckungen Rechnung zu tragen. Wenn es sich nichtsdestoweniger in Form eines Wörterbuchs darstellt, so natürlich nicht nur deshalb, weil die Begriffe alphabetisch angeordnet und Gegenstand präziser Definitionen sind, sondern weil die den einzelnen Termini oder, wenn man will, den *Elementen* der Freudschen Rede geschenkte Aufmerksamkeit den Leitfaden des Unternehmens bildete. Diese Methode schien uns besonders gerechtfertigt, und zwar aus Gründen, auf die ich noch zurückkommen werde und deren wichtigster zweifellos der folgende ist: vereinfacht gesagt, schwanken die Abrisse über die psychoanalytische Theorie zwischen zwei Darstellungsweisen oder zwei Modellen: dem historischen und dem hypothetisch-deduktiven. Die mehr oder weniger bewußte Wahl, die zwischen ihnen getroffen wird, impliziert von vornherein eine gewisse Stellungnahme hinsichtlich des Status, der der Theorie einzuräumen sei. Die Bezugnahme auf das erste Modell bedeutet, daß man als wesentlich erachtet, die Entwicklung der Theorie Freuds und seiner Nachfolger, die Modifikationen, ja sogar die tiefgreifenden Umgestaltungen zu berücksichtigen, die sie auf Grund empirischer Entdeckungen erfahren hat: hier wäre – um

1 Paris 1967. Die Anregung zu diesem Werk geht auf Daniel Lagache zurück, der seine Leitung übernommen hat und seine Erarbeitung mit Aufmerksamkeit verfolgte.
2 Vgl. A. Grinstein, *Index of psychoanalytic writings,* New York 1956 ff. (bisher 9 Bde.)

uns an die bekanntesten Beispiele zu halten – die Entdeckung unbewußter Abwehrmechanismen zu nennen, die Freud von der ersten Angleichung von Unbewußtem und Verdrängtem abgebracht und somit das Hauptmotiv für die Erarbeitung einer neuen Auffassung des seelischen Apparats geliefert haben soll; oder die Allgemeinheit und Bedeutung der Auswirkungen wirklicher oder phantasierter aggressiver Verhaltensweisen gegenüber anderen und gegenüber sich selbst, die es erforderlich gemacht haben soll, daß der erste Triebdualismus (Sexualtriebe – Selbsterhaltungstriebe) dem neuen Dualismus von Lebenstrieben und Todestrieben weiche. Man kann demnach den Begriffsapparat der Psychoanalyse nicht »auseinandernehmen«, sondern allerhöchstens die Geschichte der Lehre in ihrer Gesamtheit nachzeichnen, wobei in jeder ihrer Phasen ihre enge Abhängigkeit in bezug auf die Probleme unterstrichen werden muß, welche die Erweiterung der klinischen und technischen Erfahrung mit sich bringt. Neben dieser Methode gibt es den dogmatischen Abriß, der seinerseits dazu berufen ist, die psychoanalytische Theorie als ein kohärentes (oder so gewordenes), fertiges Ganzes darzustellen, das von der Formulierung der Prinzipien, die vermutlich die Leistung des seelischen Apparats regulieren, bis hin zu ihrer Anwendung auf dem als konkreter erachteten Gebiet der Psychopathologie oder der Kur reicht. Da eine systematische Darstellung dieser Art auf Widersprüche stößt, treibt sie dem Eklektizismus zu – jenem Bankrott des Dogmatismus.

In Wahrheit berühren sich diese beiden anscheinend gegensätzlichen Methoden zumindest darin, daß die eine wie die andere das übersieht, was die Psychoanalyse als *Praxis* definiert, nämlich als eine durch die Rede gestiftete Erfahrung, deren Entwicklungen oder Widerlegungen nur durch Bezugnahme auf jene greifbar sind. Auch ist es auffällig, daß Freud sich weder mit dem Abriß historischen Typs noch mit dem systematischen Abriß hat begnügen können und daß er immer mit beiden abwechselte, seis in verschiedenen Schriften, seis innerhalb ein und desselben Werks (z. B. *Jenseits des Lustprinzips*).

Ich habe auf diese Schwierigkeit und auf die Notwendigkeit, sie zu überwinden, bereits zu einer Zeit mit Nachdruck hingewiesen, wo wir die Möglichkeit hatten, die *Gesamtheit* des

Werks zu erfassen. Die im *Vocabulaire de la Psychanalyse* angewandte Methode könnte eine Lösung sein: gewiß, sie genügt bei weitem nicht den Anforderungen einer strukturalen Geschichte des Freudschen Denkens, doch ist sie ein erster Schritt.

Problemstellung

Die Frage, die wir hier untersuchen wollen, ließe sich folgendermaßen formulieren: kann das *Vocabulaire de la Psychanalyse* als Bezugsrahmen, vielleicht sogar als Modell[3] für ähnliche Versuche von Forschern anderer Disziplinen dienen oder weist der Sprachsektor, den es behandelt, zu spezielle Züge auf, als daß irgendeine Übertragung oder nur eine nutzbringende Gegenüberstellung möglich wäre?

Auf den ersten Blick drängt sich dem Psychoanalytiker die zweite Antwort auf. Dieser sieht in der Tat zunächst (doch dies wäre zweifellos bei jedem anderen Spezialisten ebenso), was seinen Forschungsbereich auszeichnet. Man könnte somit die verschiedenen Züge zusammenstellen, die annäherungsweise in den Augen des Psychoanalytikers das Gefühl für diesen Unterschied rechtfertigen.

1. Die psychoanalytische Sprache ist bis auf wenige Ausnahmen das Werk eines einzigen Denkers: Freud. Ihre Elemente können also nur innerhalb der Freudschen »Rede« ihre wahre Funktion enthüllen.

2. Die psychoanalytische Sprache hat oft einen metaphorischen Charakter, der geprägt ist von Anthropomorphismen (z. B. *Es, Über-Ich*) oder von ausdrücklichen Bezügen auf nicht-psychologische Register (auf Neurophysiologie, Biologie, Mythologie). Dieser metaphorische Charakter gewinnt in der Psychoanalyse einen besonderen Wert, der nicht auf jenen reduzierbar ist, den der Gebrauch von Bildern bietet, die Begriffe lediglich *illustrieren*.

3. Die Vielfalt der verwendeten Register wäre also nicht zu verstehen als einfache Vielfalt operativer Modelle. Sie deutet

---

[3] Das Wort Modell beinhaltet natürlich von unserer Seite keinerlei Werturteil hinsichtlich des Ergebnisses ... Es geht allein darum, eine Methode und ihre eventuelle Verallgemeinerung zu beurteilen.

auf die Unmöglichkeit einer vereinheitlichten Sprache, und zwar aufgrund der Natur des zu erfassenden Objekts selbst.

4. Setzt man voraus, daß dieses Objekt das Unbewußte ist, und hält man dafür, wie Freud es seit der *Traumdeutung* begründet hat, daß dieses Unbewußte sowohl in seiner Logik wie in seiner Wirksamkeit Gesetzen gehorcht, die von denen, die die Sprache des Begriffes regieren, sehr verschieden sind, – ist dann nicht jedes Unternehmen, das sich nach einer solchen Sprache ausrichtet und dem Prinzip nach dazu berufen ist, in jener Sphäre von Unverständlichkeit zu verharren, von vornherein zu einer relativen Ohnmacht verdammt oder zumindest mit einem grundlegenden Widerspruch konfrontiert?

5. Wenn man sowohl behaupten muß, daß »die psychoanalytische Theorie von Freud einen eigenen Gegenstand hat, den sie mit keiner anderen Theorie teilen kann«[4], als auch, daß dieser Gegenstand mit keinem Sektor unseres Wissen zusammenfällt, dann muß dieser Status, der noch zu definieren bleibt und über den bei weitem nicht alle Psychoanalytiker einer Meinung sein würden, zwangsläufig auf den Status der psychoanalytischen Sprache selbst zurückwirken. Man kann versucht sein, entweder ihre Technik hervorzuheben, ihre innige Abhängigkeit in bezug auf die Psychopathologie oder die therapeutische Situation zu betonen, oder umgekehrt die Fruchtbarkeit der Freudschen Begriffe, und zwar gerade in ihrer Definition, jenseits ihres Ursprungsortes darzutun.

6. Schließlich, und dieser Zug kann kaum für zufällig gehalten werden, hat sich die psychoanalytische Sprache zu einem großen Teil in der gewöhnlichen Sprache ausgebreitet, mit allen Rückwirkungen, die ein solcher Prozeß einschließt.

Von Freud geschaffen

Zu behaupten, die psychoanalytische Sprache sei von Freud geschaffen worden, mag in zweierlei Hinsicht übertrieben erscheinen:

---

[4] C. Stein, »L'inconscient et la société«, in H. Ey, Hrsg., *L'Inconscient* (VIᵉ Colloque de Bonneval), Paris 1966, S. 360

1. Unbestreitbar gibt es spätere begriffliche Beiträge (insbesondere die der Kleinschen Schule). Zugegeben; doch sie erscheinen gleichsam von den Freudschen abgeleitet, sie gewinnen ihren Sinn erst dann, wenn ihre Beziehung zu jenen hergestellt ist. Zum Beispiel ist die bei Melanie Klein fundamentale Unterscheidung zwischen dem »guten« und dem »bösen« Objekt eine Implikation gewisser Freudscher Ansichten über die Introjektion und die Projektion. Desgleichen wird man bei Freud dem Terminus Partialobjekt nicht begegnen, auf den die zeitgenössischen Psychoanalytiker hauptsächlich verweisen; doch die These über die Partialtriebe, die spezifische Ziele anstreben, ist eben die der *Drei Abhandlungen zur Sexualtheorie,* und eine spätere Studie ist den Umwandlungen des »analen« Objekts gewidmet. Ohne einem Personenkult zu huldigen, kann man wohl behaupten, daß die Bezeichnung Freuds als des *Begründers* der Psychoanalyse im vollen Sinn zu verstehen ist: die Nachfolger, vor allem die der ersten Generation, mögen das klinische Feld zwar bereichert, andere mögen neue Forschungsgebiete eröffnet haben (Psychoanalyse des Kindes, des Psychotikers, Ethnologie etc.), doch was die Einführung der Begriffe betrifft, so kommt alles von Freud.

2. Man kann nicht von der Schaffung einer Sprache reden. Es wurde oft und zurecht (selbst wenn die kritischen Implikationen, die man daraus ziehen zu können glaubte, uns wenig begründet erscheinen) auf die zahlreichen Anleihen Freuds bei der wissenschaftlichen Sprache seiner Zeit hingewiesen. Aber die Untersuchung der begrifflichen Vorläufer, das Bestreben, zwischen Freud und seinen Zeitgenossen eine Kontinuität herzustellen, birgt die Gefahr, die Originalität von Freuds Anwendungen zu verschleiern: ein und dasselbe Wort kann, je nach der Theorie, sehr verschiedene Funktionen erfüllen. Hierfür gibt es zahlreiche Beispiele: sicherlich hat man schon vor Freud von Unbewußtem gesprochen, doch geschah dies entweder, um auf ganz negative Weise Phänomene oder Prozesse zu bezeichnen, die des Attributs Bewußtsein ermangeln (nicht bewußte), oder, um eine dunkle, archaische, abgründige Macht zu beschwören, die in unseren Leidenschaften auftauche. Eine solche »Idee« mit dem Freudschen Begriff des Unbewußten – »System«, das nach eige-

nen Gesetzen funktioniert und erkennbare »Bildungen« erzeugt, »psychischer Ort«, der seine eigene Organisationsform besitzt – vergleichen zu wollen, kann nur dazu führen, die schlimmsten Verwirrungen zu verewigen.⁵ Das gleiche wäre von dem Begriff des *Ich* zu sagen, wenn der Gebrauch, den die Philosophen oder die klassische Psychologie davon machen, mit seiner Bedeutung in der Psychoanalyse verglichen wird (wo das Ich, gleich welche Theorie man darüber hat, immer eine *Instanz* der Persönlichkeit bezeichnet); mit dem einen Vorbehalt allerdings, der jedoch die Herauslösung eines *spezifischen* Sinns nur um so notwendiger macht: der Sinn, den der Begriff in der Psychoanalyse erhält, impliziert nicht, daß er keine Beziehung zu der philosophischen Problematik des Ich hätte (auf eine solche Verbindung wird sogar bei Freud ausdrücklich hingewiesen); doch erst dann, wenn die Freudsche Problematik des *Ich* in ihrer ganzen Komplexität erkannt ist, kann ein solches Inbeziehungsetzen seine Berechtigung finden und fruchtbar werden.

Die Einfügung der psychoanalytischen Auffassung des Unbewußten in eine Tradition, das Insistieren auf dem »technischen« Sinn des Terminus *Ich*: die Intentionen, die sich in diesen beiden Beispielen vergegenwärtigen, mögen einander zu widerstreiten scheinen; doch ob nun das Bestreben besteht, eine Verbindung herzustellen, oder umgekehrt, zu differenzieren und zu isolieren, es drängt sich derselbe Schluß auf: zuerst muß man den Gebrauchswert der Begriffe der Psychoanalyse wieder finden. Wir sagen »wiederfinden«, denn dieser Wert, dieser Sinn ist oft verlorengegangen, auch den Psychoanalytikern selbst.

Unbewußtes, Ich: das sind, so wird man zweifellos einwenden, »nicht-wissenschaftliche« Termini, in denen wir mühelos die (fruchtbare oder bedauerliche) Zweideutigkeit erkennen, die ihnen von Natur anhaftet. Aber an den Begriffen, die Freud dieser oder jener wissenschaftlichen Disziplin entlehnt, ist sie mindestens ebenso deutlich. Nehmen wir z. B. das Konstanzprinzip, dessen Formulierung durch Freud selbst immer eine Ambiguität beinhaltet: die Tendenz zur absoluten Verminderung der Erregungen (Tendenz = Null) und die Tendenz zur Konstanz (Ho-

---

5 Die, man möchte sagen endgültig, beseitigt worden sind von dem Kolloquium Bonneval (1960) über das Unbewußte. Vgl. H. Ey, Hrsg., op. cit.

möostase) werden als äquivalent betrachtet; verfolgt man aufmerksam, welchen Gebrauch Freud von diesem Prinzip macht, und deckt man die Ungenauigkeiten und Widersprüche seiner verschiedenen Aussagen auf[6], so erkennt man, daß das Konstanzgesetz bei der Transposition, der Übertragung, die es beim Übergang von der Physik zur Psychoanalyse erfährt, eine andere theoretische Funktion erhält: es wird nicht in einer seiner besonderen Anwendungen wiedergefunden, gleichsam als Regulator des gesamten psychischen Geschehens, sondern zu einem anderen Gesetz in Gegensatz gebracht, das die Leistung der unbewußten Vorgänge reguliert (Gegensatz von Sekundärvorgang und Primärvorgang, von gebundener Energie und freier Energie). Der Gebrauch ein und desselben Begriffs, die Homonymie, bürgt hier keineswegs für eine Bedeutungsidentität, sondern verdeckt vielmehr eine Sinnverschiebung.

Ein analoger Schluß könnte aus der Prüfung eines diesmal mit biologischer Bedeutung geprägten Begriffs gezogen werden, nämlich dem der Abwehr, der Freud bekanntlich dazu diente, die Vorstellung einer *Spaltung* der Persönlichkeit, die bei seinen Zeitgenossen (Breuer, Janet) vorhanden war, in Konfliktbegriffen wiederzugeben. Die eigentlich psychoanalytische Erfahrung nötigt zu einer wirklichen *Perversion* des ursprünglichen Begriffs der Arbeit, der sie ihn unterzieht.

Eine systematischere Untersuchung als die, deren Resultate unserem *Vocabulaire* zugrundeliegen (d. h. die sich nicht nur auf die Begriffe erstreckte, die eine explizite theoretische Funktion besitzen, sondern zu ermitteln vermöchte, in welchem Winkel seines Textes Freud zu diesem oder jenem Terminus greift), würde sicherlich jenes allgemeine Prinzip bestätigen, dem zufolge die Gesamtstruktur des Werkes die Elemente, aus denen es besteht, umwandelt. Es ist dies eine zwar anerkannte Evidenz, die jedoch häufig und paradoxerweise vernachlässigt wird, wenn man es unternimmt, die Bedeutung eines Begriffs zu fixieren; so sehr scheint sich dabei das Bestreben nach Zurückführung auf

---

6 Wir können den Leser hier nur auf den Artikel »Konstanzprinzip« (Principe de constance) im *Vocabulaire de la Psychanalyse* verweisen, in dem wir versucht haben, nicht nur die Widersprüche herauszuarbeiten, die dem psychoanalytischen Gebrauch des Konstanzprinzips anhaften, sondern auch zu zeigen, welcher impliziten theoretischen Forderung diese Widersprüche entsprechen.

einen gemeinsamen Nenner oder das komplementäre Bestreben nach Aufsplitterung in eine Mannigfaltigkeit von Bedeutungen (Sinn A, Sinn B etc.) aufzudrängen.

Metaphorische Struktur

Die Philosophie, vor allem die zeitgenössische Philosophie, greift gerne zu Bildern. Sartre beschreibt das »Zerplatzen« des Bewußtseins hin zu seinen Objekten, Bergson veranschaulicht seine Auffassung von der Dauer durch Termini wie Ausdehnung und Zusammenziehung, etc. Wie es heißt, sind solche Bilder »sprechende«. Grob gesagt dienen sie dazu, entweder einen Begriff zu illustrieren, der aufgrund seiner Komplexität oder Originalität (in dem zitierten Beispiel trägt »Zerplatzen« der Sartreschen Interpretation der Intentionalität Rechnung) schwer verständlich ist, oder dazu, darauf hinzuweisen, daß auf einen Bereich geistiger Tätigkeit Bezug genommen wird, für den sich eine adäquate begriffliche Formulierung zumindest beim augenblicklichen Stand der Ausarbeitung einer Theorie als unmöglich erweist. Es ist ein »Gleichwie«.

In der Psychologie scheint mir die Zuhilfenahme metaphorischer Ausdrücke angesichts der ins Auge gefaßten Erfahrung eine ganz andere Tragweite zu haben.

1. Das deutlichste Beispiel liefern uns die Begriffe, die in der sogenannten Theorie der Persönlichkeit, der zweiten Topik, ins Spiel gebracht werden: Es, Ich, Über-Ich, Idealich, Ichideal. Es ist, zuweilen sogar bei den Psychoanalytikern, zur Übung geworden, ihren anthropomorphistischen Charakter zu denunzieren: eine von jeglicher Verdinglichung, gar Animismus gereinigte Theorie müßte ihre Instanzen auf annehmbarere Weise definieren, nämlich in Begriffen einer wissenschaftlichen Psychologie. Es wäre vorzuziehen, so behauptet man, von einer Pluralität von Motivationssystemen zu sprechen und z. B. das Über-Ich als ein heterogenes Ganzes aus Motivationen zu beschreiben, die von Eltern und Erziehern übermittelt sind – Vorschriften, gesellschaftlichen und moralischen Forderungen. Desgleichen besitze das Es nicht die wünschenswerte begriffliche Würde: in die-

sem von Nietzsche via Groddeck ererbten Terminus hat sich die von Freud vorgenommene Dezentrierung niedergeschlagen, verdichtet – das entthronte Ich; doch das, was unbestreitbar den Wert eines Schockbildes gehabt hatte, könnte sich nunmehr zugunsten des »Triebhaften« verwischen, das eine ganze Strömung der Psychoanalyse eilfertig mit dem Biologischen identifiziert. In der Tat verwischt alles, was in den letzten Jahrzehnten die Richtung einer den Idealen des Objektivismus gemäßeren Umformulierung einschlug, nicht nur die Originalität der Freudschen Begriffe (z. B. wird *Trieb* mit dem Instinkt verwechselt, das Über-Ich mit dem ethischen Pol der Persönlichkeit identifiziert), sondern verkennt auch von Grund auf diese fundamentale Gegebenheit: die Kategorien, welche die Konstitution und die Leistung des menschlichen Individuums tatsächlich lenken, sind sehr verschieden von denen, welche seis die objektive Beobachtung des Verhaltens, seis die Analyse des Erlebten zutage fördert. Das Über-Ich ist, noch ehe es ein »verdinglichter« Begriff ist, eine »im Innern wirkende Sache«; wenn der Psychoanalytiker vom Idealich oder vom Ichideal als von konkreten *Bildungen* spricht, die er als solche anzutreffen und zu unterscheiden vermag, so nicht deshalb, weil er Opfer eines objektivierenden Denkens wäre, sondern weil sich die Persönlichkeit durch eine Reihe von Identifizierungen unterscheidet. Jeder Versuch einer Definition, der unter dem Vorwand, die wissenschaftliche Kommunikation zu erleichtern, diese Dimension der psychoanalytischen Erfahrung verleugnen würde, ist von vornherein unannehmbar.

2. Diese erste Feststellung findet ihre Rechtfertigung in dem *Realitäts*typus, welcher der vornehmlichste Forschungsgegenstand der Psychoanalyse ist. Freud hat ihn als »psychische Realität« bezeichnet, ein Ausdruck, der unserer Meinung nach in seinem vollen Sinn zu verstehen ist: die psychische Realität ist nicht nur das, was für den Forscher, nämlich hier den Psychoanalytiker, seinen eigentlichen Realitätsbereich bilden würde – das sehr wohl das »Subjektive«, das Imaginäre sein könnte –, sondern das, was für das Subjekt Realitätswert gewinnt.[7] Es

---

[7] »Ob den unbewußten Wünschen *Realität* zuzuerkennen ist, kann ich nicht sagen. Allen Übergangs- und Zwischengedanken ist sie natürlich abzusprechen.

handelt sich hier von seiten Freuds, wie es die Umwege seiner
Überlegung über die Phantasie bezeugen, wirklich um die Einsetzung einer neuen Kategorie.[8]

Wenn, wie wir glauben, dieser Begriff der psychischen Realität
in der Psychoanalyse grundlegend ist, insofern er den unbewußten Wunsch und dessen Anordnung zu einer »Phantasmatik«
bezeichnet, dann erkennt man augenblicklich seine Implikationen
bezüglich der Sprache, die ihn bezeichnen möchte; in dem Maße,
wie diese selbst in der Alternative Realität/Illusion befangen
bleibt, schwankt sie zwischen zwei Zielen und scheint bald an
einem Übermaß an Objektivismus, bald an einem Übermaß an
Imaginärem, sogar Phantasmagorischem zu kranken. So scheinen auch die Psychoanalytiker ihre Wörter stets in Anführungszeichen zu setzen und sprechen von »Libido«, von »Regression«,
von »Besetzung«. Einer solchen Schwierigkeit begegnet man in
der gesamten psychoanalytischen Sprache; sie wird natürlich
noch fühlbarer, wenn man Vorgänge ins Auge faßt, die die
Grundlage der analytischen Erfahrung bilden, deren theoretischer Status jedoch schwer zu definieren ist. So z. B. der Begriff der Einverleibung, in dem die Psychoanalytiker das körperliche Vorbild, die Matrix der Identifizierung sehen. Doch
wenn man den Akzent auf »körperlich« legt, läuft man einerseits Gefahr, ein Organ (den Mund), eine Funktion (die Nah-

---

Hat man die unbewußten Wünsche, auf ihren letzten und wahrsten Ausdruck
gebracht, vor sich, so muß man wohl sagen, daß die *psychische Realität* eine
besondere Existenzform ist, welche mit der *materiellen* Realität nicht verwechselt werden soll.« *Die Traumdeutung,* GW II/III, 625

8 Vgl. J. Laplanche und J.-B. Pontalis, »Fantasme originaire, fantasmes des
origines, origine du fantasme«, *Les Temps Modernes,* 215 (1964), S. 1833
1868. In diesem Artikel versuchen wir zu zeigen:

1. Wie Freud, dem nur die Kategorien der Realität und des Imaginären zur
Verfügung standen, wenn man so sagen darf, sich gleichsam gezwungen sah,
in verborgener Form diese dritte Kategorie zur Geltung zu bringen, wobei
er sich namentlich auf phylogenetische Erklärungen berief (was sich als
psychische Realität darstellt, war *faktische* Realität);
2. Wie sich die Kategorie der psychischen Realität erhellen läßt, indem man
sie mit jener vergleicht, die das zeitgenössische Denken als die des Strukturalen bezeichnet;
3. Daß dennoch die Tatsache, daß Freud sie immer wieder verlor und wiederfand, nicht allein die Folge eines Versagens des begrifflichen Werkzeugs ist,
sondern in ihrer besonderen Beziehung mit dem Realen und dem Imaginären
gründet.

rungsaufnahme), eine Stufe (die orale) ungebührlich aufzuwerten, während auch andere erogene Zonen (z. B. die Haut), andere Funktionen (wie das Sehen) der Einverleibung als Stütze dienen können und sie sich, selbst wenn die Oralität ihr Vorbild ist, keineswegs auf die orale Stufe beschränkt; andererseits läuft man Gefahr, sie einem »objektiven« Vorgang anzugleichen und das Wesentliche zu verkennen, nämlich ihre Phantasiedimension und die Bedeutungen, die an sie geknüpft werden (Vernichtung des Objekts, seine Erhaltung im Subjekt, Assimilierung seiner Eigenschaften etc). Doch liefe umgekehrt die Definition der Einverleibung als eines »reinen« Phantasievorgangs darauf hinaus, in ihr nur das bloße imaginäre Korrelat der Verinnerlichung zu sehen, die ihrerseits für einen dem »geistigen« Register zugehörigen Vorgang gehalten wird. Und damit ist es nicht allein um die Originalität des Begriffs der Einverleibung geschehen, sondern auch um ihre Artikulierung in Begriffen, die zum selben Operationsfeld gehören (Introjektion, Verinnerlichung, Identifizierung).

Die Schwierigkeit, auf die der Psychoanalytiker hier stößt, nämlich den Nicht-Psychoanalytikern Begriffe zu veranschaulichen, die einen Teil seiner täglichen Erfahrung ausmachen, liegt keineswegs darin, daß diese Erfahrung in ihrem »Erlebten« nicht zu fassen wäre, daß sie eher von einem intuitiven Erfassen als von einer Rede abhinge, etc. Das wahre Problem ist der Status der infragestehenden Realität, und zwar für den Psychoanalytiker selbst.

Zudem geht es bei dem hier angedeuteten Beispiel darum, Begriffe zu definieren, sie abzugrenzen und ihre Beziehungen untereinander sichtbar zu machen. Die Schwierigkeit wächst, wenn man in einer Sprache, die ihrerseits dem Begriff verhaftet bleibt und nichts von den Mitteln der Poesie weiß, eine Realität bezeichnen will, die sich, aufgrund ihrer Natur, wenn nicht jeglicher Logik, so doch dem Zugriff des Begriffs widersetzt: in ihrer Entstehung erfaßte Phantasien, Übertragungsbewegungen etc.

Vielfalt der Register

Man hat oft die geringe Kohärenz der psychoanalytischen Terminologie betont, die Vielfalt ihrer Entlehnungen: bei der Neurophysiologie und einer veralteten Psychologie (z. B. »Erinnerungsspur«), bei der Mythologie (»Narzißmus«, »Ödipuskomplex«, »Eros«) oder bei der gewöhnlichen Sprache, dort, wo sie anschaulich ist (»Zensur«, »Es«). Doch mehr noch hat man vergessen, daß Freud diese offenkundige Vielfalt für die psychoanalytische Perspektive als unerläßlich ansah. Er meinte, daß man einen Vorgang nur dann erschöpfend darstellen könne, wenn man ihn unter drei Gesichtspunkten betrachte: dem *ökonomischen* (Schätzung des betreffenden Energiebetrags, nämlich der Intensität und Variabilität der Besetzungen), dem *dynamischen* (Verhältnis der im psychischen Konflikt wirkenden Kräfte) und dem *topischen* (Bestimmung des psychischen Ortes). Diese drei Gesichtspunkte aber bringen zwangsläufig Begriffe ins Spiel, die verschiedenen Registern angehören. Eine Verschiedenheit des Registers oder Modells, dessen Wirkungen man innerhalb ein und desselben Begriffs wiederfinden kann. Beispielsweise die Verdrängung. Lege ich den Akzent auf das, worauf sie sich bezieht, auf ihren Gegenstand: Vorstellungen, in »Erinnerungsspuren« zerlegte Erinnerungen, Phantasien, so befinde ich mich im Bereich des Signifikanten und kann eine *linguistische* Deutung des Mechanismus geben (Definition der Verdrängung als Metapher)[9]; berufe ich mich in erster Linie auf die *Finalität* des Vorgangs, nämlich auf die Vermeidung von Unlust, dann nehme ich Bezug auf einen *biologistischen* Begriff, den der Abwehr, und bringe damit das Modell eines gegen innere oder äußere Aggression kämpfenden Organismus ins Spiel. Doch diese Ambiguität ist dem Begriff der Verdrängung wesentlich; nur indem man sie aufrechterhält, kann man seine ganze Problematik herausarbeiten: das biologische Modell (das imaginär als ein Organismus konstituierte »Ich«) darf hier nicht zugunsten des linguistischen Modells ausgeräumt werden. Eine Forschung, die bestrebt ist, die Termini in verschiedenen theore-

---

9 Vgl. die Untersuchung von J. Laplanche und S. Leclaire, »L'inconscient: une étude psychanalytique«, in H. Ey, Hrsg., op. cit., S. 95–130

tischen Zusammenhängen zu erkennen, bewirkt also nicht nur eine Reinigung der Begriffe, sie macht auch ihre Verschränkungen sichtbar, wie es – wir können hier auf dieses Beispiel nur hinweisen – Freuds Verwendung des Begriffs *Bindung* bezeugt, mit dem er sowohl die »Bindung« der Energie veranschaulicht, wie diejenige, die zwischen den Vorstellungen stattfindet, und diejenige, die das Ich bewirkt, wobei sich eine solche Homologie letztlich durch das Vorhandensein eines zweiten Terminus erklärt (*Entbindung*), mit dem zusammen die *Bindung* ein wahrhaftes »Gegensatzpaar« bildet.

Man sieht also, wie notwendig es ist, der Versuchung zu widerstehen, das psychoanalytische Vokabular zu vereinheitlichen. Die relative Nicht-Kohärenz besitzt häufig einen Indexwert. Und hier ist unserer Meinung nach der Grund für Freuds eingestandenen Widerwillen gegen die Philosophie zu suchen; ein Widerwille, der überraschen mag, wenn man seine offenkundige Neigung für das spekulative Denken kennt. Was er der Philosophie vorwarf, ist nicht, daß sie über die kontrollierbare Erfahrung hinauszugehen versteht, sondern daß sie durch eine Art natürlicher Logik zum System tendiert.[10]

Sprache des Begriffs und Sprache des Unbewußten

Die psychoanalytische Erfahrung entfaltet sich voll und ganz in der Sprache, doch ist sie in ihrem Kern Ablehnung der begrifflichen Sprache. Von einem Analysierten, der auf sich selbst psychoanalytische Begriffe anwendete, hieße es wohl, daß er Widerstand leistet, daß er spricht, damit Es nicht spreche ... Die Ablehnung der begrifflichen Sprache ist hier um so radikaler, als sie nicht im Namen einer anderen Ordnung vorgenommen wird – der einer »affektiven Logik«, eines existentiellen Entwurfs oder eines transzendentalen Bewußtseins – sondern im Namen einer anderen Sprache. Der fundamentale Gegensatz

---

10 Vgl. zu diesem Punkt das Zeugnis von Lou Andreas-Salomé (*In der Schule bei Freud*, Zürich 1958, S. 106): »... daß man im Grunde doch das denkerische Bedürfnis nach endgültiger Einheit der Dinge bekämpfen müsse ...«

zwischen dem Primärvorgang und dem Sekundärvorgang, den Freud in Beziehung setzt zu den beiden Zirkulationsweisen der psychischen Energie (gebundene und freie), ist in der Tat zwei Funktionsweisen oder zwei »Zuständen« der Sprache assimilierbar, die man niemals im Reinzustand vorfindet, einem, wo sie vollkommen der Sinnverschiebung ausgeliefert wäre, und einem anderen, der sie einem Code annäherte, der stabile Bindungen zwischen Signifikat und Signifikant einschlösse.

Für die Psychoanalyse ergibt sich daraus, insofern sie eine Wissenschaft und nicht nur eine Kunst der Deutung sein will, ein Paradox hinsichtlich der Wissenschaften vom Menschen. Sicherlich besteht bei jeder von ihnen eine Kluft zwischen dem Begriffsapparat, den sie einsetzt, und der Art der Phänomene, die sie zu erfassen beabsichtigt; doch besteht die wissenschaftliche Erarbeitung nicht gerade darin, diese Kluft fortschreitend zu verringern, d. h. den Begriffen einen besseren *Zugriff* im Realen zu sichern? Die psychoanalytische Methode entzieht sich einem solchen erkenntnistheoretischen Modell: daß der Psychoanalytiker sich seine Begriffe aneignet, garantiert ihm keineswegs – ganz im Gegenteil, wird mancher sagen – ein besseres Hören, eine wirksamere Deutung. Es wird von ihm nicht nur erwartet, daß er sein theoretisches Gitter nicht dem »Material« aufzwingt, daß er willens ist, sich irremachen zu lassen (eine für jeden Forscher gültige Forderung), sondern auch, daß er die Regeln an den Nagel hängt, welche die traditionelle wissenschaftliche Beobachtung beherrschen: er soll allem eine »gleichschwebende Aufmerksamkeit« entgegenbringen, d. h. kein Element der Rede bevorzugen, und dies ist, so schreibt Freud, das Gegenstück zu der für den Analysierten aufgestellten Regel der freien Assoziation. Doch eine solche Empfehlung ist keineswegs als eine Ermunterung dazu zu verstehen, in emphatischer Weise von Unbewußtem zu Unbewußtem zu kommunizieren; sie zielt darauf ab, den Zugang zu den unbewußten Strukturen zu ermöglichen vermittels dem Anschein nach oft unbedeutender Elemente – »Knotenpunkte« erkennen zu lassen, an denen sich mehrere Assoziationsketten schneiden.

Sicherlich kann man eine solche Methode nicht auf die Lektüre von Freud anwenden; das liefe darauf hinaus, Freud zu *analy-*

sieren. In Wahrheit ist es viel eher der Leser, den jedes große Werk in die Lage des Analysierten versetzt (was allzu oft jene vergessen, die sich an die Psychoanalyse literarischer Werke machen) und *a fortiori* ein solches Werk, dessen Daseinsgrund darin besteht, einen bisher verschlossenen Sinn (einen Nicht-Sinn) in den Bereich des Sinns zu befördern. Gleichwohl kann man Freud lesen, ohne die psychoanalytische Methode völlig zu vergessen, und den Wegen, dem »Schicksal« dieses oder jenes Elements der Theorie besondere Aufmerksamkeit schenken, das, scheinbar verschwunden oder verdrängt, unter anderem Namen und an anderer Stelle weiterhin wirkt. Eben dies vernachlässigen die Schüler, welche die Theorie nach Abschnitten darstellen und zum Beispiel die zweite Topik zu einem autonomen Ganzen machen, ohne zu sehen, daß diese in der Theorie des Narzißmus (Ich als imaginäre Instanz) und der des Todestriebs (letzte Verkörperung des unbewußten Wunsches) ein doppeltes Gegengewicht besitzt. Insofern das Prinzip eines *Vocabulaire* uns fast notwendig dazu führte, die Freudsche Theorie zu zerlegen und dadurch ihre Anordnung aufzudecken, kann man behaupten, daß eine Art Homologie besteht zwischen der Methode, die sich uns nach und nach aufgedrängt hat, und der Methode der psychoanalytischen Forschung.

Das Feld der Psychoanalyse

Auch wenn die Psychoanalyse mehr und mehr der Status einer Wissenschaft zuerkannt wird[11], bleibt ihr Standort innerhalb der Gemeinschaft der Wissenschaft weiterhin schwierig zu bestimmen. Man kann ihre Methode definieren, auf den kontrollierten und quasi experimentellen Charakter der »psychoanalytischen Situation« hinweisen, ihren Gegenstand abgrenzen – doch wie läßt sich diesem Gegenstand in der gegenwärtigen Klassifizierung des Wissens ein bestimmter Sektor zuweisen? Es gibt zwar eine psychoanalytische Psychologie, doch mit ebensoviel Berechtigung kann von einer psychoanalytischen Ethnologie

---

11 Vgl. D. Lagache, »Psychoanalysis as an exact science«, in *Psychoanalysis and general psychology*, New York 1966, S. 400–434

gesprochen werden, auch wenn sie wenig bekannt ist, oder von einer psychoanalytischen Ästhetik, auch wenn sie noch in der Zukunft liegt, etc. Mehr noch, zahlreichen zeitgenössischen Denkern erscheint es immer schwieriger, die Konsequenzen der Freudschen Entdeckungen zu lokalisieren, bei denen nicht mehr betont zu werden braucht, wie sehr sie die traditionellen philosophischen Kategorien (Bewußtsein, Subjekt, Objekt, Körper, Wunsch, etc.) umwälzen.

In unserem *Vocabulaire* haben wir in gewissem Maß diese Schwierigkeit umgangen, indem wir es ablehnten, die Gesamtheit der psychoanalytischen Beiträge zu betrachten. Zum Beispiel behandeln wir die Mechanismen des Traums und nicht den Traum selbst, die Objektwahl und nicht die Liebe, das Schuldgefühl und nicht die Straftat. Was uns fesselt, so schrieben wir, »ist nicht alles das, was die Psychoanalyse erklären will, sondern vielmehr das, was ihr zum Erklären dient«. Doch selbst innerhalb eines so absichtlich begrenzten Bereichs konnte es nicht ausbleiben, daß wir zumindest implizit auf folgendes Problem stießen: welches ist der legitime Anwendungsbereich der definierten Begriffe? Es handelt sich hier nicht um ein Problem, das einzig die Kommunikation zwischen Psychoanalytikern und anderen Spezialisten beträfe; es liegt in der psychoanalytischen Forschung selbst.

Zwar konnte (insbesondere in der sogenannten *Ego psychology*-Schule) der Versuch unternommen werden, die psychoanalytischen Erkenntnisse in eine allgemeine Psychologie zu integrieren. Ein solches Vorhaben führt unbestreitbar zu einer Zerstörung von in der Psychoanalyse so grundlegenden Begriffen wie denen des Unbewußten und der Sexualität zugunsten einer Lernpsychologie (Frustration durch die Realität, Beherrschung der Instinkte durch das Ich etc.) und einer auf den Begriff der Reifung ausgerichteten genetischen Psychologie.

Umgekehrt konnte behauptet werden, daß einzig die Bedingung der psychoanalytischen Situation nicht nur die Beobachtung, sondern auch die Bildung gewisser Phänomene (Auftauchen von Erinnerungen, Phantasien) oder die Entfaltung gewisser Vorgänge (Übertragung) erlaube. So soll es z. B. keine psychoanalytische Theorie des Gedächtnisses im allgemeinen geben; was als solche dargestellt werde, betreffe nur den Vorgang der Verdrängung (sowie der Fixierung der Erinnerungsspuren) und der Wiederkehr des Verdrängten. Ebenso sei die Übertragung nicht zu erfassen außerhalb ihrer Beziehung zu der Regel, welche der Kur zugrundeliegt (alles sagen, nichts tun). Eine solche Perspektive führt dazu, die Gegebenheiten der Psychoanalyse einem immer spezifizierteren Feld einzugliedern.

Der Psychoanalytiker ist keineswegs dazu verdammt, in dieser Alternative zu verharren. Sicherlich muß er zuerst die Begriffe, mit denen er umgeht, im Moment ihrer Entstehung und in ihrer Fremdartigkeit wieder in den Griff bekommen, doch sobald diese Bedingung einmal erfüllt ist, kann er sich der notwendigen Konfrontation mit den Spezialisten anderer Disziplinen stellen. Auch hier wieder ist die Homonymie trügerisch: nicht schon deshalb beispielsweise, weil die Ethologen, so wie die Psychoanalytiker, von Aggressivität reden, haben sie auch die gleichen Verhaltensweisen im Auge. Wieviele interdisziplinäre Diskussionen sind daher von Anfang an, mangels einer vorherigen Begriffserklärung, dazu verurteilt, eine Sprachverwirrung zu vertiefen, die zu beseitigen sie sich doch gerade zur Aufgabe gemacht haben.

Die Verbreitung

Die Verbreitung zahlreicher psychoanalytischer Termini in der gewöhnlichen Sprache hat in dieser Hinsicht die Situation nur verdunkelt. Nicht nur, weil eine Vulgarisation und Entartung der Begriffe stattgefunden hat – das ist bei den meisten Wissenschaften der Fall, vor allem dann, wenn sie den Menschen unmittelbar angehen und, mehr noch, wenn sie einen Bereich betreffen – sagen wir: die Entschleierung seiner eigenen Determinanten –, zu dem er durch seine Stellung und mit vollem Recht einen privilegierten Zugang zu haben meint. Hier würde es genügen, wenn der Spezialist die von der »öffentlichen Vorstellung« verdrehten Begriffe wieder zurechtböge. Doch was mit seiner Wissenschaft geschieht – wir haben bereits darauf hingewiesen[12] –,

[12] Vgl. oben *Homo psychoanalyticus*

wirkt auf den Psychoanalytiker zurück; die »Verzerrungen« der Psychoanalyse sind ein integrierender Teil von ihr, genauso wie auf einer anderen Ebene der Marxismus bei der Analyse der zeitgenössischen gesellschaftlichen Formierungen und Kämpfe die Tatsache und die Konsequenzen seiner eigenen Heraufkunft nicht verkennen darf. Jeder weiß, daß die marxistischen Arbeiten sich zu einem großen Teil auf das Schicksal marxistischer Begriffe beziehen ...

Daß die Psychoanalyse zur Zeit des Kalten Krieges als ein hervorstechender Ausdruck des American way of life hat denunziert werden können, mag als ein zufälliges Faktum erscheinen und leicht als solches zurückzuweisen sein. Doch das heißt keineswegs, daß ihre Theorie nicht dennoch wirklich ideologische Züge enthielte.[13] Einige liegen klar zutage und wurden, zuweilen eilfertig, benannt (biologisierender Begriff der Triebe, Autonomie des Ich etc.); andere können erst am Ende einer eingehenden Analyse der verwendeten Begriffe und Modelle ans Licht gebracht werden, einer Analyse, die den spezifischen Gegenstand der Psychoanalyse in aller Schärfe zu bestimmen hätte.

Wir haben versucht, einen Überblick über das zu geben, was unser Unternehmen aufgrund seines Gegenstandes auszeichnen könnte. Wir möchten nicht, zumindest im gegenwärtigen Zeitpunkt nicht, eine Antwort auf die eingangs gestellte Frage geben, da sie eine Diskussion einleiten soll: ist ein solcher Versuch auf andere Wissensgebiete übertragbar?[14] Ich werde mich abschließend darauf beschränken, sie anders zu formulieren: Nach welchen Kriterien läßt sich auf einem theoretischen Feld eine »Sprache« abgrenzen? Zweifellos wird man einräumen, sei es auch mit Bedauern, daß z. B. ein »Wörterbuch der Soziologie« schwerlich etwas anderes sein könnte als ein Katalog von Anwendungen nach den verschiedenen Schulen, ja sogar Autoren. Ein »Wörterbuch des Marxismus« scheint ein theoretisch besser gesichertes Unternehmen zu sein: es gibt den »Begründer« und das, was man einen »wissenschaftstheoretischen Bruch« ge-

13 Vgl. zu diesem Punkt die Hinweise von M. Tort, »A propos du concept freudien de *représentant*«, *Cahiers pour l'Analyse*, 5, 1966, S. 37–63
14 Dieser Text sollte in der Zeitschrift, wo er zuerst erschien, die Einleitung zu einer Diskussion sein, an der sich die Forscher der Geisteswissenschaften beteiligen sollten (Linguisten, Soziologen).

nannt hat, sowie einen Begriffsapparat, der ein analysierbares Ganzes bildet. Doch ist dies ein besonders grobes Beispiel, dessen Wert im übrigen mancher bestreiten könnte. Wie läßt sich eine theoretische Struktur bestimmen? Wo ihre Grenze setzen? Hat Sartre nicht seine eigene Philosophie als eine einfache – ideologische – Variante der »einzigen Philosophie unserer Zeit« (des Marxismus) beschrieben? Doch wenn es uns nicht gelingt, theoretische Ganzheiten als System zu erkennen, in dem Sinn, in dem man von einer Sprache sagt, sie sei ein System, dann ist jegliches Wörterbuch unmöglich: entweder tendiert es dahin, mit der Rede einer Epoche zu verschmelzen – und müßte vor einer Geschichte des Denkens das Feld räumen –, oder es verflüchtigt sich in der Vielfalt der Werke, und es genügte wahrlich, diese zu lesen.

II Tendenzen

Unser Eintritt ins Leben nach Melanie Klein

Die wesentlichste Erkenntnis der Psychoanalyse ist wahrscheinlich die der Verfrühung, die sie von ihrem biologischen Kontext übernimmt, um sie auf die menschliche Dialektik zu übertragen. Die durch die Geburt bewirkte plötzliche Versetzung in einen Spannungszustand, worin der Prototyp jeder Angst gesehen werden könnte, die schwerfälligen und unkoordinierten vegetativen Anpassungsvorgänge, das physiologische Ungenügen, das den Herz-Scheidewänden, den Lungenbläschen, den Kapillaren, der verspäteten Reifung der Pyramidenbahn eingeprägt ist[1], das sind objektive Gegebenheiten; indem man jedoch sagt, das menschliche Kind werde verfrüht geboren, spricht man ihm nicht nur Gebrechen zu, es bedeutet auch, daß es zur Welt kommen muß, daß es sich einer Funktionseinheit und einer Herrschaft über seinen Körper versichern muß, die ihm das intrauterine Leben nicht verbürgt hat; und es bedeutet darüberhinaus und vor allen Dingen, daß das Kind zunächst in einem Zustand der Abhängigkeit lebt, die durch absolute Hilflosigkeit verdoppelt wird. Wenn unser Eintritt ins Leben schwer ist, dann deshalb, weil er zu früh erfolgt.

Um die schutzlose Situation des Kindes zu beschreiben, sein Leidenmüssen, von dem die günstigsten äußeren Umstände es nicht entbinden, denn was es verlangt, ist grenzenlos und wird niemals erfüllt werden können, findet Melanie Klein Heideggersche Akzente. Diese Benachteiligung, dieses anfängliche Elend, die bewirken, daß der Mensch, um an kein Objekt gebunden zu sein, es für immer an die Angst ist, haben jedoch ihre positive Gegenseite. Wenn sich in der Tat die Beziehung der Person zur menschlichen Ordnung nicht von selbst entwickelt, weder unmittelbar oder durch die Art verbürgt, noch gar gesichert durch das Zusammenspiel von Instinkt-Reife und dem Handeln der Umgebung, wird sie nur durch eine Reihe von Identifizie-

---

[1] Siehe z. B. Racamier: »Études cliniques des frustrations précoces«, in: *Revue française de psychanalyse*, 1953, Nr. 3

rungen hergestellt werden können. Eine über ihre Mittel zu leben gezwungene Kindheit müßte sich in einer Reihe von Erscheinungen – imaginierter Körper, Ich, später Rollen – beschleunigen, die die Gefahr der Geisteszerrüttung enthalten, aber auch Synthesen sind, die der Vollendung der Person und der Konstituierung ihrer Objekte angeboten werden. Von Antizipation oder Umkehrung der Regression zu sprechen, hat auf jeden Fall nur Sinn, wenn man nicht allein die nach erkannten Kausalitäten von Stadium zu Stadium gehende konstante Entwicklung eines Individuums im Blick hat, sondern die einmalige Geschichte, die personale und interpersonale Dynamik einer Person, für die keine Position endgültig ist. Diese Vorstellung ist überall im Werk Freuds gegenwärtig. Melanie Klein gewinnt sie dort, wo es am schwierigsten scheint, sie zu behaupten: in den allerersten Lebensjahren, wo man sonst eine einfache psycho-biologische Reifung wirken sieht, die sie jedoch als Objektbeziehung beschreibt, belebt von einer Subjektivität, die »nicht grundlegend verschieden ist von der Subjektivität des Psychoanalytikers, der in seinem Bemühen, sie zu verstehen, die Formen der Liebe wiederherstellt, die er prägenital nennt«[2].

Es sind auch nicht die summarisch durch das Wachstum erklärbaren und in den Kinder-Analysen mit Sicherheit anzutreffenden Etappen, die Melanie Klein beibringt, sondern das komplexe Wechselspiel der Triumphe und der Niederlagen, das Inventar einer Innenwelt, die von abweisenden oder wohlwollenden Objekten bevölkert ist, das Anslichtbringen von ebenso widersprüchlichen wie undifferenzierten Wünschen. Nach den üblichen an ihre Adresse gerichteten Kritiken[3] zu urteilen, scheint diese Orientierung nicht richtig verstanden worden zu sein. Man beschuldigt sie nämlich, alles durcheinander zu bringen, weder die wohletablierte Folge der libidinösen Stadien zu beachten (wenn sie nun aber die Bedingungen der Entwicklung woanders fände ...), noch die Zeit, da Ödipus-Komplex und Über-Ich in den Vordergrund rücken (sie befaßt sich eben mit deren Ge-

---

2 Jacques Lacan, »Fonction et champ de la parole et du langage en psychanalyse«, in: *La Psychanalye*, Bd. I, 1956, S. 107
3 Siehe z. B. Glover: »Examination of the Klein system of child psychology«, in: *The psychoanalytic study of the child*, Bd. I

nese), differenzierte Identifizierungs-Vorgänge unter dem einzigen Terminus der Verkörperung zu beschreiben (wenn jedoch die Verkörperung für sie nicht allein der erste Schritt der Identifizierung wäre, sondern deren Modell überhaupt?). Man beschuldigt sie, alles zu komplizieren, jedem kleinen Kind »ein unvergleichliches Ausmaß an Leiden« zuzuschreiben, indem sie ihm ein intensives Phantasieleben unterstellt, das sehr verschiedenartig, aus Grausamkeit und Angst zusammengesetzt ist und sich vielleicht mit den eigenen Phantasien der Melanie Klein verträgt, jedoch sicher nicht mit dem Anblick eines verhätschelten Säuglings, der in seiner Wiege liegt oder sich im Gehen übt.

Melanie Klein spricht weniger von *Stadien* als von Situationen, infantilen *Positionen*. Die Wirkungseinheit von Angst und Abwehr, aus der sie bestehen, wenn sie ihrer Theorie zufolge während des ersten Lebensjahres erscheinen, beschränkt sich nicht auf diese erste Periode; sie taucht im Laufe der Kindheit erneut auf und wird unter bestimmten Bedingungen noch beim Erwachsenen reaktiviert: die erste, als *paranoid* bezeichnete Position findet sich vor allem in den paranoischen und schizophrenen Zuständen wieder, die zweite, depressive Position in der Trauer und den depressiven Zuständen. Auch geht es Melanie Klein weniger darum, die Etappen der psychosexuellen Entwicklung zu beschreiben, als vielmehr Beziehungen, die in gewisser Weise auf die Furcht vor dem Objekt und dessen Hervortreten gerichtet sind[4]: die Umarbeitungen dieser Beziehungen sind es, die die Evolution des Individuums sichern.

Um diese archaischen Positionen darzulegen, nimmt Melanie Klein, wie wir gesehen haben, Zuflucht zur psychiatrischen Terminologie. Will sie eine einfache Analogie zwischen den ursprünglichen Objektbeziehungen und den psychotischen Affekten suggerieren, oder mehr noch die einen mit den anderen gleichsetzen, was wieder auf die Behauptung hinausliefe, daß jedes menschliche Wesen anfangs psychotisch ist? So konfus und

---

[4] Indem Melanie Klein diese beiden primitiven Phasen der Objektbeziehung beschreibt, gibt sie nicht vor, die klassische psychoanalytische Auffassung von den libidinösen Einrichtungen wieder ins Gespräch zu bringen. Ihre Perspektive ist eine andere.

verworren ihre Antwort in diesem entscheidenden Punkt sein mag[5], das Wesentliche ist, daß für sie die nach allgemeiner Ansicht speziell der Psychose eignenden Mechanismen wieder in die Konstitution auch der normalen Person eingebracht sind. Der Unterschied zwischen psychotischen und neurotischen (und normalen) Strukturen wird freilich nicht bestritten, die Kleinschen Thesen verwischen aber die Idee einer radikalen Andersheit der Psychose: diese erscheint in die menschliche Erfahrung integriert.

Die Psychoanalyse von Kindern, besonders von psychotischen, hat es Melanie Klein tatsächlich erlaubt, die Frühzeitigkeit und Bedeutung von Phantasie-Ängsten verfolgenden Charakters (vergiftet, verschlungen, getötet zu werden) zu erkennen; deshalb kam sie dazu, »von einem rudimentären paranoiden Zustand« zu sprechen, um schließlich die einfachste Modalität der Objektbeziehungen (die Melanie Klein für die vier ersten Lebensmonate ansetzt) mit dem Begriff »paranoid-schizoide Position« zu bezeichnen (wobei der erste Terminus den Akzent auf den Verfolgungscharakter akuter Angst setzt, der zweite auf das, was die Mechanismen der Abwehr denen der Schizophrenie verwandt macht).

Im Gegensatz zu Freud, der daran festhalten konnte, daß es im Unbewußten nichts gebe, was dazu berechtige, dem Begriff der Vernichtung des Lebens einen Inhalt zuzusprechen[6], und der die

---

[5] So faßt sie zusammen, was sie für gesicherte Ergebnisse hält: »In der ersten Kindheit entstehen die Ängste, die die Psychose charakterisieren und das Ich dazu treiben, spezifische Abwehrmechanismen einzurichten. Dort müssen die Fixpunkte für jede psychotische Unordnung gefunden werden. Diese Hypothese hat manche zu der Behauptung verleitet, ich hielte alle Kinder für psychotisch; das ist ein Mißverständnis.« (»Notes on some schizoid mechanisms«, in: *Developments in Psychoanalysis*, London 1952).

[6] Vielleicht weil das, was er als Todestrieb bezeichnet hat (und zwar, was zu wenig beachtet wurde, im Rahmen einer theoretischen Umarbeitung, so daß die Einführung des Begriffes vor dem Hintergrund der Gesamtstruktur der Theorie gesehen werden muß, während man im allgemeinen nur die Phänomene festzustellen sucht, denen er in der Erfahrung entspricht), *kein »Inhalt« des Unbewußten ist, sondern der Bereich des Unbewußten selbst.* Der Gegensatz Lebenstrieb/Todestrieb würde dann den Gegensatz zwischen dem individuellen Organismus, der nach dem »Konstanzprinzip« (Aufrechterhaltung der Homeostase) funktioniert, und jenen unbewußten Vorgängen (Primärvorgänge) bezeichnen, die ihren eigenen Gesetzen gehorchen und auf »ökonomischer« Ebene von einem Prinzip der Reduktion der Spannungen auf Null

Todesfurcht in der Reihe der Modalitäten der Kastrationsfurcht anzusiedeln versuchte (als ob für ihn alle wirklichen Erfahrungen von Trennung, beginnend mit Geburt und Entwöhnung, ihre volle unbewußte Wirksamkeit erst dann finden würden, wenn sie retroaktiv als »primäre Kastrationen« erscheinen könnten, d. h. sich auf eine eminent symbolische Ordnung beziehend), definiert Melanie Klein die ersten psychischen Operationen als Antworten auf diese Todesdrohung, man würde besser sagen: Drohung der Tötung, welche die Geburt des kleinen Menschenwesens ist.

Diese ersten Operationen sind – und in diesem Sinne kann man sie auf zweifellos mißbräuchliche Art mit den »Abwehrmechanismen« gleichsetzen – wesentlich dazu bestimmt, einem Ich die Möglichkeit zu sichern, sich zu formen und sich einer Kohäsion zu versichern. Ausgeliefert an eine fundamentale, durch die äußeren Frustrationen vertiefte Angst, reagiert das menschliche Wesen (man zögert zu schreiben: der Säugling, so evident ist der Anteil des Analytikers an der Rekonstruktion dessen, was die Kleinianer vielleicht zu leicht als ein infantiles Erleben beschreiben[7]), indem es seine Objekte *spaltet*. Wenn man in der

---

(Nirwanaprinzip) reguliert werden. Diese Dualität der Prinzipien findet sich natürlich auf empirischer Ebene wieder, insofern das menschliche Subjekt zugleich die Behauptung einer Individualität und der Träger einer symbolischen Ordnung ist, die darauf abzielt, es auf die Funktion des Signifikanten zu reduzieren: das illustriert eine klinische Erscheinung wie die »Schicksalsneurose«, bei der die Person, periodisch die gleiche Verkettung von Ereignissen, das gleiche schicksalhafte Szenarium wiederholend, ihr unbewußtes Begehren sozusagen *von außen*, in »dämonischer« Gestalt auf sich zukommen sieht. Ein solcher Wiederholungszwang trägt das Zeichen des Todestriebes.

Melanie Klein macht vom Todestrieb, zumindest scheint es so, gewiß einen »biologisierenderen« Gebrauch, als es eine solche Interpretation Freudscher Einsichten nahelegt; der Todestrieb wird direkt am Ursprung der Aggressionstriebe angesiedelt, und der Unterschied zwischen Lebenstrieb und Todestrieb scheint nicht, wie es letztlich bei Freud der Fall ist, einer Dualität der *Prinzipien* zu entsprechen. Aber Melanie Klein ordnet dem Todestrieb in ihrer Theorie eine nicht weniger fundamentale Rolle zu; sie sieht in der von dessen innerem Wirken ausgehenden Gefahr die erste Determinante der Angst. Der Todestrieb wäre folglich im Innern des Individuums der Ausdruck einer Exteriorität, die es in seinem Streben, sich einer Kohäsion zu versichern, radikal verneint. Unter seinem Einfluß käme das Ich nicht dazu, sich zu konstituieren; es könnte sich nur zersetzen, zerstückeln, »fall into pieces«.

7 Hierzu ein paar kurze Bemerkungen:
1. Zunächst ist es eine *Tatsache*, daß analytische Untersuchungen und

Mutterbrust das erste den Trieben des Kindes dargebotene Objekt sieht, werden sich doch zunächst die gegensätzlichen Bilder einer »guten« und einer »bösen« Brust einstellen, Qualitäten, die ihr in bezug auf ihren effektiv befriedigenden oder frustrierenden Charakter, vor allem aber, wie es die Anführungszeichen andeuten, vom Umstand der Projektion her zugeteilt werden: das Kind würde seine Liebe auf die dargereichte Brust projizieren, und vor allem seine Aggressivität (oraler Sadismus) auf die Brust, die sich versagt. Aber so sehr die so zerspaltenen Objekte mit Phantasien verbunden sind, sie werden dennoch so behandelt – und das gerade ist es, was den Leser von Melanie Klein verwirrt –, als ob sie *reale* Konsistenz hätten. In jener manichäischen Welt, die sie als unsere Vorgeschichte beschreibt, wird die »gute« Brust als beruhigend, die »böse« Brust als nachtragend und schreckenerregend qualifiziert; »qualifiziert« trifft jedoch nicht ganz den Sachverhalt, denn sie sind diese Qualitäten selbst: gute und böse Objekte sehen sich mit Kräften ausgestattet, die denen von Personen vergleichbar sind; darüber hinaus erfreuen sie sich einer wirklichen Autonomie, sie ringen miteinander; die bösen Objekte werden benützt, um den mütterlichen Körper zu attackieren, und üben umgekehrt Repressalien

Behandlungen, besonders von den Kleinianern, mit immer kleineren Kindern durchgeführt wurden (Melanie Klein hält viel von Beobachtungen bei Kindern von zwei und drei Jahren). Soweit man auch zurückgeht und welche Technik auch angewandt wird (Spiel, Modellieren, Zeichnen, Sprechen), auf jeden Fall bleibt immer ein Unterschied zwischen der Zeit, da die Phantasien mutmaßlich am intensivsten gelebt worden sind, und der Zeit, da sie in der Kur zum Ausdruck kommen.
2. Es ist frappierend, Melanie Klein, besonders in *Narrative of a child analysis*, wo sie Sitzung für Sitzung eine Behandlung nachzeichnet, das Material strukturieren zu sehen, das ihr geliefert wird, indem sie eine sehr kleine Zahl von »Signifikanten« einführt (Brust, Penis), und dabei tatsächlich feststellen zu müssen, daß eine solche Strukturation, die, halten wir das fest, ihre Stütze in der Übertragung findet, sich als wirksam herausstellt trotz allem Gewaltsamen, das sie für den Leser an sich haben mag. Bleibt zu untersuchen, worin eine solche symbolische Wirksamkeit in Bezug auf das Erleben selbst besteht.
3. Schließlich ist es vielleicht eine unvermeidbare Folge der psychoanalytischen Theorie, eine Problematik der Geschichte und der Strukturen auf zeitlicher Basis und an der Kontinuität orientiert zu entwerfen, die dann dazu führt, sowohl vom theoretischen wie vom klinischen Gesichtspunkt her einen immer ursprünglicheren Grund zu untersuchen. Die Archäologie degradiert sich in der Genese.

aus, die guten Objekte können »eine unbeschränkte, unmittelbare Wiedergutmachung ohne Ende« gewähren. Und endlich sind die einen wie die anderen spezifischen Mechanismen unterworfen, die, selbst wenn sie sich auch späterhin finden, die paranoid-schizoide Position charakterisieren: Idealisierung des guten Objekts, eine Ablehnung, die dem verfolgenden Objekt jede Realität abspricht, allmächtige Kontrollierung des Objektes.

Wir sprachen von Manichäismus, und es ist nur zu wahr, daß das Kleinsche Subjekt zunächst dem alleinigen Gegensatz gut/böse preisgegeben ist (und sich durch diesen konstituieren muß). Es ist jedoch ein Manichäismus, bei dem stets eine Vertauschung des Wertakzentes möglich ist. In der Tat kann das Gegensatzpaar, welches das Objekt bestimmt, nicht mit dem Gegensatzpaar, das die Objektbeziehung strukturiert, zur Deckung gebracht werden, nämlich mit den wechselweisen Prozessen von Introjektion und Projektion: gute Objekte sind »hinein«-versetzt, aber auch böse, und umgekehrt können gute pro-jiziert werden. Ein komplexes Hin und Her, von dem nie ein Ende abzusehen wäre, gäbe es nicht eine gewisse Asymmetrie in der respektiven Errichtung von »gutem« und »bösem« Objekt: Es gibt, wenn man so sagen darf, eine Art prästabilierter Harmonie zwischen dem Objekt und dem Mechanismus. Deshalb wird die böse Brust (böse zugleich als Zeichen der Frustration und als Stütze der eigenen sadistisch-oralen Phantasien des Kindes) als zerstückelt empfunden, während die sich gewährende Brust als vollkommen gilt. In diesem Sinne schrieb Melanie Klein, daß »dieses erste innere gute Objekt wie ein Brennpunkt im Ich agiert. Es gleicht die Vorgänge der Spaltung und Zerstreuung aus und begünstigte die Kohäsion und Integration; es wirkt mit beim Aufbau des Ich.«[8]

Man sieht bereits an diesen schematischen Bemerkungen[9], wie schwierig in dem Bereich, in dem Melanie Klein sich bewegt, der Gebrauch der Termini Subjekt und Objekt ist. Es ist eine Schwie-

8 In: *Developments*, S. 297
9 Es ist hier nicht nötig, ein Resümee der Kleinschen Begriffe zu geben. Der Leser, der ein Gesamt-Exposé wünscht, findet es in einer Form, die so klar ist wie möglich, in dem kleinen Buch von Hanna Segal *Introduction to the work of Melanie Klein*, London 1964.

rigkeit, die in dem Maße im Zentrum jeder psychoanalytischen Theorie steht, wie diese die Genese eines Subjekts zu ihrer Hauptachse macht, die hier jedoch in gesteigertem Maße anzutreffen ist, und das aus doppeltem Grund. Einesteils ist im Laufe dieser Vorgeschichte die erste Zweiteilung von Subjekt und Objekten problematisch. Andererseits sind die betreffenden Objekte keine »totalen« Objekte (wie Personen), sondern das, was Melanie Klein, die Begriffe Karl Abrahams fortführend, dessen Schülerin sie war, *Partialobjekte* genannt hat.[10] Genau aufgrund dieser Partialisierung wird sich nach und nach die Introjektion eines Objektes vollziehen, und zwar auf eine ziemlich beständige und stabile Weise, um die korrelative Einheit eines Ich zu

10 Es ist dies ein Begriff, der seit langem in der psychoanalytischen Theorie und Praxis eine wesentliche Rolle spielt, eine Rolle, die in den heutigen Arbeiten noch mehr betont wird. Um uns mit einigen Andeutungen zu begnügen: bei Freud ist die Bezugnahme auf Partialobjekte, auch wenn der Terminus selbst nicht erscheint, offensichtlich, und dies in verschiedenen Zusammenhängen. Zuerst im Zusammenhang mit der Theorie des Sexualtriebes: indem er dessen scheinbare Einheit in den *Drei Abhandlungen zur Sexualtheorie* so weit zerstörte, daß das anarchische Spiel der Partialtriebe hervortrat, zeigte er, wie die Sexualität ursprünglich und sogar notwendig an Teilobjekte gebunden ist. Andererseits führte er (siehe besonders seinen Aufsatz »Über Triebumsetzungen, insbesondere der Analerotik«) die Existenz unbewußter Beziehungen und symbolischer Gleichwertigkeiten zwischen verschiedenen Teilobjekten wie Kot, Penis, Kind ein. Schließlich zeigte die Analyse der Perversionen, besonders der des Fetischismus, daß das Lustobjekt ein Teil der Person sein kann, wobei diese, in ihrer Ganzheit betrachtet, hinsichtlich des erwählten Partialobjektes paradoxerweise nur mehr die Rolle eines Appendix spielt.
Mit den Arbeiten von Karl Abraham rückt der Begriff in den Vordergrund (siehe besonders seine *Skizze einer Geschichte der Entwicklung der Libido*, 1924). Aber die Orientierung ist hier sehr ausgeprägt: sie ist einerseits genetisch (Abraham faßt das »Wachstum der Objektliebe« ins Auge), andererseits überwiegt der Gegensatz partial/total. Abraham zeigt vor allem, sich auf sehr verschiedene psychopathologische Strukturen beziehend (Psychosen, Neurosen, Perversionen), am Beispiel der Einverleibungsphantasien, wie das Subjekt lösbare Teile des Körpers zu beißen und zu schlucken sucht. Aber er betont den positiven Aspekt, der solchen »kannibalischen« Phantasien jenseits ihrer offensichtlich schädlichen Bedeutung abzugewinnen ist: es gehe darum, die Integrität des Objektes anzugreifen, *ohne seine Existenz zu zerstören*, es gehe auch darum, sich einen Teil des Objektes anzueignen, um es im Innern des Selbst für immer zu bewahren.
Bei Melanie Klein ist der genetische Aspekt weniger vorherrschend, der Akzent wird auf die Schicksale des Objektes gelegt (um ein Wort Freuds wiederaufzugreifen, der von »Triebschicksalen« sprach), wobei dieses mehr in seiner Autonomie und seiner Zirkulation als auf die Modalitäten der Objektbeziehung hin untersucht wird.

sichern. Das geschieht im Laufe der depressiven, als *zentral* bewerteten Position in dem Maße, in dem die anfängliche Zerstückelung überwunden wird und das Kind schließlich in das eintritt, was Melanie Klein die verfrühten Ödipus-Stadien genannt hat.

Sehr früh war Melanie Klein von der Häufigkeit depressiver Symptome beim Kind überrascht, von einer »charakteristischen Durchgangsphase übermäßiger Niedergeschlagenheit«; sie versuchte dann, die mächtige Aktivität der Phantasie ans Licht zu bringen, die ihnen zugrunde liegt[11], wobei sie einen Typus der Objektbeziehung von entscheidender Tragweite für die Entwicklung des Subjekts entdeckte. In groben Zügen kann die depressive Position wie folgt charakterisiert werden: die Mutter wird als totales Objekt gefürchtet, die Aspekte gut und böse sind nicht mehr auf zwei radikal getrennte Partialobjekte aufgeteilt; die Sexual- und Aggressionstriebe richten sich auf das gleiche Objekt und erzeugen so die eigentliche Ambivalenz; die Angst hört auf, Verfolgungsangst zu sein (und sich in Vergiftungs- oder Verschlingungsphantasien auszudrücken), und wird depressiv: Angst vor der Gefahr, die Mutter zu verlieren, zu verletzen, zu zerstören; und schließlich ändern die Abwehrmechanismen ihren Charakter: als Antwort auf die Angst und die Schuld geht es im wesentlichen darum, das Objekt zu *reparieren*, es vor Beschädigung zu schützen, ihm wieder Leben zu geben; indem das Kind dem Liebesobjekt wieder seine Integrität verleiht, indem es alles Böse, das ihm zugefügt wurde, unterdrückt, versichert es sich des Besitzes eines vollkommen »guten« Objektes, und somit spielen die Wiederherstellungsphantasien eine strukturierende Rolle bei der Entwicklung des Ich. Zwischen dieser »infantilen Position« und den krankhaften Zuständen wie der Depression oder »normalen« Zuständen wie der Trauer besteht eine offensichtliche Analogie. Zuerst verfolgter Verfolger, dann Gegenstand der Trauer. So sieht unser Erbteil aus.

Es muß hier das Freudsche Schema in Erinnerung gerufen werden. Wenn der Tod eines teuren Wesens uns bedrückt, dann vor allem deshalb, weil er einem gegen uns ausgesprochenen Verdikt

---

[11] Siehe besonders: *A contribution to the psychogenesis of manic-depressiv states*, 1934

gleichkommt: alles, was wir dabei an Liebe investiert hatten, sieht sich gleichsam von seinem Objekt getrennt. Dieses von der Realität verhängte Verdikt muß jedoch nach einer Periode, da magischerweise eine Quasi-Präsenz des Toten geschaffen wird, für uns aufhören, ein solches zu sein: der Vorgang bedarf einer gewissen Zeit, er vollzieht sich nach seinem eigenen Rhythmus und kommt zu einem Ende, nachdem neue Objekt-Besetzungen stattgefunden haben. Bekanntlich spricht Freud von der Trauer als von einer *Arbeit* – und nicht als von einer einfachen Prüfung, was ein allmähliches und wie vom Zentrum des Schmerzes selbst ausgehendes Schwächerwerden beinhalten würde –, einer Arbeit, die ziemlich in Anspruch nimmt und deren Wirken fühlbar genug ist, um die Aktivität des Subjekts zu hemmen und es von der Gemeinschaft auszuschließen.

Diese Arbeit ist eine Liquidation; sie besteht, um D. Lagache zu zitieren, darin, »den Tod zu töten«: »Jede einzelne der Erinnerungen und Erwartungen, in denen die Libido an das Objekt geknüpft war, wird eingestellt, überbesetzt und an ihr die Lösung der Libido vollzogen.«[12] Es gibt jedoch keine wirklichen Beziehungen zu dem anderen mehr, und sogar die Erinnerungen verlieren ihren Glanz, indem sie zu oft um Rat angegangen werden; wir haben bald nur mehr ein bloßes Bild ohne Namen in uns, von dem wir bis zu seiner Erschöpfung zehren. Durch den Tod des anderen hindurch ist der Überlebende fast nahe daran, seinen eigenen Tod zu leben, denn der Abstand zwischen ihm und dem anderen verringert sich, und schließlich fühlt er seine eigene Existenz bedroht; daher erscheint ihm die Möglichkeit einer Wiederaufnahme des Kontaktes mit der Realität und eines neuen Austausches mit anderen für immer gefährdet. »... das Ich, gleichsam vor die Frage gestellt, ob es dieses Schicksal (des verlorenen Objektes) teilen will, läßt sich durch die Summe der narzißtischen Befriedigungen, am Leben zu sein, bestimmen, seine Bindung an das vernichtete Objekt zu lösen.«[13] Laut Freud ist dies der Ausgang der normalen Trauer. Normal deshalb, weil das Studium benachbarter seelischer Zustände wie der pathologischen Trauer (wo sich die Person beispielsweise vom Toten

12   Freud, *Trauer und Melancholie* (1915), GW X, 430
13   Ibid., 442

beeinflußt oder besessen glaubt) und der melancholischen Depression (wo die Selbstbeschuldigungen, die gegen sich selbst geführten Klagen nur unzulänglich das »ich erhebe Klage« verbergen) andere Vorgänge in den Vordergrund rückt, die bei der normalen Trauer zwar vorhanden sind, aber verborgen bleiben: die Identifizierung mit dem verlorenen Objekt und die Ambivalenz, beide in der sado-masochistischen Beziehung offenbar, die die Melancholie mit sich selbst unterhält (das Über-Ich kritisiert, beschimpft und demütigt das Ich), beide in enger Wechselbeziehung.[14] Melanie Klein vervollständigt diese klassischen Analysen, indem sie in der Trauer ein Wiederauftauchen der depressiven Position erblickt: die Trauer wird vom Erwachsenen empfunden wie vom Kind der phantasierte Verlust seiner »guten« Objekte. Der Tod des anderen wäre demnach mehr als ein Verdikt, auch mehr als eine Anspielung auf den eigenen Tod: er wäre die drohende Verwirrung meiner inneren Welt. Der prävalente Mechanismus wäre die Wiederherstellung. Man könnte die Arbeit der Trauer als eine vorläufige und überwundene manisch-depressive Psychose definieren, man müßte in ihrem Ablauf den Beweis sehen, daß das Ich sich das totale Objekt wirklich einverleibt hat.

Schon durch die einfache Tatsache, daß Freud Trauer und depressive Melancholie – sei's auch zur Hervorhebung ihrer Unterschiede – zusammenrückt, legt er es nahe, die narzißtischen Wurzeln der Trauer genauer zu untersuchen. Tatsächlich stellt Freud die Hypothese auf, daß eine Wahl narzißtischen Typs mit einer starken Fixierung an das Liebesobjekt und einer geringen Resistenz der Objektbesetzung zur Melancholie veranlagt. Melanie Klein zeigt nun einerseits, daß die Trauer eine infantile Situation neu heraufbeschwört, wo die Objektbeziehungen nicht sehr sicher sind, wo alle künftigen Unterscheidungen, die unsere

---

14 Während Freud bei dem Vergleich der drei Zustände bestrebt war, Unterschiede zwischen ihnen zu betonen, haben seine Nachfolger bald versucht, die normale Trauer (deren sie begleitender unerträglicher Schmerz für Freud ein Paradox blieb) durch die pathologischen Erscheinungen zu erhellen. Die Aggressivität gegen den Toten verrät sich z. B. in dem Bemühen, ihn zu idealisieren, der ambivalente Konflikt ist in den Selbstvorwürfen und den vom Überlebenden ausgesprochenen Selbsterniedrigungen gegenwärtig, die Identifizierung mit dem Toten bis ins Betragen hinein spürbar.

Verbindungen mit der Realität bestimmen werden, noch nicht abgeschlossen sind: diejenigen zwischen Subjekt und Objekt, Ich und Du, innen und außen, Realem und Imaginärem. Andererseits wird der Narzißmus weniger – in rein deskriptiver Weise – als intensive Liebe definiert, die das Ich zu sich selbst unterhält, als vielmehr durch seine Funktion bestimmt: indem Melanie Klein den Kern des Ich im verinnerlichten guten Objekt sieht, indem sie zeigt, wie diese Introjektion nur dann eine relative Stabilität gewinnt, wenn ein *totales* Objekt gefürchtet werden kann, läßt sie uns die narzißtische Position durch jene Gewißheit charakterisiert sehen, daß es im Innern eine (gute und schöne, draußen wiederzufindende) Totalität gibt, die nach dem Modell der körperlichen Erscheinung entworfen ist und deren Mängel auf unbestimmte Weise überhöht, ausgeglichen werden müssen[15], welcher Vorgang stets Gefahr läuft, sich bei der überspannten Illusion des Triumphes (manische Abwehr) bloßzustellen oder zwanghafte Züge anzunehmen (zwanghafte Wiederholung von Handlungen, die der Aggression zuvorzukommen suchen). In dem Maße, in dem im Hintergrund der depressiven Position die verfolgende Angst gegenwärtig bleibt, erscheint schließlich die Bildung der narzißtischen Instanz als eine Antwort auf die ursprüngliche Zerstückelung.

Der Kleinsche Beitrag betrifft nicht nur den Bereich der Kinderpsychologie, die sein hauptsächlicher Erfahrungsbereich war.[16] Wie die vorausgehenden Darlegungen trotz aller Kürze vielleicht zeigen konnten, hat Melanie Klein die Problematik einer gewissen Gruppe von Begriffen neu aufgezeigt, bei denen es nicht genügt, ihre Bedeutung für die Psychoanalyse nur zu betonen, da diese Begriffe von der Psychoanalyse selbst ja erst eingeführt wurden. Einer davon, der im Kleinschen System verwendet wird, soll nun näher betrachtet werden.

15 Man hat in dieser Hinsicht zeigen können, wie sich die Schaffung eines *vollendeten* Kunstwerkes mit der Schaffung eines guten Objektes, das nicht Gefahr liefe, verletzt zu werden, vergleichen ließe, und eine Beziehung zwischen solchem Tun und der Trauer herstellen können.
16 Zur Ausweitung der Gesichtspunkte Melanie Kleins durch die zur *Kleinschen Schule* gewordene psychologische Richtung siehe besonders den Sammelband *New directions in psychoanalysis*.

Die Frage nach dem Objekt stellt sich in der psychoanalytischen Theorie auf eine verhältnismäßig verworrene Art. Auf sehr vereinfachende Weise könnte man sagen, daß der Begriff sich in zwei ganz verschiedenen Bezugssystemen eingenistet hat: in demjenigen einer Theorie und Psychologie des Bewußtseins ist das Objekt das, was sich unserer Wahrnehmungskraft dank der Universalität der Subjekte mit wahrnehmbaren Kennzeichen darbietet; und im mehr der Psychoanalyse eigenen Bezugssystem der Triebe (nicht ohne Beziehung zum herkömmlichen Sprachgebrauch, der vom »Objekt meiner Liebe oder meines Hasses« spricht) bezeichnet das Objekt dasjenige, wodurch der Trieb seine Befriedigung findet.

Diese Unterscheidung ist von grundlegender Bedeutung, und oft müßte man sie sogar den Psychoanalytikern selbst in Erinnerung rufen, wenn z. B. der Umstand, daß Freud von einem Primärnarzißmus beim Kind gesprochen hat, sie dazu verleitet, die zu gleicher Zeit vorhandene evidente Wahrnehmung äußerer Objekte zu leugnen, auch wenn diese erstaunlich früh und intensiv anzutreffen ist. Sobald man jedoch eine solche Unterscheidung formuliert hat, muß sie bereits in gewisser Weise wieder modifiziert werden.

Als erstes bestehen diese beiden Bezugssysteme nicht zusammenhanglos nebeneinander. Die Ausformung des Triebobjektes vollzieht sich nicht ohne Zusammenhang mit der allmählichen Bildung des Objektes des Wahrnehmungsbereiches (so wenig »genetistisch« man auch sein möchte, so muß doch eine geordnete Folge in der Wahl der vom Trieb festgelegten Objekte anerkannt werden, derzufolge eine solche psychosexuelle Organisation prävalent ist): die wahrnehmbare Welt reichert sich mit Bedeutungen an, erreicht sozusagen größere affektive Tiefe, weckt Erwartungen und sehr verschiedene Verhaltensweisen. So gelangt wahrscheinlich eine Persönlichkeit, die in sadistisch-analer Weise strukturiert bleibt, dazu, Beziehungen zu ihrer Umgebung allein im Zeichen von Herrschaft und Beherrschung zu sehen und zu leben.[17]

17 Wir insistieren jedoch nicht auf diesem Punkt, da unserer Meinung nach die Psychoanalytiker ohnehin zur besonderen Hervorhebung eines solchen Parallelismus neigen. Einige gingen sogar so weit, buchstäblich zwei mensch-

Andererseits ist deutlicher, als es Freud tat, im Bezugssystem der Triebe selbst ein grundlegender Unterschied hinsichtlich des Objekt-Status festzuhalten. Wenn Freud tatsächlich den Begriff Trieb in seine verschiedenen Elemente (Drang, Quelle, Objekt, Ziel) zerlegt und vom Objekt sagt, es sei »das Variabelste am Triebe, nicht ursprünglich mit ihm verknüpft, sondern ihm nur infolge seiner Eignung zur Ermöglichung der Befriedigung zugeordnet«, dann paßt diese These von der Zufälligkeit des Objektes nicht im gleichen Sinne zu dem, was er den Selbsterhaltungstrieb nennt: für diesen ist das Objekt völlig durch die Ansprüche vitaler Bedürfnisse festgelegt. Ein solcher Unterschied ist grundlegend, weil er vor allem in dem, was wahlweise die Sexualität an die Phantasie knüpft, enthalten ist.

Betrachtet man nun nicht nur, wie es die abstrakte Analyse fordert, allein das Objekt, sondern auch die Beziehung, z. B. die orale Beziehung, so ergibt sich folgende, die formale Unterscheidung, von der wir ausgegangen sind, so problematisch machende Konsequenz: in Bezug auf die Funktion der Ernährung ist das Objekt einfach das, was nährt und das Bedürfnis befriedigt, und in der »Sprache des oralen Triebes« folglich das, was einverleibt wird. Durch diesen Wesenszug vor allem wird es definiert; die Einverleibung kann ebenso gut die verschiedenartigsten Objekte betreffen und in Bezug auf andere erogene Zonen als die Mund-Lippen-Zone und andere Funktionen als die Nahrungsaufnahme gelebt werden.

Wir haben absichtlich das Beispiel der Einverleibung genommen, denn es spielt in der analytischen Theorie eine besondere Rolle und bringt uns zugleich auf den Kern der Schwierigkeit, die die Kleinischen Vorstellungen aufwerfen, eine Schwierigkeit, die schon im klassischen Freudismus, jedoch mehr verhüllt, vorhanden war. Bekanntlich sah sich Freud dazu veranlaßt, in der Einverleibung das leibliche Vorbild der Identifizierung zu sehen, und zwar vor allem in dem Maße, in dem sie für das Sub-

---

liche Typen nach dem Reifegrad ihres Triebes einander gegenüberzustellen: den prägenitalen und den genitalen Typ. Eine Schlußfolgerung, die den immer umfassenderen Inhalt des Begriffs »Objektbeziehung« nur auf die Spitze treibt, wobei dieser Begriff hier nicht allein die Trieb-Organisation verdeckt, sondern auch die entsprechenden Abwehrmechanismen, den Entwicklungsgrad und die Struktur des Ich, und schließlich das Ganze der Persönlichkeit.

jekt bedeutet: sich die Eigenschaften des Objektes, das man in sich eindringen ließ, zu eigen zu machen, sie sich zu assimilieren. Das hieße aber bereits der Einverleibung eine überragende Funktion zugestehen: das Subjekt formt sein eigenes Ich, indem es sich Objekte und die ihnen anhaftenden Eigenschaften aneignet. Aber Freud geht in dieser Richtung noch weiter, wenn er eine Art transzendentaler Genese des Gegensatzes von Ich und Außenwelt einzuführen versucht[18]: das Ich in seinem *Wesen* ist es nun, das sich konstituiert durch Introjektion dessen, was Quelle der Lust ist, und Projektion nach draußen, was Anlaß zur Unlust gibt.[19] Man sieht sich also veranlaßt, die Genese und die Struktur der Psyche von einem teils phantasiebedingten, teils nach körperlicher Aktivität geformten Vorgang abhängig zu machen.[20]

Diese Richtung schlägt, wie wir gesehen haben, Melanie Klein ein. Bei ihr werden die Dimension der Phantasie und die Bezugnahme auf eine körperliche Schranke zur Grundlage: die Objekte werden tatsächlich ins Innere eines Phantasie-Körpers introjiziert, und aus diesem heraus sonderbarerweise in den mütterlichen Körper, das wunderliche Magazin gefürchteter oder beneideter Partialobjekte, projiziert. Solche Vorgänge blieben bei Freud, selbst wenn ihr Zusammenhang mit körperlichen Prozessen hervorgehoben wurde, als geistige Operationen definiert. Bei Melanie Klein scheint sich jede metaphorische Bedeutung zu verwischen: die Einverleibung, die Projektion, die Objekte, die

18 Über diesen Versuch siehe vor allem *Triebe und Triebschicksale* und den Artikel über *Die Verneinung*.
19 Unter Introjektion ist hier nicht ein von der oralen Einverleibung verschiedener Vorgang zu verstehen, sondern dessen verallgemeinerte Erscheinung. Wie Freud bemerkt, ist es der gleiche Vorgang, der »in der Sprache der ältesten oralen Triebregungen ausdrückt: das will sich essen oder will es ausspucken, und in weitergehender Übertragung: das will ich in mich einführen und das aus mir ausschließen.« (GW XIV, 13)
20 Die Konsequenzen einer so extremen These waren Freud sicher nicht entgangen. Ebenso sieht er in diesem *Lust-Ich,* das mit dem, was Lust bereitet, zusammenfällt, indem es alles Gute introjiziert, und das die Außenwelt der Unlust gleichstellt, indem es alles Böse von sich schiebt, eine Phase der Differenzierung der äußeren Ich-Welt, die einer ersten Phase folgt, wo das *Real-Ich* über ein »gutes objektives Kriterium« verfügt, um innen und außen, und das heißt auf die Person bezogen: die Reihe von Lust- und Unlust-Eindrücken, zu unterscheiden, ohne nach der Außenwelt zu werten, die als indifferent eingeschätzt wird.

kommen und gehen, all dies gewinnt, wie wir festgehalten haben, einen realistischen Sinn. Unermüdlich schreibt Melanie Klein die gequälte Chronik einer Innenwelt, die sich nicht mehr von einer Phantasie-Welt unterscheidet.

Wo endet dann der Bereich der Phantasie, wenn das Subjekt selbst sich konstituiert, indem es von Phantasie-Vorgängen ausgeht und sich Objekte aneignet, die ihrerseits phantasiebedingt sind? Dies ist, so scheint es, die Hauptfrage, die die Kleinschen Neuschöpfungen stellen. Befaßt man sich mit ihnen, so weiß man nie sehr genau, auf was sie sich eigentlich gründen, und man ist versucht, sich eine naive, vielleicht prä-analytische Frage zu stellen: ist das, was da beschrieben wird, eine wirkliche Genese, trifft es beispielsweise zu, daß sich das Über-Ich an bösen, im mütterlichen Körper enthaltenen Partialobjekten (Brust, Kot, Penis) bildet, oder gibt diese Ketzerei nur vor, uns auf einer imaginären Bühne eine Vorstellung von psychischen Vorgängen zu geben, die auf eigene Art zu deuten wären? Die zwei möglichen Antworten scheinen bei den Kleinianern eine Koexistenz zu führen. Bald ist das Phantasieprodukt nur das imaginäre Korrelat der Triebziele, die den realen Hintergrund der Person bilden: das ganze psychische Leben sieht sich dann mit phantasiebedingter Bedeutung erfüllt (da es schließlich vom Triebhaften bis zum Intellektuellen nichts gibt, das nicht unmittelbar sein *quasi*-Imaginäres, seine »archaische« Entsprechung findet[21]). Bald wird – und das ist nach unserer Meinung eine interessantere, aber gewagtere Lösung – der Phantasie eine rein strukturierende Funktion zuerkannt. In diesem Sinne kann Melanie Klein als Kommentar zu dem, was sie über die Vorgänge der Ichspaltung vorbrachte, schreiben: »Diese Vorgänge sind wohlgemerkt an das Phantasieleben des Kindes gebunden; und die Angstzustände, die den Spaltungsmechanismus stimulieren, sind ebenfalls phantasiebedingter Natur. In der Phantasie nämlich spaltet das Kind das Objekt und das Selbst; die Wirkung dieses Phantasierens jedoch ist *sehr real*[22], da sie zu Gefühlen, zu Be-

---

21 Zur Kritik einer solchen Auffassung, wie sie in systematischer Weise Susan Isaacs (*The nature and fonction of phantasy*) liefert, siehe Jean Laplanche und J.-B. Pontalis, »Fantasme originaire, fantasmes des origines, origine du fantasme«, in: *Les Temps Modernes*, April 1964.

ziehungen und später zu Gedankenvorgängen führt, die tatsächlich voneinander getrennt sind.«[23]
Eine solche Vorstellung ist freilich nicht in strengem Sinne haltbar: in letzter Konsequenz liefe sie auf eine unerwartete Entartung des Idealismus hinaus, da sie nämlich den Zugang des Subjekts zum Realen völlig von einer subjektiven Einstellung abhängig machen würde, die durch und durch dem Imaginären ausgeliefert ist.[24] Deshalb halten die entschiedensten Kleinianer, wenn auch ihre sämtlichen Schriften fast nur den Umfang, die Dauer und die relative Autonomie des Phantasielebens betonen,

22 »A very real one« (vom Verfasser hervorgehoben), in: *Developments*, S. 298.
23 Zweifellos hat die psychoanalytische Praxis seit langem typische geistige Vorgänge mit einer solchen psychopathologischen Struktur beschrieben (zum Beispiel den Zweifel oder die Intellektualisierung bei der Zwangsneurose) und die Existenz von Phantasien nachgewiesen, die offensichtlich zweckfreien Gedankenvorgängen unterliegen. Die bisweilen vertretene Vorstellung von einer autonomen, d. h. von jeder imaginären Beeinflussung freien Sphäre des Ich ist in der Tat, wie D. Lagache immer wieder betont hat, nur schwer akzeptabel. Die Kleinschen Vorstellungen gehen jedoch darüber hinaus, indem sie nämlich voraussetzen, daß die menschliche Person sich auf psychotischem Hintergrund konstituiert, d. h. darauf ihre Realität errichten muß. Im klassischen Freudianismus ist das Modell eines »psychischen Apparates«, so einfach seine Einrichtung auch gedacht wird und so wenig seine Aufgabe spezifiziert ist, von Anfang an gegeben.
24 Es muß noch festgehalten werden, daß das Kleinsche Imaginäre alles andere als ein Chaos ist; es ist buchstäblich in ein Spiel binärer Gegensätze eingebettet: im Bereich der angewandten Kategorien: gut/böse, drinnen/draußen; im Bereich der Vorgänge: Introjektion/Projektion; in dem der Modalitäten des Objektes: partial/total. Die Komplexität, die Abfolge, der Reichtum des Phantasielebens sind nur Schein; es wickelt sich in einer Art von Zirkularität ab und verbindet nur jeweils zwei Termini.
Melanie Kleins Interesse, wie es sich in der Studie über die »frühen Stadien des Ödipuskomplexes« ausspricht, hat sich stets mehr auf die kindlichen Positionen gerichtet. Was dabei zu kritisieren ist, ist nicht die zeitliche Vorverlegung der ödipalen Situation durch Melanie Klein, wohl aber die Tatsache, daß das, was das Primat der ödipalen Struktur ausmacht, nicht mehr erscheint; der väterliche Penis ist die spätere »Stellvertretung« für die Brust, er ist ein Gegenstand der Phantasie des mütterlichen, später des »kombinierten elterlichen« Körpers, er ist nicht das dritte Element, das alle klassischen Psychoanalytiker darin sehen (auch wenn sie ihn erst früher oder später in die Geschichte des Subjekts einführen).
Ist Melanie Klein jedoch der Vorwurf zu machen, sie habe die ödipale Dimension vernachlässigt? Ist es nicht so, daß sie vielmehr versucht, von einem Bereich der Symbolbildung Rechenschaft zu geben, wo dann sogar das, was man die Vaterbindung genannt hat, sich in die Dualität der Gegensatzpaare einbegriffen sieht?

an der Idee fest, daß die gesicherte Wahrnehmung der realen Objekte (besonders der realen Mutter) entschieden das phantasieerzeugte Bild, das sich das Kind davon macht, korrigiert und dessen Verzerrung erkennen läßt. Darüber hinaus wird die Unterscheidung zwischen Partialobjekt und Totalobjekt manchmal als eine Erweiterung im Wahrnehmungsbereich beschrieben.[25] Die von uns aufgezeigte Zweideutigkeit bei der psychoanalytischen Verwendung des Begriffes »Objekt« ist dann manifest und um so hinderlicher, als Melanie Klein die Beziehung zu Partialobjekten, besonders wenn sie zu Identifizierungen führt, zum Kern des Phantasielebens selbst macht und diese Beziehung nicht auf ein Entwicklungsstadium begrenzt: das Partialobjekt bleibt par excellence das Objekt der Phantasie. Eine Zweideutigkeit der gleichen Art wäre auch beim Gebrauch des Begriffes Projektion festzustellen: bald bezeichnet der Terminus die Tatsache, daß die Wahrnehmungen mehr oder weniger durch subjektive Ängste und Wünsche verfälscht werden, bald in radikalerem Sinne die gleichzeitige Bildung von Subjekt und Objekt, die Spaltung von innen und außen, den Vorgang, der das Reale setzt, anstatt es vorauszusetzen.

Man wird einwenden, daß wir bei diesen Fragen die Sprache des Mythos sprechen; allerdings kommt man darum nicht herum, wenn das Ursprüngliche zur Debatte steht. Und stellt nicht andererseits die analytische Erfahrung gerade die rationalistische Illusion als solche bloß, die den Mythos, die Phantasie als Illusion ablehnt? In den Augen des positiven Wissens hieße es freilich eine schmählich anthropomorphistische Sprache sprechen, bezeichnete man das Über-Ich als »obszöne und grausame Figur«; eine Definition wie »von Verboten und kulturellen Idealen herrührendes, von den Eltern und Erziehern überliefertes Motivationssystem« würde weit akzeptabler erscheinen. Aber wenn mit »Figur« gesagt wäre, daß das Über-Ich vom Subjekt nicht nur wahrgenommen wird (was das positive Wissen einräumt), sondern daß es seine Wirksamkeit innehat?[26]

---

25 »Wenn die Mutter *als ein Totalobjekt aufgefaßt* wird, ergibt sich nicht nur in der Beziehung des Kindes zu seiner Mutter eine Veränderung, sondern auch in seiner Weltauffassung.« (Hanna Segal, a. a. O., S. 90)
26 Man vergißt oft, daß es eine ganz besondere klinische Erscheinung war,

Der Kleinianismus müßte den Psychoanalytiker wenigstens von der Versuchung befreien, die er vielleicht immer noch nicht ganz überwunden hat: von seiner Erfahrung sowohl als Verhaltenspsychologe wie als Phänomenologe Rechenschaft zu geben. Er wird jedoch nicht die Kleinsche Sprache als metaphorisch abtun, denn indem sie metaphorisch ist, ist sie ihrem Objekt adäquat; er wird sich vielmehr fragen, welcher Erfahrungsbereich sich darin metaphorisiert findet.

die melancholische Psychose nämlich, die Freud erlaubt hat, das, was er das Über-Ich nannte, abzugrenzen und zu definieren. Der Terminus selbst unterstreicht, daß Freud einer ganz konkreten Realität wissenschaftliche Würde verleihen wollte, einer Realität, wie sie der Melancholiker dauernd erfährt: ein Ich »über« dem Ich, das dieses beurteilt und kritisiert und ihm zusetzt. Die gleiche Bemerkung wäre zu den anderen Personinstanzen zu machen. Bevor das Es seine wissenschaftliche Definition erhielt, war es laut Freud in dem, »was stärker als das Ich ist«, zu finden, jene Kraft, die der Kranke weder als die seinige noch als die eines andern erkennen kann. Und es wäre kein schlechter Zugang zu der so verwirrten psychoanalytischen Theorie des Ich, von der Zweideutigkeit des allgemeinen Sprachgebrauches auszugehen, die die Sosias-Fabel »Ich bin ich« illustriert, wo das Ich als Instanz sozusagen besonders dazu berufen ist, die Repräsentation des Ganzen der Person zu beanspruchen.

Die falschen Wege der Psychoanalyse oder Karen Horneys Kritik an Freud

Seit Malinowski gezeigt hat, oder zu zeigen glaubte, daß der Ödipuskomplex bei den Melanesiern nicht in der von Freud beschriebenen Form vorkommt, ist es eine allgemeine These und fast ein Gemeinplatz, daß jede Zivilisation die Neurosen hervorbringt, die sie verdient. Daß in der unendlichen Vielfalt individueller Fälle die allgemeinen Züge einer »neurotischen Persönlichkeit«, für die »unsere Zeit« verantwortlich ist, erkennbar sei, ist die offensichtlich verführerische Aussage von Karen Horney[1]; sie ist freilich ein wenig vage, denn schließlich sind unsere Gesellschaft, unsere Zeit keine genau bestimmten und auch keine homogenen Realitäten, und man erwartet Erklärungen; sie bleiben aus. Auch über die Existenz antagonistischer Klassen scheint sich Karen Horney nicht den Kopf zu zerbrechen, ebensowenig über die, wie es so schön in den Büchern heißt, »sozialen Spannungen«; sie schweigt sich aus über die Schwierigkeiten, die die Gegensätze und Unterschiede zwischen allen in den kollektiven Institutionen, Meinungen, Haltungen verkörperten Wertsysteme hervorbringen. Selbst für ein Werk, das aus den Vereinigten Staaten zu uns kommt, ist das eine Unterlassung, die überrascht. Die Autorin begnügt sich damit, die Schwierigkeiten bei der Anpassung an das Milieu anzudeuten und in übrigens ziemlich lebendiger Weise (so daß man sich dem Vergnügen anheimgibt, dabei Freunde und Bekannte wiederzuerkennen) eine gewisse Anzahl psychologischer Profile zu zeichnen; leider sieht man hier die Psychoanalyse, die einen Teil ihres Erfolges ihrer Reaktion gegen den Formalismus der herkömmlichen psychologischen Schulen verdankt, eine neue Nomenklatur der Temperamente nähren, nur daß irgendein grundlegendes Bedürfnis die Rolle spielt, die sonst den »Stimmungen« zukommt: Schutzbedürfnis, Machtbedürfnis, Wettbewerbsbedürfnis. Fast glaubt man manch-

---

[1] Karen Horney: *Der neurotische Mensch unserer Zeit* (1937), deutsche Ausgabe 1951. – *Neue Wege der Psychoanalyse* (1939), deutsche Ausgabe 1951.

mal beim Lesen, der Traum mancher Psychoanalytiker bestehe darin, daß ihnen eine nach dem Zeitgeschmack entworfene Landkarte des *Zärtlichen* gelingen möge: die Flut Aggressivität (deren Quelle weiterhin diskutiert wird und in der manche nur einen Nebenfluß des großen Flusses Libido sehen wollen) ergießt sich in die stehenden Wasser des Masochismus und nährt sie unterirdisch, etc. Was die Einfälle von Karen Horney anbelangt, die uns als jene wunderbare Synthese von Psychologie und Soziologie hingestellt werden, die jeder herbeiwünscht (wenn er sie nicht schon dank der magischen Formel von der »Reziprozität der Perspektiven« für realisiert hält), so könnten sie ohne weiteres ihren Platz in einem jener Tests finden, wie sie Frauenmagazine veranstalten. Zum Beispiel: Wie stellen Sie fest, ob Ihr Verlobter neurotisch ist?

a) Hat er ein (neurotisches) Verlangen nach Beifall?
b) Hat er ein (neurotisches) Geltungsbedürfnis?
c) Ist er gehemmt? Das heißt: fürchtet er, sich festzulegen, Entscheidungen zu treffen, Pläne zu machen?
d) Zeigt er manchmal heftige Aggressivität, oder glaubt er, er werde unterdrückt, was auf das gleiche herauskommt? (Hier wird erklärt, daß die psychischen Phänomene komplex sind.)
e) Und eine Frage, deren Beantwortung freigestellt wird: Wie verhält er sich auf sexuellem Gebiet?[2]

Selbst wenn das Ergebnis verheerend ist, lösen Sie nicht sofort ihre Verlobung auf. Denn wie Sie und ich, nur mit größerer Intensität, weil er weniger Widerstandskraft besitzt, leidet dieser Unglückliche an den »spezifischen zivilisatorischen Bedingungen, unter denen wir leben«, und diese heißen: Triumph der Rivalität; Kampf um Erfolg, der alles, die Familie, die Schule, die Freundschaft überrollt. Kein Wunder, wenn dann der Mißerfolg, die Feindseligkeit gefürchtet, wenn verzweifelt die Anlehnung gesucht wird als Heilmittel für die Einsamkeit und schließlich die Liebe unsinnig überschätzt wird. Schuldig ist unsere Zeit, die uns *de facto* Erfolg zu haben, den anderen zu vernichten befiehlt, *de jure* jedoch ihn ohne Einschränkungen zu lieben gebietet; die hinterlistig unsere Begierde anstachelt, uns die

2 Vgl. *Der neurotische Mensch unserer Zeit*, S. 20 ff.

Mittel aber vorenthält, sie zu befriedigen; die die Freiheit auf die Spitze treibt, aber unaufhörlich ihren Gebrauch einschränkt. Diese Widersprüche zu lösen versucht der Neurotiker wie jeder, aber die Zeche zahlt er allein. Er verdient den Ehrentitel eines »Märtyrers unserer Zivilisation«.
Vermutlich ist diese glänzende Synthese daran schuld, daß Kulturalisten wie Abram Kardiner oder Margaret Mead und deren psychologisches und ethnologisches Fußvolk, wenn sie das psychologische Bild einer Gesellschaft entwerfen wollen, sich aus Zaghaftigkeit relativ leicht zu beschreibende Kulturen wie die der Aloresen oder Manu herausgreifen. Nun ist Zimperlichkeit sicher der letzte Wesenszug des sympathischen Talentes von Karen Horney. Sie scheint sich vielmehr über die Ambitionen ihres Unternehmens kaum bewußt zu sein, so daß sie leicht die Voraussetzungen vernachlässigen kann, die dessen Seriosität wenn nicht gar Berechtigung gewährleisten würden. Dennoch besteht ihre Absicht nicht nur darin, der breiten Masse wieder ermutigende Ideen zur Verfügung zu stellen; sie beansprucht, dem »Biologismus« Freuds ihren eigenen »Kulturalismus« entgegenzusetzen. Mit vielen anderen Autoren definiert sie die Neurose als eine Störung der sozialen Verhältnisse, findet die Wurzel der Angst nicht in den Trieben, sondern in der Furcht vor der Umwelt und in tatsächlich erlittenen Schäden, erklärt zum Beispiel das Liebesbedürfnis nicht in libidinösen Termini, sondern als Mittel zur Erlangung von Sicherheit, und den Sadismus als Reaktion auf die Herausforderungen des Milieus, indem sie es ablehnt, irgendeinen mythischen Todestrieb anzuerkennen. Diese Vorstellungen verändern die psychoanalytische Methode: die Analyse wird notwendigerweise zur Analyse des Charakters, sie befaßt sich mit den aktuellen Schwierigkeiten des Patienten, verzichtet darauf, sich in die Rekonstruktion der Mäander seiner Geschichte zu verlieren, und sucht stattdessen die Rolle festzustellen, die das Streben nach Sicherheit spielt (systematisch wird die Frage: wozu dient es? der Frage: woher kommt es? vorgezogen); die Analyse fördert so den fundamentalen Konflikt zwischen dem Ich und dem Milieu zu Tage, und um es mit den Normen der es umgebenden Gesellschaft zu versöhnen, braucht sie nur auf die tiefe Gesundheit dieses Ich, sein natürli-

ches Streben nach Verwirklichung und Entwicklung zurückzugreifen.
Es scheint uns, daß in dieser Orientierung, trotz aller Vergröberung, eine Reihe von Mißverständnissen in der Methode und von Irrtümern in den Schlußfolgerungen zu finden ist, die weit verbreitet sind und der Mühe lohnen, schnellstens als solche erkannt zu werden.

Zuerst müssen wir uns über jenen Freudschen »Biologismus« verständigen, den zu verachten Kritiker verschiedenster Herkunft übereingekommen sind. Tatsache ist, daß Freud eine ganze Dimension seiner Erfahrung über den Menschen auf der Ebene der Biologie zu erklären versucht hat. Man vergißt jedoch bisweilen, daß diese Treue zum Biologismus – zu einer Zeit, da Freud sich zugleich beklagte, daß die Biologie ihm keine befriedigende Theorie der Triebe liefere – in einem von Freud empfundenen doppelten Mangel ihren Ursprung hat: einmal in dem der physiologischen Methoden, die er lange praktiziert hat und von denen er hoffte, daß sie das Funktionieren des menschlichen Organismus durch das einfache Spiel reflexhaften Verhaltens erklären würden; zum andern in dem einer Psychologie, bei der ihm seine klinische Erfahrung verbot, ihr Hauptvorurteil, das Bewußtsein sei der Maßstab des Psychischen, zu übernehmen. Es erscheint deshalb oberflächlich, Freud à la Karen Horney des »evolutionistischen Mechanismus« zu beschuldigen, als ob er den Begriff »Instinkt« geradezu von der Biologie übernommen hätte, während es ihm nur um die Beschreibung von Verhaltensweisen geht, die weder körperlich noch bewußt sind (wenigstens nicht in dem Sinne des Wissens seiner Zeit).
Man weiß zum Beispiel, daß das, was er Libido nennt, kein Instinkt ist, d. h. keine relativ vorgeformte Aktivität, die in einer vorgezeichneten Bahn zu einem bestimmten Ziel hinführt, noch eine vitale Kraft, die nach bereits bekannten Modalitäten gebremst oder abgelenkt werden könnte und deren ideales Werden sich nachzeichnen ließe. Bezieht man sich mehr auf Freuds klinische Arbeiten als auf seine häufig zur Information des Publikums bestimmten Synthesen, so sieht man, daß er von diesen Gesichtspunkten weit entfernt ist; wenn er von libidinösen Sta-

dien (oder lieber Organisationsstadien) spricht, bezeichnet er damit weniger die objektiven Etappen einer Entwicklung als eine Folge von Einrichtungen, die durchaus zeitlich koexistieren können und die Beziehung der Person zu ihren Liebesobjekten strukturieren.

Bei einer Autorin wie Melanie Klein, die sich wagemutiger als Freud in das vorgewagt hat, was dieser die »Mythologie der Triebe« nannte, sieht man, wie biologische Ausgangspunkte viel weniger dazu verleiten, die Psychologie auf das Funktionieren körperlicher Apparate zu reduzieren, als vielmehr das, was herkömmlicherweise den Instinkten zugerechnet wurde, an Organisationen der subjektiven Erfahrung, an komplexe Modalitäten der »Objektbeziehungen« zu binden: die körperliche Funktion (zum Beispiel essen) dient nur als biologische Stütze; sie wird zum Vorbild jeder *Aktivität der Phantasie, die ihren eigenen Gesetzen gehorcht.*

Aus anderer Sicht hat Erikson gezeigt, daß zum Beispiel die das orale Stadium charakterisierende Einverleibung nicht auf den Mund beschränkt bleibt, sondern sich auf alle erogenen Zonen ausbreitet. Allgemeiner ausgedrückt: das Kind lebt dann seine Objektbeziehung im Sinne der Einverleibung, und zwar abwechselnd passiv (gehalten, gewiegt werden, warm haben usw.) und aktiv (schauen, »mit den Augen essen«, beißen, die Lage wechseln usw.), doch genau als eine doppeldeutige Beziehung (essen – gegessen werden).

Daß eine aus der Psychoanalyse hervorgegangene genetische Psychologie versucht war, die menschliche Entwicklung als eine Folge von Stadien zu erklären, und diese Stadien immer umfassender verstanden hat, ist sicher nicht auf der Passivseite Freuds zu verbuchen. Er vermeidet es vielmehr, sich in dieser Richtung festzulegen, indem er zum Beispiel immer wieder die Schwierigkeiten, die entstehen, wenn man von »Stufen des Ich« sprechen will, hervorhebt und die fehlenden Übereinstimmungen, die Überlagerungen der verschiedenen möglichen Entwicklungslinien (Organisation der Sexualität, Objektbeziehung, ödipale Situation usw.) unterstreicht. Und selbst wenn er den Bereich der Triebe betrachtet, d. h. der Kräfte, die ihre Wurzeln ins Biologische senken, und ihre Entwicklung zu erklären sucht, drängt sich ihm die Metapher einer vulkanischen Eruption, nicht die eines geordneten Wachstums auf.³

Indem er den Trieb ausdrücklich als für die Psychoanalyse »grundlegend« bezeichnet, und indem er ihn nicht weniger ausdrücklich als »Grenzbegriff zwischen dem Psychischen und dem Somatischen« definiert, führt Freud hinsichtlich des Dualismus von Bewußtsein und Körper und, so muß man ergänzen, von biologisch und sozial einen neutralen Begriff ein. Denn die Dynamik der Triebe ist auf keinen Fall zu trennen von intersubjektiven Strukturen, angefangen mit dem Ödipuskomplex und den Phantasien, die ihn mediatisieren.

Im Gegensatz zu Karen Horney stellt Freud nicht zwei schematisierte Wesenheiten (»Persönlichkeit« und »Gesellschaft«) einander gegenüber, um sie zuletzt zur Deckung zu bringen. Wenn er seine Analyse meistenteils im Bereich des Individuums anwendet, dann in dem Maße, in dem sich das, was wir Individuum nennen, verändert: es genügt daran zu erinnern, welche Tragweite er dem Begriff »Identifizierung« gegeben hat. Wenn man sie als eine auf Assimilierung abzielende Beziehung zwischen einem Ich und einem anderen definierte (was einer völlig extremen Form der Imitation gleichkommt), würde man das Wesentliche verfehlen. Einerseits ist dieser andere nicht notwendigerweise, ja sogar selten eine ganze Person, sondern eine ihrer Eigenschaften oder auch nur einer ihrer Züge; und über diesen Zug wird mehr als eine Person, wird ein Element der *Beziehung* zu dieser Person verinnerlicht; andererseits ist nicht nur die Geschichte des Subjekts in derjenigen seiner sukzessiven Identifizierungen wiederzufinden, sondern seine Genese, seine Konstituierung sogar, wobei die Identifizierung ihr Vorbild in der Einverleibung findet. Ausgehend von einer völligen Abhängigkeit vom anderen ge-

---

3 Vgl. folgende Stelle in *Triebe und Triebschicksale:* »Man kann sich jedes Triebleben in einzelne zeitlich geschiedene und innerhalb der (beliebigen) Zeiteinheit gleichartige Schübe zerlegen, die sich etwa zueinander verhalten wie sukzessive Lavaeruptionen. Dann kann man sich etwa vorstellen, die erste und ursprüngliche Trieberuption setze sich ungeändert fort und erfahre überhaupt keine Entwicklung. Ein nächster Schub unterliege von Anfang an einer Veränderung, etwa der Wendung zur Passivität, und addiere sich nun mit diesem neuen Charakter zum früheren hinzu usw.« (GW X, 223)

langt ein Subjekt durch eine Reihe von Identifizierungen mit X dazu, sich als solches zu identifizieren.[4]

Mit der kulturalistischen Perspektive akzentuiert sich in gewissem Sinne diese These, wie es die Verwendung von »Lebensgeschichten« durch den Anthropologen zeigt, die offenbar werden lassen, wie ein Kind bis in seine am wenigsten kontrollierte Affektivität buchstäblich durch anerzogene Gewohnheiten bestimmt wird und gleichsam gezwungen ist, in seinen eigenen Anomalien die Konflikte und die Unstimmigkeiten zwischen den Institutionen zu verkörpern. Aber verkennt der Kulturalismus nicht in einem anderen Sinne den Beitrag des Begriffes »Identifizierung«, indem er diesen zu eng faßt? Tatsächlich riskiert er, uns in neuem Gewande wieder das formale Problem einer wechselseitigen Kausalität zwischen Individuum und Gesellschaft als zweier empirischer Realitäten zu präsentieren. Wie es bei Karen Horney der Fall ist, wird dann die Aktion der *Umwelt* überbetont, und der Bereich der Phantasie, der das eigentliche Feld der *psychoanalytischen Wirklichkeit* ist, verflüchtigt sich zur Illusion.

Jeder Zivilisation ihre Neurosen, mag sein. Auf jeden Fall die Neurose oder Psychose, die sie sich ausgesucht hat.[5] Ist es jedoch nötig, diese Verbindung als eine Interaktion zu begreifen, die so komplex wäre, daß man das Wechselspiel zwischen einem Organismus und seiner Umwelt hineindeuten könnte? Bot die »Kultur« je etwas anderes dar als Gesamtheiten von Zeichen, innerhalb derer jedes menschliche Wesen sich zu situieren hat? Und müßte man nicht von »kulturellem Entgegenkommen« sprechen (wie Freud von somatischem Entgegenkommen sprach zur Bezeichnung jener Fähigkeit des Körpers oder eines besonderen Organs, den unbewußten Konflikt zu signali-

---

4 Die Formierung eines *Ich* kann sogar als spezifische Identifizierung beschrieben werden: Identifizierung mit dem Bild des Selbst.
5 In diesem Bereich bleibt unseres Wissens noch alles zu tun übrig (nimmt man die frommen Wünsche und die Beteuerungen aus, in denen weder der Psychoanalytiker noch der Anthropologe sein Material wiedererkennt) und wird es vielleicht für immer bleiben, denn die methodischen Schwierigkeiten sind groß. Sie beginnen sogar schon bei der Bestimmung des Gegenstandes: die (gesellschaftliche?) Vorstellung von der seelischen Krankheit, den Grenzen und der Funktion des Pathologischen. Freud war kein Ethnologe, aber er vergaß dies wenigstens nicht.

sieren), wenn diese oder jene soziale Einrichtung oder Praxis eine pathologische Antwort zu begünstigen scheint oder, umgekehrt, sie hindert, sich im geheimen auszusprechen (wie gewisse religiöse oder politische Gruppen einem Wahn als Fixpunkt dienen)? Wie auch immer die Verschränkung von personalen und kollektiven Institutionen sein mag, man sieht nicht ein, wie Karen Horney beanspruchen konnte, der Psychoanalyse eine neue Dimension zu erschließen, indem sie Freud ihre eigene Definition der Neurosen als »Störungen der Beziehung zwischen dem Ich und den anderen« entgegensetzte.

Diskutiert sie die überragende Bedeutung, die Freud den kindlichen Erfahrungen beimißt, und die Idee, daß wir als Erwachsene die gleichen Erfahrungen in großem Maßstab nur immer wieder machen bzw. unsere Ausgangssituation immer aufs neue leben, dann ist ihre Kritik nicht ernster zu nehmen. Freud macht aus der Reorganisation des Verhaltens ein Problem und sieht im Primat der Kindheit eine Gefahr, nicht ein notwendiges Schicksal; er hat eine dialektische Geschichte und damit die Vorstellung von Ereignis und Struktur im Blick, einen Parallelismus zwischen Objektbildung und Ausformung des Subjekts, was die Vorstellung von der zyklischen Wiederkehr eines immer gleichen Dramas ausschließt, das sich in tausend Versionen gleich einer Schluß-Synthese, einer »schönen Totalität« abspielen würde, in der sich die Gegensätze auflösten.

Dieselbe Bewandtnis hat es mit Karen Horneys gutmütiger Versicherung, »daß eine Person sexuell auf befriedigende Weise funktionieren kann und keineswegs unter neurotischen Verwirrungen zu leiden braucht«; sie glaubt, damit einen entscheidenden Beweis gegen die Freudschen Exzesse des Pansexualismus gefunden zu haben; sie läßt damit jedoch nur erkennen, daß sie das Sexualleben wie den Verdauungsapparat behandelt, während für Freud, wie oft gezeigt wurde, das sexuelle Szenarium das »Privat-Theater« aller Phantasien der Person darstellen kann. Man sieht, daß es sich nicht lohnt, Karen Horneys Kritiken alle nacheinander zu prüfen, da sich gegen jede der gleiche Einwand erheben ließe; wenn sie unaufhörlich unumstößliche Alternativen schafft (Primat des Biologischen *oder* des Kulturellen, kindliche Erfahrungen *oder* aktuelles Milieu, Bestimmung der Genese eines Verhaltens *oder* seiner Funktion, Psychoanalyse zur Beherrschung der Triebe *oder* zur Begünstigung der spontanen Aktivität des Ich), bleibt sie stets auf dem Boden des An-sich. Es stimmt, daß die Theorien Freuds zweideutig sind und daß bei ihm mit seiner Entdeckung des Sinnes gleichzeitig eine verdinglichende Tendenz festzustellen ist, die man deutlich in einer seiner allerletzten Schriften, in *Die endliche und die unendliche Analyse,* ausgesprochen findet, wo er, auf dem »quantitativen Faktor« bestehend, den Ausgang einer Kur von einem Kräfteverhältnis abhängig macht; er hoffte immer, daß die Fortschritte der Physiologie erlauben würden, die Neurosen durch biochemische Phänomene zu erklären. Vielleicht muß jedoch diese Zuflucht zur *Quantität* (die mehr im Zeichen wissenschaftlicher Ernüchterung als der Illusion steht) auch im Licht der analytischen Erfahrung gesehen werden; bei welchen Manifestationen des Unbewußten, bei welchen psychopathologischen Strukturen, an welchem Wendepunkt der Kur fühlt sich der Analytiker geradezu gezwungen, die »ökonomische« Sprache zu verwenden? Und woher kommt, allgemeiner gesprochen, das Metaphorische dieser Sprache? Denn es trifft zu, daß die heutige psychoanalytische Literatur ihre Aufmerksamkeit der Bestimmung der Koordinaten jenes Feldes widmet, in dem sich ihre Erfahrung ausbreitet: die Erfahrung im strengen Sinne, aber auch die intersubjektive Erfahrung. Nur in Bezug auf diese, d. h. durch die Beziehung zur Übertragung, kann in einer wissenschaftlichen Sprache eine Objektivierung versucht werden.

Hier ist noch festzuhalten, daß Karen Horney bezüglich des Problems der Übertragung nicht in so entschiedener Weise Gegenposition zu Freud bezieht, wie sie es möchte. Als stetes Opfer seines evolutionistischen Denkens habe Freud aus seiner Entdeckung der Übertragung keinen Vorteil zu ziehen gewußt: er habe sie eiligst als Reaktivierung infantiler Empfindungen zu interpretieren versucht, während es doch, Karen Horney zufolge, angebracht wäre, darin vor allem eine Gesamtheit affektiver und irrationaler Reaktionen in Bezug auf die Person des Analytikers und auf eine Situation zu sehen, die von den Abwehrreaktionen und der Angst des Patienten unaufhörlich umgeformt wird. Freud sei im Unrecht gewesen zu glauben, »daß die Gefühle der Liebe, der Feindschaft, des Mißtrauens, der Eifersucht usw. sich an den Analytiker binden ohne Rücksicht auf dessen Alter, Geschlecht, Verhalten oder dessen, *was sich in der Analyse real abspielt*«.[6] Doch was ist das für eine *Realität*, die zum Maßstab zu nehmen wir angehalten werden? Wo könnte ein solcher Begriff problematischer sein als in der Analyse? Wie denn soll das Reale und das »Unreale« in einem Bereich gewürdigt werden, in dem die Regeln, die ihn stiften, eine solche Antinomie gerade aufheben müssen?

Andererseits bestimmt sich die Übertragung *in einem* als Aktualisierung der Vergangenheit und Übertragung auf die Person des Analytikers. Diese beiden Dimensionen können nicht getrennt werden. Versetzt man sich in die erste Zeit der Entdeckung der Übertragung, dann sieht man zu seiner Überraschung, daß Freud sie anfangs fast für eine Entgleisung des therapeutischen Verhältnisses hielt; es handelte sich damals für ihn um ein begrenztes Phänomen, das lediglich einen besonderen Fall der Affektverschiebung von einer »Vertretung« auf eine andere darstellt[7]; und wenn mit Vorliebe die Vertretung des Analytikers gewählt wird, dann hauptsächlich deshalb, weil sie

---

6 *Neue Wege der Psychoanalyse*, S. 136
7 Vgl. diese Stelle in den *Studien über Hysterie*: »Es war zuerst der Inhalt des Wunsches im Bewußtsein der Kranken aufgetreten, ohne die Erinnerung an die Nebenumstände, die diesen Wunsch in die Vergangenheit verlegen konnten; der nun vorhandene Wunsch wurde durch den im Bewußtsein herrschenden Assoziationszwang mit meiner Person verknüpft, welche ja die Kranke beschäftigen darf, und bei dieser Mésalliance – die ich falsche Verknüpfung heiße – wacht derselbe Affekt auf, der seinerzeit die Kranke zur Verweisung dieses unerlaubten Wunsches gedrängt hat.« (GW I, 309)
Das Phänomen erklärt sich dann, so wie es in der Praxis anzutreffen ist und in seiner Häufigkeit, ja sogar allgemeinen Verbreitung von Freud zu jener Zeit (1895) erkannt wurde, durch den gleichen, auch beim Traum entdeckten und sich auf alle unbewußten Inhalte erstreckenden Mechanismus. Das beweist folgende Passage der *Traumdeutung*: »... daß die unbewußte Vorstellung als solche überhaupt unfähig ist, ins Vorbewußte einzutreten, und daß sie dort nur eine Wirkung zu äußern vermag, indem sie sich mit einer harmlosen, dem Vorbewußten bereits angehörigen Vorstellung in Verbindung setzt, auf sie ihre Intensität überträgt und sich durch sie decken läßt. Es ist dies die Tatsache der *Übertragung*, welche für so viele auffällige Vorfälle im Seelenleben der Neurotiker die Aufklärung enthält.« (GW II/III, 568).

dem Analysierten zur Verfügung steht, wie sich ein Tagesrest den Gedanken des Traumes anbietet. Die Übertragungen (denn Freud spricht von ihnen im Plural, entsprechend ihrer Definition als »Neuauflagen der Phantasien«) müssen im gleichen Sinne interpretiert und »zerstört« werden wie jede andere symptomatische Bildung.

Der Begriff »Übertragung« erfährt später eine immer stärkere Ausweitung, die bis zu der Vorstellung hinführt, daß die klinische Neurose eine »Neuausgabe« kennt und sich in die »künstliche Krankheit« verwandelt, die eine Übertragungsneurose ist, und daß sie erst dadurch analysierbar wird.[8] Diese Entdeckung bestätigt sich dadurch, daß sie in den Vordergrund des Wiederholungszwanges gerückt wurde, nur um so mehr und ist eine unbestreitbare Errungenschaft der Psychoanalyse geworden. Desto bemerkenswerter ist es, daß Freud, als er die Übertragung bereits vollkommen als das Terrain erkannt hat, wo sich die einzigartige Problematik des Patienten abspielt und dieser sich mit der Existenz, der Permanenz, der Macht seiner Begierden und unbewußten Phantasien konfrontiert sieht[9], nichtsdestoweniger hervorhebt, daß der Analytiker sich bemühen muß, »den Bereich dieser Übertragungsneurose möglichst einzuschränken«[10]. Und dies selbst zu der Zeit, da seine Erfahrung ihn, der niemals aufgehört hat, ein vollkommenes Erinnern für das Ideal der Kur zu halten, zu dem Eingeständnis veranlaßte: »Der Kranke kann von dem in ihm Verdrängten nicht alles erinnern, vielleicht gerade das Wesentliche nicht.«[11] Ein Widerspruch? Ja, aber einer, der das Wesen der Übertragungswiederholung selbst bezeichnet.

Wo wäre die Entdeckung, wenn der Analytiker sich mit der Feststellung begnügen würde, daß sein Patient sich ihm gegenüber verhält, wie er sich seinen Eltern gegenüber verhielt, statt

---

[8] »(Es) gelingt uns regelmäßig, allen Symptomen der Krankheit eine neue Übertragungsbedeutung zu geben, seine gemeine Neurose durch eine Übertragungsneurose zu ersetzen, von der er durch die therapeutische Arbeit geheilt werden kann.« (GW X, 134 f.)
[9] Wie es folgende berühmte Stelle bezeugt: »Auf diesem Felde muß der Sieg gewonnen werden ... denn schließlich kann niemand *in absentia* oder *in effigie* erschlagen werden.« (GW VIII, 374).
[10] *Jenseits des Lustprinzips*, GW XIII, 17
[11] ibid., 16

ihn zu betrachten als ... (als was? Sogar hier sähe Karen Horney ein Hindernis für die Antwort: »als einen, der nichts will als ihm helfen, seine Probleme zu lösen«). Was wiederholt wird, sind nicht wirklich gelebte Verhaltensweisen oder Beziehungen, oder zumindest ist die Tatsache, daß sie wiederholt werden, nicht spezifischerweise einer analytischen Kur eigen, denn wir verlassen hier nicht das Bezugssystem der Gewohnheit. Wenn Freud vom Kranken sagen und jeder Analytiker dasselbe feststellen konnte, daß er gezwungen ist, das Verdrängte als in der Gegenwart gelebte Erfahrung zu wiederholen, und wenn diese Wiederholung sich klinisch als ein *Zwang* darstellt, so ist dies das Zeichen dafür, daß es das Unbewußte ist, das in einer sich aktualisierenden Beziehung neu zum Vorschein kommt, je mehr Unzerstörbares, je mehr Phantasiestruktur es darbietet. Wenn hier eine »Realität« angerufen werden muß, dann die, die Freud in dem Bestreben, ihre eigene Kohärenz und Insistenz zu betonen, *psychische Realität* genannt hat.

Zwar ist es nicht sicher, daß die analytische Beziehung ausschließlich in Übertragungstermini beschrieben werden muß, und noch weniger, daß es zu ihrer Deutung nötig wäre, zum Automatismus tendierende affektive Vorgänge in Betracht zu ziehen. Karen Horneys Kritik geht jedoch nicht den Weg einer unserer Meinung nach unumgänglichen Neudurchdenkung der Funktion, der Ebenen und der Tragweite der Übertragung. Im Gegensatz zu Autoren wie Nunberg oder Ida Macalpine, die auf den frustrierenden und »künstlichen« Aspekt der analytischen Situation (insofern sie eine Art Rückkehr zur infantilen Situation bewirke[12]) Gewicht gelegt haben, insistiert Karen Horney auf der aktuellen Persönlichkeit und Umwelt des Subjekts, auf der Realität seiner Beziehung zu dem Analytiker, und sieht in dieser zugleich eine Erfahrung, die unreale neurotische Gewohnheiten korrigiert, und die Präfiguration der künftigen Eingliederung in ein schließlich akzeptiertes Milieu. Damit übernimmt der Psychoanalytiker die traditionell dem Mediziner vorbehaltene

---

12 So einseitig diese Gesichtspunkte auch sind, so haben sie doch wenigstens dadurch, daß sie in der analytischen Situation selbst nach dem suchen, was das Auftauchen der Übertragung begünstigt, den Vorteil, die Vorstellung von einer Eigentümlichkeit der analytischen Übertragung in Bezug auf andere Modalitäten zu vermitteln: Übertragung auf den Erzieher, den Arzt usw.

Rolle, der, wenn er von der Rückführung des Kranken ins normale Leben spricht, darunter die Aufgabe versteht, ihn wieder in einen sozialen Umkreis einzugliedern, von dem die Krankheit ihn ausgeschlossen hatte.

Es mag seltsam erscheinen, daß Karen Horney, die davon ausging, daß die Gesellschaft mit ihren Widersprüchen zwischen den Ideologien und den tatsächlichen Verhältnissen, mit ihrer Unfähigkeit, diese Widersprüche zu lösen, und mit ihren eigenen Konflikt-Symptomen alle Anzeichen einer Neurose zeige und in gewissem Sinne für die individuellen Neurosen verantwortlich gemacht werden könne, am Ende das soziale Kriterium, ihr selbst zum Trotz, zum ersten Maßstab für psychologische Gesundheit macht.[13] Wenn sie der Psychoanalyse neue Wege erschließen will und sie dabei in Wirklichkeit auf so falsche Wege führt, ist daran nichts Paradoxes.

Seit man aufgehört hat, die Psychoanalyse als Tiefenpsychologie zu definieren, wiederholt man tatsächlich fast überall, daß sie die Stärkung des Ich zur Aufgabe habe; oder es wird, mit anderem Vokabular, davon gesprochen, sie habe die Affekt-Bildungen und starren Motoren außer Kraft zu setzen, so daß die Behandlung schließlich als eine gute »Lehre« erscheint, die dem Ich die Herrschaft der Realität zu sichern habe. Letztlich gehe es darum, zwei *Gegebenheiten,* jede mit der anderen, in Übereinstimmung zu bringen.

Wenn jedoch Freud vom »Realitäts*prinzip*« spricht, dann nicht nur, weil er sich weigert, die sehr verschiedenartigen Formen

---

[13] Diese Bemerkung ist allerdings ein wenig übertrieben, denn Karen Horney versteht sich gelegentlich sehr wohl auf die Kritik der sogenannten »statistischen« Vorstellung von Normalität. Man ist jedoch überrascht, in dem Kapitel, wo sie von den Zielen analytischer Therapeutik handelt, durch die Häufigkeit von Termini wie »Glück« (das zur notwendigen Pflicht wird), »Ausdruck seiner selbst«, »Spontaneität«, sie gleichsam unbewußt ihr eigenes kulturelles Ideal bezeugen zu sehen. Und dies kann gar nicht anders sein, denn von dem Augenblick an, da der Analytiker sich die Ziele der Analyse setzt, macht er sich durch diesen Akt zum Erzieher. So sind auch die erzieherischen Absichten Karen Horneys klar ausgesprochen: »Der Analytiker müßte nicht nur auf die Richtung der Assoziationen des Patienten einen viel entschiedeneren Einfluß ausüben, sondern auch auf die psychischen Kräfte, die ihm gegebenenfalls helfen können, seine Neurose zu überwinden.« *(Neue Wege der Psychoanalyse,* S. 251)

genauer zu bestimmen, die diese Realität annehmen kann, sondern um sichtbar zu machen, daß sie sich, weit davon entfernt, etwas Gegebenes zu sein, als der objektive Pol einer Erkenntnis der Wünsche und Optionen des Subjekts darbietet. Die meisten Analytiker versichern, daß nicht davon die Rede sein könne, die psychischen Wesenheiten für real zu halten; nichtsdestoweniger betrachten sie das Ich als ein reales Objekt, das der Neurotiker verloren habe – sie seien dazu da, ihm zu helfen, es wiederzufinden –, und nicht als ein psychisches Objekt, das die analytische »Reduktion« zu Fall bringe; sie sprechen von seiner Welterbgreifung als von den Anpassungen eines Organismus an ein Milieu, nie als von der Integration eines Ensembles symbolischer Systeme durch ein Subjekt.

Dabei will der Neurotiker, der sich in Schuldgefühlen, Forderungen, Abhängigkeit verwirrt, nichts anderes, als im Bereich seines neurotischen Verlangens ernst genommen werden, wie es die übertragene Liebe oder Klage zeigen; wenn er die Macht der Bilder auf monotone Phantasien reduzieren, die Heftigkeit der Begierde in streng festgelegtes Verhalten verwandeln kann, wenn er sich die Pluralität der Individuen und Situationen unter der Stereotypie seiner Imagos zu verhüllen weiß, dann heißt das, daß er bereit ist, das Bild seiner selbst, das ihm als das gültige zu bestätigen Absicht des Psychoanalytikers ist, zu akzeptieren. Er wird es sich in dem Maße zu eigen machen, in dem der Analytiker kraft der von ihm eingenommenen Position in der Lage ist, die Funktion des Ideals zu erfüllen.

Ein neuer Heiler: J.-L. Moreno

Über das Theater ist Moreno zur Sozialpsychologie gekommen. Vor dreißig Jahren schuf er in Wien ein »Stegreiftheater«, das er mit einem Titel Pirandellos »Heute Abend wird improvisiert« hätte taufen können. Er ließ dort wirklich Sketchs improvisieren; als Stoff schlug er zum Beispiel die neusten Meldungen aus der Zeitung vor; nicht als ob er das Theater hätte erneuern wollen, indem er an die Commedia dell'arte anknüpfte, oder wie Stanislawski die Absicht gehabt hätte, die in der überlieferten Spielweise ihrer Rollen hängengebliebenen Schauspieler aufzuwecken. Sein Ehrgeiz war bereits ethischer Natur: Er wollte Spontaneität wiederbeleben, dem Individuum das Gefühl für das Neue, die Erfindung, den Augenblick zurückgeben. Wenn Moreno immer die fertigen Produkte und das, was er Kulturkonserven nannte, verabscheut hat, dann nur deshalb, weil er von einer Kultur träumte, die ihre Angehörigen den Genies, die sie inspirieren, näher brächte als den Robotern, die sie selbst herstellt. Zweifellos glaubt Moreno, daß er diese Kultur vorbereitet und sie sogar im voraus darstellt.

Der Einfall kam ihm von weit zurückliegender Zeit her, genau gesagt von jenem Sonntagnachmittag, als er, mit seinen Freunden in ein großes Zimmer gesperrt, vorschlug: Laßt uns Gott und seine Engel spielen.

– Wer spielt Gott?
– Ich, sagte Moreno.

Er war viereinhalb Jahre alt. Er stellte sich auf die Spitze einer Pyramide von Stühlen, während die anderen Kinder sangen und um ihn herumtanzten.

– Sag, warum fliegst du nicht?

Das Ergebnis: ein Bruch. Moreno selbst berichtet die Anekdote[1] und fügt hinzu: »Das war die erste psychodramatische Sitzung, die ich jemals geleitet habe.« Man kann hier in der Tat außer

---

[1] In *Psychodrama*, New York 1946

Morenos naivem Stolz, seiner Lust an der Selbstdarstellung und seiner Begabung als Spielleiter die erste Andeutung des Spiels auf verschiedenen Ebenen, jener Hilfs-Ichs finden, die die Dramatisierung unserer Wünsche und Ängste sowie ihre Konfrontation mit der Realität erleichtern sollen. »Allmählich begriff ich, daß die anderen auch gern die Rolle Gottes spielen wollten.« Indem Moreno die Phantasien der anderen *inszenierte*, sollte er die eigene *aktualisieren*.

Rasch verwandelt sich das *Stegreiftheater* in ein therapeutisches Theater und versucht mehr als ein »In-Gang-Bringen« (warming up), nämlich ein Freisetzen der psychologischen Konflikte. Wenn man Moreno Glauben schenkt, so war es fast ein Zufall, der über diese Orientierung entschied: eine seiner Schauspielerinnen, Barbara, spielte mit großer Natürlichkeit die Rolle einer Naiven, während sie im Privatleben eine Megäre war. Moreno, von ihrem Verlobten ins Vertrauen gezogen, bat Barbara, ihre gewöhnliche Sanftmut auf der Bühne durch ein richtig vulgäres und zynisches Verhalten zu ersetzen; sie spielte Szenen, die ihr in ihrer Art völlig neu waren, mit deutlicher Aggressivität. Sogleich veränderte sich ihr Verhalten im privaten Umgang; die Szenen, die sie ihrem Verlobten machte, verloren an Heftigkeit; entweder brach sie sie ab, oder sie fing im gleichen Moment, in dem sie loslegen wollte, zu lachen an. Ihr Herz war nicht mehr dabei. Umgekehrt wirkte das Leben auf das Spiel ein, es war kaum noch von ihm zu unterscheiden. Barbara spielte sich selbst; ihr Verlobter schloß sich an, und beide begannen, den Zuschauern ihr Leben vorzuspielen, ihre Erinnerungen und ihre Pläne; sie bewirkten damit einen eigenartigen Austausch zwischen der Realität und der Vorstellung.

Nach vielen anderen, aber auf dem Umweg über das dramatische Spiel, entdeckte Moreno die kathartische Kraft des Ausdrucks. Er mußte nur noch systematisch Situationen erfinden, die den Patienten nicht allein erlaubten, ihre Konflikte in Sprache zu übersetzen, sondern noch mehr, den totalen Ausdruck für sie zu finden. Das Psychodrama war geboren.

Das Psychodrama gipfelte wohl für viele, vielleicht sogar für seinen Schöpfer, in der öffentlichen Auseinandersetzung über zwischenmenschliche Probleme, besonders Eheprobleme[2]; in einigen Sitzungen sollten brüchige Ehen zur Harmonie oder zur Scheidung geführt werden[3]. Moreno wäre also eine Art Eheberater, dem gewisse psychoanalytische Grunderkenntnisse ein theoretisches Alibi im Zeitgeschmack lieferten; das Phänomen Moreno wäre spezifisch amerikanisch, und sein Erfolg hinge großenteils von einem kollektiven Exhibitionismus ab. Die Soziologie des Psychodramas wäre damit nicht ohne Interesse; nur fehlt es uns unglücklicherweise an jeglichem Material, um sie zu schreiben. Man wird sich also damit begnügen müssen, Moreno zu lesen und ihn nach seinen Schriften, nicht aber nach seiner Tätigkeit zu beurteilen.

Moreno fordert einen Patienten (Joe), der undeutlich spricht und stottert, auf, zunächst Konsonanten und Vokale zu artikulieren, ohne auf den Sinn zu achten, d. h. ohne zu versuchen, Worte zu bilden. »Die Sprache«, sagt er ihm, »gleicht jeder anderen Erfindung. Wenn Sie keine Lust haben, sich ihrer zu bedienen, zwingt Sie nichts dazu. Stellen Sie sie ab, wie Sie am Knopf des Radios drehen würden«, und er läßt ihn Szenen spielen (in der Art, wie man sie Anfängern im Schauspielunterricht aufgibt, zum Beispiel: Sie treffen einen Ihrer Freunde auf der Straße), in denen er ausschließlich »Joe-Sprache« fabrizieren darf. Während dieser Sitzungen stottert Joe nicht. Bei der Darstellung einer Auseinandersetzung mit seinem Chef fängt dieser Schüchterne zu brüllen an, er ballt die Fäuste, er bestimmt energisch den Spielablauf. In der Realität aber bringt ihn eine Situation dieser Art schrecklich ins Stottern. Die Behandlung besteht darin, die Hemmung der Spontaneität aufzuheben, den Patienten aus seiner Rolle des Stotterers herauszulösen, mit der er sich identifiziert und die er mit allen seinen Schwächen und Spannungen belädt.

Jedes Symptom ist ein Produkt; es ist das erstaunliche, erstarrte Detail, das sich nur verstehen läßt, wenn man es mit dem Ganzen eines psychologischen Entwicklungsprozesses in Ver-

---

2 *Les Temps Modernes* haben in der Nummer 59/60 über ein Ehe-Psychodrama berichtet.
3 »Who wants to go to Reno (der Scheidungs-Hauptstadt) must pass by Moreno«.

bindung bringt. Moreno führt das Beispiel eines Mannes an, dessen Tick in einer Zusammenziehung der linken Gesichtshälfte bestand; eine Erscheinung, die mit der Gegenwart einer Lichtquelle oder einer Frau auf seiner Linken verstärkt auftrat. Die Analyse entdeckt, daß dieser Tick jeden Tag gebieterischer als Zeichen eines Leidens fungiert: der Angst vor dem richtenden Blick. Sobald der Patient beobachtet wird, verkrampft er sich, und wenn er für sich einnehmen, einen guten Eindruck machen will, wird er häßlich; er produziert seine Kontraktionen, empfindet sie aber als eine Krankheit, die er erdulden muß. Diesen Kranken fordert Moreno auf, sich in Situationen zu stürzen, in denen er die Rolle des Angreifers übernehmen kann; spielt er zum Beispiel die Rolle eines Zeitungsverkäufers, so sind alle seine Gesichtsmuskeln beteiligt, und die zwanghaften Kontraktionen verschwinden. Durch seine Verkrampfung verrät der Patient seine Abhängigkeit, seine Angst; er *sagt*, daß er den anderen als einen Aggressor wahrnimmt, der ihm die Verfügung über sich selbst nimmt und ihm eine einzige Verhaltensweise aufzwingt, nämlich, daß man immer versuchen muß, die Oberhand zu gewinnen und die Situation zu seinen Gunsten umzukehren.

Den Symptomen eine Bedeutung zuzuerkennen, den Leib als Werkzeug des Ausdrucks, als Intentionsträger zu behandeln, diese Einsichten sind nicht neu. Die Psychoanalyse deckt diese früheste Sprache auf und entziffert sie; sie hat seit langer Zeit die Vorstellung von sprechenden Krankheiten verallgemeinert. Aber Moreno weist auf etwas anderes hin: anstatt das Symptom am Endpunkt eines Entwicklungsprozesses zu lokalisieren, bringt er es mit der Struktur einer Rolle in Zusammenhang. Diese Rolle verlockt den Patienten und läßt ihn in die Falle gehen; er legt immer mehr von sich hinein, er macht aus ihr das Sinnbild seines Unvermögens; indem er sich in die Rolle hinein entäußert, übernimmt er ein ganzes Verhaltensmodell. Er verfängt sich so sehr darin, daß es ihm beinahe unmöglich wird, wieder herauszugelangen; »jeder Schritt weiter«, schreibt Moreno, »läßt neue Assoziationen im Sinn der neurotischen Rolle entstehen«. Um diese Bewegung umzukehren, genüge es nicht, das Symptom mit der Vergangenheit zu verknüpfen und seine Funktion innerhalb der Neurose zu erkennen, wie es die Psy-

choanalyse tut; es handele sich darum, eine Bresche zu schlagen, einen Schock zu bewirken, der in der Folge auf das Verhalten als Ganzes einwirken werde; dies ist die Aufgabe des Psychodramas.
Auf eine einfache Formel gebracht, besteht das Psychodrama darin, reale Konflikte auf die Ebene des Spiels, also die Ebene des Imaginären zu übertragen und sich von dieser Übertragung eine Wirkung in umgekehrter Richtung zu versprechen, eine Befreiung der gehemmten Spontaneität aus ihrer erstarrten Form, das heißt eine Übersetzung des Imaginären in die Realität. Der Patient kann alles in Szene setzen – und man fordert ihn auf, es so genau wie möglich zu tun: banale oder offensichtlich konflikthaltige Situationen seines täglichen Lebens, Personen seiner Umgebung, die tatsächlich mitwirken oder durch Hilfspersonen ersetzt werden können, einen Handlungsablauf, den er erlebt hat oder sich vorstellt, seine Träume, seinen inneren Monolog (»Sie sollen jetzt eine Szene spielen, die tatsächlich stattgefunden hat; nun gut, alle Gefühle, alle Gedanken, die Sie damals gehabt haben, ohne sie auszusprechen, drücken Sie sie jetzt in Bewegungen und Gesten, mit leiser Stimme aus«). In jedem Fall wird er ermutigt, sich zu verraten. Falls er Widerstand leistet, gibt man ihm ein *Double*, das mit lauter Stimme für ihn ausspricht, was bei ihm versteckt blieb. Während nach Moreno der Monolog auf dem »alten psychoanalytischen Sofa« Ausflüchte, Tüfteleien, Selbstgefälligkeit gestattet, indem der Kranke von seiner Vergangenheit, von einem nicht umkehrbaren Bild seiner selbst fasziniert wird, indem man ihn zu einer unaufhörlichen Wiederholung auffordert, ihn im Unglück der Subjektivität versinken läßt, gäbe das Psychodrama dagegen dem Patienten die Möglichkeit, seine psychologische Welt zu objektivieren und sie in dem Maß, wie er sie dramatisch darstellt, zu modifizieren. Es ist wirklich erstaunlich zu beobachten, wie die Kranken Morenos in einigen raschen Szenen die großen Züge ihrer Neurose enthüllen und zeigen, welchen Anteil ihre Umgebung an ihr hat. Einer von ihnen, Robert, spielt eine Szene mit seinem Vater und enthüllt dabei zugleich dessen zwanghaftes Verhalten (es ist ein Mann, der ständig in Eile ist, weil er befürchtet, seine Verabredungen zu versäumen, der sich strenge Stundenpläne

macht usw.) und die Art und Weise, in der er selbst daran Anteil hat: er produziert eine »Zeit-Neurose«; zur ersten Sitzung erscheint er zum Beispiel zwei Stunden zu früh; eine andere Szene zeigt, daß er mit seiner Mutter eine Art »Raum-Neurose« teilt (immer die Gegenstände an ihren Platz legen usw.). Es wird sofort deutlich, daß der gegenwärtige Konflikt zwischen Robert und seiner Frau in einer früheren Situation wurzelt, die ihren Beziehungen eine besondere Form gibt. Sofort würde uns also das Psychodrama zum Kern der Neurose führen. Aber inwiefern liefert es mehr als eine Diagnose, nämlich eine Therapie?
Die psychologische Haltung des Schauspielers ist von Sartre beschrieben worden; hier dagegen irrealisiert sich der Schauspieler – der Patient – nicht in Hamlet, sondern in seiner eigenen Rolle; von einer imaginären Darstellung läßt er sich verkünden, was er ist. In derselben Weise hebt auch der Humor das plumpe Verbundensein des Patienten mit seiner Rolle, mit der strengen Logik seines Verhaltens und Redens auf: plötzlich verwandelt sich, was selbstverständlich schien, in eine absurde Variante, in eine bizarre Fixierung an irgendeinem Punkt auf der unendlichen Skala der möglichen Verhaltensweisen. Das erste Vermögen, das Moreno am Psychodrama erkannte, war in der Tat, daß es eine »humorous self expansion« ermöglichte. Aber man könnte damit Gefahr laufen, das Psychodrama auf eine Komödie zu reduzieren. Es ist die Aufgabe des Therapeuten, diese Flucht ins Spiel zu vermeiden und die vielfältigen Befriedigungen, die der Patient darin finden könnte, zu beschränken: narzißtische – Verliebtheit in das Schauspiel des eigenen Ichs; eingebildete – freies Produzieren von Phantasien, denen das dramatische Spiel eine ungewohnte Dichte und Wirksamkeit verleiht; exhibitionistische – sich dem Blick des anderen preisgeben, wobei man ihn zugleich herausfordert. Für diese Aufgabe gibt es kein Rezept. »Der Kranke ist der Dichter«; immer sind es seine Handlungen, seine Mimik, seine Stimmungen, die den »Spielleiter« und seine Hilfspersonen leiten sollen. Aber der »Spielleiter« greift viel aktiver ins Spiel ein als der Psychoanalytiker, er präzisiert den Plan der Spielhandlung, suggeriert ihn manchmal sogar, verändert ihn während des Ablaufs und kanalisiert den Fluß

der Produktion des Patienten; da das Eigentümliche jeden Ausdrucks darin besteht, mehr zu evozieren, als er aussagt, ist es seine Aufgabe und die seiner Hilfspersonen, Kapital aus dieser Differenz zu schlagen, um den Patienten zum Einkreisen seines zentralen Problems zu führen. Man kann von Psychodramenträumen, die mit solcher Grausamkeit durchgeführt werden, wie sie die Verbindung des Polizisten mit der Ehefrau gegen Ionescos »Opfer der Pflicht« zeigt. Aber die Analyse des Falles Robert zeigt schon in recht eindrucksvoller Weise den Verlauf eines Psychodramas.

Zunächst wird eine Neurose aufgedeckt, die durch den Ehekonflikt überlagert war. Dann spielen Robert und seine Frau zusammen die entscheidenden Szenen, die zwischen den Sitzungen stattfinden; dieses Spiel bringt eine Entspannung, denn obgleich die Szenen auf dem Theater viel kürzer sind als im Leben, haben sie den Vorteil, bis zum Ende geführt werden zu können. Eines Tages bemerkt seine Frau, daß Robert eine Auswahl unter den Szenen trifft: er stellt seinen »Raum-Zeit-Komplex« ausführlich dar, verschweigt aber systematisch andere Aspekte seiner Person, zum Beispiel sein sexuelles Verhalten. Sie, umgekehrt, kommt mit Beharrlichkeit darauf zurück. Es ist der Ablauf der Handlung selbst, der neue Fragen auftauchen läßt und die Ausgangssituation verändert.

Ein anderes Paar spielt eine Diskussion über die Kosten der Behandlung. »Was liegt daran«, sagt die Frau, »wenn unsere Ehe wieder glücklich werden kann!« Daraufhin schleudert er ihr zum erstenmal ins Gesicht, daß er eine andere Frau liebt und sein Leidensweg zu Ende ist. Das sind die Überraschungen des Psychodramas.

Man wird einwenden, daß die Grenzen sowie die Gefahren der Katharsis bekannt sind und daß ein brüskes Aufdecken versteckter Spannungen niemals ausgereicht hat, ihre dauerhafte Auflösung zu bewirken. Nun erhebt das Psychodrama den Anspruch, mehr zu tun, als nur die gegenwärtigen Konflikte des Patienten zum Ausdruck gelangen zu lassen; wenn dieser Ausdruck total sein soll, so deshalb, weil es nach dem Beispiel der Psychoanalyse, aber nach Moreno in einer viel entschiedeneren

Weise, eine Kindheitssituation wiedereröffnen würde, die in einem Kapitel von *Psychodrama* ausführlich beschrieben ist. Diese Beschreibung in Morenoschem Vokabular deckt sich in den meisten Punkten mit der Beschreibung, die die zeitgenössische Psychologie von ihr gibt. Aber die Perspektive ist neu. In der Tat wird das Kind oft, trotz gegensätzlicher Grundsatzerklärungen, vom Erwachsenen her betrachtet; seine Anfänge werden dann nur als ein ungeschickter Versuch angesehen, sich eine objektive, rationale Welt anzueignen und endlich, wie Piaget sagen würde, den Triumph der Wechselseitigkeit über die Egozentrik zum Prinzip zu erheben. Umgekehrt zeigt die Psychoanalyse, die dem Begriff »frühkindliche Entwicklung« einen positiven Inhalt gibt, das Kind immer sich selbst voraus, indem es Beziehungen (zum Objekt, zu sich selbst, zu anderen) entwirft, die »über seine Kräfte gehen«. Moreno intensiviert diese Betrachtungsweise. »Es ist ein Wunder, daß das Kind lebt«, schreibt er, aber dieses Wunder ist der Mensch selbst. Denn eine Verlängerung des intrauterinen Lebens, die ein Kind geboren werden ließe, das sich selbst genügt, beraubte es zugleich dieser Fähigkeit zur Vorwegnahme, die es konstituiert (»das Kind muß immer vom Genie her, nicht vom Tier her verstanden werden«), und seines Empfindungsvermögens für das soziale Erbe, das sich in den Hilfs-Ichs verkörpert, die es umgeben.

Diese Redeweise bedeutet, daß Moreno keineswegs das Kind zur Wahrheit der erwachsenen Welt führen will, sondern daß er vielmehr versucht, den Erwachsenen von den Kulturkonserven zu befreien. Das Psychodrama versucht, die Einheit zwischen dem Imaginären und der Realität wiederherzustellen, durch die das frühkindliche Universum, die »Matrix der Identität«, bestimmt ist, worin das Kind, in die Atmosphäre des Miteinanderlebens eingetaucht, sich nicht von den Objekten löst; in allem, was es umgibt, findet es nur Hilfs-Ichs. Allein die wiedererlangte ursprüngliche Spontaneität kann die erworbenen Strukturen verändern und das »individuelle Selbst« in einen Zustand zurückführen, der der Aufspaltung in Rollen, die es einengen, und dem mechanisierenden Reflexcharakter der Antworten vorangeht.

Man sieht, daß ein Optimismus Rousseauscher und Bergsonscher Färbung diese Apologie der schöpferischen Spontaneität inspiriert hat. Für Moreno kann ein spontanes Individuum nur ausstrahlen und durch eine Induktionswirkung seinen Nachbarn »dekonservieren«; dann beginnt das Reich der Zusammenarbeit. Konflikte, Spannungen, Kämpfe entstehen nur auf der Ebene der Rollen; allerdings immer auf dem Hintergrund eines Miteinanderlebens, von dem die Matrix der Identität, die »soziale Placenta« einen ersten Entwurf liefern, und das immer wieder belebt werden kann.

Wir sind manchmal etwas schnell damit bei der Hand, akzidentelle Gewissensfragen und Gegensätze, die nur Produkt einer Situation, eines kulturellen Erbes sind, zu einem Hegelschen Ringen zu erheben. Von dieser Versuchung ist Moreno himmelweit entfernt. In seinen Augen entspringt alles Übel aus dem Formalismus der Institutionen, aus der Prägnanz der Stereotypen. Wir müssen uns nur von ihnen befreien, nur unsere selige Spontaneität wiedererlangen, und alles, was uns trennt, wird sich in Schein auflösen! Man wünschte sich nur, Moreno wäre anspruchsvoller in der Festsetzung der Zielpunkte seiner Therapie; über das Kapitel der »Heilung« schweigt er, der gewöhnlich sehr geschwätzig ist, sich aus; ob er Harmonie in eine Ehe bringen oder die Produktivität einer Gruppe von Wäscherinnen steigern will, immer scheint er auf dieselben Kriterien zurückzugreifen.

Wir haben nichts gegen die Koexistenz, und auch wir träumen von gegenseitiger spontaner Zuwendung und von der Aussöhnung der Gesellschaften. Nur wissen wir, daß selbst die Situationen und Unternehmungen mit den besten Partnern, weit davon entfernt, die Differenzen in einer unehrlichen Fusion aufzuheben, diese vielmehr in dem Maße verschärfen, in dem eine radikalere Verständigung angestrebt wird. Ein Intermundium unterdrückt nicht nur nicht die Eigenarten, es lebt geradezu von ihnen.

Aber das Psychodrama ist eher dafür geschaffen, eine exemplarische Verständigung zu entbinden, als dafür, sie zur Einrichtung zu machen. So besehen regt Morenos Technik, wenn schon nicht seine Metaphysik, zum Nachdenken an. Seine Analysen fordern nämlich dazu auf, in jeder Neurose einen zwischenmenschlichen Konflikt zu suchen. Dieser ist manchmal offensichtlich, wie im Falle Robert, aber auch im Falle des Mannes mit dem Tick symbolisieren die Kontraktionen nichts anderes als eine gewisse Beziehung zu den Anderen. Das Psychodrama beabsichtigt, den Konflikt aufzutauen, indem es eine Beziehung neuer Art herstellt; es ist also richtig, daß es künstliche Situationen schafft, »am Rande des Lebens«, aber es wäre absurd, ihm das vorzuwerfen, da eben dies die Bedingung seines Erfolges ist: es handelt sich darum, einen Kreis zu durchbrechen. Nur glaubt Moreno, daß diese Beziehung »offen«, manchmal sogar öffentlich sein muß (wenn die Zuschauer an dem diskutierten Problem teilhaben), gerade deshalb, weil das zu heilende Übel einen Zwiespalt zwischen innen und außen darstellt. Wenn der Neurotiker zum Selbstgespräch oder zur Aphasie hin tendiert, wie soll er dann geheilt werden, wenn man ihn in seiner privaten Welt, in seiner Vergangenheit isoliert, wenn man ihn absichtlich in eine rituelle Atmosphäre einschließt, die ihn von allem trennt, was ihn jeden Tag in Wirklichkeit beschäftigt? Der Kranke müßte im Gegenteil dazu gezwungen werden, seine wirkliche Welt auf sich zu nehmen, seine Schwierigkeiten offen zu diskutieren, durch eine Gegenüberstellung mit der Wirklichkeit den Grad der Widerstandsfähigkeit seiner Phantasien abzumessen und schließlich in einer solchen Weise zu dialogisieren, daß zwischen seinen Gesprächspartnern und ihm selbst eine gemeinsame Basis entsteht, auf der dann der Therapeut als Katalysator, nicht als ausschließliches Objekt der Übertragung auftreten kann.

Morenos Angriffe auf Freud sind summarisch; er ist überzeugt, daß die ganze Psychoanalyse zum Psychodrama führt (wie die ganze Soziologie zu seiner Soziometrie). Sie selbst werde das auf dem Gebiet der Analyse von Kindern zuerst zu begreifen anfangen. Die Abneigung gegen das Psychodrama lasse sich einfach damit erklären, daß die persönlichen Probleme hier an die Öffentlichkeit gebracht werden: »Der Einzelne weiß, was er verliert, aber nicht, was er gewinnen wird«. Es ist wahr, daß von Morenos Standpunkt aus die Psychoanalyse nur negative Züge aufweisen kann: die Couch ist recht eng im Vergleich mit einem Spiel auf mehreren Kreis-Ebenen, der Monolog zunimmt sich armselig aus neben dem fieberhaften Spiel des Patienten mit der Truppe seiner Hilfs-Ichs. Aber man darf sich von diesem Vergleich nicht düpieren lassen.

Die Psychotherapien, die nicht analytisch vorgehen, beschäftigen sich in der Hauptsache damit, das Individuum mit seiner Umwelt in Einklang zu bringen: sie sollen gut miteinander auskommen. Diese Methoden geben sich zufrieden, wenn ein gestörtes Verhalten sich wieder »normalisiert«, eine zu heftige Angst sich beruhigt. Sicher zwingt das Psychodrama dazu, mehr zu »spielen«, als man »sagt«; aber es bleibt auf halbem Weg stehen. Auch wenn der Patient den Mechanismus der Marionette entdeckt, sogar die Rolle erkennt, die er in einer vorgeblich »objektiven« Situation spielt, schließlich und vor allem die Probe auf die wechselseitige Ergänzung der Rollen und des Rollentauschs macht, dann ist es ihm immer noch möglich, sobald er eine Rolle aufgegeben hat, sich in eine andere zu stürzen, die ihn ebenso entfremdet; es ist ihm möglich, sobald sich seine gegenwärtige Situation verändert hat, dazu eine gleichwertige andere zu schaffen: die Elemente wechseln, die Struktur bleibt dieselbe. Selbst wenn es eine Bewußtwerdung erlaubt und eine Entspannung schafft, besitzt das Morenosche Psychodrama kein Mittel, diese endgültig zu machen.

Im Prinzip verfährt die Psychoanalyse viel strenger. Sie allein kann im Innern des Patienten aufdecken, welche einzigartige Gestalt die Phantasie dem Problem gegeben hat, mit dem ein jeder sich herumschlägt. Mit diesem klassischen Einwand würde Moreno jedoch besser fertig als ein anderer, denn für ihn entsteht eine Neurose nicht bei einem Einzelnen, sondern sie ist eine Krankheit mehrerer Personen.

Er war immer frappiert von dem stereotypen Charakter der menschlichen Verhaltensweisen. Den Kindern gibt er auf, Berufe zu spielen oder zu erkennen: Polizist, Kaufmann; den Erwachsenen, typische Situationen: eine Frau erfährt, daß sich ihr Mann scheiden lassen will, um eine andere zu heiraten, ein Direktor entläßt einen seiner Angestellten, ein Sohn bittet seinen Vater um Geld. Beziehungen wie die des Arztes zum Kranken, des Händlers zum Kunden, des Vaters zum Kind erscheinen ihm fest genug strukturiert, um Verhaltensnormen aufzuzwingen, dem Individuum eine Rolle zuzuweisen, ihm Urteilsmaßstäbe an die Hand zu geben; derart, daß sich sein Verhalten auf eine Variante des festgelegten Modells reduzierte.

Man weiß, daß solche kulturellen Clichés in den Vereinigten Staaten, in denen sich Moreno vor mehr als zwanzig Jahren niedergelassen hat, verwurzelt sind. Aus ihnen können Konflikte entstehen, aber mehr im Innern des Individuums selbst als zwischen ihm und etwas anderem, zum Beispiel zwischen seinen Wünschen und den herrschenden Sitten: er konfrontiert sich ständig mit dieser kollektiven Vorstellung vom Leben, die ihn von allen Seiten umschlossen hält. In diesem Zusammenhang erscheint das Gesellschaftliche als etwas Bedrückendes oder auch von jeglicher Substanz Entleertes; die gemeinsame Sprache ist dann nichts mehr als Lärm, und das Individuum ist zum Selbstgespräch verurteilt.

Wegen ihres beherrschenden Charakters überdeckt die gesellschaftliche Rolle in den zwischenmenschlichen Beziehungen jedes wirkliche Gefühl. Die Logik der Situation ist stärker als die Einzelinitiativen. »Eine Szene machen« bedeutet zum Beispiel, daß man, ohne es zu wissen, mehr gesprochen wird als spricht, mehr gespielt wird als handelt. Diese Form der Entfremdung – im Cliché, in der Rolle – sind an kulturelle Muster gebunden, deren Gefangener das Individuum nur deshalb wird, weil sie von typischen Strukturen der intersubjektiven Beziehungen getragen sind: in jedem Verhalten gibt es eine Art von Trägheit, jedes Gefühl birgt die Drohung einer Erniedrigung in sich, was dazu führt, daß sie die wohlbekannten Kreise der Autorität und der Abhängigkeit, der Frustration und des Anspruchs usw. durchlaufen.

Diese Bemerkungen führen zu einer Auffassung von der Rolle, die im Mittelpunkt der Untersuchungen Morenos steht. Die Rolle ist die Stellung, die ein gesellschaftliches oder intersubjektives System, das in seinen Formen beherrschend, aber in seiner Struktur unbewußt oder unerkannt ist, jedem seiner Angehörigen aufzwingt. Moreno erinnert an Dreiecks-Neurosen; liefert nicht ein anderes Stück Pirandellos, »Jeder auf seine Weise«, das fesselndste Beispiel dafür? Wir sehen drei Personen sich dazu verurteilen, das Bild zu übernehmen, das jeder ihrer Partner sich von ihnen gemacht hat; dadurch erhalten die Fiktionen eine solche Dichte, daß die bloße Vorstellung von einem wirklichen Ich absurd wird. Das Stück gibt in Vergrößerung ein

Beispiel für die »schlechte« Intersubjektivität. Sie ist der Triumph der Sehweise des Anderen, mit ihrem Gefolge von Tugenden (Würde, Ehrgefühl) und Unannehmlichkeiten (Scham, Wut), ein immer engeres Umstelltwerden von Spiegeln, das den Partner-Gegnern nur noch die Möglichkeit läßt, ihre Rolle und damit ihre Gegnerschaft zu verschärfen. Was uns betrifft, so würden wir den naiven und grausamen Provinzlern ähneln, die um jeden Preis den Wahnsinn lokalisieren, die Hexe entlarven wollen, während doch die menschlichen Beziehungen im Ganzen verhext sind. Moreno behauptet nach dem Beispiel des »Raisonneurs«, daß man sich, nimmt man vorbehaltlos die Perspektive eines Einzel-Subjekts an, jeden Mittels beraubt, sie zu bestreiten. Um wirksam eingreifen zu können, muß man eine neue Situation schaffen. Da die Wurzel des Übels nicht in dem Individuum, sondern in einer Beziehung liegt, muß es seine Lösung auf der ihm eigenen Ebene finden: auf der Ebene einer interpersonalen Auseinandersetzung.

Die Kranken suchen mich nicht auf, sagt Moreno, um zu erfahren, wie sie ihre Libido sublimieren könnten, sondern »um Konflikte anzugehen, in die noch andere verwickelt sind«. Der Gedanke, daß jede innere Schwierigkeit nur der Widerhall eines intersubjektiven Konfliktes ist, mußte ihn ganz natürlich dahin führen, seine Technik an Gruppen zu versuchen; das wäre das Soziodrama: das Vorgehen ist dasselbe, aber der Gegenstand ist dieses Mal eine kollektive Erfahrung, besonders die konfliktgeladene Wirkung verschiedener sozialer Gruppen aufeinander. Folgende Szene soll etwa gespielt werden: ein Negerpaar, die Cowleys, ehrenwerte und friedliebende kleine Leute, wird von einer weißen Frau, die plötzlich bei ihnen eindringt, heftig angegriffen. Später kommt die Frau zurück, entschuldigt sich und lädt die Cowleys sogar zum Essen ein. Nachdem die Szene einmal gespielt worden ist, erklären zwei andere schwarze Paare, die sich im Saal befinden, daß sie mit der Darstellung der Vorlage nicht einverstanden sind. Nachdem man sie aufgefordert hat, ihrerseits zu spielen, rollt die Szene genauso ab, wie sie die Cowleys gerade gespielt hatten. Ein solches Experiment bestätigt in hohem Maße Morenos Ideen von der Rolle und ihrem Vermögen, sich durchzusetzen. Eine verheiratete Frau zum Beispiel, die ihre persönlichsten Situationen zu dramatisieren versucht, ist erstaunt über die Leichtigkeit, mit der ein Fremder (die Hilfsperson, die die Rolle des Ehemannes spielt) Worte und Haltungen spontan wiederfindet, die sie nur sich und ihrem Mann vertraut glaubte. Am Beispiel der Schwarzen sieht man, daß sie sich genauso einschätzen und spielen, wie sie von den anderen gekennzeichnet werden: ein Triumph der kollektiven Identität, die jede »wahre« menschliche Beziehung unmöglich macht. Das Soziodrama soll nicht nur erlauben, die stereotypen Verhaltensformen zu erforschen und ihre Intensität zu messen, es will auch zugleich die Menschen von heute von den fiktiven Vorstellungen befreien, die sie sich voneinander machen; Moreno träumt von der Weiterentwicklung, die das Fernsehen seinen Methoden der Diagnose und Gruppentherapie bescheren könnte.

Mit dem Soziodrama nimmt er eine ganze Richtung der amerikanischen Soziologie wieder auf, die darum bemüht ist, die gegenwärtige soziale Lage zu untersuchen und sie in ihrem Anfangsstadium zu erfassen, bevor sie sich in Institutionen kristallisiert. Für Moreno ist es klarer als für die anderen amerikanischen Autoren, daß eine Gesellschaft die Spannungen, die sie zerreißen, mehr in dem tatsächlichen Verhalten ihrer Mitglieder verrät als in ihren förmlichen Regeln. Durch die Untersuchung begrenzter Gruppen finde man Zugang zum Stil einer Kultur und nicht nur zum ausdrücklichen Wortlaut ihrer Prinzipien und Gesetze, der mehr verberge, als er zum Ausdruck bringe; man könne aus ihr erkennen, wie das Verhalten des Einzelnen in gesellschaftliche Formen eingebettet sei und wie sich auch in den am wenigsten hierarchisierten Gruppen bereits spezifisch gesellschaftliche Phänomene manifestierten.

Ein großer Teil des Morenoschen Werkes ist nach dieser Seite hin orientiert: die kleinen Gruppen zu beobachten, mit Hilfe von Tests und Umfragen die psychologischen Wechselwirkungen, die sich in diesen Gruppen abspielen, ans Licht zu bringen und, wenn möglich, in Zahlen und Diagrammen auszudrücken (daher der Name Soziometrie); schließlich zu den Veränderungen fortzuschreiten, die das Funktionieren der Gruppe erfordert. Ein dickes Buch von Moreno unterrichtet uns ausführlich über die ehrgeizigen letzten Ziele der Soziometrie (Revolution der Menschheit), über ihre Techniken (besonders das Soziogramm, das den Status – Star, Einzelgänger – jedes einzelnen Individuums innerhalb der Gruppe fixiert), und gibt uns eine detaillierte Beschreibung der Geschichte einer »soziometrischen Revolution«, die in einem Zentrum für Umerziehung in Hudson durchgeführt wurde.[4] Die Ergebnisse sind betrüblich. Ein Beispiel wird genügen: der Auswahl-Test. Moreno fordert jede Insassin auf, ganz offen und in der Reihenfolge ihrer Neigung die Kameradinnen zu nennen, mit denen sie gern zusammen wohnen, arbeiten oder Sport treiben würde; wenn eine neue Insassin ankommt, läßt er sie mit einigen Erzieherinnen und mit einigen »Alten« zusammentreffen; alle nehmen dann an einer Befragung teil, und Moreno weist die Neue aufgrund der Antworten in den oder jenen Pavillon ein. Das nennt er dreist eine geplante soziale Aktion oder Soziatrie.

Man wird enttäuscht werden, wenn man im Vertrauen auf den französischen oder den deutschen Titel die »Grundlagen« der Soziometrie in dem Werk sucht. Der Schlüsselbegriff scheint der des sozialen Atoms zu sein, aber seine Definition ist schwach oder widersprüchlich: bald ist es einfach »ein Individuum und alle Personen, mit denen es in einem gegebenen Augenblick emotionell verbunden ist«, bald die soziale Einheit schlechthin, Mittelpunkt von Anziehungen oder Abstoßungen. Genauso wird die Gruppe hier als einfache Metapher behandelt, dort als die einzige Wirklichkeit, die beobachtet werden kann. In Wahrheit offenbart diese Unsicherheit im Denken Morenos mehr als eine Verlegenheit, nämlich die Grenzen der »psychologischen Soziologie«, die behauptet, die Dynamik eines im Entstehen begriffenen sozialen Lebens auf der Bewußtseinsebene des Einzelnen wiederzufinden. Man versteht, daß sich Moreno von der Mikrosoziologie angezogen fühlt, und begreift die Beharrlichkeit, mit der er die Komplexität der kleinen Gruppen unterstreicht. Dadurch glaubt er ihre Analogie zur globalen Gesellschaft deutlich zu machen.

---

[4] *Who shall survive?*, 1934; deutsch: *Die Grundlagen der Soziometrie*, 1954; französisch: *Fondements de la sociométrie*, 1954.

Aber muß daran erinnert werden, in welchem Maß diese Analogie oberflächlich ist? Die kleinen Gruppen sind abhängig von der Gesamtheit der Gesellschaft. Wenn Moreno die Anstalt von Hudson untersucht, betrachtet er sie – ist es Naivität, Heuchelei oder gutes Gewissen? – als eine hermetisch abgeschlossene Gesellschaft; er bringt sie weder mit der amerikanischen Ideologie noch mit dem amerikanischen Strafsystem in Verbindung; auch kein Hinweis auf Milieu, Klasse, Erziehung. Die Rassentrennung wird als eine naturgegebene Tatsache betrachtet; ebenso die Unterstützung, die die Verwaltung der Anstalt den Befragern zubilligt. Morenos scheinbar wohlwollende Haltung wird dadurch verdächtig: wenn er als Verbündeter der Verwaltung auftritt, wie wird er dann von den Gefangenen angesehen? Man ist versucht, seine Ideen auf ihn selbst anzuwenden und ihn zu fragen: Welche Rolle spielen Sie? Es ist auf jeden Fall klar, daß in den Gruppen, in denen die Spannungen noch sehr heftig sind, es einfach unmöglich wird, diese Art von Fragen zu umgehen. Wie wird Moreno in einer Fabrikhalle empfangen? Spürt er die »Rädelsführer« durch das Soziogramm auf? Behandelt er die Widerspenstigen in einigen erbaulichen psychodramatischen Sitzungen? Wir wissen es nicht. Aber kein Wort seiner Theorie schließt aus, daß sich die Dinge so abspielen. Wenn die Soziologie sich schon militant gibt, so soll sie wenigstens sagen, für wen sie kämpft. In der Tat geschieht es weder aus methodischen Gründen noch aus einer ergreifenden wissenschaftlichen Demut heraus, daß sich Moreno auf das Studium und die Modifikation begrenzt großer Gruppen beschränkt. Daß sie keine Geschichte, keinen wirklichen Raum haben (sie werden einfach vor uns hingestellt), kümmert Moreno kaum; das Interessante an den kleinen Gruppen ist in seinen Augen vor allem, daß sie der Initiative des Einzelnen unterliegen; der Appell an die Verantwortlichkeit, an die Zusammenarbeit hat hier die Chance, ein Echo zu finden. Auf diese Weise glaubt er den großen revolutionären Mythos exorzisiert zu haben. Es würde genügen, die Zahl der Soziater zu vermehren, sie überall dahin zu schicken, wo Spannungen bestehen, mitsamt ihrer Mannschaft, ihren Fragebögen, ihren graphischen Darstellungen und manchmal, in schwierigen Fällen, einem fliegenden therapeutischen Theater, um endlich den Traum zu

realisieren: »ein soziales System, dem alle Individuen spontan beitreten können«. Es gibt nicht ein Proletariat, sagt Moreno, der Marx gelesen haben muß, wie er Freud gelesen hat, d. h. indem er vor allem Moreno, den Schöpfer aus sich heraus, gehört hat, es gibt unzählige Proletariate: nämlich alle jene, welche die Frustrierten, die Unzufriedenen, die seelisch Kranken bilden. Nicht eine Revolution, sondern Millionen von Revolutionen müssen gemacht werden. Es sieht aus, als wollte ich karikieren. Aber man möge nur das letzte Kapitel von *Who shall survive?* durchlesen. Man wird dort erfahren, daß das zahlreichste Proletariat der Welt aus all den Kindern besteht, denen es nicht gelungen ist, geboren zu werden, daß das Heil unserer unglücklichen Zivilisation einen kollektiven Selbstmord nach fünfunddreißig Jahren fordert, daß uns das Soziodrama, hätte es sich in Europa ausbreiten können, den Faschismus erspart hätte, und daß der große Irrtum von Marx in seiner Unkenntnis der soziometrischen Begriffe besteht. Unbestreitbar hat dieser Mann etwas vom Père Ubu. Wie sollte man nicht versucht sein, ihn einfach stehen zu lassen, ihn und seine ganzen Faxen?
Man hätte unrecht. Zunächst ist das Psychodrama eine interessante Technik, die, so scheint es, Moreno nicht in allen ihren Möglichkeiten erschöpft hat, wie die von ihm gegebenen Beispiele zeigen[5]. Und dann noch etwas anderes: In seinem Werk spiegelt sich, naiv vergrößert, die Mehrzahl der Hauptschwierigkeiten der zeitgenössischen Soziologie wider, die, seit sie auf Durkheims Objektivismus verzichtet hat, unfähig ist, ihr Objekt fest in den Griff zu bekommen. Man kann in Moreno ein schlagendes Beispiel für eine Methode finden, die das Soziale in abstrakte psychologische Mechanismen auflöst, in denen sie die geheimen Triebfedern jeden gemeinschaftlichen Lebens aufzudecken glaubt (Moreno behauptet, »die gesellschaftlichen Prozesse in ihrer Tiefe zu durchdringen«), und die in der Folge versucht, es in einfache mathematische Formeln zu bringen und es sich dadurch objektiv

---

[5] Dieser Aufsatz ist 1954 geschrieben worden. Seither haben zahlreiche Arbeiten gezeigt, wie das Psychodrama von den Freudschen Psychoanalytikern verstanden und benutzt werden kann. Vgl. vor allem D. Anzieu, *Le psychodrame analytique chez l'enfant*, Paris 1957, und S. Lebovivi – R. Diatkine – E. Kestemberg, »Bilan de dix ans de pratique psychodramatique chez l'enfant et l'adolescent«, in *La Psychiatrie de l'enfant*, Band I, Paris 1958.

wieder anzueignen. Dieser Rausch angesichts der Quantität, diese wahrhaft grenzenlose Inflation von Begriffen – und ihre Unfähigkeit, von der Untrennbarkeit von Individuum und Gesellschaft, die man einfach behauptet, Rechenschaft zu geben –, diese Dürftigkeit der Ergebnisse, dieses schlecht beherrschte Verlangen, in die Praxis einzugreifen – alles das, wie es in Morenos Werk klar zu sehen ist, könnte, nach der Meinung ihrer Verächter, recht gut den Zustand der heutigen Soziologie definieren.

Die Gruppentechniken: Von der Ideologie zu den Phänomenen

Man mag die schon erdrückende Literatur zur Gruppendynamik oder zu jeder anderen »Aktionsforschung *(action research)* über das Leben kleiner Gruppen ansehen, man mag Spezialisten verschiedener Schulen diskutieren hören, man mag endlich an Gruppenexperimenten mit anscheinend ganz verschiedenen Zielen teilnehmen (Diskussionsgruppen, Diagnosegruppen, Psychotherapiegruppen), es ist frappierend, wenigstens einen gemeinsamen Zug bei ihnen allen zu finden: die ständig auftretende Vermischung der beobachteten oder interpretierten Gegebenheiten mit der Ideologie, d. h. mit einer bestimmten Gesamtheit von Werten und Vorstellungen. Diese Verwirrung und gegenseitige Durchdringung ist so tief, daß man schlecht sieht, was an Fakten übrigbleiben könnte, wenn man die Ideologie auch nur im geringsten ausklammerte.

Läßt eine solche Bemerkung nicht die Unkenntnis der Bedingungen erkennen, unter denen sich jede sozialpsychologische Untersuchung notwendigerweise abspielen muß? Es gebe nämlich niemals eine absolut unparteiische Beobachtung. Jede Untersuchung über Gruppen, wenn sie wirklich eine Untersuchung ist, d. h. mehr als eine Datensammlung, schließe notwendigerweise eine Idee von ihrem Funktionieren, eine wenigstens annähernde Vorstellung davon ein, was ihre Ziele sein sollen. Man würde uns sogar zweifellos zugestehen, daß schon das Projekt einer methodischen Analyse kleiner Gruppen eine Vorstellung von der Gesellschaft im Ganzen und ihren grundlegenden Antrieben voraussetzt, die als regulativer Begriff fungiert.

Nichtsdestoweniger darf man diese allgemeinen und konfusen Wahrheiten nicht zum Vorwand nehmen, alles zu rechtfertigen, zum Beispiel normative Prämissen unter dem Deckmantel einer Arbeitshypothese, oder die Ideologie einer sozialen Gruppe, indem man sich auf die Notwendigkeit einer Begriffsbildung beruft, sofern man nicht bei einem chaotischen Empirismus stehen bleiben will; andernfalls – und das geschieht oft –

würde man für »wissenschaftlich« erwiesene Fakten halten, was unter den Bedingungen der theoretischen und technischen Abhängigkeit, unter denen man arbeitet, nur Artefakt sein kann: man sieht da einen Beweis, wo nur Übernahme einer Ideologie vorliegt.

Anstatt die Gefahr einer solchen Vermischung anzuerkennen, bemäntelt man sie und weist immer wieder nachsichtig darauf hin, daß Theorie und Praxis untrennbar sind, oder man greift auf den Begriff des Modells zurück, der die Tendenz hat, sich in jedem Zusammenhang brauchen zu lassen. Aber ein Autor, der des Empirismus kaum verdächtig ist und nicht nur die Bequemlichkeit, sondern auch die Fruchtbarkeit begrifflicher Modelle zu zeigen verstanden hat, hat kürzlich diese methodologischen Grundregeln erneut formuliert: »Auf der Ebene der Beobachtung lautet die Hauptregel – man möchte sogar sagen die einzige –, daß alle Tatsachen genau beobachtet und beschrieben werden müssen, ohne daß den theoretischen Vorurteilen gestattet wird, Natur und Bedeutung zu verändern ... Die bewußten Modelle – die man allgemein ›Normen‹ nennt – (zählen) zu den armseligsten, die es gibt, wegen ihrer Funktion, die mehr darin besteht, den Glaubensinhalten und Bräuchen zur Dauer zu verhelfen, als ihre Quellgründe freizulegen.«[1]

Wie, wenn diese Funktion der Normen sich gerade da auswirkte, wo man bei der Untersuchung der kleinen Gruppen lediglich zu *beobachten* glaubt? Hängt vielleicht, auch wenn man versichert, sich nur auf ein System von Definitionen zu stützen, das die Ergründung der Phänomene erleichtern soll, die Analyse des »Lebens« der Gruppen in Wahrheit von Vorstellungen und Werten ab, die sich ihrerseits der Analyse entziehen und sich so selbstverständlich geben, daß sie nicht einmal immer formuliert werden? In diesem Fall setzte man sich völlig der Kritik aus, die häufig gegen die zeitgenössische Sozialpsychologie gerichtet wird: wenn sie Interesse beanspruchen kann, dann nur ein abgeleitetes, nämlich als verschleierter Ausdruck der Gesellschaft, aus der sie hervorgeht, als sekundäres Produkt, das, weit davon entfernt, uns die brauchbare Analyse einer bestimmten Ebene der gesellschaftlichen Beziehungen zu liefern, seinerseits als eines

1 Claude Lévi-Strauss, *Strukturale Anthropologie*, Frankfurt 1967, S. 303f.

der Elemente des sozialen Mythos, des unglücklichen Versuches einer Gesellschaft, sich für sich selbst in ihrer Ganzheit darzustellen, interpretiert werden muß.

Eine Kritik, die umso unangenehmer ist, als die Untersuchungen der Sozialpsychologie grundsätzlich den Zweck haben, die zwischenmenschlichen Beziehungen ans Licht zu bringen, wie sie sich jenseits der offiziellen Darstellungen abspielen, die sie entstellen (wie es jedem bei den »großen Gelegenheiten«, den leuchtenden Höhepunkten des sozialen Lebens klar wird). Da die Psychosoziologie mit kleinen Gruppen arbeitet, könnte sie enthüllen, wie das Soziale in der Wirklichkeit des Lebens aussieht, und indem sie in gewissem Maße experimentierend vorgeht, könnte sie gewisse Determinanten dieses Lebens analysieren – ohne deswegen ein Urteil über die »Natur« des Sozialen zu präjudizieren, was Aufgabe der allgemeinen Soziologie ist.[2] Diese Orientierung, die letztlich darauf abzielt, den Abstand zwischen dem Offiziellen und dem Offiziösen zu reduzieren, und also dazu führen könnte, die Bilderbuchwelt der bloß formalen Beziehungen und Strukturen in Frage zu stellen, wird ihr nur dann als Verdienst angerechnet werden können, wenn es ihr gelingt, zunächst den Vorwurf des Artifiziellen zu entkräften.

Dieser Vorwurf ließe sich so formulieren: die beobachteten Mechanismen sind vollkommen abhängig von der Situation, in der

---

2 Wir haben nicht vor, hier die Kritik an der Analyse der kleinen Gruppen wiederaufzunehmen, wie sie im Hinblick auf die Forderungen der Soziologie vorgebracht worden ist. Wir verweisen den Leser auf einen Aufsatz von F. Bourricaud, wo es vor allem heißt: »Bei der Untersuchung der kleinen Gruppe ohne Vergangenheit, ohne festen geographischen Ort läuft man Gefahr, nur noch auf abstrakte, oberflächliche psychologische Mechanismen zurückzugreifen, die Stereotypen zutage zu fördern, und sich die räumliche Tiefe, die zeitliche Breite der sozialen Wirklichkeit entgehen zu lassen.« (»L'analyse microscopique dans la sociologie américaine contemporaine«) in *Cahiers internationaux de sociologie*, 1952, Nr. 13)

Man macht unbestreitbar einen schlechten Gebrauch von der Sozialpsychologie, wenn man das soziale Leben auf Psychologie *reduziert*. Aber unsere Absicht ist nicht, das hier noch einmal darzulegen. Denn wie man bemerkt hat, »hängt die Mystifikation nicht an dem Prinzip einer Sozialpsychologie als solchem«. Wir meinen deshalb, daß man sich zunächst über die ideologischen, theoretischen und technischen Voraussetzungen der Gruppenexperimente klarwerden sollte – eine immer notwendige Klärung bei jeder Untersuchung, bei der der Beobachter mit seinem persönlichen, politischen und sozialen Gesichtskreis so offensichtlich mit der Beobachtung verbunden ist.

sie erscheinen. Nun ist aber diese Situation künstlich geschaffen. Nimmt man das Beispiel der *Training group* (Diagnosegruppe), so wird man sich fragen, welchen Wert wohl eine »Diagnose« haben kann, die sich auf ein Amalgam von Personen stützt, die für wenige Stunden zusammengekommen sind, die keine gemeinsame Aufgabe, keine gemeinsame Vergangenheit und Zukunft haben, höchstens eine mehr oder weniger kärgliche Orientierung über ihr Funktionieren »als Gruppe«, wobei die Motive der Teilnehmer wie die des Leiters und der Beobachter unklar bleiben? Gewiß kann man immer, besonders wenn man sich wie auf ein Geländer auf die Begriffe stützt, die die Gruppendynamik einem zur Verfügung stellt, ohne Widerspruch fürchten zu müssen eine bestimmte Abfolge von Handlungen, einen bestimmten Prozeß, eine bestimmte Beziehung innerhalb der Gruppe diagnostizieren. Aber das wären alles Interpretationen, die sich keinesfalls übertragen lassen und immer an das Beziehungssystem gebunden bleiben, das sie erst ermöglicht. Das Experiment wäre in sich geschlossen – am Ende würde man nur das vorfinden, was man am Anfang hineingelegt hat –, und die Realität wäre endgültig ausgeklammert. Tatsächlich lassen die Praktiker der Gruppentechniken oft an die Anfänger im Judo denken, die gut sind, wenn sie es mit einem Partner zu tun haben, der auf sie eingeht, die aber bei dem, der das Spiel nicht mitspielt, machtlos sind.

Eine solche Kritik, in so massiver Form vorgetragen, scheint schwer zu widerlegen.[3] Aber tatsächlich schließt sie mehrere Einwände ein, die nicht alle akzeptabel sind. Eliminieren wir zunächst den Einwand des Artifiziellen in seiner Allgemeinheit. Ganz wörtlich genommen würde er jede methodische Annäherung und *a fortiori* jede Analyse unmöglich machen. Daniel Lagache hat das am Beispiel der Psychoanalyse gezeigt.[4] Nur muß gleich hinzugefügt werden, daß man ihn nicht zurückweisen

---

3 Es sei denn, die Gesellschaft im Ganzen »spielte mit«, d. h. sie formte die Beziehungen, die sich in ihr entfalten, nach denselben Begriffen und denselben Normen. Aber selbst das würde die »Ergebnisse« der Psychologie der kleinen Gruppen nicht bestätigen; höchstens bewiese es den Drang nach einer zusammenhängenden Mythologie.

4 D. Lagache, »Les artifices de la psychanalyse«, *Études philosophiques*, 1956, Nr. 4

kann, ohne sich *ipso facto* einer bestimmten Anzahl von Forderungen zu unterwerfen, deren erste es ist, daß man nie aus den Augen verlieren darf, was man gerade festzusetzen im Begriff ist. Der Rückgriff auf die Sprache des Experimentalismus darf hier nicht als Vorwand für den Forscher dienen, sich bei seinem Tun in Sicherheit zu wiegen. Indem man versichert, daß man seine variablen Größen kontrolliert, überzeugt man sich ohne viel Mühe vom wissenschaftlichen Wert der eigenen Arbeit, vernachlässigt aber die Gesamtheit des nicht »Kontrollierten«, die wir Ideologie genannt haben und die jede Untersuchung über die kleinen Gruppen beeinflußt. Es handelt sich ja nicht darum, einzuwenden: »die Diagnosegruppen existieren nicht in der Natur«, also sind alle Schlüsse, die man aus ihnen ziehen will, von vornherein mit Nichtigkeit geschlagen – sondern man muß die Frage stellen: Was tut man, wenn man solche Gruppen bildet? Dann erst kann man sich über Techniken unterhalten. Man vergleicht gelegentlich, was die Beziehung zwischen den begrifflichen Modellen anlangt, die Gruppentechniken und die psychoanalytische Technik; das mag man tun, aber nur unter der Bedingung, daß man nicht vergißt, daß es die Erfahrung war, die Freud Fragen gestellt hat und den Analytikern immer weiter stellt, eine in höchstem Maße verwirrende, offene und problematische Erfahrung; daher die Verschiedenheit der Modelle, sogar der Metaphern Freuds, deren provisorischer, veränderlicher und nur fragmentarischer Charakter uns immer wieder in Erinnerung gebracht wird. Es hängt immer von uns ab, ob das Wissen ein Wegweiser ist, oder ob es sich zwischen uns und die Phänomene stellt.

Es wäre also zunächst von Nutzen, offen darzulegen, woran sich das »Wissen« über die kleinen Gruppen orientiert hat. Wir wollen uns hier auf schematische Hinweise beschränken.

Man könnte zunächst im makroskopischen Maßstab eine bestimmte Anzahl von Determinanten unterscheiden:

a) Diejenigen, die von der Ausrichtung der Gesamtheit der Wissenschaften vom Menschen abhängen; in Anlehnung an das Modell einer Biologie, die als eine »allgemeine Theorie der Beziehungen zwischen den Organismen und der Umwelt« (Canguilhelm) verstanden wird, gelangen sie dazu, die Kom-

munikation des Menschen mit einer spezifischen Umgebung zum Gegenstand zu nehmen.
b) Soziologische Gesichtspunkte im eigentlichen Sinn: die Untersuchung, jenseits der förmlichen, fest konstituierten Einrichtungen, von sozialen Beziehungen, die im Entstehen begriffen und selbst schöpferisch sind. Die Verlängerung ins Ideologische ist hier offensichtlich, ohne deswegen logisch impliziert zu sein: im Kontrast zu einer unpersönlichen, unterdrückenden gesellschaftlichen Organisation gäbe die kleine Gruppe das Beispiel einer plastischen Einheit mit einem sehr hohen Teilnahmeindex; am Horizont zeigte sich die Hoffnung, in der Anpassung der Menschen an die kleinen Gruppen, denen sie angehören, die sozialen Konflikte sich auflösen zu sehen.[5]
c) Was mit der Entwicklung der Psychologie zusammenhängt: die Betrachtung der interpersonalen Phänomene führt dahin, das Individuum nicht mehr als absoluten Monarchen erscheinen zu lassen, sondern als Glied einer Beziehung, als Relais eines Netzes, als den Ort und Moment eines Prozesses.
d) Motive ökonomischer Art: die Entwicklung der industriellen Organisation fordert dazu auf, die »menschlichen Faktoren« zu betrachten, den Geist des Befehls zu verändern, die Hierarchie zu reorganisieren, das Betriebsklima zu prüfen usw.[6] Um solche Ziele zu erreichen, dienen die kleinen Gruppen zugleich als Material zum Experimentieren und als normativer Bezugspunkt.
e) Ideologische Motive im eigentlichen Sinn: Prävalenz der Demokratie, oder wenigstens einer Auffassung von Demokratie, die sie auf die freie Diskussion beschränkt; man setzt Einigkeit über die Institutionen voraus und beabsichtigt nur noch, die Verhaltensweisen zu verändern, um die Zusammenarbeit zu erleichtern.[7]

[5] Vgl. zu diesem Abschnitt den zitierten Aufsatz von F. Bourricaud
[6] Vgl. beispielsweise das Werk von Norman Maier, *Principes des relations humaines*. Über die »reaktionäre« Anwendung der Sozialpsychologie in den Betrieben, vgl. M. Crozier, »Human engineering«, in *Les Temps Modernes*, 69.
[7] Oder wie es die Gestalttheorie ausdrückt: »Die Demokratie ist eine gute Form: negativ, indem sie die Spannungen auf ein Minimum herabsetzt, posi-

Eine Diskussion über die Psychologie der kleinen Gruppen auf diesem Niveau von Allgemeinheit zu beginnen, heißt sich dazu verurteilen, große ideologische oder Lehrgebäude einander gegenüberzustellen. Es hätte mehr Sinn, sie auf dem Niveau der tatsächlich gebrauchten Begriffe zu führen.
Zunächst der Begriff der Gruppe. Daraus, daß es feststellbare Gruppenphänomene, *Gruppenwirkungen* gibt (was nicht bedeutet, daß sie mit Genauigkeit gekennzeichnet, noch weniger, daß ihre Beschreibung und ihre Analyse sehr weit getrieben worden wären – wir sind hinter der Ethologie zurück), leitet man die Vorstellung ab, daß die Gruppe eine Individualität ist. Erinnern wir uns unserer ersten Schritte, jener Qual, vom »Klima der Gruppe«, von »Zielen der Gruppe«, von ihrem Fortschreiten, von der Sackgasse, in die *sie* gerät, von der Führerschaft, die *sie* ablehnt, wie von tatsächlichen Gegebenheiten sprechen zu hören. Das sind alles Metaphern, wird man sagen, und es wäre naiv, sie wörtlich zu nehmen; und dann wird der Anthropomorphismus, ja Mystizismus verurteilt, dessen gewisse Autoren, allzu eifrige Anhänger der Gruppentheorie, sich schuldig machen sollen. Tatsache ist, daß man, zunächst von dieser ständigen Bezugnahme auf die Gruppe als auf ein großes Gespenst verwirrt, schnell dazu kommt, dieses Gespenst Fleisch und Blut annehmen zu lassen, seine Ortsveränderungen, seine Konsistenz, seine Verwandlungen zu erkennen; und es kommt die Zeit, so wird man ermuntert, da man nicht mehr Individuum, sondern Gruppe denkt. Aber ist man wirklich auf eine neue Dimension der Existenz gestoßen, hat wirklich eine *Lehre* oder Instruktion stattgefunden? Hat man nicht mit den Prämissen zugleich die Schlußfolgerung übernommen? Liegt nicht darin die ganze »Entdeckung«?
Es muß sofort gesagt werden, daß diese Fragen nicht von einem zähen Individualismus herrühren, der durch die anscheinend unbegrenzte Fähigkeit gewisser Leute, das Wort Gruppe auszu-

---

tiv, indem sie den Standpunkten der verschiedenen Individuen ein Verfahren bietet, sich zu integrieren und zusammenzufügen«, schreibt F. Bourricaud bei der Besprechung des berühmten Experiments von Lippitt und White und der sogenannten Methode der menschlichen Beziehungen, wie sie mit beunruhigendem Vertrauen in dem Werk von N. Maier zum Ausdruck kommt (in *Cahiers internationaux de sociologie* 19, 1955).

sprechen, gereizt ist ... Genauso wenig handelt es sich darum, einen Begriff einem anderen entgegenzustellen[8], vielmehr darum, ein Mißverständnis zu zerstreuen. Die Psychosoziologie der Gruppe sieht die Gruppe ursprünglich ausgestattet mit den symbolischen Werten und den Arbeitswerten, die ihr tatsächlich erst zukommen, wenn sie nicht als Absolutes fungiert. Aber was ist es eigentlich, das die Existenz einer menschlichen Gruppe garantiert? Ihre institutionelle Funktion, ihr Platz in einem symbolischen Universum. Ein Verwaltungsrat, bevor er eine Gruppe von Menschen ist, die diskutieren, ist ein Verwaltungsrat, eine Art von Institution, die für sich allein schon eine ganze Konzeption von den sozialen Beziehungen, von der Verteilung der Macht und vom Funktionieren der Unternehmen voraussetzt. Die Psychosoziologie (aber zweifellos muß man hier weniger einem Entwurf als vielmehr den geistigen Gewohnheiten die Schuld geben) hätte die Tendenz, diese offenbaren Tatsachen zu vergessen und sich zum Beispiel die Gesamtheit der kleinen menschlichen Gruppen nach dem Modell solcher provisorischen Einheiten vorzustellen, wie sie einzelne Individuen bilden, die für begrenzte Zeit durch eine gemeinsame Aufgabe oder Gefahr miteinander verbunden sind: Patrouille auf verlorenem Posten, zwölf Männer in Wut, Forschungsreisende bei ihrer Arbeit ... Man hat oft gewissen amerikanischen Autoren vorgeworfen, in ihren Berichten über Experimente nicht deutlich zwischen »künstlich« eingerichteten und »natürlichen« kleinen Gruppen zu unterscheiden. Aber weniger ein Mangel an methodischer Strenge ist hier zu tadeln als vielmehr ein Postulat: daß nämlich das Strukturgesetz einer Gruppe dieser immanent sei. Sie könnte immer in sich selbst (in ihrem Typ des Leadership, in den

---

8 »Man hat vielleicht nicht genügend bemerkt, daß die Etymologie des Worts aus dem Begriff Individuum eine Negation macht. Das Individuum ist ein Sein an der Grenze zum Nicht-Sein, indem es etwas ist, das nicht weiter zerlegt werden darf, ohne seine eigenen Merkmale einzubüßen. Es ist ein Minimum an Sein. Aber kein Sein an sich ist ein Minimum. Das Individuum setzt notwendig in sich seine Beziehung zu einem größeren Sein voraus, es verlangt nach einem Hintergrund von Kontinuität, auf dem seine Kontinuität sich abhebt.« (G. Canguilhem, »La théorie cellulaire«, in *La Connaissance de la vie*). Die Vorherrschaft des biologischen Modells – als Norm, wenn nicht sogar als Begriffsapparat – bei den Untersuchungen über die kleinen Gruppen scheint uns unbestreitbar.

Beziehungen ihrer Mitglieder untereinander, usw.) die Ursachen ihres schlechten Funktionierens, und in der Auflösung ihrer Spannungen die notwendige und ausreichende Bedingung ihrer Vorwärtsentwicklung finden. So in ihrer absoluten Existenz und nicht in ihrer Abhängigkeit von dem sozialen Ganzen betrachtet, sorgt die Gruppe für regulative Verbindungen, die die Zusammenarbeit garantieren. Man wiederholt also in aller Gelassenheit, daß die Diagnosegruppen nichts anderes tun, als lediglich die unterschwelligen Mechanismen des Lebens aller Gruppen zu »vergrößern«, »rein herauszuarbeiten«.

Man kann sich auch wundern über das ständige Hinübergleiten von »technischen Problemen, die im Hinblick auf feste Kriterien nur eine einzige Lösung zulassen« (»die Aufgabe des Führers besteht in diesem Fall darin, eine Entscheidung zu rechtfertigen und durchzusetzen, die sich auf andere Kriterien als die Übereinstimmung der Betroffenen stützt und damit legitimiert«[9]), zu anderen Situationen, in denen die Übereinstimmung ihrerseits das Problem darstellt. Dieses Hinübergleiten ist bedeutungsvoll: man tut so, als ob in jedem Fall die Teilnehmer eine homogene Gesellschaft bildeten und nichts mehr zu tun wäre, als Mißverständnisse zu zerstreuen, Risse in einem normalerweise gleichmäßig gewebten Stoff zu flicken, erstarrte oder unangemessene Rollen abzuändern. An sich wären die Bedingungen für eine vollständige Kommunikation schon jetzt erfüllt, und um ihnen tatsächlich zu entsprechen, genügte es, die eingebildeten Hindernisse abzubauen, die einen natürlichen Prozeß blockieren, verzögern oder verwirren. Daher rührt in der Psychosoziologie die ständige Versuchung, die soziale Dynamik auf die Unsicherheitsfaktoren des Gemeinschaftslebens zurückzuführen. Die Gruppe, wenn sie als einziges Bezugssystem genommen wird, entzieht sich prinzipiell jeder Problematik, jedem Zweifel.

So sieht man die Gruppenexperimente zwischen einem nur auf Verfeinerung bedachten Soziotechnizismus und einem erbaulichen Biologismus hin- und herschwanken, der in der Geschichte nichts als eine immanente Finalität sucht, nichts als die Verwirklichung, in der Reihenfolge des Auftretens der verschiedenen Verhaltens-

---

9 F. Bourricaud, »La démocratie dans les petits groupes«, in *Cahiers internat. sociol.* 19, 1955

weisen, eines Entwicklungs»plans«. Der Begriff der Gruppe, deren sichtbarer Repräsentant der Leiter ist, wirkt als »Idee«, als praktische Aufgabe (in diesem Sinn kann man innerhalb der *Training group* eine Ur-Gruppe sehen: außerhalb jeder Tagesordnung steht die Gruppe selbst auf der Tagesordnung); sie wird sich fortschreitend *verwirklichen* und aus den verschiedenen Anreizen, die sich bieten, die Auswahl derjenigen fordern, die den Forderungen ihrer tatsächlichen Verwirklichung entsprechen.[10]

Indes, wo hört die Ideologie auf, wo beginnt das Experiment? Wie könnte man sich hinter der »Technik« verschanzen, wenn die Technik in ihrer Entwicklung und ihren Methoden, in ihren Formeln und der Formulierung ihrer Anhänger von der Ideologie bestimmt ist? Wohlgefällig hebt man gelegentlich die Vielzahl der Richtungen in der Psychosoziologie der Gruppen (Lewinsche, soziometrische, psychoanalytisch inspirierte, usw.) hervor. Aber die Verschiedenheit der Ansätze und Begriffe ist nur dann positiv, wenn sie die Schwierigkeit der Betrachter ausdrückt, von komplexen und verwirrenden Erscheinungen Rechenschaft zu geben; andernfalls spiegelt sie lediglich die Vorliebe wider, die jeder Einzelne für ein bestimmtes Begriffswerkzeug, für ein bestimmtes Vokabular haben mag. Nun besteht zwischen den verschiedenen Gruppentechniken eine bemerkenswerte Übereinstimmung hinsichtlich der Funktion der Gruppe, der Rolle des Leiters, der Vorstellung, die man sich von den ablaufenden Prozessen macht, und des Gewinns, den man sich davon verspricht. Jenseits der terminologischen Differenzen, die übrigens die Tendenz zeigen, mit der Ausbreitung des psychoanalytischen Vokabulars (einem Unglück unserer Zeit) zurückzugehen, bleibt die Teleologie dieselbe.

---

10 Wie sollte man darin nicht ein Wiederaufleben, mit schärferer begrifflicher Unterscheidung, des organizistischen Gesellschaftsbegriffs sehen, den J. Vuillemin folgendermaßen zusammenfaßt: »Die Gesellschaft ist definiert durch die Gesamtheit der Kräfte der Kohäsion, der Stabilität und der Regulierung, die der menschlichen Natur das Siegel des Organischen aufdrücken, während das psychologische Individuum der Schauplatz der Kräfte der Auflösung und der Regellosigkeit wird, die sich den ersteren Kräften entgegenstellen und die es zu versittlichen gilt, indem man sie sozialisiert.« (*L'être et le travail*, Paris 1949, S. 114)

Man kann sich davon überzeugen, wenn man die am weitesten verbreiteten Auffassungen von der Gruppenpsychotherapie betrachtet, wie sie in den einschlägigen Veröffentlichungen[11] dargestellt werden, und wie wir sie bei einem neuen Experiment, dem wir beiwohnen konnten, angewandt sahen. Das Beispiel ist insofern interessant, als es das, was in anderen Gruppentechniken implizit bleibt, herausarbeitet; es läßt Züge klar hervortreten, die anderswo verschwommen bleiben.[12]

Was zunächst an solchen Auffassungen erstaunt, ist die Beharrlichkeit, mit der der Psychotherapeut die Aufmerksamkeit der Teilnehmer immer wieder auf die Gruppe lenkt; die Gruppe als Einheit ist es, die diese Entscheidung trifft, an dieses Thema herangeht, diesen Mißerfolg hat. Sie ist als Ganzes von allem, was sich »hier und jetzt« ereignet, betroffen. Daher ist die Scheidung zwischen dem (oder den) Therapeuten und den Kranken aufs äußerste reduziert, da ja jeder seine »Probleme« und seine »Bedürfnisse« habe; das geschieht in einer Weise, die dem Außenstehenden oft recht heuchlerisch erscheint. Man vernachlässigt nichts – wohlwollendes Lächeln, Eingeständnis der eigenen *feelings*, usw. –, um die »gesellschaftliche Integration«, in der man die Bedingung für die »personale Integration« sieht, zu erleichtern, um den *social hunger* zu stillen, den Slavson als konstitutiv für das menschliche Individuum ansieht; indem man den Ausdruck des Verlangens, von der Gruppe akzeptiert zu werden, begünstigt und ihm Befriedigung gewährt, gibt man den Kranken Sicherheit und nimmt ihnen Schuldgefühle. Nach dem Nutzen befragt, den sie aus einer therapeutischen Gruppe gezogen haben, heben sie besonders die Verminderung ihres Einsamkeits- und Schuldgefühls hervor, die Verbesserung ihres *insight* in sich und den anderen, das Akzeptieren ihrer Probleme: »wir sitzen alle im selben Boot«, sagen sie. Das erste Ergebnis des Gruppenexperimentes wäre also, dieses Gefühl herbeizuführen.

Was den Therapeuten – den Leader – betrifft, so ist er ein

---

11 Z. B. im *International Journal of Group Psychotherapy* (USA)
12 Wir wollen klarstellen, daß wir hier die Gruppen-Psychotherapie nur erwähnen, um in aller Kürze einen ideologischen Gesichtskreis herauszuarbeiten. Es geht also nicht darum, ihr Prinzip zu kritisieren, oder gar darum, ihre Resultate zu beurteilen.

Prinzip der Stabilität, der Beständigkeit, die Gestalt gewordene »gute Form« (oder das starke Ich), das physische Zeichen dafür, daß es sich hier nicht um eine Ansammlung voneinander getrennter und in sich selbst gespaltener Individuen handelt, sondern um eine Einheit, die sich in seiner Person schon inkarniert hat. Von vornherein zeigt er an, daß ein Individuum eine *Untergruppe* ist, also integriert werden muß. Er stellt die Zukunft und die Norm der Mitglieder der Gruppe dar. Er ist nur ein Delegierter, und er wird – in dem Maße, wie sich die Gruppe aktualisiert – der Gruppe selbst das Feld überlassen: statt »leader-centered« wird die Therapie »group-centered«, und am Schluß ist der Therapeut nur noch ein Ich in einer Republik von Ichs.[13]

Ein Autor hat nicht ohne Mut ein Verzeichnis der Verfahren aufgestellt, die einen solchen Vorgang unterstützen sollen.[14] Zum Beispiel: mit Hilfe von Worten und Gesichtsausdruck Sympathie zeigen, die Vornamen benutzen, dazu ermutigen, Widerstände gegen die Diskussion persönlicher Probleme in der Gruppe zum Ausdruck zu bringen, der Gruppe helfen, sich ein gemeinsames Problem zu suchen, die Diskussion im wesentlichen auf der Ebene des Emotionalen halten, die Zerstreuung verhindern, Versuche des Leadership begünstigen, usw. Im Detail der Vorschriften läßt sich die Intention am besten fassen.

Ein anderer Autor – aber hundert von ihnen lesen, heißt im Grunde nur einen einzigen lesen – resümiert die Rolle des Therapeuten folgendermaßen: er gibt der Gruppe das Gefühl, ihr beschützender Verwandter zu sein; er paraphrasiert mehr, was die Patienten sagen, als daß er es interpretierte (die »client-centered therapy« von Rogers: annehmen, was der Patient sagt; noch einmal darlegen, was er gesagt hat; klären, was er empfindet); er vollzieht die Integration der Gruppe, indem er zu

---

13 Es wird nicht erstaunen, daß diese Auffassung auf die erbaulichste Pädagogik hinausläuft. Nehmen wir ein Beispiel: »Die Art und Weise, in der der Therapeut den Situationen in der Gruppe begegnet, dient den Patienten als Beispiel. Seine ruhige Art und sein sicheres Auftreten bilden einen lebendigen Beweis für die Kraft seines Ich und seiner Objektivität.« (S. R. Slavson, »A Contribution to a Systematic Theory of Group Psychotherapy«, in *Internat. Journal of Group Psychotherapy* 4, Nr. 1, 1954).

14 D.-W. Baruch, »Description of a Project in Group Therapy«, in *Journal of Consulting Psychology*, 1945. Es lohnt sich, diese Liste ganz und in der Originalsprache durchzulesen.

Analogien greift, die es erlauben, die Sitzungen miteinander zu verbinden; er hat einen Strukturplan des Wachstums der Gruppe im Kopf (daher hebt er die Phasen ihres Verhaltens hervor); schließlich bleibt seine Haltung immer geschmeidig und tolerant: er nimmt die realitätsfernen Bedürfnisse und feindlichen Gefühle der Patienten in der Weise auf, daß er sie »mit ihrer eigenen Unreife und ihrer Furcht vor einer Selbstzerstörung als Individuum« konfrontiert.[15] Die Gruppenpsychotherapie ist Psychotherapie durch die Gruppe. Ursprünglich wurde der Ausschluß aus dem Gesellschaftsverband als eine Krankheit betrachtet, als eine Züchtigung, die in die Gesamtheit der Gesellschaft eine Störung des Gleichgewichts trug, das der Schamane mit seinen Riten wiederherzustellen hatte. Hier, im Innern einer kleinen, aber ausdrücklich als die wirkliche Gesellschaft präfigurierend definierten Gruppe, wird der Patient aufgefordert, seine nicht oder schlecht determinierten Zustände zu überwinden und zu strukturieren.[16] Die Gruppe ist der einzige Träger der Therapie, der Therapeut spiegelt lediglich die Veränderungen ihrer Struktur wider und verkörpert ihre Finalität.

Man lese hiernach noch einmal Freuds Analyse der Gruppenphänomene (in *Massenpsychologie und Ich-Analyse*, 1921). Man weiß – und das ist das einzige Element, mit dem wir uns hier beschäftigen wollen –, daß Freud über den (im 3. Kapitel ausdrücklich formulierten) Einwand hinweggeht, nach dem die Menge, eine künstliche, provisorische, unorganisierte Masse, nicht als ein brauchbares Muster der Gesamtheit menschlicher Gruppen genommen werden könne. Freud konzentriert nämlich seine Analyse auf die *Suggestion*, in der er nicht, wie es in der voranalytischen Psychologie der Fall war, ein erklärendes Prinzip, sondern ein Produkt sieht; sie resultiert tatsächlich aus »libidinösen Bindungen« zwischen Mitgliedern der Masse – d. h. aus Kräften, die deren Zusammenhalt garantieren –, Bindungen, die selbst Ergebnis des Verhältnisses eines jeden von ihnen zu

---

15 C. Beukenkamp, »The Nature of Orality as revealed in Group Psychotherapy«, in *Intern. Journal of Group Psychoth.*, 5, Nr. 4, 1955
16 Deshalb heben manche Autoren die unbedingte Überlegenheit der Gruppen-Psychotherapie über die individuelle hervor: die Erfahrung sei stärker heterogen, also stärker strukturierend, es gebe weniger an freier Assoziation *(sic)*, eine bessere Erprobung an der Realität, usw.

dem Leader sind. Die kollektive Identifikation, die »affektive Ansteckung«, oder was man seither die »Reduktion auf das Man« genannt hat, sind also sekundär für diese Beziehung, die man in der hypnotischen Beziehung isolieren kann, welche schon eine »Gruppe zu zweit« bildet, und in der man das Subjekt sein »Ichideal« durch ein Objekt, den Therapeuten, ersetzen sieht.

Man sieht, daß für Freud nichts existiert, was sich vergleichen ließe mit einem ursprünglichen »Herdentrieb« oder einem »social hunger«, der bewirken würde, daß das Individuum sich unvollständig fühlt, solange es keiner Gruppe angehört. Ihm zufolge ist die Beziehung zum Leader und das kollektive Gefühl, das daraus erwächst, der Nerv der Gruppe.[17] Eine Analyse, die man unzureichend oder fesselnd finden kann (besonders wenn man bedenkt, daß Freud damit die erste – antizipierende – psychologische Erklärung des Nazismus gibt); aber das ist nicht unser Thema. Wenn wir uns hier auf sie beziehen, dann deshalb, weil sie deutlich macht, daß es eine bestimmte Form des Lebens in der Gruppe ist, was die kollektive Identifikation herbeiführt. Freud stützt seine ganze Analyse nur aus dem Grund auf die offensichtlich summarische Beschreibung Le Bons, weil er bei ihm in einer scharf herausgearbeiteten, grellen Weise die Wirkungen der Gruppe in den Fällen beschrieben sieht, in welchen die Funktion des Ichideals voll zur Entfaltung kommen kann (mag dann ein autoritärer Leader dasein oder nicht; daß es statt des Führers die Gruppe ist, die mit den positiven Werten ausgestattet wird, macht das Spiel der Identifikation nur umso geschmeidiger und handlicher). Nun kommen gerade innerhalb solcher Gruppen – deren Eingliederung in das wirkliche soziale Leben, das Mauss 1924 vor Psychologen als »eine Welt symbolischer Beziehungen« bezeichnete, vernachlässigt wird – die Gruppentechniken in besonderem Maße zur Anwendung. Verdammen sie sich also nicht dazu, weder die sozialen Vorgänge zu erfassen, die außerhalb ihres Zugriffs liegen, noch die interpsychologischen Beziehungen, die sie nur durch das Gesetz der Gruppe gebro-

---

17 Das ist das Wesentliche und reicht aus, jede Gruppe zu definieren. Trotzdem muß man natürlich je nach der Natur der Identifikationen noch spezifische Gruppenstrukturen unterscheiden.

chen[18] wahrnehmen können? Außerdem, wir haben darauf hingewiesen, fungiert die Gruppe hier nicht als Institution, sondern als »imaginäre« Schulung, was es nicht weniger schwer macht, die Bedeutung der Vorgänge zu beurteilen, die sich in ihr abspielen.

Technik, Schulung – wir hören, wie diese – wesentlich relativen – Ausdrücke immer mehr absolut gebraucht werden, als ob das möglich wäre, ohne daß man als ergänzende Bestimmung die Enthüllung der Wahrheit hinzudächte... Aber führen Gruppenexperimente dorthin? In den ungünstigsten Fällen hat man hier die befriedigende oder erbitternde Empfindung, in die Kunst des psychologischen Manövers einzudringen; in durchschnittlichen Fällen lernt man, gewisse Mechanismen zu objektivieren, ohne die Garantie, daß man sie wird meistern können, und gewisse Züge aufzufinden, mit dem Risiko, daß einem alle diejenigen entgehen, die in den Kategorien (Leadership, Kohäsion, Abweichung usw.) keinen Platz haben. Schließlich gibt es – wir sagen es absichtlich in dieser angenäherten, unwissenschaftlichen Form – Gruppen, nach unserer Meinung die besten, in denen etwas geschieht, die voller Leben sind.

Die heutige Unsicherheit über die Aufgaben, die den Diagnosegruppen zu stellen sind (Erlernen der Arbeit zu mehreren, psychosoziologisches *insight*, Veränderung des sozialen Verhaltens), ist bedeutsam, vielleicht auch ermutigend.[19] Denn wenn man sie beseitigen und sich nicht darauf beschränken will, gegensätzliche oder nicht notwendig miteinander verbundene Ziele neben-

18 Dieser optischen Analogie bedient sich Freud, um die Zensur zu definieren.
19 Diagnosegruppe – der Ausdruck weist in seiner kondensierten Form auf einen Doppelsinn hin: einmal, und wesentlich, handelt es sich sehr wohl um eine Diagnose, und zwar des *Zustands der Gruppe* (ihre offenbaren oder verborgenen Konflikte, ihre Erwartungen und Enttäuschungen, die Motive ihrer Befriedigung, d. h. also das Bild, das sie von sich selbst hat, ihre wirklichen Verhaltensweisen, ihre Organisation, und wie diese jenen entgegengesetzt sein kann, usw.); aber auch – wie könnte man das leugnen? – um eine andere, verborgenere Diagnose, die dem Experiment seine Auswirkung in jedem Einzelnen sichert, die Diagnose des *Einzelnen selbst*, und zwar in dem Maße, in dem unser Vermögen zur Initiative und zum Verstehen auf die Probe gestellt wird, wie das, was wir in die Gruppe hineinbringen, geschätzt wird, wie wir in ihr gesehen, gehört, ertragen werden.

einanderzustellen, wird man dazu kommen, die Gruppentechniken von der Ideologie zu befreien, die sie hervorgebracht hat (und das Verlangen, anerkannt zu werden, nicht mehr auf die Befriedigung zu reduzieren, von einer Gruppe angenommen zu werden), die Begriffe dem Niveau der Phänomene anzupassen, im »Monitor« jemanden zu sehen, der interpretiert, aber nicht suggeriert – wie es notwendig der Fall ist, wenn er mehr oder weniger offen als Modell auftritt. Schließlich ist klar, daß man für ein brauchbares gruppenpsychologisches Experiment nicht von vornherein ein Ergebnis festlegen darf; dies könnte beispielsweise sein, daß die Teilnehmer die Haltlosigkeit der Psychologie (was ihre Prätentionen betrifft), die kleinen Gruppen in ihrer Funktion als Alibi und Köder, die Unreduzierbarkeit der Konflikte entdecken. Eine Technik kann erst dann den Anspruch erheben, irgendeine Bildung zu begünstigen (was auf jedem Gebiet Infragestellen und Entdecken bedeutet), wenn sie ihrerseits und in Bezug auf sich selbst dieses Infragestellen vollzieht, auf das sie sich gründet und das ihr zugleich den Weg der Entdeckung öffnet.

Die kleine Gruppe als Objekt

Es gibt merkwürdige Spiele. Lange wenig verbreitet und einigen Eingeweihten vorbehalten, so sehr, daß man glauben konnte, die Gruppentechniken funktionierten nur im geschlossenen Kreis und hätten keinen anderen Sinn, als wieder Monitoren für die Gruppentechniken auszubilden, ziehen sie heute eine breitere Interessentenschaft an; und vor allem findet das, was sie verkörpern – aber was ist es? man wird sehen, daß es nicht leicht zu bestimmen ist –, sehr weite Verbreitung. Überall, in der Universität, in der Armee, in der psychiatrischen Klinik, unter Industriellen, Studenten, Pädagogen, mit Ärzten, Beichtvätern, Eltern *zieht man Gruppen auf.*

Auf den ersten Blick ist die Verwirrung groß, von welcher Seite man die Lage auch betrachtet: Benutzerkreis, Ideologien, angesteuerte Ziele. Kaum wird eine Unterscheidung, die beispielsweise die verfolgten Ziele klären soll, vorgeschlagen, wird ihr artifizieller Charakter auch schon mit Leichtigkeit aufgedeckt: wie kann man behaupten, daß die Ziele der Bildung (»gesellschaftlich-personale Vervollkommnung«) von einer psychotherapeutischen Absicht unterschieden werden müssen, wenn doch jede zusammenhängende »Bildung«, sobald sie mehr als die Vermittlung von Gewandtheit im Auge hat und in die Tiefe wirken will, mehr oder weniger implizit eine Psychotherapie darstellt? Und wenn man von Psychotherapie spricht, will man dann sagen: diejenige der Gruppe als solcher, oder die der Individuen durch die Gruppe? Und wenn man von Bildung spricht, was hat man im Auge: die Beherrschung der Gruppenphänomene, die Kunst, ein guter Leader zu werden, oder, ohne eine pädagogische Absicht herauszustellen, einfach dies: was die Gruppe für jeden Einzelnen bedeutet? Wohl gerade weil sie sich solcher Schwierigkeiten bewußt sind, geben sich die Spezialisten mit absichtlich immer vageren Formeln zufrieden: »die Teilnehmer für die Gruppenphänomene sensibilisieren«; die Eingeweihten nennen das lächelnd: »wir sensibilisieren uns«.

Wendet man sich der Geschichte der Beschäftigung mit kleinen Gruppen zu, so frappiert auch hier die Verschiedenheit: Verschiedenheit der Einflüsse – Lewin, Moreno –, Verschiedenheit der Techniken – experimentelle, klinische Beobachtung –, Verschiedenheit der Modelle – mathematische, organizistische, psychoanalytische.
Sicher, es ist keineswegs überraschend, wenn sich aufgrund eines neuen Studienobjektes die der Psychologie inhärente Debatte über Ansatzmöglichkeiten und Lehrmeinungen wieder belebt. Da es sich um Gruppen handelt, kommt noch eine andere Diskussion hinzu, in der die Positionen schon im voraus bekannt sind: man wird zum Beispiel sagen, daß die kleinen Gruppen nur ein Trugbild des Gemeinschaftslebens geben, und daß sie tatsächlich keine andere soziale Realität haben als diejenige, die ihnen die Individuen, aus denen sie sich zusammensetzen, mit ihrer jeweiligen ökonomischen und soziologischen Determination verleihen; nur um den Preis einer psychologisierenden Abstraktion könne man den Anspruch erheben, spezifische Vorgänge zu differenzieren. »Keineswegs«, entgegnen die anderen, »ihr seid die Abstrakten. Ist die Gesellschaft nicht in Wirklichkeit nur ein Geflecht aus kleinen Gruppen (Familie, Schule, Sportclub, Arbeitsgemeinschaft, Freundeskreis, usw.), die das soziale Verhalten formen und ihre eigene Struktur und Dynamik haben?«
Warum sollte man diesen Weg einschlagen? Die immer wieder aufgenommene Diskussion ist im Grunde ihrem Gegenstand gegenüber gleichgültig, sie ist nur ein Vorwand für Argumentation und Gegenargumentation. Daher hat sie wohl seit einiger Zeit von ihrer Heftigkeit verloren. Dieselben, die gestern die Gruppentechniken als Angriffswaffe des *human engineering* angeprangert haben, machen heute aus ihnen den auserwählten Ort für das Erlernen der Selbstverwaltung und des Infragestellens von Institutionen und Bürokratien. Vom neokapitalistischen Lager wechseln wir also zum Anarcho-Syndikalismus über...
Dies ermutigt dazu, die Frage nach dem ideologischen Sinn der Gruppentechniken hinfort einzuklammern: man kann sie in vielfältiger Weise anwenden. Einigen wir uns zunächst darauf, sie so zu nehmen, wie sie sind, in ihrem Durcheinander und in all dem, was sie an Unbestimmtem und Gewagtem denjenigen

bieten, die an ihnen interessiert sind und nicht notwendigerweise am leichtesten erkennen können, welches ihre Motivierungen sind. Man zieht Gruppen auf, gut; aber was soll das nun heißen? Gehen wir hiervon aus.

»Eure Gruppensitzungen, das ist doch artifiziell: zu zehnt sitzt ihr um einen Tisch, diskutiert ohne Tagesordnung, ohne Programm, mit einem Monitor, der nichts leitet, der am Inhalt der Diskussionen keinen Anteil hat, und der von Zeit zu Zeit äußert, daß es in seinen Augen bei dem, was sich in der Gruppe abspielt, darum geht, daß ...« In den Gruppen selbst kehrt der Einwand unvermeidlich immer wieder: »In die wirklichen Gruppen, an deren Leben und Arbeit ich teilnehme, komme ich mit einer bestimmten Absicht, ich kenne meine Aufgabe, meine Verantwortung, ich kenne die eines jeden, die der Gruppe; während hier...! Das hat mit nichts Ähnlichkeit; ihr seid zwar alle sehr nett, aber ich kenne euch nicht, und wenn wir auseinander gehen, wird es wahrscheinlich für immer sein. Bemühen wir uns also, die Zeit angenehm zu verbringen und Gesprächsthemen zu finden, die uns alle interessieren.«
Man wird in der Tat die Künstlichkeit nicht leugnen können; man wird sich aber fragen, was sie zum Vorschein bringt: kommen dadurch, daß man Gruppen einrichtet, Phänomene ans Licht, die unter den sogenannten normalen Bedingungen ihres Funktionierens unbemerkt bleiben? Und handelt es sich in diesem Fall um Phänomene, die durch eine Situation erst herbeigeführt werden – Artefakte, die gleichzeitig mit den Bedingungen, die die Situation haben entstehen lassen, wieder verschwinden dürften –, oder werden sie etwa durch diese Situation nur aktualisiert und intensiviert und in ihr klarer dargestellt als in der Wirklichkeit, wo sie verhüllt wären? Dieses letztere Postulat bildet wohlgemerkt den Ausgangspunkt für eine Diagnosegruppe.[1]

[1] *Groupe de diagnostic* ist die, allgemein akzeptierte, französische Entsprechung der *Training group (T group)*, die gegen 1947 in den Vereinigten Staaten von Schülern Lewins erfunden und gegen 1955 in Frankreich eingeführt worden ist. Man muß verstehen: »Einübung in die Diagnose der Gruppenphänomene, ausgehend von ihrer lebendigen Erfahrung.« Man spricht auch von »groupe de base«, von »groupe de formation«, von »groupe expérientiel«,

Der Einwand der Künstlichkeit ist um so weniger entscheidend, als das, was in einer Diagnosegruppe vorgeht – die Teilnehmer brauchen nicht lange, um es zu bemerken – eine Realität hat, und wie gegenwärtig, wie bedrängend ist sie manchmal! Es werden dort Emotionen erlebt, persönliche Schwierigkeiten empfunden, Leidenschaften offenbaren sich, oft gerade bei solchen, die sich zu Beginn am skeptischsten oder am unbekümmertsten gezeigt haben; die Gruppe kennt die Schwankungen zwischen Momenten der Euphorie (man fühlt sich zusammen wohl) und der Entmutigung (man erreicht nichts), man lacht, man nimmt sich auseinander, man greift an und man verteidigt sich, man will überzeugen, gefallen, man will nicht gelenkt werden, man versucht angenommen, geschätzt, geliebt zu werden, man bemüht sich zu erweisen, daß man ein guter Organisator ist, daß man die Gruppe verstanden, mitgerissen, Gespür für sie gezeigt hat, daß man Gegner hat versöhnen können, daß man aus der Sackgasse herausgefunden hat, in die alle hineingelaufen waren ... – wie könnte man all dieser lebendigen Bewegung eine eigene Realität absprechen?

Jedoch, daß man dem, was sich in den Diagnosegruppen abspielt, einen vollen Realitätswert beimißt, darf auf keinen Fall dazu führen, aus solchen Gruppen – ohne Vergangenheit, ohne Zukunft, von heterogener Zusammensetzung – gleichwertige Entsprechungen wirklicher Gruppen zu machen, nicht einmal dazu, in ihnen eine »korrigierende Erfahrung« des Gruppenlebens zu suchen. Daß man sich zunächst einen solchen Gewinn ausgerechnet hat, war ein normales Stadium. Die ersten Gruppenexperimente sind in einer deutlich pädagogischen Absicht unternommen worden: für eine befriedigende »Kommunikation«, für kontrollierte und überlegte Entscheidungen, für wirksame Arbeits*abläufe* zu sorgen. Dann verschob sich der Akzent auf die Gruppen*prozesse* und die Notwendigkeit, eine offene Gruppenerfahrung zu schaffen, damit diese Prozesse Gegenstand einer Bewußtwerdung sein, ja sich überhaupt abspielen könnten;

---

von »groupe-centré-sur-le-groupe« ... Aber das interessiert uns hier nicht. Ich lasse die Diskussion zwischen den verschiedenen Schulen absichtlich beiseite, umso mehr, als, wie in Gruppen-Kreisen wohlbekannt, fast jeder »Monitor« seine eigene Auffassung und Technik hat ...

diese offene Erfahrung bestand darin, daß nicht nur jede fremde Aufgabe, sondern als Grenzfall jede Art von Aufgabe überhaupt ausgeklammert wurde, als ob der einzige Sinn der Gruppe darin läge, sich zu bilden, zu leben und zu sterben, als ob sich ihre Energie darin erschöpfte, Hindernisse aufzubauen und zu überwinden. Heute ist es verblüffend zu sehen, daß Teilnehmer an Gruppenexperimenten zu einer Sitzung gehen, ohne sich besondere Gedanken darüber zu machen, was sie da lernen könnten: *man geht zur Diagnosegruppe, das genügt.*

Bei den – zahlreichen – Darstellungen, die man im Laufe der Zeit von den Gruppen gegeben hat, könnte man, ohne die Sache besonders zu forcieren, einen gleichen Wechsel der Perspektiven feststellen: die vorgeschlagenen »Modelle« werden immer weniger genetisch und normativ.[2] Man versucht es mit Modellen aller möglichen Herkunft. In Wahrheit scheint gerade diese Verschiedenheit etwas verdächtig. Alle Kleider passen, wie die Konfektionäre behaupten, den kleinen Gruppen vorzüglich. Man wendet sich an die »Gruppendynamik« oder an die Phänomenologie, an den Rousseau des *Contrat social* oder an den Sartre der *Critique*, und es geht immer. Aber die Verbindung zwischen der Erfahrung und der Begriffsbildung bleibt lose. Wie man bemerkt hat, »hat sich, im Gegensatz zur Psychoanalyse, die Schulungsgruppe nicht in engem Zusammenhang mit einer ausführlichen Ausarbeitung der Theorie entwickelt«.[3]

Zwar gibt es Lewin. Aber seine Auffassungen – man hat das oft dargelegt, so daß wir es uns ersparen können, darauf zurückzukommen –, die ganz von Prämissen und Ideologie durchdrungen sind, bringen ein solches Begriffsschema mit, daß die Erfahrung von vornherein radikal in eine bestimmte Richtung gelenkt wird.[4] Das führt zu einer allgemeineren Bemerkung: die Litera-

---

2 Die Beurteilung, die Zahl, sogar der Typus der Phasen kann wechseln; von dem Augenblick an, da man sich grundsätzlich an einem Evolutionsbegriff orientiert, übernimmt man jedoch *ipso facto* eine normative Perspektive.
3 Robert Pagès, »Remarques sur les groupes de base et leur rôle dans un ensemble de procédés de formation psychosociale«, in *Bulletin de Psychologie*, Sondernummer über die Gruppen, Februar 1959.
4 Man kann sich fragen, in welchem Maße Lewin, der aus Nazideutschland in die Vereinigten Staaten ausgewandert ist, mit seiner dynamischen Psychologie der menschlichen Beziehungen und mit seiner Theorie vom sozialen Feld

tur über die kleinen Gruppen ist viel mehr durch Ideologie gekennzeichnet als jedes andere von der Psychologie betrachtete Gebiet. Aber bei dieser einfachen Feststellung kann man nicht stehenbleiben. In Wirklichkeit fungiert hier das Wissen als eine Art spanischer Wand: *um nicht zu sehen,* was die Gruppe an Bedeutungen sich ereignen läßt, beschreibt man sie zum Beispiel als einen Organismus und postuliert damit ein Gesetz der Entwicklung, Normen, optimale Bedingungen für ihre Ausgewogenheit. Zu den Gründen der Methode, d. h. der besonderen Schwierigkeit, die die Untersuchung kleiner Gruppen bereitet, kommt dann noch eine Abwehrreaktion: das Leben in der Gruppe löst eine gewisse Anzahl von Emotionen und Verhaltensweisen aus, welche die verschiedenen theoretischen Modelle maskieren sollen. Gerade darin besteht in meinen Augen der Beitrag der unbestreitbar »artifiziellen« Gruppe, die die Diagnosegruppe ja ist – wenn man in ihr nicht nur nach Bestätigungen für das sucht, was man schon weiß –, daß sie anzeigt, worauf im Leben einer Gruppe die Aufstellung dieses oder jenes Modells ihres Funktionierens antworten soll.

Wenn man in der Gruppenpsychologie die Psychoanalyse herangezogen hat, dann geschah das allzu oft in der Absicht, eine völlig äußerliche Annäherung zu bewerkstelligen: man versuchte vor allem, Instanzen der Person – Ich, Über-Ich, Ichideal –, wie sie die zweite Freudsche Topik herausgearbeitet hatte, auf der Ebene der Gruppe wirksam wiederzufinden.
Aber man hat selten eine radikalere Annäherung in Betracht gezogen; eine solche war indessen diejenige Freuds, als er die Frage stellte, lange bevor der Nazismus sie beantwortet hatte, was sich an Unbewußtem in den Gruppen aktualisiert. Es handelt sich in *Massenpsychologie und Ich-Analyse* weniger darum, die Grup-

als wechselseitiger Abhängigkeit nicht vor allem eine Antwort auf die Frage geben wollte: wie ist ein so abartiger »Vater« wie Hitler möglich? Der Gedanke, den man aus Lewins Begriffen gewinnen kann, nach dem eine Gruppe erst dann in befriedigender Weise und wirksam funktioniert, wenn die Abhängigkeitsbeziehung überwunden ist und sie ihre eigene Autorität erlangt hat, führt indessen nicht dahin, den Vater zu töten, sondern ihn als Instanz zu beseitigen, ihn in der als Totalität, als »gute Form« begriffenen Gruppe einzukapseln. Soll die Gruppenpsychologie die Freudsche »Pest« bannen? Die List der Vernunft . . .

penphänomene zu analysieren (da sich Freud ja auf die übereilten Betrachtungen G. Le Bons über die Massen stützt, ohne ihre Unzulänglichkeit zu verkennen), als darum, zu bestimmen, *welche Funktion die Gruppe als solche in der Struktur der Seele unterstützt.* Man weiß, daß Freud die Begriffe der Identifizierung und des Ichideals in den Konstituierungsprozeß der menschlichen Gruppe einführt; aber hat man sorgfältig genug beachtet, in welcher Weise er sie miteinander verbindet? »... eine Anzahl von Individuen, die ein und dasselbe Objekt an die Stelle ihres Ichideals gesetzt und sich infolgedessen in ihrem Ich miteinander identifiziert haben«.[5] Was die wechselseitige Identifizierung ermöglichte, wäre also nicht eine primäre Identifizierung jedes einzelnen Gruppenmitgliedes mit dem Führer, sondern ein ganz anderer, der Identifizierung fast entgegengesetzter Prozeß, durch den jedes Subjekt eine Instanz seiner Person, d. h. sein eigenes *Ichideal,* durch ein Objekt *ersetzt,* den Führer oder einen »Einzelzug« von diesem. Das kollektive Ideal zieht in der Tat seine Wirkung aus einer Konvergenz der individuellen »Ichideale« in diesem Objekt.

In einer eigentlich psychoanalytischen Richtung liegen auch die Untersuchungen von W. R. Bion.[6] Sie haben gegenüber den Ansichten Freuds den Vorzug, sich aus präzisen Experimenten des Autors ergeben zu haben, und die Originalität, in ihre Begriffsbildung von Melanie Klein vorgeschlagene Begriffe einzuführen, die auf die Psychose oder auf den psychotischen Hintergrund Bezug nehmen, auf dem sich das menschliche Subjekt konstituieren soll.

Beseitigen wir zunächst einen Einwand: die von Bion geleiteten oder betrachteten Gruppen – zum größten Teil therapeutische oder verwandte Gruppen von Neurotikern oder schwer Unangepaßten – seien zu speziell, als daß man aus ihnen irgendwelche Schlüsse von allgemeiner Tragweite über die Gruppendynamik ziehen könnte. Selbst wenn dieser Einwand vom Autor weder diskutiert noch formuliert wird, findet er bei ihm eine Antwort. Bion weiß sehr wohl, daß das, was er »Basisgruppen« nennt – Gruppen, in denen die Aufgabe zu fehlen scheint oder unauf-

---

5 *Massenpsychologie und Ich-Analyse,* GW XIII, 128
6 *Experiences in Groups,* London 1961

hörlich in der Gegenwart des Lebens der Gruppe erst definiert werden soll (keine Tagesordnung, keine Vorschriften; es ist Zeit für die *Sitzung*, das ist alles) –, auf den ersten Blick nicht viel mit den »Arbeitsgruppen« gemein hat, die ihre Existenzberechtigung in der Erfüllung einer Aufgabe sehen und nach festgelegten Regeln und einer bestimmten Verteilung der Rollen funktionieren. Aber man wird eine solche Unterscheidung nicht überbewerten, die in *Krisen*momenten der Diagnosegruppen (und nur in diesen Momenten) hartnäckig vorgebracht wird. Zunächst: betrachtet man auch nur flüchtig andere Versammlungen als die routinemäßigen, andere Gruppen als diejenigen, die durch einen streng geregelten Ablauf definiert sind, dann verwischt sich die Unterscheidung: in Gruppen, die im Entstehen begriffen sind oder die als Antrieb einen gemeinsamen Willen, gemeinsame Motive oder Interessen haben, sind die Aufgabe und sogar die bloße Tatsache, daß man sich versammelt, im Grunde eine Wahl der Gruppe und nicht passiv erlittener Zwang. Und schließlich kann man selbst in einer festen, spezialisierten Arbeitsgruppe, die bemüht ist, den Forderungen der Realität zu entsprechen, ein emotionelles Leben feststellen, das bestimmt ist durch das, was Bion die grundlegenden Hypothesen (*basic assumptions*) nennt. Diese treten in gestörten Gruppen nur noch wirksamer auf.

Der Ausdruck »grundlegende Hypothesen« muß wörtlich verstanden werden: es sind zugrundeliegende Schemata, die das Verhalten einer Gruppe organisieren (in dem Sinn, wie man in der Embryologie von *Organisatoren* spricht), und die zum Beispiel die Wahl auf einen bestimmten Leader-Typ lenken. Bion unterscheidet drei Schemata: die *Abhängigkeit* von einem vergötterten Leader, der die Gruppe »nährt« und beschützt, Ursprung jeden Wertes und Objekt eines Kultes ist und Depressions- und Schuldgefühle weckt; die *Paarung (pairing)*: die Aufmerksamkeit richtet sich voller Hoffnung auf die Bande der Sympathie, die sich unter den Augen der Gruppe zwischen zweien ihrer Mitglieder entwickeln; es ist das wie ein nie gehaltenes Versprechen – dem Messianismus vergleichbar –, daß die augenblicklichen Probleme ihre Lösung finden werden[7]; schließ-

---

7 Da dieses ohne Zweifel die *grundlegende Hypothese* ist, die dem Leser

lich der Wechsel zwischen Angriff und Flucht *(fight-flight)*: um ihre Existenz zu sichern, handelt die Gruppe so, als ob sie etwas oder jemanden zugleich fliehen und angreifen müßte.

Diese Wahl läuft Gefahr, demjenigen fremd zu erscheinen, der nur an sogenannten »natürlichen« Gruppen teilnimmt (sie wird ihm schon weniger fremd erscheinen, sobald er Gruppen in offener Krise in Betracht zieht; nun müssen wir uns aber daran erinnern, daß die Diagnosegruppe, und das ist sogar ihr Prinzip, die immerwährende offene Krise institutionalisiert). Nach dem Gesagten kann der Gedanke einer »grundlegenden Hypothese« selbst denjenigen, der an mehreren Gruppenexperimenten teilgenommen hat, irreführen. Um ihn zu verstehen, muß man, glaube ich, weiter zum Zentrum von Bions Intuition vorstoßen und seine These in ihrer Schärfe stehen lassen. Auf was stützt er sich, wenn er behauptet, daß »der Erwachsene, der mit der Komplexität des Lebens in der Gruppe ringt, mit Hilfe einer manchmal massiven Regression Zuflucht zu Mechanismen nimmt, die Melanie Klein als charakteristisch für die ersten Stadien des geistigen Lebens bezeichnet«, oder weiter, »daß kein therapeutisches Resultat erzielt werden kann, wenn die psychotischen Komponenten nicht aufgedeckt werden, in welcher Gruppe dies auch sei«? Eine so paradoxe Stellungnahme kann leicht mißverstanden werden, solange man nicht begriffen hat, was in den Augen Bions eine Gruppe ist. Und hier fühlen wir uns von vornherein viel eher bereit, ihm zu folgen.

am wenigsten sagen dürfte, möchte ich den Abschnitt aus Bions Buch, der sie am genauesten beschreibt, zitieren: »Diese Atmosphäre hoffnungsvoller Erwartung drückt sich in Reflexionen folgender Art aus: die Heirat könnte den neurotischen Schwierigkeiten ein Ende bereiten; die Gruppentherapie wird die Gesellschaft revolutionieren, wenn sie sich genügend ausgebreitet haben wird; die nächste Jahreszeit – sei es Frühling, Sommer, Herbst oder Winter – wird angenehmer sein; man müßte eine neue Form der Gemeinschaft – eine vollkommenere Gruppe – einrichten, usw. Alles Formulierungen, die die Aufmerksamkeit auf ein angenommenes künftiges Ereignis lenken; aber für den Analytiker ist der entscheidende Punkt nicht dieses Ereignis, sondern die unmittelbare Gegenwart, das Gefühl der Hoffnung selbst (...). Daß das Gefühl der Hoffnung andauert, dafür ist es nötig, daß der Leader der Gruppe erst noch geboren wird. Es ist dies eine Person oder eine Idee, die die Gruppe erlösen soll – sie tatsächlich von dem Haß, der Zerstörung, der Verzweiflung erlösen soll –; und eben aus diesem Grund ist es wesentlich, daß die messianische Hoffnung nicht realisiert wird (...)«. (*Recherches sur les petits groupes*, Paris 1965, S. 149)

Eine Behauptung, die unvermutet im Gang der Argumentation auftaucht, überrascht, und überrascht in positiver Weise, so abwegig erscheint sie in einer Literatur, die ganz von naivem Organismus- und eiferndem Gruppendenken durchdrungen ist, in der *Gruppe* das unermüdlich wiederholte Zauberwort für den Ort ist, auf den sich alle Überlegungen konzentrieren und von dem alle Heilmittel kommen sollen. Und zwar spricht Bion, der Spezialist für Gruppendynamik, von der Gruppe – und fordert damit Durkheim und Lewin heraus – als von einem »Aggregat von Individuen« und bezeichnet unbefangen den *Glauben* an die Existenz einer Gruppe als einer die Individuen samt den Verhaltensweisen, die sie in einem jeden erzeugt, transzendierenden Realität als *Phantasie*, eine Phantasie, die auf der Ebene des Individuums so etwas wie eine Entpersönlichung nach sich zu ziehen vermag. Bion läßt sich nicht darüber aus, was er hier unter Phantasie versteht, aber er ist zu sehr Analytiker (und obendrein Kleinianer), um sie einer Illusion gleichzustellen, die eine fortschreitende Erprobung an der Realität glücklich zerstreuen würde: die Phantasie ist sehr wohl eine bestimmte strukturierte, wirksame Realität, die imstande ist, nicht nur Bilder oder Träumereien, sondern das ganze Feld des menschlichen Verhaltens durchzugestalten.

Nun kann niemand – Psychosoziologe oder nicht – die Definition der Gruppe als Aggregat von Individuen für »wissenschaftlich« halten: es ist ganz sicher, daß eine Gruppe Gegenstand der Beobachtung oder der Analyse sein kann. Die Originalität Bions bestünde also darin, die Sache von beiden Enden her anzupacken: selbst wenn es auf soziologischem Gebiet wahr ist, daß die Gruppe eine spezifische Realität ist, sobald sie auf dem Feld der individuellen Psyche als solche fungiert – eine Modalität und ein Glauben, die die gesamte Psychosoziologie gerade zu bestärken die Tendenz hat –, so hat sie doch tatsächlich die Wirkung einer Phantasie.

Diese Dimension ist in den natürlichen Gruppen nicht immer wahrnehmbar, aber sie springt bei den Gruppenexperimenten in die Augen. Sie zeigt sich vor allem in Gefühlen und Verhaltensweisen von Verfolgungscharakter. Diese finden ihr rationales Motiv in einer Dezentrierung des Individuums: in jeder Gruppe, und in bevorzugter Weise in einer auf die Gruppe zentrierten Gruppe, wird das Individuum in der Tat veranlaßt, sich als Glied in einer Relation und Ort eines Vorganges zu betrachten; was, in Subjektivität übersetzt, das Bewußtsein erzeugt, von Kräften manipuliert zu werden, die sich ebenso schlecht kontrollieren wie definieren lassen, eine Manipulation, für die man im allgemeinen den Leader verantwortlich macht: wenn wir schon Marionetten sind, dann soll wenigstens jemand die Fäden gezogen haben! »Was will er von uns? Er betrachtet uns, er testet uns, er bedient sich unser, wir sind seine Versuchskaninchen, seine Statisten, seine Priester, er ist ein großer Manitou.« Bion würde sagen, daß die Gruppe in diesem Fall gemäß der Grundhypothese der Abhängigkeit funktioniert. Aber wenn man sich nicht gern eine normative Perspektive (von genetischem oder lewinschem Typ) zueigen machen und vor allem nicht die Situation und das Gefühl der Abhängigkeit ihren offensichtlichsten Ausdrucksformen angleichen möchte, nämlich dem Wechsel zwischen Auflehnung und Unterwerfung gegenüber einer Autoritätsfigur, dann wird man zugeben, daß die Abhängigkeit von Anfang bis Ende eines Gruppenexperimentes da ist. Denn was hier erlebt wird, was hier von vielen entdeckt wird, in dieser Verschärfung der Gruppengefühle, wie sie die Diagnosegruppe bewirkt, das ist der unveränderliche, beharrliche Gedanke, der unablässig verifiziert wird, wie man das Vorhandensein einer Wand »verifiziert«, an die man stößt – der Gedanke, daß die Gruppensituation jedem der teilnehmenden Individuen Probleme stellt, die es strikt unmöglich allein lösen kann. Bion merkt mit Recht an, daß eine Gruppe »die Monotonie als ein kleineres Übel zu empfinden scheint, das sie lieber erträgt, als daß sie sich die Mühe machte, ihr ein Ende zu bereiten«. Das ist in der Tat für jeden Neuankömmling in einer Diagnosegruppe wahrnehmbar: »Wie können zehn Leute, die anscheinend nicht dümmer sind als andere, sich stundenlang über Themen unterhalten, die in ihren eigenen Augen bar jeden Interesses sind?« Aber kaum ist dieser Neuankömmling vom Beobachter zum Teilnehmer geworden, so ist er schon selber hineinverstrickt und scheitert mit dem Versuch, die Gruppe aus ihrer Apathie und Labilität herauszureißen: er macht die schmerzhafte Erfahrung der kollektiven

Ohnmacht und Willenlosigkeit. Jede Initiative verkapselt sich in einem *Gruppen-Raum*, der sich dem Zugriff entzieht. Hier wird zuerst der der Gruppe innewohnende Widerspruch erlebt, der so heftig, daß Enttäuschung folgen muß, den Wunsch nach einer Aktion entstehen läßt, in der sich alle wiedererkennen können.
Man sehe sich die Urteile allgemeiner Art an, die über die menschlichen Gruppen formuliert worden sind; man wird sie innerhalb eines Gegensatzpaares hin- und hergehen sehen, das man so formulieren kann: *Huis clos* oder *La belle équipe*. Dieser immer wieder aufgenommene summarische Gegensatz ist nicht mit irgendeinem Wechsel von positiven und negativen Urteilen vergleichbar, die irgendein Objekt hervorruft: er enthüllt gerade die Natur der Beziehung eines jeden zur Gruppe und die Natur dessen, was in jedem »gruppenartig« ist. Hören wir die Äußerungen von Teilnehmern an einem Seminar für *Psychosoziologie*, die also von Beruf an Gruppenproblemen interessiert und mehr als andere geneigt sein dürften, die Aktivität der Gruppe hoch zu veranschlagen.[8] Man ist über mehr als einen Zug erstaunt: von vornherein wird jede Gruppe unter das Zeichen einer faktisch gegebenen Notwendigkeit (»die Leute müssen miteinander leben«) gestellt; der Gegensatz zwischen den institutionellen Gruppen, die als einengend und starr beschrieben werden, und den Gruppen von Freunden (ein Gegensatz, der seine Auflösung in dem Lob des »Teams« sucht) beruft sich immer auf ein Gruppen*image*: die für eine *gute* Gruppe erforderlichen Eigenschaften betreffen ihr Sein, nicht ihr Vermögen zu Initiative und Aktion: in ihr würde man sich wohlfühlen, solidarisch und frei. Es ist auch bezeichnend, daß trotz der ständigen Warnungen der Organisatoren (»ihr werdet hier keine Rezepte lernen«) der Wunsch, auf den anderen einzuwirken, für die meisten vorherrschend bleibt (»es macht mir Spaß, die Leute dahin zu bringen, daß sie eine Entscheidung treffen, von der sie glauben, sie käme von ihnen, während in Wirklichkeit ich sie ihnen eingebe«), worin sich diese Wahrheit des Gruppenlebens ausdrückt, daß in gewisser Hinsicht dort alles Manöver und Gegenmanöver ist. Schließlich ist es bemerkenswert, daß der

---

8 Vgl. *Évolution des résultats de la formation appliquée au personnel d'encadrement*, Paris 1961

Gewinn, den man sich von einer Schulung erhofft, darin besteht, die *anderen*, was sie angeht, in ihrem tatsächlichen *Verhalten* zu verändern, während man sich, was *einen selbst* anbelangt, mit dem irrigen, herabsetzenden *Bild* bescheidet, das die anderen sich von einem gemacht haben sollen (»ich habe gemerkt, daß meine Haltungen falsch gedeutet wurden, daß man mich schroff fand, während ich doch in Wirklichkeit ...«, usw.). Alles spielt sich so ab, als ob, so ungern man das auch möchte, das Gruppenexperiment den Wunsch, zu manipulieren, um nicht selbst manipuliert zu werden, aktivierte.

Die Bemerkungen Bions dürften verstehen lassen, daß solche Feststellungen ihre Wurzel eben in der Natur unserer Verbindung mit der Gruppe haben. Wenn eine Gruppe als gegenwärtig wirksam erlebt wird – und alle Gruppentechniken sind dazu da, ihrer Gegenwärtigkeit wuchtigen Nachdruck zu verschaffen –, was für Hoffnungen, was für Befürchtungen ruft das also hervor? Wenn man über Gruppen spricht, hält man sich am häufigsten an gegensätzliche Evidenzen – das ist bei jedem eine Angelegenheit des Temperamentes, des Augenblicks, der Philosophie – und weist darauf hin, wie das Leben zu mehreren den Menschen verhext, oder preist die Freuden der kollektiven Tätigkeit. Fruchtbarer dialektischer Widerspruch oder unreduzierbare Spaltung, die das »Phantasiegebilde« Gruppe zwischen gutem und schlechtem Objekt (um die Kleinschen Termini aufzunehmen) bewirken würde? Abwechselnd, und ohne daß es jemals zu einer glücklichen Synthese kommen könnte, wäre die Gruppe oder der Führer, der sie verkörpert, ein *gutes Objekt*, das man um jeden Preis, auch um den der Langeweile, der Apathie, der Funktionshemmungen bewahren muß, als ob das Individuum dazu bereit wäre, auf alle seine Interessen zu verzichten, damit die Integrität der Gruppe und schließlich seine eigene nicht bedroht wird; oder ein *schlechtes Objekt*, ein Verfolger, der das Individuum zerstört, eine feindliche Macht, die es zugrunde richtet, seine Vereinsamung beschleunigt, eine tödliche Angst hervorruft: wenn es außerhalb der Grenzen der Gruppe steht, wird die Frage nach seinen eigenen Grenzen in der Tat für das Subjekt selbst problematisch.

Die Gruppe ist Träger imaginärer Wirkungen, die um so weiter reichen, als sie früher erworbenen Strukturen nachgebildet ist: derjenigen einer Psyche als Totalität, derjenigen des Körpers als Hülle, reine Grenze zwischen Außen und Innen; wobei die letztere die Metapher der ersten darstellt. Gerade deshalb reaktiviert das Gruppenexperiment, wie Bion herausgearbeitet hat, sehr »ursprüngliche« Ängste, reduziert Gefühle des Verfolgtseins, des Eingedrungenseins, des Zerstückeltwerdens.

Wenn man den Akzent auf das Spiel und die Hierarchie der Abwehrmechanismen legt und, wie manche bemüht sind, in einem bestimmten vorgeblichen Angstausdruck eine Abwehr gegen eine »tieferliegende« Angst aufdecken will, dann beschreibt, rekonstruiert man Gruppen*wirkungen*, ohne sich jemals darüber Gedanken zu machen, was sie eigentlich bestimmt, was für eine imaginäre Gestalt ihre Entfaltung bewirkt. Es genügt nicht, die unbewußten Vorgänge aufzuweisen, die im Innern der Gruppe wirken, wieviel Scharfsinn man dabei auch beweisen mag; solange man das Bild der Gruppe, mit den Phantasien und Werten, die es in sich enthält, außerhalb des Felds der Analyse läßt, geht man in der Tat der ganzen Frage über die unbewußte Funktion der Gruppe aus dem Weg.

Kürzlich behauptete ein Psychosoziologe, als er das »Affektleben der Gruppen« behandelte, in seinen Augen und im Unterschied zu Bions Auffassung sei die tiefste Erfahrung der Gruppe die einer *positiven Verbundenheit*, und diese stelle sich in dem Augenblick ein, in dem die Teilnehmer entdecken, was unreduzierbar an ihren Verschiedenheiten und illusorisch an der Idee einer bruchlosen Kommunikation ist.[9] Eine derartige Erfahrung dürfe nicht mit »den bisweilen lärmenden Manifestationen des Gruppengeistes« verwechselt werden (dem laut verkündeten Verlangen, sich der Gruppe zu widmen, sich für sie zu opfern, usw.). Dagegen ist nichts zu sagen. Nur: eine positive Verbundenheit mag wohl dasein, ich sehe darin aber keine Verbindung der *Zusammenarbeit*, wie der Autor es will.

Eher wäre es eine Verbindung der *Aneignung* der Gruppe durch sich selbst[10]; jeder verzichtet darauf, er selbst zu sein, aber die

---

9 Max Pagès in *Bulletin de psychologie*, XVI, 1963, Nr. 6–7
10 Vgl. das Wort eines Teilnehmers, das Max Pagès zitiert: »Wir ernähren uns einer vom andern.«

Gruppe, an der wollen wir festhalten! In dieser Hinsicht ist es verblüffend zu sehen, wie in einer Diagnosegruppe, wenn einmal die Unmöglichkeit aller Versuche des *leadership*, welcher Art sie auch sein mögen, praktisch erwiesen ist, der Augenblick kommt, in dem auch die zurückhaltendste Selbstbestätigung von den anderen als willkürlich und gefährlich empfunden wird. In diesem Augenblick ist die *Gruppe* geboren, aber im Scheitern der Zusammenarbeit und jeder Form der Organisation; sie lebt, wenn man will, aber in dem Sinn, wie Bichat es verstand, als die Gesamtheit der Kräfte, die dem Tod Widerstand leisten. Wie der Winter zieht sie sich in ihr Sein zurück. Eine *beschränkte* Gruppe, diese Bezeichnung paßt in der Tat zu ihr.

Es könnte wohl sein, daß auch der Psychosoziologe, der von *Gruppen* spricht und schon aus diesem Grund, so fern jeder Ideologie er sich auch glaubt, das Bild von der Gruppe aufwertet, sich in einer solchen verkörperten Fiktion verfängt; vielleicht ist er in sie *hinein* verwickelt, während er sich *außerhalb* stehend glaubt, ein scharfsichtiger Beobachter, in Diagnosen erfahren; und wirft sich, ohne daß man ihn allzu sehr drängen müßte, zum Arzt unserer Wunden auf!

III Lektüre

Flauberts Krankheit

I

Mit zehn Jahren schreibt er an seinen Freund Chevalier: »Wenn du willst, daß wir uns zusammentun, um zu schreiben, dann werde ich Komödien schreiben, und du wirst deine Träume schreiben ... Ich hatte dir gesagt, daß ich Stücke machen würde, aber nein, ich werde Romane machen, die ich im Kopf habe, und zwar: die schöne Andalusierin, der Maskenball, Cardénio, Dorothée, die Maurin, der unverschämte Neugierige, der vorsichtige Ehemann ... Ich habe beinahe dreißig Stücke, und viele davon werden wir beide, Caroline, zusammen spielen.« (I, 1, 2, 5)[1]
Aber mit dreißig, und bis zu seinem Tode, ist es nur noch eine immer wiederholte Klage, die, bevor sie ihn zum Gegenstand der Legende machte, für seine Freunde eine nur wenig verständliche Schwierigkeit beim Schreiben bedeutete; man gehe nur den Index des Briefwechsels unter der Rubrik *Madame Bovary* durch: »Flaubert hat in einer Woche eine Seite von Mme. B. geschrieben ... drei Seiten ... dreizehn Seiten in sieben Wochen ... Er ist von neuem an seiner ewigen Bovary ... Mme Bovary muß werden, oder er muß darüber krepieren ... Er kommt mühsam voran, er würde nicht für mehrere Millionen nochmal von vorn anfangen ... Es ist ein Mühlstein, der ihn zermürbt, er macht ihn fertig, er ist völlig erschöpft.«
Ein solcher Kontrast, zumindest in diesem Grad, ist in der Literatur selten und bleibt für die Kritik ein Rätsel. Kürzlich hat es Mme Durry in ihrer Einleitung zu einer Sammlung unveröffentlichter Texte ganz offen zugegeben, wie vor ihr schon Thibaudet: »Der erstaunlichste Moment in Flauberts schriftstellerischer Existenz ist der Zwischenraum, der die erste *Education* und die erste *Tentation* von *Madame Bovary* trennt.« Man führt immer das »Grauen« an, die über einem Satz verbrachten Tage, die über einigen Seiten verbrachten Monate, in Überdruß, in Mutlosigkeit und einer mürrischen Wut, und man macht aus

[1] Flaubert, *Correspondance* (Edition Conard); die römischen Ziffern bezeichnen den Band, die arabischen die Brief-Nummer.

Flaubert einen Gekreuzigten der Literatur, den Märtyrer einer trübseligen Religion. Das ist zuviel, oder nicht genug, wenn man sich erinnert, daß dieser junge Mann von neunundzwanzig Jahren, der sich so einschließt, lange Zeit fieberhaft und mit Leichtigkeit geschaffen hat, ohne geringere Anforderungen an sich zu stellen.

Sicher, da ist seine »Krankheit«, der Unfall von 1844, den du Camp mitgeteilt hast, der nach Epilepsie aussieht, und vielleicht eine Syphilis, die er sich 1850 in Beirut zugezogen hätte[2]; es ist wahrscheinlich, daß Flaubert, wenn er von Mme Bovary sagt, »daß sie ganze Tage in halbwegs kataleptischer Starre zubrachte ... Dann kamen wieder Zustände großer Exaltation«, nicht weit davon entfernt ist, die »Arbeits«tage des Zyklothymen, der er war, zu beschreiben. Jedoch hindern ihn diese Krankheit, welches auch ihr Name sei, ihre Auswirkungen und die sie begleitende Behandlung nicht daran, spät in der Nacht, oft im Morgengrauen, wenn er sich entschließt, seine Bovary beiseitezulegen, Briefe zu schreiben, die manchmal überreichlich beweisen, daß seine Feder nicht paralysiert ist. Und schließlich ist nicht einzusehen, warum eine Krise epileptischer oder hysterischer Art und eine Syphilis das ästhetische Gewissen in einem solchen Maß empfindlich machen sollten, daß die Ausdrucksgeste des Schriftstellers gehemmt würde. Aber man sieht gut, was dieser allzu leichtfertige Rückgriff auf die Krankheit leisten soll: er bezeichnet, ohne Rechenschaft von ihnen zu geben, jene Kräfte, die Flaubert gefesselt halten, die seine Berufung in eine schmerzhafte Aufgabe, sein Unternehmen in ein Schicksal verwandeln, das ihn zerfrißt und ihn vom Leben abschneidet; nicht nur vom äußeren, sondern auch von dem Leben, das der Schriftsteller in seiner Schöpfung selbst erfahren kann; stellt man sich Flaubert vor, wie er in Croisset sein eigener Gefangener geworden ist, dann glaubt man ihn mit irgendeiner peinlich genauen und düsteren Arbeit beschäftigt. Unbestreitbar hat dieser Mann etwas von einem Kranken; aber wenn es nicht die Krankheit wäre, die man meint?

---

[2] Die Diagnose ist weiterhin umstritten, jedenfalls bei den Literaturhistorikern. Vgl. Dumesnil, *Flaubert* (Anhang) und Pommier in *Progrès Médical*, August 1947.

Eine andere Erklärung, eine neue Frage: nach der Lesung der ersten *Tentation* – Flaubert las vor; es dauerte zweiunddreißig Stunden – empfehlen ihm Bouilhet und du Camp bestürzt, sich an einen Roman zu machen, der ihn zwingen würde, seine unglückselige Neigung zum oratorischen Überschwang zu besiegen; Bouilhet soll Flaubert sogar die Geschichte der Delphine Delamare vorgeschlagen haben. Es muß zugleich etwas Komisches und etwas Unheimliches an diesem Gespräch gewesen sein: »Da du für die große Orgel nicht taugst, warum willst du dich nicht lieber an die Neuigkeiten vom Tage halten? Du wirst dann schon weitersehen.« Man weiß, daß Flaubert das Urteil und die Empfehlung seiner Freunde tief bekümmert akzeptierte. So soll *Madame Bovary* geboren worden sein. Man würde dann verstehen, daß der Roman, der als Versuch gegen seine Natur begonnen wurde, als Stilübung beabsichtigt war, nur in klagender Verbissenheit hat fortgeführt werden können, und daß, selbst von den Momenten der Niedergeschlagenheit abgesehen, sein Autor in ihm oft nur eine taube Nuß gesehen hat. Diese Diagnose stellte schon Baudelaire: »Er hat seinen Stil auf trockenes Brot setzen und seine Phantasie zügeln wollen, so ungefähr wie die vollblütigen Frauen, die, ihre Versuchungen fürchtend, sich eine Pinte Blut abzapfen lassen.« Man könnte sogar heute noch in dieser langen Bußübung so etwas wie einen Nachklang der Kastration finden, die Flaubert, wie er berichtet, an sich selbst vorzunehmen versucht hat.

Diese traditionelle Erklärung hält der Prüfung kaum stand. Zunächst ist die »Quelle«, die man dem Roman gewöhnlich zuspricht, keineswegs die einzige; das Dokument Pradier und der Briefwechsel zeigen, daß sich Flaubert nicht nur von einer Zeitungsnotiz, sondern auch von Situationen hat inspirieren lassen, die ihn unmittelbar betrafen. Vor allem weiß man, daß er sich in dieses Werk, wie vielleicht in kein anderes, selbst hineingelegt hat; nicht nur aus bloßem Berufsethos identifiziert er sich mit seiner Heldin in jedem Augenblick ihrer Geschichte, indem er sich so weit in ihre »Jungmädchenträume« und ihre »Knutschereien« versetzt, daß er bestimmte Empfindungen, die er ihr leiht, selbst verspürt (»Ich hatte Arsengeschmack im Mund« (V, 951), schreibt er später an Taine) und durch sie preisgibt, was er immer verschwiegen hat: das Geheimnis seiner Krisen. Die Kritiker haben leichtes Spiel, wenn sie feststellen, daß Flaubert von seinen hundertmal wiederholten Vorschriften der Unparteilichkeit und der Unempfindlichkeit in der Kunst abweicht, daß es keine Unterbrechung des Zusammenhangs zwischen seinen ersten autobiographischen Erzählungen und *Madame Bovary* gibt; daß sie schließlich sein Eingeständnis nicht gebraucht hätten, um ihn in Emma ebenso wie in Frédéric Moreau, im heiligen Antonius oder in Bouvard wiederzuerkennen.

Man kann diese Urteile hinterher leicht für begründet halten, sie beseitigen nicht den ersten Eindruck, der durch die Müdigkeit die die Briefe ausdrücken, immer wieder bestätigt wird; »man schreibt nicht die Bücher, die man will«, sagte er, und er hat *Madame Bovary*, sein vollendetstes Buch, nicht gewollt, selbst wenn er in jeder Zeile gegenwärtig ist, nicht so gewollt, wie er seine großen mißlungenen Bücher wollte, die er immer wieder aufnahm und die mit seinen Obsessionen genährt sind. Es sei denn, man hielte dafür, daß *Madame Bovary*, weit davon entfernt, das Ergebnis einer Vernunftentscheidung zu sein, der sich Flaubert wie einer Therapie unterworfen hätte – nämlich, der Beredsamkeit den Hals umzudrehen –, der Gegenstand einer so persönlichen Wahl gewesen sei, daß sie mehr das feindliche Gesicht des Schicksals als das einer glücklichen Spontaneität angenommen hat. Flaubert selbst schwankt in seinen Urteilen, um von seinen Stimmungen nicht zu reden: bald ist sein Buch nur ein *Pensum*, die mühsame Übung eines Strebers, den man Generationen von Schülern als Beispiel anführen wird, bald wieder, man merkt es an der bebenden Intensität bestimmter Begriffe, weiß er, daß »es etwas sehr Gutes sein wird«; was uns betrifft, die wir *Madame Bovary* lesen, so sehen wir manchmal nur einen allzu fleißigen Roman in ihr, der einen unglaublichen Apparat von Entwürfen, Plänen, Notizen – Szenen, Partien, Sätzen, die ausgeführt werden sollen – nur schlecht verbirgt; und dann wieder denken wir, daß dieses Buch, scheinbar Stück für Stück kontrolliert, bloßer Gegenstand der verkrampften Gewissenhaftigkeit eines Akkordarbeiters der Literatur, die Dichte, das Geheimnis, die Autonomie eines unbekannten Organismus besitzt, den wir immer wieder sehen lernen müssen.

Kurz und gut, man dreht sich im Kreis: man korrigiert eine Erklärung durch das Gegenteil, und man nuanciert diese, um zur ersten zurückzukehren. Dieser Bruch zwischen dem Glanz des Stils und dem Grauen, diese immer wiederholten Klagen, dieses Ausbreiten der Schwierigkeiten und die minuziöse Geduld, von der man niemals weiß, ob sie über jene triumphieren wird, wie soll man sie also verstehen? Man stellt die Hypothesen nebeneinander, man macht ein »neurasthenisches« Temperament geltend, zuviel Neigung zur Masturbation, die schmerzliche Lage, Rentner zu sein (glücklicher Balzac, der dem Geld nachlaufen mußte!), ein zu einfaches Thema, übermäßige Skrupel, denen eine gewisse Koketterie beigemischt ist, wenn er ständig dadurch auf den Wert des Werks hinweist, daß er gesteht, wieviel Arbeit es ihn kostet.

Man könnte die Argumente vervielfachen, doch verglichen mit dem Selbstportrait, das uns Flaubert in seinem Briefwechsel von sich gibt, wären es niemals genug; man begegnet hier einem Mann, der völlig in seiner Arbeit aufgeht, der ihr sein übriges Leben, zum Beispiel das Zusammensein mit seiner Geliebten, unterordnet; das klingt dann ungefähr so: »Wir werden uns sehen, wenn ich auf Seite 94 sein werde«. Wie sollte man nicht an die Geschichte denken, die Moravia von einem Schriftsteller erzählt, der auf jeden Verkehr mit seiner Frau verzichtet, um sein Werk zu vollenden? Wenn es sich mit Flaubert so verhält, und wenn er so unbewußt und hartnäckig den Primat der Literatur über alles andere zum Ausdruck bringt, dann muß man die Erklärung für sein Leiden zunächst in seiner Behandlung der Sprache suchen.

Die erste Diagnose seiner Krankheit liefert er uns selbst: »Die Laster meines Geistes: Überschwang, Planlosigkeit, Angeberei mit Ideen und Ausdrücken«; und seit *Novembre,* den er mit einundzwanzig Jahren schreibt, macht er sich über diese Wortbesessenheit, die ihn auffrißt, keine Illusion mehr: »er war ein Mensch, der immer wieder in den falschen Ton, in die Unverständlichkeit geriet und großen Mißbrauch mit Epitheta trieb ... Er starb, aber langsam, nach und nach, *ohne daß irgendein Organ krank gewesen wäre.*«[3] Das ist das Schicksal, das ihn er-

3 Hervorhebung von mir.

wartet. Als er im September 1851 *Madame Bovary* beginnt, will er deshalb seine »Gauklernatur« (I, 154), die großen Versuchungen des Wortes, die ihn heimsuchen, exorzisieren, will er »über die Gewohnheit, von sich selbst zu singen«, die nur einen selbst erfreut, »mitleidig lächeln«; als er auf die Literatur Louise Colets mit »genügt es, von einem Gefühl ergriffen zu sein, um es auszudrücken?« (I, 120) reagiert, weiß er mit Bitterkeit, daß die Antwort Nein ist; ihre Gegenanklagen klären ihn hinreichend darüber auf, daß es nicht genügt, kraftvoll zu sprechen, um gehört zu werden (und deshalb fühlt er sich niemals in der Gesellschaft von Frauen wohl), und die Gedichte, die sie ihm zu lesen gibt, bestätigen wie eine Karikatur, wovon er sich zu überzeugen beginnt: wenn der Anspruch erhoben wird, die Heftigkeit der Bewegungen der Leidenschaft ohne Umschweife auszudrücken, so gibt es keine Garantie, daß etwas anderes daraus entsteht als eine alberne, hochtrabende Literatur; »wenn man ergriffen sein müßte, um andere zu ergreifen!« (II, 213)

Die Behandlung, die er sich auferlegt, ist methodisch; hier ein Beispiel: »Ich werde von Vergleichen aufgefressen wie von Läusen; ich verbringe meine Zeit nur damit, sie zu knacken, meine Sätze wimmeln davon«. Er verbirgt es nicht: seine Bilder sind Parasiten. Das heißt, daß man, um gut zu erfinden, der Welt »wenig Realität« zuerkennen, sie aus einiger Entfernung anschauen muß wie eine mögliche unter anderen, und in ihr gleich nur einen gewissen Zusammenklang von Worten lesen muß; dann ist das Bild nicht mehr Parasit, sondern »König des Wahren«. Man denke an Balzac, dessen Welt genügend unwiderlegbar ist, so daß Marx ihre Wahrheit anerkennt; man erinnere sich an seine Bilder, die wie Klischees losgehen und in einer Art von Überbietung mit einem Triumph über das Maß und die Wahrscheinlichkeit, die wir ihnen entgegenstellten, enden. Aber Flaubert glaubt nicht an die höhere Wirklichkeit des Bildes, er hält die »Metapher« für eine Verzierung; es kommt vor, daß er sich eines über zweiunddreißig Zeilen »festgehaltenen Vergleiches« rühmt; wirklich, er hält ihn am ausgestreckten Arm fest, wie ein Jahrmarktsringer. Wenn er nicht die eigene Kraft des Bildes sieht, dann deshalb, weil er bis zur Obsession von der der Dinge durchdrungen ist. Hier liegt der Ursprung seines Ennui. »Ich bin mit dem Ennui geboren, er ist die Lepra, die mich zerfrißt« (I, 173). Vielleicht, aber sie zerfrißt nicht die Dinge. Dieser Ennui ist nicht die moderne Krankheit des Bewußtseins, die es von seiner Welt fortzieht, sondern eine Krankheit des Seins, die sich so sehr ausbreitet, daß sie alles befällt; er ist nicht, wie bei Mallarmé, ein Mittel, um sich von »den festen und gewichtigen Dingen« zu befreien und damit die letzte Aufgabe der Sprache vorwegzunehmen: Abwesenheit zu schaffen[4]; sondern im Gegenteil ein Mittel, sich von einer schlüpfrigen Realität wie von einem zu schweren Boden aufsaugen zu lassen. Denn diese Wirklichkeit, die Flaubert fasziniert, ist nicht die Wirklichkeit, die die positivistische Wissenschaft beobachtet oder die die Naturalisten herausputzen, und es sind nicht ihre Brillen, die sie sichtbar machen; es wäre vielmehr eine fühlende Natur, die die Gegenwart erträrkt und das Individuum in sich einsaugt.

Man muß sich in jedem Fall hüten, ihr irgend etwas hinzuzufügen, was es auch immer sei, und sich völlig den Entzückungen dieser Einverleibung überlassen. »Manchmal, wenn ich einen Kiesel, ein Tier, ein Bild lange betrachtet hatte, hatte ich das Gefühl, in sie einzutreten.« Das normale Ergebnis dieser Art von Operationen ist das Schweigen, und es mag sein, daß er viele der mühseligen Tage von Croisset damit zugebracht hat, das Universum im Rauch einer Pfeife aufzulösen. Das Dumme ist, daß Flaubert zu sprechen begonnen hat, und seine einsamen Feste schläfern seine besten Freunde ein; die Hämorrhagien, die die Zusammenhanglosigkeit der Zeit beseitigen und in eine dem Herzen fühlbare Ewigkeit münden sollten, die funkelnden Bilder, die das Wirkliche zu seinem Schmelzgrad bringen sollten, enden in der Logorrhöe eines Träumers. »Er starb, ohne daß irgendein Organ krank gewesen wäre«; ja, aber dieser Wille, der Welt zu sterben – denn es war eine Art von Tod, die Flaubert in dem suchte, was er irgendwo seine »kontemplative Ergießung« nennt –, schafft nur leere, tönende Grabmäler. Er wird es also anders anpacken müssen.

Selbst wenn er davon völlig überzeugt wäre und fähig wäre, zu neuem Leben zu erwachen, fände er deswegen doch nicht weni-

---

[4] Vgl. Blanchot, *Faux pas*: »Die Anwesenheit *(présence)* der Worte ist uns Bürge für die Abwesenheit *(absence)* alles übrigen.« (S. 203)

ger diese fressende Lepra wieder, die ihn so empfindlich für das Groteske und die Dummheit macht. »Es gibt Gesten, Klänge von Stimmen und Albernheiten, die mich fast schwindeln machen« (I, 102): alles das, was, von den Menschen kommend, im Leeren hängt, bevor es in der Materie versinkt; alles das, was noch *einen Anspruch erhebt,* wie jene Gegenstände – die Mütze des jungen Bovary, das Paar Stiefel –, die sich unbedingt nützlich machen wollen. Wie sollte man wagen, diesem Überfluß noch etwas hinzuzufügen, der alles überwältigt und selbst den Geist versanden und versteinern läßt (die Gemeinplätze)? »Von der ganzen Politik gibt es nur eine Sache, die ich verstehe, das ist der Aufstand« (I, 114)[5]. Weil sie in einem Ausbruch das verneint, was die ganze zufriedene Epoche ihm wiederholt: das Vertrauen in den Fortschritt und die Ordnung. Der Aufstand ist ein Bild, das Ereignis wird und den Menschen zu Stein werden läßt.

Man hat oft auf die Sonderbarkeit der Beziehung Flauberts zu dieser Dummheit hingewiesen, die ihn krank macht und buchstäblich fasziniert. Ein Beispiel unter Tausenden: schreibt er einen Gratulationsbrief an einen Kollegen, so bittet er ihn um diesen kleinen Dienst: »Heben Sie mir die Dummheiten auf, die über Ihr Buch gesagt werden«. Flaubert hat immer gern die menschlichen Urteile auf die Reflexe einer albernen Tierart zurückgeführt, die Ideen auf ein bißchen Tinte, um schließlich die Enzyklopädie des Wissens in eine nicht gerade komische Posse zu verwandeln und den Geist in flagranti zu ertappen: nämlich als den Frosch, der sich aufblasen will, bis er so dick ist wie der Ochse; Bouvard und Pécuchet sind die armen Verwandten von Monsieur Teste.

Dieses Unternehmen hat wohlverstanden einen präzisen sozialen Sinn; Flauberts Beziehung zur Dummheit ist ganz die Transposition seiner Beziehung zur Bourgeoisie. Man kennt die ubueske Gestalt des *Garçon*[6], die sich Flaubert und seine Kameraden

---

[5] Man vergleiche diese kühne Erklärung mit den entsetzten Schmähungen, die Flaubert an die Commune richtet.

[6] »Er war eine Art moderner Gargantua, von homerischen Taten, in der Haut eines Handelsreisenden. Der Garçon hatte ein besonderes, dröhnendes Lachen, das unter den Eingeweihten eine Art Erkennungszeichen war.«
»Die Beredsamkeit des Garçon glänzte vor allem in einer Parodie der großen Prozesse, die in dem großen Billardzimmer Flauberts im Hôtel-Dieu statt-

als Kinder ausgedacht hatten, und die ihn sein Leben lang begleitete; sie dient ihm dazu, durch die Emphase, die Parodie, die Obszönität die bürgerlichen Tugenden in Frage zu stellen: er ist eine komische Figur, die aber die Anderen komisch erscheinen läßt. Er ist das einzige »Über-Ich«, das Flaubert jemals für sich anerkannt hat, der einzige Schrecken, den er den Bourgeois, die er so zu hassen vorgab, entgegengesetzt hat. »Ich rasiere mich nie, ohne zu lachen, so dumm erscheint mir das.« Ja, aber er rasiert sich doch. »Die Dummheit sehen und sie nicht mehr tolerieren.« Gut, aber hier ist sein letzter Wunsch als Schriftsteller: »Einen solchen Eindruck der Müdigkeit und des Ennui zu erzeugen, daß man beim Lesen dieses Buches *(Bouvard et Pécuchet)* glauben könnte, ein Kretin habe es gemacht.« Seine ständige Versuchung: »die Materie zu sein« *(Saint Antoine)*, verwandelt sich in diese Zwangsvorstellung: die Dummheit zu sein *(Bouvard et Pécuchet)*. »Es geht nicht darum, gegen den Bourgeois zu Felde zu ziehen, er ist tot«; also kein Haß, keine Revolte, überlassen wir das den *Krämern* und *Strolchen*; wir Künstler haben etwas Besseres: den Dummheitenkatalog. Keiner wird in das Kollegium der Künstler aufgenommen, wenn er nicht imstande ist, einen vorzulegen.[7] Flaubert ist sich nicht darüber im Unklaren, daß er der Komplize der Bourgeois ist, er kann es nicht ignorieren; seine Renten, seine Ängste, seine Gewohnheiten halten es ihm jeden Tag vor Augen; und, in viel vertraulicherer Weise, sein Ennui und sein Sinn für das Groteske: »Bouvard und Pécuchet erfüllen mich bis zum Platzen«; wenn es ihm an Schwung fehlt, begnügt er sich damit, seinen Zustand so zu beschreiben: »friedliche Begräbnisstimmung«. Man könnte es nicht besser sagen.

---

fand. Da wurden die drolligsten Verteidigungsreden für Angeklagte gehalten, Leichenreden auf Lebende, saftige Späße, die drei Stunden dauerten.« (Tagebuch der Goncourt)

[7] Das Dumme ist, daß Flaubert selbst mehr als einmal darin erscheinen müßte. Wir wollen nur eine Briefstelle zitieren, wo er behauptet, im Besitz des Geheimnisses des Todes Théophile Gautiers, des anderen großen »Artisten«, zu sein: »Er ist an einem langen, hinuntergewürgten Wutanfall gestorben, an dem modernen Geschmeiß. So nannte er es, und diesen Winter hat er es mir mehrfach wiederholt: ich krepiere an der Commune ... Die Luxusarbeiter sind unnötig in einer Gesellschaft, in der der Pöbel herrscht.« (VI, 1345)

Wenn man Flauberts Skrupel beim Schreiben nicht mit diesem Komplex von Vorurteilen in Verbindung bringt, wie könnte man sie dann verstehen? Wenn er mit dem bekannten Eifer Assonanzen und Hiatus anprangert, besessene Jagd auf die *qui* und die *que* macht, sich für Zäsuren, Enjambements und Satzschlüsse begeistert[8], dann geschieht es nicht aus der Sorge, sich gut auszudrücken; wenn er glaubt, »daß es nur eine Weise gibt, eine Sache auszudrücken, ein Wort, es zu sagen, ein Adjektiv, es zu kennzeichnen, und ein Verb, es zu beleben« (Maupassant), und wenn ihn diese Überzeugung so viel Mühe kostet, dann nur darum, weil er ihr nicht denselben Sinn gibt wie La Bruyère. Und wie könnte er es auch? Die klassische Rhetorik war auf die Vorstellung einer Rede gegründet, die die wahren Beziehungen der Dinge ausdrückt; sie setzte eine feste, universale Realität als einziges Objekt der Wahrnehmung, der Wissenschaft und der Philosophie voraus. Alles ist gesagt, man kann es nur noch besser sagen und, wie die Mathematiker, eine elegantere Lösung für ein schon bekanntes Problem geben. Der Leser sieht dieselbe Wahrheit wie der Autor: die Kommunikation ist durch eine Art prästabilierter Harmonie sichergestellt. Schließlich, wenn ein Werk vollkommen lesbar ist (aber man muß lesen lernen, darin besteht die Bildung), dann darum, weil die Welt vollständig entzifferbar ist (man muß sich nur des Anfangs, der Ordnung versichern, »die Geheimnisse lokalisieren«, und darin besteht die Philosophie).

Der Zauber` des Stils liegt für Flaubert nicht allein in seiner Übereinstimmung mit irgendeiner Realität: Idee, Gefühl oder Gegenstand; was er bei den klassischen Schriftstellern findet, ist eine peinlich genaue Aufmerksamkeit gegenüber dem Rohstoff der Literatur: der Sprache. Aber sein Besessensein von Sätzen, von dem seine Mutter sagte, es habe ihm die Gefühle abgetötet, ist die eines Malers für die Farben, die Gegenstände, nicht die eines Redners oder Puristen. Manchmal spricht er von der Sprache, als ob die Sprache nichts anderes aussagte als sich selbst: »Für dieses Buch *(Madame Bovary)*, das nur ein Stil ist, ist der Stil selbst die ständige Gefahr. Der Satz berauscht mich, und ich

---

[8] »Es ist geschafft. Ich habe nur noch ungefähr zehn Seiten zu schreiben, aber ich habe schon alle Satzschlüsse.« (Brief an Gautier)

verliere die Idee aus den Augen.« (IV, 455) Das bedeutet, daß er den Stil nicht, mit Buffon, als »Ordnung und Bewegung, die man in seine Gedanken bringt« definieren kann, noch die Idee als den Gegenstand einer Intuition des Intellekts; sie ist nicht schon vor dem Ausdruck da: »die Form und die Idee sind für mich eins«; sie läßt sich nicht einkreisen, denn sie ist eine Erwartung, eine Intention; »je weiter ich gehe, desto unfähiger fühle ich mich, die Idee wiederzugeben« (II, 206). Nirgends zeigt er vielleicht besser, was ihn von den Klassikern trennt – und Mallarmé annähert –, als in diesem Axiom: »Man muß immer an den Stil denken und so wenig wie möglich schreiben, nur um die Erregung der Idee zu dämpfen, die eine Gestalt annehmen will und die sich ruhelos in uns dreht, bis wir für sie eine genaue, treffende, *ihr selbst entsprechende* Gestalt gefunden haben.«[9] Der unbedingte Glaube, von dem Maupassant spricht, »daß es nur eine einzige Weise gibt, eine Sache auszudrücken«, wird also nur deshalb die Quelle so vieler Schwierigkeiten, weil der geistige Hintergrund, auf den sich eine solche Gewißheit im allgemeinen gründet, für Flaubert zu existieren aufgehört hat; er kann sich auf nichts beziehen, was vor dem Stil läge. Er weiß es und sagt es, aber er wünscht, es wäre anders; dann »verzehrt er sich in Plänen« (»wenn der Plan gut ist, stehe ich Dir für den Rest gerade«; leider nein!), häuft Entwürfe, wie wenn er hoffte, sich dadurch von der einzigen Arbeit zu befreien, die wichtig ist: der Arbeit am Ausdruck. Aber wenn es wahr ist, daß er in *Madame Bovary* nur eine Absicht hatte: »Einen Ton wiederzugeben, die Schimmelfarbe des Lebens der Kellerasseln«, und wenn nach den Worten Prousts »der Verstand bei ihm Vibration eines Dampfschiffs, Farbe des Schaums, Insel in einer Bucht werden will«[10], wie hätte er sich über das Wesen dieser Vorarbeiten, ja über alle die Tugenden täuschen lassen, die man so gerühmt hat? »Es ist eine Gewalttour, glaube ich – was die Knappheit und Klarheit anlangt –, was aber nicht hindert, daß es gräßlich ist« (III, 3).

Es kommt vor, daß er sich der anderen Seite zuwendet, zu den »Dingen«, und Zuflucht bei einer Beobachtung und Dokumen-

---

9   Hervorhebung von mir
10 »A propos du style de Flaubert«, NRF, 1. Januar 1920

tation wissenschaftlichen Charakters sucht; sehr häufig geht er bei seiner Erforschung der Wirklichkeit ganz ähnlich vor wie einer, der Karteikarten anlegt. Allein ebenso wie seine Behandlung der Sprache nur scheinbar an die der Klassiker anknüpft, ist es oberflächlich, seine Weise, an die Welt heranzugehen, als naturalistisch zu bezeichnen. Gerade das Übermaß seines dokumentarischen Ehrgeizes – man denke etwa an die Auskünfte, die er von seinen Korrespondenten mit einer bizarren Genauigkeit erbittet – offenbart den Unterschied. Sein Wille zur Präzision erreicht mit *Bouvard et Pécuchet* die Halluzination: »Ich werde ihre geologischen Exkursionen unternehmen«. Man braucht nur die Briefe und Reiseberichte dieses angeblichen Romanciers der Beobachtung zu lesen, um sich von seiner Unfähigkeit zu überzeugen, alle die flüchtigen, deutlichen Zeichen zu entdecken, die die Welt demjenigen gibt, der sie zu sehen versteht; keiner hat weniger als er den stendhalschen Sinn für das Faktum, das Bruchstück der Unterhaltung, die einen Menschen, ein Milieu sichtbar machen. Er ist umständlich wie ein Fremdenführer.

Wenn man das Unglück des Realismus, der das Inventar einer schon fertigen, schon gesehenen Realität gibt und sich damit zwingt, die Literatur mit dem Manierismus des Schreibens zu verwechseln, bei Flaubert lebhafter als irgendwo anders fühlt, dann deshalb, weil er ihn als eine Sackgasse, nicht als ein Rezept erlebt. Um sich zu trösten, träumt er von einem Buch, das nur Stil wäre, das seine völlige Gleichgültigkeit gegenüber dem Gegenstand aussagte; allein er schreibt deswegen doch keine Gedichte, sondern Erzählungen, Romane und sogar Boulevardstücke. Er entfremdet sich in der Sprache, hört aber darum nicht auf, sich auf eine psychologische und soziale Realität beziehen zu wollen. Kurz, er schwankt zwischen Mallarmé und Zola. Das auch deswegen, weil er weiß, daß er am Ursprung einer neuen Kunst steht: »die Prosa ist gerade gestern entstanden; das muß man sich klarmachen«.

Dieses Schwanken, diesen Zweifel, dieses Unbehagen findet man in der Beziehung zwischen seiner Literatur und seinem Leben wieder. Sehr bald akzeptiert er sich, wie er ist, mit einer bitteren Genugtuung; mit fünfundzwanzig Jahren ist er schon sechzig

Jahre alt. Er widmet sich der literarischen Arbeit mit einer außergewöhnlichen Ausdauer, manchmal sogar mit Heftigkeit, ohne daß sie jemals für ihn eine ihn befreiende Leidenschaft gewesen wäre. Eine bestimmte Vorstellung vom Schriftsteller, dessen Beruf es ist, Bücher zu schreiben, stammt unbestreitbar von ihm, indes ist er weit davon entfernt, Handwerker sein zu wollen; er weiß zum Beispiel, daß er alles, was er seinen Büchern gibt, seinem Leben entzieht. Er unterscheidet sich nicht nur von den anderen Menschen, sondern auch von den anderen Schriftstellern, und eben das ist es, was Louise Colet so aufbringt; er macht seine Rendezvous in Mantes eher von dem Kapitel, das beendet werden soll, als vom Kalender abhängig, er behauptet, daß er nur dann schreiben könne, wenn er es sich versage, wie die anderen zu leben, daß man sogar nur von dem gut sprechen könne, was man sich zu erleben versagt – als ob die Handlungen und Gefühle den Gebrauch der literarischen Sprache vergeblich oder unmöglich machten. Er würde sich also die Einsamkeit und die Untätigkeit auferlegen, um seine ästhetischen Forderungen zufriedenzustellen, ohne daß diese Entscheidung etwas von Heldentum an sich hätte: der *vates* wird zum *Einsiedler*.

Allein, diese Strenge überzeugt nur halb; solch radikale Entscheidungen wirken künstlich, und wir spüren den Konflikt zwischen Leben und Literatur besser bei Stendhal und bei Malraux, die sich dem einen wie dem anderen gewidmet haben. Ist es tatsächlich *Madame Bovary*, der Flaubert Louise Colet opfert, ist es nicht vielmehr seine Mutter?[11] Und dann, was opfert er eigentlich? Irgendeine Beamtenkarriere wie die Ernest Chevaliers. Auf seiner Orientreise benimmt er sich wie jeder beliebige

---

11 An Louise Colet schreibt er: »Wenn ich nicht nach Paris kommen kann, wie Du es wünschst, so deshalb, weil ich hierbleiben muß. Meine Mutter braucht mich; schon die kürzeste Abwesenheit tut ihr weh. Was für andere nichts wäre, ist für mich viel«, usw. Ein anderes Mal bittet er sie: »Von Donnerstag an adressiere Deine Briefe an mich bitte so: An Herrn du Camp bei Herrn G. F., weil man glaubt, daß die Briefe, die ich jeden Tag von Dir bekomme, von ihm seien, und wenn er hier ist, würde es sonderbar erscheinen, wenn ich trotzdem welche erhielte; man könnte mich ausfragen.«
Mit fünfzig Jahren schreibt er an Frau Schlésinger, seine große platonische Liebe, auf deren Besuch in Croisset er hofft: »Ich würde Sie so gern bei mir empfangen, Sie im Zimmer meiner Mutter schlafen lassen!« (VI, 1335)

Bürger (welch ein Unterschied zu Nerval!), dem der Tourismus bald auf die Nerven geht, monatelang träumt er von einer mit einer »üppigen Kurtisane« verbrachten Nacht. Seine Verachtung für das bürgerliche Leben hat übrigens nichts Radikales, wie man sich denken kann; »Beduine, solange Sie wollen; Bürger, niemals« (IV, 455), erklärt er großartig, aber er kann sich sehr wohl wegen seiner Renten beunruhigen, kann sehr gut seine familiären Pflichten erfüllen und hat meines Wissens niemals die »entrée du Garçon« im Salon der Prinzessin Mathilde vollführt.

Daher erwartet er nichts von der Literatur, aus dem Grund, weil er sein Leben schon eingesetzt hat, aber er widmet sich ihr völlig; er arbeitet seine Bücher aus wie ein Handwerker sein Meisterstück, aber er verachtet aufrichtig sein Schriftstellertum.[12] Man versteht, daß er mit dieser widerspruchsvollen Haltung keinen Anlaß hat, glücklich zu sein. Selbst wenn er schreibt, läßt er sich keinen Ausweg: er überwacht, er überlistet sich nicht mehr, als er den Leser überlistet; zur gleichen Zeit wie er schreibt, liest er, was er schreibt, er läßt niemals seinen Satz laufen, er nimmt sein Buch vor und liest das Geschriebene noch einmal laut, mit wechselndem Tonfall, er schreibt es immer wieder ab, als ob er Angst hätte, sich zu verlieren. Was der Dichter durch eine Art Gnade empfängt – zumindest soll er diese Illusion vermitteln –, sucht Flaubert durch die Arbeit zu erlangen. »Ich bin nur Literatur, und ich kann und will nichts anderes sein.« Diese Worte, die Kafka gesagt hat, und die von Flaubert sein könnten, passen auf Kafka schlecht, auf Flaubert aber sehr gut. Wenn er es sich versagt, sein Laboratorium zu verlassen, und Worte sucht und Rhythmen ausprobiert, dann deshalb, weil die Sprache, um ein fruchtbarer Vermittler zu sein, darauf verzichten muß, nur ein Mittel zu sein. Wenn er sich mit genügend Verbissenheit an sein Unternehmen bindet und sich in sein System einschließt, glaubt Flaubert alles wiederzufinden, was er verliert. Es ist also besser,

---

12 Vgl. den berühmten Brief vom 26. Juni 1852, in dem er du Camp antwortet, der ihn nach Paris holen will, wo Ruhm und Ansehen zu erwerben sei: »*Bekannt zu werden* ist nicht meine Hauptsorge ... Ich habe besseres im Sinn, nämlich, mir selbst zu gefallen ... Die Lorbeeren, die man sich da (in Paris) aus den Händen reißt, sind ein bißchen mit Scheiße bedeckt, darüber wollen wir uns doch klar sein«, usw.

in Croisset zu leben, als in Indien. Um diesen Preis wird *Madame Bovary* wahrer sein als alle Reiseberichte, die *Education sentimentale* autobiographischer als *Novembre*, und *Bouvard et Pécuchet* wird den Klang eines anklagenden Bekenntnisses haben.
Inwieweit ist Heuchelei in dieser Haltung? Flaubert teilte mit ziemlich vielen Zeitgenossen die Vorstellung von einem literarischen Absoluten, das grundsätzlich eine bedingungslose Hingebung fordert; er *schreit* seine Sätze heraus wie ein Mönch seine Lobpreisungen: die Kunst wird die Welt retten, und den Künstler mit ihr. Aber glaubt er das wirklich? Die Art des besessenen Akkordarbeiters liegt ihm gewiß viel mehr als die des Hohenpriesters, der *Schmöker* mehr als das *Buch*. Er hört nicht auf, sich darüber zu ärgern, daß man in der *Madame Bovary* »allzusehr die Schrauben bemerkt, die die Bretter des Kiels zusammenhalten«, daß sie »mit dem Lineal gezogen, ins Korsett gesteckt und zum Ersticken verschnürt« ist, aber er fährt unermüdlich nach derselben Methode fort – nach der Methode, die sich überall um ihn herum bewährt, in seiner Familie, die er bewundert, in dem Handel, der Industrie, der etablierten Ordnung, die er verachtet bei allem geheimen Einverständnis; Croisset ist nicht weit von Rouen, die Aktie *Arbeit* ist die sicherste.
Aber es ist eine merkwürdige Arbeit, die Flaubert für die seine hält: er verwandelt nicht, er verleiht den Dingen eine neue Substanz. Die Eroberung des Wirklichen scheint ihm nämlich schon vollzogen zu sein. Man sehe *Madame Bovary* an: Aus Voltaire ist Homais geworden, der Aufstand der Romantik endet in den albernen Träumereien eines Notariatsschreibers, Balzacs Finanzmänner hatten wenigstens Format, Lheureux ist nur ein kleiner Schuft; nirgends fixe Ideen – man begegnet niemals Menschen von einem solch besessenen Willen, daß sie es fertigbringen, eine Leidenschaft in Macht zu verwandeln –, sondern keiner kann sich den Gemeinplätzen entziehen; es gibt keine Helden: »zum ersten Mal wird man einen Autor sehen, der sich über seine jugendlichen Helden mokiert«. Fern von den anderen, von einer objektiven Welt, die man nur auszusagen brauchte, von einem Publikum, das man nur zu rühren brauchte, fühlt sich Flaubert der Sprache umso näher, als er sie mit all der Kraft, mit all der prachtvollen Selbstgenügsamkeit ausstattet, die der

Welt für immer fehlen wird. Man müßte die Welt, so wie sie ist, zwingen, sich in Literatur zu verwandeln, müßte die Substanz der Dinge in verbale Substanz übersetzen. Was für eine Sprache setzt das voraus?
Wenn ich mich der Worte nur bediene, heißt das, daß ich nur die Absicht habe, mich der Gegenstände zu bedienen: das wäre das Reich der Instrumentalität. Wenn ich der Sprache jede Autonomie versage, leugne ich zugleich die nackte und überwältigende Gegenwart der Wirklichkeit und reduziere sie auf den bloßen Gebrauch, den ich von ihr mache. Aber Flaubert beabsichtigt nicht, sich der Dinge zu bedienen; wenn er dazu gezwungen wird, gerät er in Zorn. Das ist auch der Grund, aus dem es ihm widerstrebt, für einen Schriftsteller zu gelten, der sich der Worte bedient, ihre Wirkungen kennt, eine Rhetorik anwendet und sich auf ein Publikum bezieht. »Ich bin ganz einfach ein Bürger, der zurückgezogen auf dem Lande lebt, und beschäftige mich mit Literatur«, bekennt er am liebsten.
Aber wenn er aus der Sprache nicht ein Zeichensystem im Dienst einer Realität machen will, will er auf der anderen Seite die Wirklichkeit auch nicht in Rede verwandeln. Was ihn fasziniert, ist der Stoff der Dinge, ihre verzaubernde Gegenwart und ihr Zerfall, der ganz von Materie durchdrungene Sinn, der die Farben, die Düfte, die Träume schafft. Um nach den Widersprüchen die Lösung zu entdecken, die Flaubert ihnen zu geben versucht hat, genügt es, *Madame Bovary* zu lesen.
Man findet es normal, Aufschluß über einen Politiker in seinem Verhalten gegenüber der Macht, den Interessen, den Institutionen zu suchen, über einen Maler in der Weise, wie er den Raum und die Gegenstände behandelt; warum haben es die Kritiker so eilig, ihr Loch in die Wand aus Sprache zu schlagen, die der Schriftsteller aufgerichtet hat, um dahinter den Menschen zu wittern, den sie verdecken soll? In dieser Haltung ist viel von Verachtung für die Literatur, der man doch zu dienen scheint. Was Flaubert betrifft, der so ganz Schriftsteller hat sein wollen, so lernt man, wie Proust es geahnt hatte, mehr über ihn, wenn man seinen Gebrauch der Verben untersucht, als wenn man seine karge Biographie zusammensetzt. Seine Schwierigkeiten, seine Entscheidungen, seine Leidenschaften, seine Kämpfe, seine psy-

chologischen und gesellschaftlichen Irrwege, man muß sie in seinen Akten des Ausdrucks lesen. Die Sprache bleibt die einzige Wirklichkeit, an der sich zu messen er bereit ist. Er mauert sich mit *Madame Bovary* ein. Absichtlich oder ohne es zu wissen, muß er sich da ganz preisgeben. Wenn wir ihn fassen wollen, müssen wir in das Innere des Gefängnisses vordringen.

II

Mehr als ein großes Buch verschleiert seinen wahren Gegenstand – doch *Madame Bovary*? »Die Unausgeglichenheit einer Seele zeigen, die zwischen ihren Träumereien und der Realität hin- und herschwankt, ihren Weg zum Ehebruch und dann zum Selbstmord«: so viel zum Titel, nach einem Flaubert-Spezialisten[13]; was den Untertitel betrifft, *Moeurs de Province*, so soll er dazu einladen, hinter der Biographie (mit moralisierender Tendenz) eine Milieustudie (mit karikaturistischer Tendenz) zu suchen. Die Gleichung ist bekannt: Flaubert, das ist der Realismus. Kein Geheimnis also: ein Mann, der fünf Jahre lang damit beschäftigt ist, in einer sozialen Realität eine psychologische zu beschreiben.

Aber man kommt in dem Moment in Schwierigkeiten, in dem man sich vornimmt, diese Realitäten zu definieren. Thibaudet deutete das an, als er behauptete, *Madame Bovary* sei mehr als eine Biographie, sei der Roman der menschlichen Biographie; Jules de Gautier hat es energischer ausgedrückt, indem er den Begriff des *Bovarysme* schuf[14], um die Berufung, die die meisten Personen Flauberts gemeinsam haben, zu bezeichnen: die Suche nach einer Form, sei es, daß sie sich eine Attrappe ausborgen und sie parodieren, sei es, daß sie eine gesellschaftliche Rolle übernehmen und sich in ihr bisweilen entfalten. Wenn es schwierig ist, zum Beispiel die Personen zu definieren, die Flaubert seine *Kleine Frau* und diesen *Dummkopf* von Léon nannte, dann nicht deshalb, weil sie zu komplex oder zu viel-

---

13 René Dumesnil, *Gustave Flaubert*, 3. Aufl., S. 337
14 Den er ein bißchen naiv definierte als »das dem Menschen verliehene Vermögen, sich anders zu verstehen, als er ist«.

schichtig wären; aber sie lassen sich verführen, von imaginären Konstruktionen einfangen: Emma zerstört einen privaten Mythos nur, um einen anderen mit Leben zu erfüllen; sie tut das – und das ist das einzige Zeichen, das sie von ihrer Umgebung unterscheidet – mit einer leidenschaftlichen Intensität, die sich am Ende überstürzt und in Raserei umschlägt, wenn die Mythen verfallen und sie aufhört, sich von ihnen betrügen zu lassen. Wie könnte der Leser in den Personen dieses Stils einen festen Kern oder das einfache Verbindungsprinzip finden, das die Einheit eines Verhaltens garantiert und das man als Charakter bezeichnet? Ihr Leiden ist es gerade, sich nicht auf dergleichen beziehen zu können, weil ihnen Flaubert eine solche Sicherheit als Heilmittel für die *Leere,* die sie in sich selbst wahrnehmen, verweigert hat. Das bedeutet freilich nicht, daß sie sich in jedem Moment neu erfinden; nichts ist weniger frei als diese Menschen, selbst beim Scheitern. Keine Spontaneität, keine Initiative; wenn Emma sich entschließt, zu lieben oder zu fliehen, dann ist es, als ob ihre Träume plötzlich zu schwer würden und sie ins Handeln stürzten. Von den ersten Seiten des Buches an läßt sich schon das Schicksal der Personen an ihrer Ohnmacht, an ihrer Kleidung ablesen, aber mehr wie ein Parfum, das verfliegt, als wie eine geheimnisvolle Kraft der Entfaltung. Man könnte sich ebenso wenig auf irgendeinen Determinismus berufen, und man muß es Flaubert danken, daß er den großen wissenschaftlichen Mythen des 19. Jahrhunderts nicht geglaubt hat: der Vererbung und dem Einfluß der Umwelt. Aber im Unterschied zu den zeitgenössischen Romanschriftstellern, die sich gleichfalls, viel systematischer, weigern, zu einer psychologischen oder gesellschaftlichen Kausalität Zuflucht zu nehmen, ist Flaubert weit davon entfernt, ein Leben auf eine einfache Folge von Verhaltensweisen, ein Sein auf den zusammenhanglosen Fluß seiner Erscheinungen zu reduzieren; selbst die unbeständige Emma bleibt immer an die Phantasien ihrer Jugend gebunden, und wenn Flaubert zum Beispiel über Charles und die Wollust spricht, die er in seinem Schmerz gefunden habe, scheint er ihn plötzlich heller zu beleuchten, nicht aber uns einen wirklich unerwarteten Aspekt zu enthüllen. Wenn er schließlich seinen Roman unter »das ist die Schuld des Schicksals« stellt, dann zeigt dieses Schicksal nichts Übermenschliches noch Tragisches; es wäre vielmehr unter-menschlich, und man müßte seine Zeichen in einem dumpfen Leben der Dinge und der Orte finden, das sich hinter dem Bericht von den Ereignissen regt.

Man sieht, die Personen Flauberts, weder Charaktere, die man analysieren, noch Verhaltensweisen, die man registrieren könnte, weder biologische oder soziale Produkte, noch schöpferische Spontaneitäten, sind nicht leicht zu fassen. Man wird also in *Madame Bovary* ein diffuses Vorhandensein des Psychologischen erkennen; versagt man sich, es zu lokalisieren, dann hat man wenigstens den Gewinn, in dem Roman mehr als die Leiden einer unglücklich verheirateten Frau und sogar mehr als die Odyssee einer in eine unerreichbare Fülle verliebten Seele zu suchen.

Wenn schon eine abgegrenzte, sofort erkennbare psychologische Realität nicht gegeben ist, finden wir in dem Werk dann eine soziale Realität, die in dieser Weise definiert wäre? Der erste Text, den Flaubert veröffentlicht hat, *Une leçon d'histoire naturelle, genre Commis* – oder Beschreibung des Büroangestellten in der Manier eines Entomologen –, bewies schon mehr als seinen Geschmack an der Beobachtung, seine Leidenschaft für die Karikatur. Und selbst in einer Genreszene wie der der Jahresversammlung der Landwirte von Yonville geht er über das Sittenbild hinaus und erhebt sich, wie Thibaudet gut gesehen hat, zu einer Art Dialektik des Gemeinplatzes. Es ist wahr, daß sich jeder große Romanschriftsteller fragt, was diese Gesellschaft, die er zum Ausdruck bringt, *bedeutet*, aber was gerade an *Madame Bovary* erstaunt, ist, daß sich Flaubert nicht die Mühe macht, die wesentlichen Kräfte ans Licht zu bringen, die das augenscheinliche Funktionieren des sozialen Lebens maskiert. Er analysiert die Gesellschaft ebensowenig, wie er die Individuen analysiert, und aus demselben Grund: er stellt sich das Soziale nicht als eine Realität vor, die von außen auf die Menschen einwirkte und die zwar ihre Gesten und Gedanken beherrsche, ihnen aber zugleich die Möglichkeit ließe, sich offen gegen sie aufzulehnen; sondern wie eine Luft, die sie zugleich hervorbringen und einatmen und die bis in ihre träumerische Innerlichkeit eindringt. Die wütende Aufmerksamkeit, die Flaubert auf die Sprache aller seiner Gestalten wendet, und die Mühe, die er sich macht, uns für jede von ihnen Muster zu liefern, hängen mit der vor einem Jahrhundert revolutionären Anschauung zusammen, die in dem Gesellschaftlichen eine Dimension der Person und nicht nur ein System von objektiven Kräften und sogar von Leidenschaften sah; man denke unter vielen Beispielen an das erste Zusammentreffen Emmas und Léons im Gasthaus: sie glauben, ihre süßen Geheimnisse preiszugeben, verraten aber nur ihre gesellschaftliche Stellung; ohne daß sie es wissen, schlägt sie sich in der Konkretion des Menschlichen nieder, die aufhört, dem Bereich des nur Pittoresken anzugehören: dem individuellen Sprechen. Dieser Verhexung entkommt keiner: weder Emma noch Homais; die Liebesworte Rodolphes stehen so neben der Rede des Regierungsrats.

Das Psychologische durchdringt alles, das Gesellschaftliche wird ins Innere verlegt – wir haben hier das genaue Gegenteil eines Realismus, definiert als Inventar einer Realität in der dritten Person. Aber das Erstaunlichste ist nicht, daß Flaubert sich einem solchen Realismus zu entziehen vermag, sondern daß man mit der Kritik des Vorurteils, das den einen an den anderen bindet, beginnen muß. Denn er selber wußte sehr gut, an was er sich zu halten hätte. »Man glaubt, daß ich in die Wirklichkeit verliebt bin, während ich sie verabscheue«, ein Geständnis unter vielen, das seine Ästhetik begründet: »die Vorfälle der Welt erscheinen dem Romancier, sobald er sie wahrnimmt, wie für den Gebrauch einer zu schildernden Illusion transponiert, und in einem solchen Maße, daß alle Dinge, seine eigene Existenz einbegriffen, keinen anderen Nutzen zu haben scheinen«.[15] Wenn er die Wahrheit sagt, und wenn wir sein starrköpfiges, schmerzhaftes Unternehmen verstehen wollen, empfiehlt es sich – was er selbst hundertmal nahelegt –, viel mehr als diese Wirklichkeit, die er verabscheut, das zu befragen, was sie für ihn werden könnte: ein Stil.

Proust hat in einem berühmten Artikel[16] von dem »großen rollenden Trottoir der Flaubertschen Seiten mit ihrem ununterbrochenen, monotonen, trübseligen, endlosen Vorbeiziehen« gesprochen; er

15 Vorwort zu *Dernières chansons* von L. Bouilhet.
16 Vgl. Fußnote 10

hat gezeigt, durch welche stilistischen Neuerungen und durch welche leichten, aber systematischen Deformationen der Syntax sich Flaubert sofort kenntlich gemacht hat: *Adverbien* werden an den Schluß eines Satzes verwiesen, wie um ihn zu beschweren, oder dahin gesetzt, wo man sie am wenigsten erwartet, um »die Löcher zu stopfen«; die Konjunktion *et* beginnt einen untergeordneten Satz, um anzuzeigen, daß »die zurückflutende Welle sich von neuem schließen wird«; *erlebte Rede,* um die Reden und die Handlungen in denselben anonymen Fluß zu verschmelzen und in gleicher Weise das Wort des Autors und den Blick des Lesers in einer vergeblichen Ewigkeit aufgehen zu lassen; *frequentatives Imperfekt,* Zeit der Dauer, die die Dinge wirksam macht, die menschlichen Gefühle und Gesten dagegen stocken läßt. Sicher, »die hermetische Kontinuität des Stils« wird in *Madame Bovary* noch von einer allzu sichtbaren karikierenden Absicht unterbrochen, von Worten des Autors, und in den schlechtesten Partien von Beschreibungen, die ihrem Gegenstand ganz äußerlich bleiben: all das beweist, daß der zusammenhängendste Stil weder das Produkt einer bewußten Wahl noch einer Laune ist.
Wenn man versucht, diese Bemerkungen zu vervollständigen, so sieht man, daß sie alle in dieselbe Richtung gehen. Flaubert verachtet das Präsens, das streng objektive und lokalisierte Tatsachen feststellt, oder aber eine atemlose, wie von dem bevorstehenden Augenblick verschlungene Zeit ausdrückt. Sein *passé simple* hat nicht den logischen und beruhigenden Wert, den ihm die Erzählung im allgemeinen verleiht; es bezeichnet ein Schauspiel, von dem man nicht so recht weiß, für wen es gegeben wird und wer an ihm teilnimmt (zum Beispiel: »ein metallisches Röcheln schleppte sich [se traîna] durch die Lüfte«, usw.). Was das *ewige Imperfekt* betrifft, dessen schwere und düstere Bewegung man niemals vergißt, so faßt es alles in seiner unbegrenzten Dauer zusammen (»Man hatte sich Adieu gesagt, man sprach nicht mehr; die weite Luft umgab ihn (...). Sie lächelte darunter bei der lauen Wärme; und man hörte die Wassertropfen, einen nach dem anderen, auf den ausgespannten Moiré fallen«), wenn sich der Satz nicht hart wie eine Welle bricht und in kurzen Sätzen im Perfekt zurückfällt. Dieser magische Rhythmus der

Perioden und Zäsuren, das langsame und verborgene Aufsteigen, dann das Zurücksinken erzwingen ein schleppendes Zeitmaß der Dinge, die in dem Augenblick zerfallen, in dem man erwartet, sie endlich reifen zu sehen. Noch mehr, sie bedeuten, daß das Schicksal hier nicht auf eine Realität hinter unserer Welt, sondern auf eine Dauer gegründet ist; merkwürdigerweise werden zu Beginn der *Madame Bovary* Erinnerungen beschworen: »Wir waren bei den Aufgaben (...). Es wäre jetzt keinem von uns mehr möglich, sich an irgendetwas von ihm zu erinnern«, und man weiß, daß im folgenden niemals mehr von diesem *uns* die Rede sein wird. Aber das ist schon genug: der ganze Roman ist damit unter das Zeichen einer kollektiven Erinnerung gestellt, die beinahe sofort aufhört, von einem Subjekt getragen zu sein, und, anonym geworden, die Gefühle und Handlungen, die Ereignisse und die Dinge sich spontan in Sprache organisieren läßt, als ob sie die Zeit aus sich selbst absonderten und man an ihnen »diese Verlängerung der Perspektive, die die Erinnerung den Objekten verleiht«[17], ablesen könnte.

Madame Bovary erscheint also wie ein absichtlich monotones und schwerfälliges Lied: die Tatsachen kündigen sich von weither an, die Themen werden immer wieder aufgenommen, sie verlieren nur die Weite ihres Ausschwingens, die Schicksale erfüllen sich von selbst, und der fiebrigen Sinnlichkeit Emmas gelingt es nicht, eine immer wieder einsetzende Klage zu brechen.

Man sieht, daß man nicht vom Stil sprechen kann, ohne sofort auf eine Weltansicht verwiesen zu werden; es läuft also auf das Gleiche hinaus, die Art und Weise, in der Flaubert die Sprache verbiegt, oder die Originalität seiner Beziehung zu den Dingen zu analysieren; also würde, wie man sich denken kann, eine stilistische Analyse vor allem die Anstrengung Flauberts bestätigen, eine Realität fühlbar zu machen, die von derjenigen verschieden ist, die sich die Sprache gewöhnlich kenntlich zu machen bemüht. Wenn die Sprache einer neuen Aufgabe verpflichtet wird, muß sie eine Metamorphose erfahren, die ihr verbietet, ein leerer Schmuck zu sein, der sich über den Stoff der Dinge erhebt; Flaubert muß sie also ihrerseits verstofflichen, beschweren, ihren Aufschwung brechen und den Ruin in ihren Trium-

---

17 *Madame Bovary*, Zweiter Teil, Kapitel 5

phen selbst ansiedeln, wie in den Dingen, für die er uns eine nur umso zwingendere Entsprechung zu geben bestimmt ist. Die Worte werden also mehr als ein durchsichtiges Glas, aber weniger als ein neuer Stoff – denn die Sprache ist menschlich, und es ist sicher nicht der Ruhm des Menschen, den es zu feiern gilt. Vergessen wir nicht, daß *Madame Bovary* daraus entstanden ist, daß die Sprache in den Anklagezustand versetzt wurde, und daß Flaubert den ganzen Roman über nicht aufhört, zugleich ihre Macht und ihre Unbeständigkeit zu zeigen. Zu ihrem Unglück ist Emma in eine Wortwelt getaucht, und es sind immer die Worte, die sie verführen; mit Léon: »ein fortgesetzter Austausch von Büchern und Romanzen«; mit Rodolphe: »ihr Selbstbewußtsein dehnte sich wollüstig in der warmen Flut dieser Sprache«.[18]

Warum sollte man also, und wäre es in sensationellen stilistischen Neuerungen, eine Ausdrucksverwandlung lokalisieren wollen, die radikal genug ist, um ihr Instrument in Frage zu stellen? Außerdem ist der Stil eines Autors eine Gesamtheit von Zügen, die uns hilft, ihn zu kennzeichnen: das Gesicht ist es, was uns ein Handwerker von sich selbst zeigt – und das er selbst nicht ohne Wohlgefallen betrachten kann –, nicht seine Hand, die arbeitet. Der Vorteil, den Flaubert aus den Mitteln der Sprache zieht, ist offensichtlich einer grundsätzlichen Bedeutungsintention untergeordnet, die jetzt gefunden werden muß. Dazu fordert uns der sorgfältige Kommentar Léon Bopps auf.[19]

Man hat oft auf die Vorliebe Flauberts für die grotesk-traurigen Gegenstände hingewiesen: die *Mütze*, die, das Buch eröffnend, seine ganze Perspektive und nicht nur die schwerfällige

---

18 Auch Charles, der Schwätzer, hätte seine Chancen gehabt. Sein verschlafenes Schweigen regt nicht zum Träumen an; aber wenn er redet, ist es noch schlimmer. Er schreit *Charbovari*, als er nach seinem Namen gefragt wird, stottert »Vater Rouault, Vater Rouault...«, als er um Emmas Hand anhalten will; später schreibt er an Rodolphe, daß Emma »zu seiner Verfügung steht und daß er auf sein Entgegenkommen rechnet«, und antwortet auf die Anzeige von Léons Heirat mit Fräulein Léocadie Lebeuf: »Wie glücklich wäre meine arme Frau gewesen!« usw. Diese Unfehlbarkeit in der Ungeschicklichkeit ist sein Schicksal.

19 Léon Bopp, *Commentaire sur Madame Bovary*, Paris 1951

Lächerlichkeit Bovarys ankündigt, die *Torte* bei dem Hochzeitsessen und das großartige *Spielzeug* der Kinder Homais, dessen lange Beschreibung Flaubert auf Bouilhets Drängen wieder strich; aber dieses Beiwerk ist nur der auffälligste Aspekt dieser »Voreingenommenheit für die Dinge«, wie sie sich in *Madame Bovary* verkörpert; Bopp macht ein ganzes Netz von Schlüsselobjekten sichtbar, in denen sich Sehnsüchte und Enttäuschungen kristallisieren, das Wesen der Provinz sich niederschlägt und der Verfall einer Zeit sichtbar wird. Wir erinnern nur an den *Hochzeitsstrauß*, den Emma verbrennt, als sie Tostes verläßt (wo sie bei ihrer Ankunft einen gleichen Strauß entdeckt hatte, der von der ersten Frau Bovarys stammte), an den *Pfarrer aus Gips*, der in dem Garten von Tostes zu zerbröckeln beginnt und während des Umzuges zerbricht, und an das *Zigarrenetui*, »mit grüner Seide gestickt und auf der Mitte der Oberseite mit einem Wappen geschmückt«, das Charles bei der Rückkehr vom Ball bei den Vaubyessard auf dem Weg entdeckt, und dessen »Duft einzusaugen« Emma liebt: alles Objekte von symbolischem Wert.

Und da man eine Gestalt nicht aufgrund ihres Charakters, selbst nicht aufgrund ihrer Gefühle identifizieren kann (»mein Ehemann liebt seine Frau ein wenig in derselben Weise wie mein Liebhaber«, bemerkt Flaubert), und da jede an einer gleichen grundlegenden Unzulänglichkeit leidet, sind es, im besonderen bei Emma, Zeichen, die sie ankündigen: ihre so oft wiederholten Aufenthalte am Fenster, ihr Hängenbleiben – das Kleid, das sich in den Disteln, im hohen Gras verfängt –, ihre Ohnmachten, ihr unwiderstehliches Verlangen, sich auf jemanden zu stützen (sogar auf Homais' Schulter, als sie spürt, daß sie sich in Léon verliebt, oder auf die ihres Ehemannes während ihres Abenteuers mit Rodolphe): unter vielen anderen Zeichen läßt sich gerade hieran die bedrückende Gegenwart Emmas erkennen, bis sie sich beim Ankleiden der Toten durch dieses letzte Zeichen vollendet: ein schwarzes Erbrechen.

Es gibt noch andere Zeichen, die die wenigen Ereignisse begleiten, die aus der kompakten Monotonie der Erzählung herausragen: den großen Sprung, den Bovarys Pferd zur Seite macht, als dieser zum ersten Mal in das Gut Bertaux kommt, um den alten Rouault zu versorgen; den Fensterladen, der die günstige

Antwort Emmas auf seinen Heiratsantrag ankündigt; das Barometer, das von der Wand fällt, als Emma ihren Mann nach seinem unglückseligen chirurgischen Versuch haßt; den zerrissenen Brief, der aus dem Fiaker fliegt; und vor allem die *Laute in der Ferne*, »das Gackern einer Henne aus der Ferne, die irgendwo im Hof ein Ei gelegt hätte«, das der verliebte, von Emma faszinierte Bovary hört, den Schrei Hippolytes nach seiner Amputation, den zweifellos allzu symbolischen Schrei des blinden Bettlers und den schönsten, anonymen, diesen »undeutlichen und langgezogenen Schrei« nach der Liebesvereinigung, während Rodolphe, die Zigarre zwischen den Zähnen, die Zügel der Pferde repariert.

Flaubert überträgt diese seine Leidenschaft für die Gegenstände, die bei ihm unbestreitbar bis zum sexuellen Fetischismus ging[20], auf alle seine Personen: auf Emma natürlich, für die die Welt immer auf ihre sinnlichen Aspekte reduziert scheint, auf das, was man riechen, was man mit dem Blick und der Hand liebkosen kann; aber auch Charles berührt als junger Ehemann die Kämme und die Ringe seiner Frau, und als sie tot ist, verliebt er sich in ihre Kleider und kauft sich Lackstiefel für eine posthume Verführung; selbst eine Episodenfigur wie Justin sinnt über Emmas Schuhe nach, deren »Schmutz sich unter ihren Fingern als Staub ablöste«. Hat man schließlich bemerkt, daß die ersten entscheidenden Begegnungen zwischen Emma und Charles um einige Gegenstände kreisen, und daß dieses Insistieren ihnen in der Wärme und dem Dunkel des Saales, in dem sie sich abspielen, eine ganz eigentümliche erotische Resonanz verleiht?

Diese Beispiele von vielen genügen ohne Zweifel, eine Vorstellung von der Anlage des Werkes zu geben, von seinen Kraftlinien, die sich über die Einteilung in Szenen hinweg durchsetzen, von der Beständigkeit der Themen, die vor der Vielfalt der

---

20 Bei Louise Colet weckten wahrscheinlich ihre Pantoffeln die lebhaftesten Gefühle in ihm. Und in einem Entwurf zur *Madame Bovary* heißt es: »Kleine Vorfälle: Léon nimmt einen Handschuh (hält das für kühn, steigert sich da hinein). Zu verstehen geben, daß er mit dem Handschuh ..., ihn überzieht und, den Kopf darauf gelegt, auf dem Kopfkissen schläft.« In den Notizen, die Flaubert für seinen eigenen Gebrauch machte und die J. Pommier und G. Leleu zu Beginn ihrer Ausgabe der *Madame Bovary (neue Fassung)* zusammengestellt haben, finden sich tausend brutale Hinweise auf die Art und Weise, in der die Gegenstände die Sinnlichkeit erregen.

Personen da sind, von dem subtilen Spiel der gewollten und ungewollten Verknüpfungen, die diesem Gesang einer einzigen Stimme ein Beben der Lebendigkeit verleihen. Man sieht also, wie das Buch eine Existenz gewinnt, sehr verschieden von der, die wir ihm zunächst zudachten und die Flaubert in seiner Entmutigung gelegentlich in ihm sah; indes wird uns hier keine neue Deutung vorgeschlagen; es ist nur, als wenn wir plötzlich den Grund für das unkontrollierte Erschlaffen der Züge in einem vertrauten Gesicht verstünden, das uns das Herz einschnürt. Flaubert träumte davon, daß *Madame Bovary* den Eindruck der Fülle eines bebenden und atmenden Leibes geben und uns »den fein ausgeklügelten Plan, die wirkungsvollen Verknüpfungen, alle Berechnungen des Entwurfs« vergessen lassen könnte, die er zwar für nötig hielt, von denen er aber fürchtete, sie könnten allzu sichtbar hervortreten.

Wenn ein Roman mehr ist als der Bericht eines Lokalereignisses, wenn er ein Fluidum, einen Rhythmus, eine Seinsweise hat, die ihn in allen Punkten mit einem lebendigen Wesen vergleichbar machen, mit seinen besonderen Verhaltensweisen und seinen Gefühlsbereichen, dann deshalb, weil ein sofort ablesbarer Sinn von einer ganzen Bewegung getragen ist, die manchmal in einer Inszenierung, in Dialogen, in einer Formel innehält. Ein Beispiel: die soziale Bedeutung der *Madame Bovary*. Sie ist diffus, wie wir gezeigt haben, aber leicht nachzuweisen: der Aufstieg Homais' und das Scheitern Emmas lassen uns eine Bourgeoisie erkennen, die ihre Träume zur gleichen Zeit liquidiert, in der sie ihre Macht und ihre Industrie organisiert. Aber diese doppelte Bewegung sehen wir niemals ausdrücklich bezeichnet[21], sie verkörpert sich in einem Gegenstand, einem Gesicht, einem Ort. Was fasziniert Emma bei dem Ball auf dem Schloß? Ein kindischer, lallender Greis mit hängenden Lippen: »Er hatte ein wüstes Leben hinter sich, voller Zweikämpfe, toller Wetten und Frauengeschichten, hatte sein Vermögen durchgebracht und war der Schrecken seiner Familie gewesen.« Er symbolisiert in

---

21 Außer in den allerletzten Zeilen des Buchs: »Homais' Kurpfuscherei hat einen unheimlichen Umfang gewonnen. Seine Behörde duldet ihn, und die öffentliche Meinung empfiehlt ihn immer mehr. Kürzlich hat er das Kreuz der Ehrenlegion erhalten.«

den Augen Emmas den Überfluß, die Zweckfreiheit, die reine Erfüllung, und immer sind es diese Aspekte der Welt, die sie anziehen; sie sucht ihre Zeichen immer wieder in den Kirchen, in den Verlockungen zur Reise, in den Stoffen, in den Romanen und in dem Duft der Zitronenbäume, den sie einzuatmen träumt: verbotene Vergnügen in einer Gesellschaft, deren kategorischer Imperativ die Bereicherung ist, in der allein der Wucherer Lheureux[22] vollkommen ungezwungen tätig ist. Welches ist der wahre Ursprung dieser Anlage Emmas, die Wurzel ihres Bovarysmus? Flaubert entscheidet darüber nicht: das Provinzleben, der Ehemann, der sich in der Langeweile häuslich eingerichtet hat, die mittelmäßige soziale Stellung, es könnte sein, daß alle diese Übel am Ende nur Ausdruck des Unglücks sind, Frau zu sein: »Ein Mann ist wenigstens frei (...). Aber eine Frau ist fortwährend eingeschränkt (...). Es gibt immer irgendeine Sehnsucht, die verführen will, irgendeine Konvention, die zurückhält«. Allerdings wird ein solcher Gedanke nicht als Erklärung vorgeschlagen, er entsteht vielleicht ganz allein aus der Schwäche Emmas. Was die Entwicklung des Schicksals seiner Heldin zur Katastrophe anlangt, so läßt sie Flaubert immer so erscheinen, als ob der Verfall eher aus den Dingen als aus dem Bankrott der Sehnsüchte hervorginge: auf das zauberhafte Fest bei den Vaubyessard folgt der erbärmliche Kostümball in Rouen; dem mit einem schwarzen Pferd bespannten Tilbury des Vicomte, dem sinnlichen Ausritt mit Rodolphe entspricht am Ende nur noch die Fahrt durch Rouen in einem Wagen, »verschlossener als ein Grab und hin- und hergeworfen wie ein Schiff«.

Bopp weist auf eine Reihe anderer »Korrespondenzen« hin (*Madame Bovary* erscheint im selben Jahr wie *Les Fleurs du Mal*), er scheint sie aber gelegentlich für das Ergebnis allein von Flauberts künstlerischem Wollen oder seiner Leidenschaft für die Komposition zu halten. Er geht damit an dem vorbei, was sich für uns ganz deutlich aus seinem Kommentar ergibt: *Madame Bovary* ist keine Biographie, der eine Milieustudie und die Beschreibung einer Atmosphäre hinzugefügt worden wären;

---

[22] Wenn man die Bedeutung kennt, die Flaubert der Wahl der Namen beimaß, ahnt man, daß in diesem eine durchsichtige Absicht vorliegt.

man weiß nicht genau, wo das Psychologische, das Soziale, das Gefühl anfangen und aufhören; die Liebesleidenschaft, die religiösen Krisen, die Worte sind alle sozialisiert, und selbst in der Berührung mit der Natur, die die Romantiker mit einer Intuition des Seins verwechselten, sieht Flaubert nichts anderes als eine Heuchelei der Sprache. Das läuft auf die Feststellung hinaus, daß die psychologischen und sozialen Bedeutungen erst dann unbezweifelbare Realität und Ausstrahlung erhalten, wenn es dem Schriftsteller gelingt, sie in seiner Sprache sich verkörpern zu lassen, sie in den Gesten und Worten, die er mitteilt, ebenso spürbar zu machen wie in dem geringsten Gegenstand, den er beschreibt. Ein Maler, der Farbdrucke herstellt, ein naturalistischer Romanschriftsteller machen nicht so viele Umstände: der Himmel ist blau? Ich nehme Blau von meiner Palette; diese Frau ist traurig? Ich hole ein paar zarte Eindrücke aus meiner Erfahrung, ein paar Adjektive aus meinem Synonymenwörterbuch. Aber sobald es um *Ausdruck* geht, ist der Sinn Ergebnis, indirekt erzielt, nicht vorgängig gesucht.

Flaubert empfindet das, wenn er vom »Verhüllen und Verschmelzen« des Erzählten spricht, vom »Ton in Ton Malen«, oder auch davon, »das dramatische Element im allgemeinen Ton des Buchs aufzulösen«. Er weist darauf hin, wenn er behauptet: »der Stil ist ebensosehr *hinter* den Worten wie *in* den Worten«, und: »Man muß Bilder machen, muß die Natur zeigen, wie sie ist, aber vollständige Bilder, man muß das Oben und das Unten malen.« Aber um die Mühe, die ihn diese Arbeit gekostet hat, und ihren genauen Sinn zu verstehen, muß noch ihr wahrer Ursprung verdeutlicht werden.

Erinnern wir uns zunächst daran, auf welchen Verzicht die Absicht Flauberts bei der Abfassung der *Madame Bovary* sich gründet: auf den Verzicht darauf, seine Träume in prunkvolle Wortgehäuse einzuschließen und der Versuchung nachzugeben, imaginäre Szenen mit allem Glanz auszustatten; auf das Mißtrauen gegenüber einer Sprache, die nur den Rausch sucht und die Bewegung der Dinge verfälscht, die es gerade wiederaufzuspüren gilt.
In einer bekannten Briefstelle heißt es: »Wörtlich genommen

sind zwei verschiedene Leute in mir: einer, der ins Maulaufreißen verliebt ist, in die lyrischen Aufschwünge, in Adlerflüge, in alle Klangmittel der Sprache; ein anderer (...), der die Dinge, die er wiedergibt, fast stofflich fühlen machen möchte« (II, 303). Hier drückt sich mehr aus als das Eingeständnis eines Konflikts zwischen zwei Tendenzen, nämlich die Suche nach einer neuen Ausdrucksweise, die weder »lyrisch« – leerer Prunk der Sprache – noch »vulgär« – vergebliche Aufwertung der Realität – ist. Besonders da, wo es sich um Emma handelt, fühlt man bei Flaubert den Willen, seine Sprache nach der undeutlichen Sprache des Scheins zu modeln, der treu zu bleiben er sich bemüht. Denn der Sprache zu dienen – d. h. sie so viel wie möglich aussagen zu lassen – und »die Poren der Dinge« sichtbar zu machen, ist ein und dasselbe. »Es gibt unbedeutende Dinge, die mich im Innersten packen; ich verfalle in endlose Träumereien und Abschweifungen.« Das heißt doch zugeben, daß sie eben nicht unbedeutend sind. Flaubert ist nur deshalb von den Dingen so fasziniert, weil er gleichzeitig nicht weiß, was sie sind, und davon überzeugt ist, daß sie von einem Sinn durchdrungen sind, der in ihnen wohnt wie Düfte in einem verlassenen Haus, wie ein Leib in einem Kleidungsstück, das auf einem Stuhl liegt.

Dieser Sinn, man ahnt es bereits, liegt nicht in der Brauchbarkeit. »Nicht ohne ein gewisses Vergnügen habe ich meine Spaliere zerstört, alle meine Blumen zerhackt, meinen Garten verwüstet gesehen. Wie ich so all die kleinen künstlichen Einrichtungen des Menschen betrachtete, die über den Haufen zu werfen die Natur fünf Minuten gebraucht hatte, bewunderte ich, wie die wahre Ordnung sich in der falschen wiederherstellte, erblickte ich in dieser atmosphärischen Abfuhr eine Art von Rache.« Aus diesem Vergnügen Flauberts an dem Unwetter spricht sein grämlicher Dünkel, nicht eine Art baudelairescher Satanismus. Die Menschen bilden sich ein, daß ihr Belieben – Wort oder Tat – eine Ordnung aus dem Chaos hervorgehen läßt, und schon kehrt ein bißchen Hagel die Rollen um und läßt sie mit zerstreuten urweltlichen Gegenständen zurück, in denen sie wohl oder übel die Spuren ihrer Tätigkeit erkennen müssen. Die Welt des Menschen auf halbzerbrochene Melonenglocken in nasser Erde reduziert, das tröstet über vieles hinweg. Denn wer wollte eigentlich

Flaubert daran hindern, jene sichtbare oder verborgene »wahre Ordnung« der Natur zu bewundern, wenn die »künstlichen Einrichtungen« ihm Übelkeit verursachen? Warum schließt er sich in seinem Zimmer ein[23], schläft einen Teil des Tages, arbeitet nachts, und verzichtet bald darauf, »durch die Felder, an den Ufern« zu wandern? Der Gegenstand ist weder, was ich von ihm sehe, noch was ich aus ihm mache, mag sein; aber nackt, befreit von den Phantasien und der Arbeit des Menschen, was bleibt von ihm übrig? Er verfault, er ist Nachgeben, Niederlage, und die Natur, diese Summe von Gegenständen, ist nicht die feste, hierarchische, heitere Ordnung, die man uns lehrt, sondern eine große willenlose Seele, durchzogen von undeutlichen Strömungen, und mit keinen anderen Bewegungen als leichtem Auffahren und tiefem Zurücksinken. *Madame Bovary* ist nichts als eine immer wiederholte Frage: »Woher kam denn jenes Ungenügen des Lebens, jenes augenblickliche Faulen der Dinge, auf die sie sich stützte?«[24]

Was für Konsequenzen zieht diese Haltung auf dem Gebiet der ästhetischen Schöpfung nach sich? Und zuerst hinsichtlich der Sprache im engeren Sinn? Sie wird sich auf halbem Weg zwischen dem Anspielen und dem Benennen halten, sie wird ebensosehr verhüllen wie enthüllen müssen. Benennen – oder die Erscheinungen nach Kategorien ordnen – heißt zugeben, daß das Wort eine gebieterische, exemplarische Ordnung stiften kann; in jedem echten Benennen ist immer etwas Göttliches: ich schaffe das Ding, indem ich den Namen gebe; mindestens identifiziere ich mit dem Benennen einen dauerhaften, fertigen Gegenstand. Nun erkennt Flaubert weder diesen noch irgendeinen anderen Charakterzug dem Gegenstand zu, der nach Ausdruck drängt, aber nicht mehr *Natur* als die Menschen hat. Die Anspielung ihrerseits setzt eine Komplizität voraus: man spielt auf etwas an, über das die menschlichen Betrachtungsweisen sich einigen können; aber eine wahre Übereinstimmung gibt es nur für die, die die Gegenstände herstellen oder sich ihrer bedienen; andernfalls ist jeder in seinen Mythen eingeschlossen. Flaubert sucht

---

23 Man sehe sich aus Interesse eine Abbildung an: ein schönes Beispiel für ein gekünsteltes Arrangement!
24 Dritter Teil, Kapitel 6

also einen Stil zu erfinden[25] – es ist nicht gesagt, daß er immer damit Erfolg hat –, der uns in das Innere der Erscheinung eindringen läßt, ohne von vornherein eine von ihnen zu bevorzugen, und uns zumindest eine Entsprechung für ihre tatsächliche Bewegung bietet. Wenn das Verfahren mühsam ist und nach Schlichen verlangt, so bedeutet das, daß man mit den Dingen niemals zu Ende kommt, wenn man sich einmal nicht mehr damit begnügt, sie einfach in die Hand zu nehmen, und von der »Wut des Ausdrucks« besessen ist. Auf jeden Fall kommt einer der Hauptgründe für Flauberts Schwierigkeiten daher.

Zugleich wird es schwer, sich damit zu trösten, daß man in der Literatur den entscheidenden Eingriff sieht, der sowohl eine halb versunkene Natur als auch einen nutzlosen Menschen retten soll. Gewiß, Flaubert hat dazu beigetragen, den Mythos des »Heils durch die Kunst« zu stärken, aber dieser gewinnt unter seiner Feder nicht immer ein großartiges Aussehen: »Das Leben ist nur mit einer Marotte erträglich. Sobald man seine Träume aufgibt, stirbt man vor Traurigkeit. Man muß sich krampfhaft daran festhalten und hoffen, daß sie einen mitreißen.« (V, 759) Wenn die Kunst uns letzten Endes vom Ekel befreien soll, fängt sie doch damit an, ihn zu verschärfen. Und dann ist die Kunst vielleicht nichts anderes als eine hysterische Suggestion (Emma) oder ein ein bißchen trübes Laster. Binet, der Steuereinnehmer, verwendet seine freie Zeit darauf, Serviettenringe zu drechseln; und Flaubert schreibt: »Was für eine sonderbare Manie, sein Leben damit zuzubringen, daß man sich über Wörtern aufreibt und sich Tag um Tag damit abmüht, an Sätzen zu feilen.« Geben wir doch zu: das ist nicht gerade ermutigend.

Aber, wird man sagen, schreiben ist doch immer noch mitteilen. Nur, an wen könnte sich dieser Einsame, der das Bürgertum, das Volk, die Schriftsteller verachtet, wohl wenden? Jede Mitteilung beruht auf dem Willen, einen Standpunkt, eine Leidenschaft, eine Absicht mit anderen zu teilen; oder aber auf einer Gemeinsamkeit der psychologischen oder sozialen Natur. Doch Flaubert träumt von nichts anderem – und findet eine bittere Lust dabei –, als eine menschliche und natürliche Welt, die zur

---

25 Er definiert ihn, so gut es geht: »rhythmisiert wie der Vers, und genau wie die Sprache der Naturwissenschaften«.

gleichen Zeit entsteht und zerfällt und nicht aufhört zu verfaulen, in seine düstere Prosa zu hüllen. Denn die Dinge, von denen zu schreiben er sich entschlossen hat, liebt er nicht.

Die Krankheit der Sprache, die ihn zerfressen hat, untergräbt nach der Ansicht der Fachärzte die Literatur seit einem Jahrhundert immer weiter. Aber diese Literatur verdankt ihre glorreichen Niederlagen vielleicht dem Elend des Schriftstellers und lebt von ihm. Zumindest pflegen sich die Kritiker auf diese Weise zu trösten.

Michel Leiris oder die unendliche Psychoanalyse

Jede Selbsterkenntnis stößt auf Schwierigkeiten, die man hundertmal deutlich gemacht hat: Vermengung des Subjekts mit dem Objekt, die die Mindestdistanz aufhebt, ohne die es nicht einmal ein Sehen gibt. Unbestimmtheit des Ziels: was genau will man eigentlich erfassen? Eine Vergangenheit, um sich zu ihrem Historiker zu machen, einen Charakter, um seine Diagnose zu stellen, ein Unbewußtes, um ihm seine Schätze zu entreißen? Vieldeutigkeit des Unternehmens: will man sich rechtfertigen oder sich dem Gericht stellen, will man sich befreien oder sich in Gefahr bringen, will man sich in einer Form, in einer Wertung zu fassen bekommen oder mit Hilfe von Worten und Bildern vor sich selbst fliehen? Aus diesem Grund sucht der Leser in Bekenntnissen oft weniger ein Portrait als Projektionen. In puncto Wahrhaftigkeit würde er eher dem Biographen Vertrauen schenken; danach kann er sich ja immer noch der Legende, dem Standbild, der Heuchelei wieder zuwenden.

Dieses Unbehagen wird noch stärker beim Tagebuch, das im äußersten Fall den Anspruch erhebt, die ganze gelebte Wirklichkeit aufzunehmen und zu fixieren, und sich nicht darüber im Klaren ist, daß noch das farbloseste Leben nicht dadurch zu definieren ist, daß man alles, was geschieht, bekennt und die Eindrücke absolut getreu wiedergibt, sondern durch die ständig beigemischte und oft unsichtbare tägliche Bereitung eines Feldes für Leben und Tätigkeit. Deshalb tragen alle Tagebücher, welche Gefühle auch analysiert, welche Entschlüsse gefaßt, welche Umstände in Erinnerung gerufen werden, gemeinsame Züge, und diese rühren nicht, wie man gesagt hat, von einem bestimmten charakterlichen Typus her, sondern von einer vorgefaßten Meinung.

Es ist eine aufregende Lektüre: man wird jenseits seiner Rollen den »wahren« Menschen zu fassen bekommen, jenseits der unendlichen Vielfalt des Tuns, des Treibens und der Zustände erkennen, was die Einheit und Ganzheit eines Lebens ausmacht, man wird endlich hinter dem täglichen Kontakt mit den Ereignissen, der den persönlich verfolgten Weg unkenntlich macht, eine präzise Verantwortlichkeit hervortreten sehen.

So trügerisch die Erwartung, so enttäuschend die Antwort. Wo wäre dieser wahre Mensch zu fassen, wenn nicht in einem Hin und Her zwischen seinen Masken und seinem Gesicht, zwischen seiner Mythologie und seiner sichtbaren Geschichte? Und was die Einheit anlangt, werden wir je eine andere kennenlernen als die unserer tatsächlichen Unternehmungen? Im Grund ist es unvernünftig, mehr von dem täglichen Kommentar eines täglichen Lebens zu erwarten. Daher all das sterile Unglück, das den Gegenstand so vieler intimer Aufzeichnungen ausmacht, in denen das Bewußtsein versucht, sich Tag um Tag einzufangen, daher das Unglück all dieser verzweifelten *Ichs* mit blutenden Herzen, die sich auf der Spur zu sein glauben, während sie sich, ohne sich allzuviel zu schaden, in einer Falle abzappeln, die sie sich zu ihrer süßen Qual selbst aufgebaut haben. Schwierigkeiten, Bedauern, Seufzer, Wiederanfänge, Leerlauf: durch eine Empfindung, einen Geschmack, eine Anekdote hindurch beobachtet man sich unermüdlich, sucht nach entscheidenden Momenten, setzt ausschlaggebende Erfahrungen an. Verlorene Mühe! Man mag sich noch so liebenswürdig zeigen, das Ungetüm weigert sich, herauszukommen. Wie sollte ich mich in diesem buchstäblich verrückten Wutanfall, in dieser albernen Handlung in meiner Ganzheit wiedererkennen; wie aber leugnen, daß jene mich kompromittieren?

Seiner Tendenz nach wäre das Tagebuch also zyklothym. Ich entzücke mich an meinem unerschöpflichen Reichtum, oder aber, niedergeschlagen, weil das Protokoll unaufhörlich überarbeitet werden muß, gestehe ich meine Ratlosigkeit ein: warum wird es denn niemals sichtbar, dieses Ich? Diejenigen, die nicht bis zu dieser Luzidität vordringen, schließen: Ich bin so oder so; sie objektivieren sich in einem Charakter, einem Bild, einer Bilanz und glauben, wenn sie ihre Fehler und Gaben rücksichtslos eingestehen, mit sich quitt zu sein.

Man kann sich denken, daß Michel Leiris mit keiner dieser Schwierigkeiten unbekannt ist. Nur macht er, anstatt sich unaufhörlich an ihnen zu stoßen oder aufzugeben, aus ihnen gerade das Thema seines Werks, das damit für den Leser einen exemplarischen Wert erhält. Welchen Preis muß man zahlen, wenn man sich rückhaltlos einem Unternehmen verschreibt, das zugleich harmlos und empfehlenswert scheint (jedenfalls sehr empfohlen wird): nämlich der Erforschung des eigenen Selbst? Einem Unternehmen, das schon zu Beginn ungewiß ist und geradezu schwindelerregend wird, wenn man in der Durchführung weiter vorankommt. Um sich davon zu überzeugen, genügt es, den Weg zu überblicken, den Leiris Schritt für Schritt, mit manchen Aufenthalten und Umwegen, von *L'âge d'homme* bis zu *Fourbis* zurückgelegt hat.

Bei *L'âge d'homme* (1939) war, wenn es sich auch um ein vollkommen gelungenes Werk handelt, der Versuch jedoch noch absichtlich begrenzt. Ist es nicht bewunderungswürdig, mit welcher Distanz und mit welcher Vertrautheit der Autor sich hier betrachtet und dabei weder stolze Gleichgültigkeit noch Entdeckerleidenschaft geheuchelt hat? Von allem Anfang an – man erinnert sich des Beginns des Buchs: »Ich bin vierunddreißig Jahre alt geworden, die Hälfte des Lebens...« – machte er sich klar verständlich. Indem sein Sprechen sich offen an ein Publikum, an andere wandte, die es nicht zu verführen, sondern zu informieren beabsichtigte, redete es von Leiris wie von einem Anderen, von einem der Ihren, von einem der Unseren. Es zerstreute damit den immer neuen Zweifel, der die Bekenntnisliteratur vergiftet: wie ist es möglich, die Spontaneität, die *ich* sagt, mit dem Haustier mit den zugleich erstaunlichen und vorhersehbaren Reaktionen zu verwechseln, das mir ständig unter die Hände kommt und das ich *ich* nenne? Leiris weigert sich, sich in die Konsequenzen hineinziehen zu lassen, die sich aus dieser Schwierigkeit ergeben: in eine unerschöpfliche Aufeinanderfolge von Bemühungen, sich in den Griff zu bekommen, in eine vergebliche Arbeit, wo die Retuschen, das Abstreiten, die Nuancen am Ende nur das Wesentliche verschleiern, anstatt es zu verdeutlichen. Er geht an sich heran wie an ein Objekt, auf dem Weg der Befragung und der Näherungswerte, durch vorsichtiges Entziffern; er hält sich in Schach. Eine verständnisvolle und reservierte Haltung, die sowohl aus Faszination als auch aus Distanz besteht und ih-

ren Ursprung und ihre Stütze offensichtlich im Charakter des Autors hat.
Als Ethnologe seiner eigenen Sitten und Gebräuche stößt Leiris auf die Schwierigkeiten jedes Ethnologen, der nämlich entweder Gefahr läuft, sich in der Gesellschaft, die er studiert, selbst aufzugeben, oder aber die Gesellschaft, aus der er kommt, als einziges Bezugssystem zu nehmen. Diese beiden gegensätzlichen Haltungen laufen im Grunde auf das gleiche Verkennen hinaus und erliegen gleichermaßen dem Rausch des Exotismus. Der Ethnologe, der über seiner Leidenschaft, den Sinn einer Religion zu ergründen, vergißt, daß es eine Religion ist, d. h. eine Phantasmagorie, trifft sich mit Lévy-Bruhl, der eine primitive, radikal andere Mentalität erfindet, um seine Gewißheiten nicht in Frage stellen zu müssen. Gibt es wirklich keine anderen Möglichkeiten, einen anderen zu verstehen, als die, entweder sein System zu übernehmen, aus Angst, es zu verfälschen, oder ihm in einer Treue, die nicht frei von Verachtung ist, seine eigenen, für unabweisbar gehaltenen Werte entgegenzustellen? Kurz, der Ethnologe ist unschlüssig, ob er sich oder den anderen bekehren soll, er schwankt zwischen Selbstaufgabe und Proselytenmacherei.
Dieses Unbehagen kehrt bei dem wieder, der, nachdem er ein »Geister-Afrika« durchreist hat, sich entschließt, die Gesellschaft ein bißchen genauer zu untersuchen, die er niemals zu verlassen verurteilt ist: sich selbst.
Was ist es, das Leiris befragt? Welche sind seine Informationsquellen? Selten die Akte, die Entscheidungen und ihre Folgen, also die Gesamtheit dessen, was ein Bewußtsein, das sich souverän dünkt, zum Lauf der Dinge rechnet, sondern Träume (und am Traum die durchgehenden Themen, nicht das spielerische Schillern der Bilder), Kindheitserinnerungen (weniger, um dort entscheidende Ereignisse, als den Ursprung, das Gewicht einer Mythologie zu suchen), erotische Erfahrungen (nicht um sie zu katalogisieren, sondern um ihren obsessionellen Hintergrund festzustellen), seinen Körper (nicht als indifferenten Übermittler von Botschaften, sondern als Kern eines Symbolzusammenhangs). Mit einem Wort, was sein Leben bedeutet, sucht er in jener *Vorstellungswelt*, der er, der durch den Surrealismus hindurchgegangen ist, alle ihre Konsistenz zu geben ver-

mag, in jenem *Sinn*, den eine Vorliebe, eine Besessenheit, eine faszinierende Allegorie zugleich anzeigen und in ihrer Eigenart und in ihrer Zersplitterung fixieren und festhalten. Diese ganze verlorengegangene, undurchsichtige Sprache, die sich so leicht mißbrauchen läßt, sucht Leiris zu der relativen Durchsichtigkeit eines methodischen Werks zu bringen. Er erforscht ihr Funktionieren und ordnet wie der Sprachwissenschaftler Etymologie und Geschichte dem gegenwärtigen Gebrauchswert unter.

L'âge d'homme hatte also etwas von einem Inventar: untersuchen wir ein wenig näher unseren Besitzstand – der sich jetzt kaum mehr verändern wird –, entziffern wir mit strenger Methode unser persönliches Symbolsystem, decken wir durch Analysen und Vergleiche die Schemata und Anomalien dieser sprechenden Maschine, wie eine Person sie darstellt, auf; und dann? dann können wir uns anderen Übungen zuwenden.

Biffures (1942-47) wurde daher schlecht aufgenommen. Alles mußte von vorn angefangen werden ... Was ist los? fragte man sich. Man erblickte in diesem tastenden Neubeginn einer Bestandsaufnahme, die man für abgeschlossen hielt, den Ausdruck einer dem Autor eigenen Schwäche, der, nach seinem eigenen Eingeständnis, nicht aus seiner Haut heraus konnte, unfähig war, mit seiner Kindheit abzuschließen und sich in das Leben zu stürzen. Und da die Zeiten gerade martialisch gestimmt waren, erklärte man, daß der Gute auf jeden Fall nie erwachsen werden würde.

Das ist eine merkwürdige Reaktion, die eine außerordentliche Verkennung von Leiris' Absichten verrät. Was versuchte er mit *L'âge d'homme*? Eine Objektivierung des eigenen Selbst – aber sie sollte auch dafür gehalten und nicht getarnt werden. Da sich ein Reden über sich selbst notwendig an andere richtet, kann man, anstatt das zu maskieren, daraus gerade Gewinn ziehen. Jedes Bekenntnis ist ein vieldeutiges Gemisch: Leiris verzichtet auf die Haltung hochmütiger Reserviertheit, er übernimmt entschlossen die Sehweise eines Anderen, der ihn freundschaftlich, aber nichts beschönigend, mit unbedingter Aufrichtigkeit beobachten würde, und verschiebt damit das »psychologische« Problem der Aufrichtigkeit auf das wissenschaftliche der Untersuchungstechniken. Er versucht weniger, ein wahres Bild einzufangen, als einen Haufen Gerümpel zu inventarisieren.

Eine Bestandsaufnahme macht man gewöhnlich von einem Ort aus, in den man ein- oder auszieht, und der selbst bei kümmerlicher Ausstattung plötzlich Reichtümer in verschwenderischer Fülle zu enthalten scheint: ein Mietshaus etwa, nicht ein eigenes, in dem man die Gegenstände kennt, ohne auf die Idee zu kommen, sie zu spezifizieren. Aber wenn einem der Gedanke kommt, und wenn er einen nicht losläßt, wie er Leiris nicht losläßt, eine Bestandsaufnahme seiner selbst zu machen mit der eiskalten Objektivität, die es dem Mieter erlaubt, die geringste Türklinke auf der Liste aufzuführen, ohne den wertvollen Gegenständen ein besonderes Interesse zuzugestehen, dann wird man nicht mehr so recht wissen, wie man sich ansehen soll. Mit einem etwas unbehaglichen Gefühl. Ohne daß man sich hinfort auf das Geheimnis seiner Seele berufen könnte – alles liegt im hellsten Licht da, jedes an seinem Platz, – ohne den Mut, weiterhin auf das Unaussprechliche zurückzugreifen – es ist alles gesagt, höchstens ein paar Retuschen ... Desorientiert, wenn man will, so, wie ich es bin, wenn ich, ein bißchen verstört, in einer fremden Stadt umhergehe, oder wenn ich mir ungeschickt vorkomme in einem geliehenen Anzug, an den ich ständig denken muß. Noch besser: meines Mittelpunkts beraubt.

Der Versuch von Wertheimer[1] ist bekannt: eine Versuchsperson, die das Zimmer, in dem sie sich befindet, in einem geneigten Spiegel betrachtet und die Augen nicht von dem Spiegel nimmt, sieht die Wände schräg. Schräg sieht sie auch, was sich darin bewegt: einen Menschen, ein Stück Pappe, das zu Boden fällt. Die Versuchsperson findet die Welt »sonderbar«, sie erlebt eine Art »Seh-Schwindel«. Auf einmal, ohne daß ein gedanklicher Vorgang den Anschein zurechtgerückt hätte, ist die Vertikale wieder da in einer plötzlichen und systematischen Verwandlung. Die Raumebene ist umgekippt. Die Versuchsperson »glaubt, die Arme und Beine zu haben, die man braucht, um sich in dem gespiegelten Zimmer zu betätigen ... Sie lebt in dem, was sie sieht.«

[1] Angeführt und besprochen von Merleau-Ponty, *Phénoménologie de la perception*, S. 287

Dieser Versuch ist dem vergleichbar, den Leiris unternommen hat. Nur ist der Ausgang recht verschieden von dem seinen. Er hält sich einen Spiegel vor, beugt sich aber nicht über ihn, wie Narziß, um sich in ihm zu sehen; er stellt ihn vielmehr gerade. Er sucht nämlich nicht einen unmöglichen Zusammenfall seines Bildes mit sich selbst. Er neigt also den Spiegel und läßt ihn sich drehen, als wäre es ein anderer neben ihm, der ihn hielte. In diesem schräg, schief gestellten Spiegel beobachtet er sich. Aber er könnte nicht »Wohnung nehmen« in der Summe von Manövern und Gewohnheiten, die er dann vor sich, vor uns auftauchen sieht: was er sieht, ist Ergebnis einer Montage, nicht letzte Wahrheit.

Anders gesagt versucht Leiris, im Unterschied zu der Versuchsperson von Wertheimer, nicht, die Raumebene kippen zu lassen und des Schwindels Herr zu werden. Er hält Abstand von der schiefen Gestalt, die in *L'âge d'homme* inventarisiert, beschrieben ist. Oder aber, wenn er zu dieser Gestalt wird, die ihn fasziniert, wenn er sie zum Schauplatz seiner Obsessionen und seiner fixen Ideen macht, ja zum Mittelpunkt seines Begehrens, so macht er doch deutlich, und wäre es nur durch die karge Strenge seines Stils, daß er nie völlig darin aufgeht. Er hält einen Abstand ein. Dieser Abstand läßt sichtbar werden, was Sartre die praktische Funktion des Ego genannt hat: »Alles läuft so, als konstituierte das Bewußtsein das Ego als eine falsche Vorstellung von sich selbst, als ließe es sich von diesem Ego, das es konstituiert hat, hypnotisieren, als machte es aus ihm seine Schutzwehr und sein Gesetz.«[2]

Kein Buch hat besser als *L'âge d'homme* gezeigt – und darin besteht seine entscheidende Eigenart –, daß das Ich ein seelisches Objekt ist, das »reduziert« werden muß, ohne daß das jemals gelingen kann. Genau umgekehrt wie Schriftsteller, die in einer kindischen Mischung aus Exaltation und Unaufrichtigkeit zu sein glauben, was sie schreiben, macht Leiris, selbst wenn er die Träume mitteilt, die er von sich selbst träumt, die Fallen,

[2] »La transcendence de l'Ego«, in *Recherches philosophiques*, VI. Man kann diesen Text mit J. Lacans Ideen über die imaginäre Funktion des Ich in Verbindung bringen. Für ihn ist das Ich (moi) ebensowenig ein »Teil-Ich« (je partiel), sondern ein Spiegelbild, die »symbolische Matrix, in die sich das Ich (je) in einer ursprünglichen Form stürzt«.

die diese Träume stellen, unschädlich. Indem er das Individuum, das er ist, beschreibt, wie er eine Mythologie beschreiben würde, entdeckt er sein eigenes Ich als die Wurzel dieser Mythologie, selbst ein Mythos, in welchem sich zu entfremden er sich versagt. Die Dezentrierung ist für ihn kein experimenteller Kunstgriff, sondern das, was den Menschen ausmacht, die ursprüngliche *Regel* seines *Spiels*. Die Konsequenzen aus dieser Regel zu ziehen, ist der Gegenstand von Leiris' Werk. Wenn das Ich Objekt und Korrelat jeden Objekts ist, wenn es eine imaginäre Einheit darstellt, die »die Spontaneität des Subjekts verdeckt«[3], wie ist es dann möglich, dieses Subjekt zur Erscheinung zu bringen?

Auf diese Frage gibt *Biffures* eine erste Antwort. Die Absicht des Werks ist deutlich: »Daß ich Aufklärung erhalte – am Ende dieser Umwege (oder Schürfungen, die ich so ziemlich in allen Richtungen unternehme) und nach häufigem Ausstreichen (oder sukzessivem Ausscheiden illusionärer Werte) – über das, was ich im tiefsten will.«

Auf der Suche nach diesem unerkannten, fundamentalen Verlangen dringt Leiris (und er scheint in die Irre zu gehen) in eine wimmelnde, ärmliche, zwielichtige, unorganisierte Welt von unvollkommenen und flüchtigen Bedeutungen ein. Die Methode sucht sich der der Psychoanalyse anzuschließen[4]: freie Assoziation (die indes ganz zwingend ist, da sie sich Auswahl und Systematik versagt) über bedeutungsvolle Bilder, eingekapselte Erinnerungen, falsch verstandene oder falsch ausgesprochene Worte; ein Immer-wieder-Durchgehen, das zugleich ein Herausarbeiten der Absicht ist, die sich in den zu Tage geförderten Themen sowohl verhüllt als auch verrät[5]; »ein wunderliches Hindernisrennen«, »ein Gehen außerhalb der ausgetretenen Pfade«, die zusammenhängende Weiterentwicklung eines Sprechens, das

3 Sartre, im zitierten Aufsatz
4 *L'âge d'homme* verwandte die Errungenschaften der Psychoanalyse, seine Methode aber, mehr Bilanz als Goldgräberei, war von der ihren ganz verschieden.
5 Die Psychoanalytiker haben dafür einen Ausdruck: das *working through (Durcharbeiten)*. Und Leiris spricht von seiner Arbeit *(travail)* »im vollen Sinn dieses Worts, zu dem Bréal in seinem *Essai de Sémantique* bemerkt, daß es mit der Vorstellung von dem (zum Zweck des Beschlagens) gefesselten Pferd zusammenhängt.«

seine Wahrheit konstituiert. Das ist in der Tat das Erbe Freuds, der den Sinn in seinen Abwegen – in den Bilderrätseln des Traums, in Wortspielen –, das Subjekt an seinen Rändern – Versehen im Tun und im Sprechen –, das Unbewußte in seinen Umwegen verfolgte.

Man versteht, daß die Stimme, die in *Biffures* zu uns spricht, ihre ein wenig steife Sicherheit von *L'âge d'homme* verloren hat. Sie oszilliert zwischen der Gewißheit, endlich gesagt zu haben, was sie zu sagen hatte, und der Panik angesichts der Leere: welchen Unterschied soll man machen zwischen einem Sprechen, das auf ewig dazu verdammt ist, sich selbst zu hören, und dem Schweigen?[6] Je mehr Leiris spricht, um so mehr gleicht er *jenem Mann, der ins Exil gegangen ist, um zu vergessen.* Was? Er hat es vergessen. Daher der Zirkel der Entmutigung (»Ist das Werk, das ich jetzt schreibe, vielleicht nur ein Abklatsch von *L'âge d'homme,* nur flauer und verdünnter?... Ich bin versackt in meiner Flickschusterei mit dem Zettelkasten«, usw.) und der Entschlossenheit (»Mir darüber klar werden, worauf es mir wirklich ankommt«), ein endloser Zirkel, der weniger von den Eigenarten eines Charakters als von der strengen Methode des Unternehmens herrührt.

»Ich drehe mich wie ein verrückt gewordener Kompaß«, schreibt er. Trotzdem hat seine Untersuchung ihre Ausrichtung, die Sprache ist ihr Pol. »Sie ist das Spinnengewebe meiner Beziehungen zu den Anderen und ist dabei größer als ich, weil sie überall ihre geheimnisvollen Fühler ausstreckt.« Leiris, einsamer Schürfer in den Gängen der Worte, ist also bald überzeugt, daß er das pure Erz, das Zauberwort finden wird, bald enttäuscht: »Was man zu fassen bekommt, ist immer der Schatten und nicht die Beute.« Das kommt daher, daß er an die Sprache geht, ohne völlig auf den Glauben an ihre Allmacht verzichten zu können; er erwartet von ihr die Offenbarung, auf die wir einst hoffen mochten, als wir die Fähigkeit des Lesens erlangten. In dem Augenblick aber, in dem man ihn der Illusion einer absoluten Sprache, ja dem Wahn einer Ursprache zum Opfer

---

6 Das geschwätzige Verhalten, »eine wortreiche Art, sich selbst zu umgarnen«, kommt dem schweigsamen Verhalten gleich. Stillschweigen oder Selbstgespräch, das läuft auf dasselbe hinaus.

gefallen glaubt, bekennt er auf einmal: »Buchstaben und Worte sind brav wieder ins Glied zurückgetreten und sind für mich, jedenfalls fehlt nicht viel, toter Buchstabe geworden, nachdem sie kabbalistische Triebkräfte der Erleuchtung gewesen waren«, und er schließt kategorisch: »Die Sprache ist nicht, so sehr man sich auch danach sehnte, die chiffrierte Botschaft, die uns der Botschafter eines fernen Absoluten schickt.«

Aber er gibt sich nie damit zufrieden; und wie könnte er es auch, er, der »die Sprache in ihrer ungeheuren, jähen Nacktheit vor sich hat«? Zunächst glaubt er, daß ihm diese Wand das Echo von allem, was existiert, und auch das Echo seines eigenen Lebens zurückwerfen wird. Und er hat auch nicht vollkommen unrecht. Denn da ein Zeichen nur einen »diakritischen« Wert hat (durch seinen Unterschied von einem anderen Zeichen), sieht man nicht, in dem Augenblick, da man nur Augen für die Sprache hat, wie man ihr entkommen könnte. »Wenig Realität« der Welt, allzuviel Realität der Sprache, die den bisweilen zum Schweigen verdammt, der mit Worten, mit Sätzen umgeht, ihn auf jeden Fall lähmt, entsetzt zu Stein werden läßt.

Diese absolute Achtung vor dem Signifikanten, in dem das gesamte Universum sich niederschlagen soll, führt zum Wahnsinn; dieser beginnt ja, wie Texte Geisteskranker bezeugen, nicht mit Zusammenhanglosigkeit oder Absurdität, sondern mit einem Sich-Abschließen: eine Kommunikation ist hinfort nicht mehr gewollt noch möglich, denn was den Sinn ausmacht, liegt erstarrt da und verweist auf nichts anderes mehr als auf sich selbst. Leiris entdeckt, daß die Sprache, als etwas Absolutes genommen, ein »Blendwerk« ist, und nicht ein auserwähltes Gelände, in das sich Ort und Formel einschreiben würden.

Indes, dieser intermittierenden Faszination durch die Sprache liegt eine andere Gewißheit zugrunde, die den Ausgangspunkt für *Biffures* bildet: in der artikulierten Sprache gipfelt, wird faßbar ein lebendiger Ausdruck, der, wie Valéry etwas verächtlich sagte, sich »in den Drüsen und den Schleimhäuten« verliert. Das sprechende Subjekt ist das ganze Subjekt. Es kann an dem Sinn, den seine verschiedenen Verhaltensweisen zugleich aussagen und verleugnen, immer wieder arbeiten und ihn meistern. Die Arbeit am Wort fällt dann mit der Literatur zu-

sammen. Das Werk ist dann kein Double mehr und verbindet sich Wort für Wort mit dem Leben.
Übrigens schließt *Biffures* mit einem Eingeständnis des Scheiterns. Anstatt eines Schürfens nach Gold sah Leiris in dem Werk eine Zuflucht. Hätte das anders sein können? Kann eine »Selbstanalyse«, wieviel Sorgfalt man auch auf die authentische Formulierung, auf die Wirksamkeit der verwendeten Mittel wendet, mit einer Entdeckung enden? Eingeschlossen in sein Selbstgespräch, wartet Leiris vergeblich auf eine Antwort; völlig damit beschäftigt, aus nächster Nähe und immer näher ein Negativ von sich selbst zu betrachten, weiß er am Ende nicht mehr, was er sagt, was er sagen will, was er sich sagen hören will. Wer redet aus seinem Mund, und zu wem?
»Ich bleibe stehen wie eine Lokomotive, die die Strecke gesperrt findet und mitten im Gelände anhält, nachdem sie eine Serie von Pfiffen abgegeben hat.« Dann wird die Strecke wieder frei. Was hat Leiris wieder in Bewegung gebracht? Wie ist er aus dieser Privatsymbolik herausgekommen, die er vergeblich zu überwinden suchte (je weiter er sie entzifferte, umso mehr verzögerte er, was eigentlich seine Absicht war: »Mir eine Art von System zu errichten, das nach den allgemeinen Normen Geltung hat, und nicht nur für mich«; umso mehr verriet die Sprache die Forderung nach Allgemeingültigkeit, die sie einschließt, und wurde zum Selbstgespräch). Die Antwort gibt uns die nächste Etappe des Hindernislaufs, *Fourbis*.

Da ist nun ein Mann, der sich für sein ganzes Leben in einen Kerker geworfen glaubt, während er sich nur, wie gewisse Gestalten bei Bosch, in eine Glasblase einschließt. Die Kennworte, die ihn daraus hätten befreien sollen, halten ihn im Gegenteil in ihr gefangen, als ob er selbst die Blase aufbliese. Je mehr er spricht, umso mehr scheint er sich dazu zu verurteilen, nur noch die eigene Stimme zu hören. Wenn er sich mit Hilfe einer Kryptologie bemüht, die Realität zu entziffern, so trifft er nur auf seine eigenen Symbole und gelangt nie zu dem, was doch der Sinn seiner Tätigkeit ist: zu einer Spielregel (die auch die Regel für ein Ich wäre). Was tut er in seinem kreisrunden Gefängnis? Er geht hin und her, auf und ab, tut immer wieder

dasselbe, langweilt sich; vergebliche Quälerei, ein langsames Lied, das eins wird mit dem Schweigen, immer dieselbe alte Leier, Ketten von Worten, die nur ein bißchen Geräusch machen.
Die Entmutigung, die am Ende von *Biffures* – einmal muß man ja Schluß machen – so offen eingestanden wird, hat also nichts Zufälliges. Sie bedeutet, daß Leiris, an diesem Punkt seines Forschens angelangt, weiß, daß er sich in einer Sackgasse befindet. Wenn er nichts als ein Flickschuster sein soll, kann er ebensogut aufhören; wenn ein Besiegter sein Scheitern zugibt, gibt er nicht die Wahrheit zu?
Wir, die wir ihn lesen, sehen, da der ganze Mensch jetzt auf ein Sprechen zurückgeführt ist, eben in seinem Stil den Schatten, der durch die kristallenen Wände fällt, die ihn umschließen: das auf der Stelle Treten, die Fragen, die Abschweifungen sind nichts als die unendliche Multiplikation der Frage, des auf der Stelle Tretens, der Abschweifung, die die Person Leiris' selbst ausmachen.
Jedoch ist *Fourbis*, das den Zirkel wieder öffnet, keine einfache Wiederaufnahme der unterbrochenen Erforschung, eher ein neuer Anfang; von den ersten Worten an fühlen wir, daß die Stimme eine andere geworden ist. In *L'âge d'homme* wanderten wir durch ein Privatmuseum mit der Grammatik, der Elementarsyntax einer Sprache, deren Funktionieren wir später (in *Biffures*) sehen gelernt haben. Und jede Sprache, die gesprochen wird, ist ein Stammeln, ist unfertig, verglichen mit der Vorstellung, die man sich von ihr macht. Aber es mußte ausgestrichen werden, was zuerst entschlossen behauptet worden war, nicht um das Portrait zu vervollkommnen, noch weniger, um ein neues anzubieten, sondern nur, um am Horizont all dieser Abweichungen, all dieser Umwege ein Subjekt erscheinen zu lassen, das kein Verhalten, kein Bewußtsein uns preiszugeben bereit ist. *Biffures* war also das Negativ von *L'âge d'homme*. *Fourbis,* der Titel weist darauf hin, kündet eine neue Umkehrung an.
Das Buch beginnt mit einer Meditation über den Tod, der hier herangezogen ist, um die Sache wieder ins Laufen zu bringen. Indes ist der Tod in Leiris' Werk immer gegenwärtig gewesen, das ganz und gar unter dem Zeichen der Obsession durch ihn

steht. Diese Obsession ist in jeder Zeile spürbar, sei es im offenen Eingeständnis, sei es im unmittelbaren Ausdruck (besonders bei allem, was mit der Vererzung zu tun hat), oder auch in der Struktur des Ich, die zu ihr gehört (das Ich: eine Festung, die Andern: Angreifer), in dem Spiel der Phantasien von *Aurora* (1928), und in den Symptomen, die in *L'âge d'homme* buchstäblich nach Abteilungen *vorgeführt* werden: Frauen des Altertums, Lucretia und Judith, usw. Sie ist nicht der Schmarotzer, sondern die Wurzel von Leiris' Unternehmen. Es gibt in der Tat eine Form des Bewußtseins seiner selbst, die gleichbedeutend mit dem Bewußtsein vom Tod ist, indem der Tod die Negation des Einzelnen ist und nur eine namenlose Allgemeinheit schafft. In der phantasmagorischen Rede von *Aurora* sieht man ohne Zweifel am deutlichsten, wie der Tod und das Ich die zwei Endpunkte einer und derselben Obsession sind. »Der Tod der Welt ist meinem Tod gleich ... Tag und Nacht hing der Tod über mir wie eine trübe Drohung ... Weil ich den Tod fürchtete, verabscheute ich das Leben (weil der Tod seine gewisseste Krönung ist) ...«

Der Tod erscheint hier schon in seiner reinsten Bedeutung, die nicht die einer Fälligkeit oder die einer Unruhe ist, sondern die einer Vereinigung jeglicher Eigenart, einer reinen Grenze, an der das einzelne menschliche Subjekt sich gerade messen muß. »Da bin ich also zu dieser Kathedrale Tod gekommen, zu dieser dritten eigentümlichen Person, die ich eben mit einem Federstrich austilgen wollte, zu dem Tod, dem grammatikalischen Joch, der die Welt und mich selbst seiner unabwendbaren Syntax unterwirft, seiner Regel, die bewirkt, daß alles Sprechen nur ein kümmerliches Trugbild ist, das das Nichts der Dinge überdeckt, welches Wort ich aussprechen und welches Ich ich auch herausstellen mag.«

Hat er einmal dieses *Er* des Todes erkannt, so mag Leiris noch so oft bekennen, »es ist für mich immer härter als für irgendwen, mich anders als durch das Pronomen *Ich* auszudrücken, nicht als ob man darin ein besonderes Kennzeichen meines Stolzes zu erblicken hätte, sondern weil dieses Wort *Ich* für mich die Struktur der Welt zusammenfaßt« – er schreibt deswegen doch nicht seine eigenen Bekenntnisse, sondern die seines umgekehrten

Doppelgängers Siriel. Eines Doppelgängers, der in *weißer Trauer* umherirrt, »in einem Panzer, wie ihn sein Skelett hätte schmieden können, wäre es plötzlich nach außen getreten«, eines Doppelgängers, der zur Verteidigung gegen den Tod da ist (wie viele primitive Glaubensanschauungen bezeugen) und uns zugleich zum Herrn über ihn macht.[7]

Aurora ist geradezu das Bild des Narzißmus; er könnte nicht besser besiegelt werden als durch diese Verbindung von Ich, Tod und Doppelgänger, wobei das Ich dem Taumel des Todes, der ja sein eigener ist, nur durch eine Phantasie-Beziehung zu einem Doppelgänger entgeht, auf den es mit seinen Obsessionen eine gewisse Macht überträgt, die es von der Krankheit des Todes und ihren aufsplitternden Wirkungen erretten soll.[8] Nur ist Leiris zu hellsichtig, um sich von dieser Phantasmagorie gefangen nehmen zu lassen, die er in demselben Augenblick aufzudecken scheint, in dem er sich ihr hingibt. Das ist der Grund, weshalb dieser surrealistische Text so verblüfft: seine Dichte ist wie unterhöhlt, der Schwung seiner Einbildungskraft gehemmt, sein Spiegeln ohne Glanz, ohne Verführung.

Um einem Taumel, einem schwindelerregenden Gegenstand nicht zu verfallen, gibt es keinen anderen Ausweg als die Flucht. Bruch, Aufgabe, Abreise. Die psychoanalytische Behandlung, die Leiris nach *Aurora* anfing (und über die er sich sehr zurückhaltend zeigt), ist wohl mit dem Entschluß unternommen worden, alles stehen und liegen zu lassen und zuerst das Ich zu zerstören, seinen Trugbildern zu entrinnen wie der Faszination des Todes. Ebenso die Reise durch Afrika, die, wie sich zeigt, mehr eine Begegnung von Schemen als der Aufgang einer Wahrheit war; daher entdeckt Leiris hier mit Bitterkeit, daß er »ein Nomade nur im Raum ist, der seine Ängste und seine Eigenheiten – durch die relative Isolation eher verstärkt als vermindert – hinter sich her schleppt«. Denn jeder Versuch eines radikalen Bruchs nährt sich von einer unerfüllbaren Sehnsucht: tot zu sein und es

---

[7] Denn wir können den Tod nicht als »Ereignis« erleben, wir können nur Entsprechungen für ihn kennenlernen: »Bei der Paarung wissen wir mindestens, was hinterher geschieht und sind – übrigens bitter enttäuschte – Zeugen der folgenden Katastrophe.«

[8] »Sie waren in Wahrheit weder Männer noch Frauen, sondern wirklich und einzig Bruchstücke von Körpern.« *Aurora*, S. 32

zu wissen; ein Widerspruch, den der Mythos vom Doppelgänger in der Einbildung auflöst, und der im *Gedanken* an den Selbstmord fasziniert (nicht in seinem Vollzug, denn es gibt keinen privilegierten Tod). Und dann müßte man, um wirklich zu brechen, in Bezug auf sich selbst im Besitz einer Wahrheit sein, die es erlaubt, die Maske, den falschen Schein, die Spiegelung als solche deutlich zu machen; sonst ist es nur eine neue Flucht, ein wiederholtes Trugbild.

Daher geht Leiris in *L'âge d'homme* an seinen eigenen Tod auf einem Umweg heran und erst, als das Scheitern eines Bruchs, eines »Selbstmords« vollkommen ist. Indem er darauf verzichtet, mit der Vieldeutigkeit der narzißtischen Leidenschaft, die auch die der Literatur ist, zu spielen, sich aber zugleich hütet, ihre Fallstricke zu übersehen, zieht Leiris, wie wir gesehen haben, entschlossen die Konsequenzen aus der Definition des *ego* als *alter ego,* wobei er das Ich in gewisser Weise »selbstmordet«, indem er es als anderes konstituiert und deutet. Das ist jetzt, wie Blanchot bemerkt hat, ein »Blick von jenseits des Grabes«, den Leiris auf sich richtet. Dieser Blick ist viel unerbittlicher – und versetzt einen, da er nicht zurückgewiesen werden kann, in die Lage eines Schuldigen[9] – als der eines konkreten Anderen, der immer zugleich Komplize und Verräter ist. Wie wäre es möglich, hier nicht zuzugeben, daß *ich* bin, was *er* von mir denkt? Aus dieser Gegenüberstellung eines objektivierten Ich mit einer »dritten Person« – dem Tod –, einer Dimension, an der Leiris sich gemessen hat, sollte die bisher verkannte oder pervertierte oder einfach vom Lauf der Dinge verbogene Möglichkeit für ein Ich-»erste Person« hervorgehen, das Wort zu ergreifen.

»Ich liege in meinem Bett, genau, wie es in Wirklichkeit sein wird, die Stirn jedoch an die weiße, staubige Wand eines großen Kalkzylinders, einer Art Zisterne gestützt, dessen Höhe meine eigene Länge kaum überragt, und der nichts anderes ist als ich selbst, verwirklicht und nach außen gewendet.«

»Auf einem Grab (dem meinen?) bringt man als Epitaph einen Anschlag an, der in Kurzfassung einige Zeilen aus dem Leben

---

9 »Ich benehme mich immer wie eine Art Verfluchter, der nichts so sehr wünscht, wie diese Verfluchung auf die Spitze zu treiben.«

des Verstorbenen enthält. Dieser Anschlag ist betitelt: ›Inhaltsangabe‹.«

»Ich stecke meinen Kopf, wie um nachzusehen, in eine Öffnung, so ähnlich wie ein Bullauge, die auf einen umschlossenen, düsteren Platz geht ... Meine Angst kommt daher, daß ich, wenn ich mich über diesen eingesperrten Platz beuge, den ich in seiner inwendigen Dunkelheit überrasche, in mich selber blicke.«

Diese drei Träume[10] – verwirklichtes Ich, schon gelebtes Leben (ein andermal träumt Leiris, daß er ein Heft kauft, in dem er alles liest, was ihn erwartet; seine Zukunft ist also schon voraufgegangen), tödliche Angst – drücken Leiris' ganzes Verhältnis zum Tod aus, wie es *L'âge d'homme* zugrunde liegt, das nicht so sehr als Risiko erscheint, das er eingegangen wäre, wie es im Vorwort heißt, sondern eher als Versuch einer Beschwörung. Ebenso wird der Doppelgänger (hier das mythologische Ich) von der unbestechlichen Bestandsaufnahme zerstört, die von ihm vorgenommen wird, während zugleich sein Eingeständnis vom Unbehagen an der verworrenen Existenz befreit: die Masken, selbst wenn sie abgerissen sind, die Einbildungen, selbst wenn sie als solche bloßgelegt sind, bannen noch die Angst, nichts zu sein.[11]

Leiris konnte kein wahrhaftigeres Portrait liefern als das von *L'âge d'homme* – es gibt kein *wahres* Ich, sondern nur einen Menschen, der sich am Wahren mißt; er mußte noch einen Weg finden, diesem Menschen die Mittel zum Sprechen, zum Konstituieren seiner Wahrheit zu geben, und zwar durch ein Verfahren, das systematisch zu sein hätte, ohne deswegen von vornherein festgelegt zu sein; kurz, um vom Buch als Produkt zum Buch als Sprechen fortzuschreiten. Das geschieht in *Biffures*.

In diesem Stadium sollte der Tod nicht mehr gegenwärtig sein dürfen, und er ist es auch nicht, zumindest nicht als Obsession. Wenn das Ich einmal zurückgedrängt ist, verschwindet der Taumel des Todes mit dem der Besonderheit, die zugleich dem Tod

---

10 Aus *Nuits sans nuit*
11 Leiris gibt ganz mit Recht zu, daß die Freudsche Lehre »einem jeden die bequeme Möglichkeit gibt, sich auf tragische Höhe zu heben und sich für einen neuen Ödipus zu halten«; und an anderer Stelle vermerkt er die natürliche Tendenz seines Gedächtnisses, alles aufzubewahren, »was als Grundlage für eine Mythologie dienen kann«.

unterworfen und gegen seine Bedrohung geschützt werden mußte. Aber wenn der Tod in *Biffures* auch nicht mehr unmittelbar wahrnehmbar ist, so fällt doch sein Schatten in der Form der Stagnation über das Buch; und in der Sprache selbst wird er spürbar. Leiris verbirgt das nicht, wie könnte er es auch? In *Aurora* (»imaginäre Diamanten in einem imaginären Spiegel«) zeigte er sich illusionslos über die falsche Härte aller seiner Worte, über das Elend und die Emphase des Dichters, dessen, »der mit dem Säbel rasselt und mit schlecht gewetzten Sätzen, die nur ein geschliffenes Nichts schneiden anstatt der Köpfe, die ich in meinem Korb sammeln möchte«.

In *Biffures* werden Unglück und Lächerlichkeit des unaufhörlich mit seinem Leben ringenden Schriftstellers deutlich gemacht, in diesem Text, der manchmal nur dreier Worte bedarf, der ein andermal an allen Enden zu zerreißen droht. Führen wir von tausend Geständnissen dieses an: »Ich muß zugeben, daß ich – wie einer, der wirklich Pflanzen sammelt – nichts zu fassen bekomme, aus dem ich mehr zu machen vermag als einen vertrockneten Stengel, höchstens eine Blüte, die am andern Morgen zu Staub zerfallen sein wird.« Man denkt an das tiefe Wort Freuds: Alles, was bewußt ist, nutzt sich ab. Was unbewußt ist, bleibt unveränderlich. Aber ist es einmal befreit, zerfällt es nicht auch? – Was Leiris einfängt, sind nicht die Ursprünge und wechselnden Gestalten seiner Wahrheit, gerade nur ein paar künstlich miteinander verbundene Bruchstücke seiner Legende, »magere Gespenster von Wirklichkeiten, die immer hinter mir her hinken und sich schon zwischen Ruinen bewegen, wenn ich noch schreibe«.

Es scheint, daß Leiris, welches auch die Methoden und Etappen der Annäherung seien, kein anderes Spiel bieten kann als das mit einem Schatten, bei dem man nie sicher geht, daß er keine Beute ist; daß er keine andere Regel kennenlernen kann als die des Todes, der zwar neutralisiert, weil unpersönlich ist, ihn aber zu Stein werden läßt und ihm nur gestattet zu dauern, also zu altern (man versteht, daß der Gedanke an das Altern ihn nicht losläßt), nicht aber eine Geschichte zu entfalten und sich ans Werk zu machen (ob mit Freude oder nicht, das ist eine andere Frage).

Warum diese Stagnation? Was bedeutet der fragende, problematische, steife Charakter dieses Werks? Am Rand wovon zögert es? Man versteht das um so weniger, als Leiris' Suche, im Unterschied zu der von Proust, im Grund »eigennützig« ist (zumindest zu Beginn, denn in dem Maß, wie sie durchgeführt wird, erschöpft sie sich in sich selbst). Nun gibt Proust niemals dieses Gefühl der Sterilität; die Temporalität seines Unternehmens bringt Verfall mit sich, aber auch Verwandlung. Wogegen bei Leiris nichts sich zu regen scheint. Gewiß, für ihn ist Werden Sich-Aussagen; aber er liest mehr aus sich vor, als daß er sich aussagte.

Um dieses Stagnieren, dieses Fehlen der Geschichte zu verstehen, muß man es mit dem in Verbindung bringen, was seine Existenzberechtigung ausmacht: mit der Hartnäckigkeit, jener eigenartigen Zähigkeit, die Leiris, jenseits aller Entmutigung, hundertmal dieselben Wege durchlaufen, dieselben Erinnerungen zusammensetzen und auseinandernehmen läßt. Denn Stagnation und Hartnäckigkeit sind die beiden Seiten einer und derselben Sehnsucht.

Was Leiris sucht, ist nicht ein Geheimnis, das eine mühsame Untersuchung ihm schließlich zu lösen gestatten würde (keiner hat, nach seinen ersten Schriften zu urteilen, früher und mit mehr Sorgfalt als er seinen Besitz abgeschritten); »das Hin- und Widergehen, die Umwege, das Umkehren und das auf der Stelle Treten«, die qualvolle Wiederholung und die unfruchtbaren Diskussionen sind nichts als das Zeichen eines – angstvollen, weil unvermögend, sich die Mittel zu seiner Erfüllung zu verschaffen – Verlangens, aus dem »runden Gefängnis« auszubrechen.

In *Fourbis* scheint der Tod, bisher kategorischer Maßstab von Leiris' Universum, endlich eine neue Funktion zu erhalten. Er hört auf, der unpersönliche reine Blick zu sein, der alles, was er berührt, in Erz oder Stahl verwandelt und den entsetzten, besiegten, versteinerten Menschen zwingt, nur noch ein vermindertes Ich zu sein. Er läßt sich zähmen und öffnet daraufhin Leiris für sich selbst und die Welt, als wenn eine andere Weise möglich wäre, ein Ganzes zu bilden, und ein anderes Absolutes als jene, die blitzartig in den Momenten aufleuchten, in denen alle Gegensätze wunderbar in eins verschmelzen. In *Fourbis* werden diese kostbaren Augenblicke nicht mehr nach außerhalb der Zeit verlegt, sondern von einer Sprache aufgenommen, die sogleich in ein breiteres Strömen übergeht, in dem endlich das *Ich* und das *Er* in eine einzige Stimme verschmelzen.

Dieser neue Zugang, den wir in der Verarbeitung einiger Erfahrungen wahrnehmen, die das erste Kapitel des Buchs ausmachen, erlaubt nicht, über den Tod hinauszukommen (in keinem Bewußtsein vom Tod gibt es etwas, das ermögliche, über ihn hinauszugehen), wohl aber in ihm etwas wie einen positiven Wert zu finden: er verändert sein Vorzeichen. Man sieht in *Fourbis* diese Wendung sich abzeichnen. Dem Tod einen Strich durch die Rechnung machen, lief bis dahin praktisch darauf hinaus, daß man sich seinem Gesetz unterwarf, sei es, indem man sich durch Mimikry ein ihm entsprechendes Sein zurechtmachte – und das vom Äußerlichsten, der Kleidung, bis zum Persönlichsten, der Schrift –, kurz, indem man sich tot stellte; sei es, indem man eine illusorische Herrschaft über ihn suchte (Interesse für Erotik, für den Stierkampf). Hier, wo die Regel letzten Endes mit der Suche nach dieser Regel, mit dem Buch selbst zusammenfällt, nimmt Leiris den Tod in ganz anderer Weise vorweg: indem er die alles umfassende Bewegung, welche der Tod ist, andeutet, indem er Punkt für Punkt das Gesetz vorträgt, das in ihm gipfelt und in der Form eines einfachen *Urteilsspruchs* in ihm zusammengefaßt ist. Es gibt kein anderes Mittel, den Tod zu besiegen, als ihn zu *realisieren*.

Es ist das eine Orientierung, die Leiris' Perspektive deutlich verändert: das eben ist das Thema von *Fourbis*, und es wäre müßig, dem unseren Kommentar beizugeben. »Die so winzigen Ereignisse, die hier und da in unserem Leben aufblitzen«, sind nicht mehr »die Punkte, in denen man die Welt und sich selbst berührt«, denen man eine geradezu religiöse Verehrung zu zollen hatte; sie fassen nur, wie manche Träume, ein Gefüge von Intentionen zusammen, die dann in den wirklichen Stromkreis des Lebens überführt werden müssen. Wenn Leiris aufhört, »sich durch eine Art von ritueller Mimik, Schattenbilder positiver Handlungen, etwas vorzumachen«, so gibt er deshalb doch nicht, wie nach einer positiven Erleuchtung, seine Mythologie auf; vielmehr *nimmt er ihr ihre Macht* und sucht das einzigartige

Verlangen zu befriedigen, das, mehr in seinem Werk als in Phantasien, ihren Ursprung bildete. Die Sprache verliert ihren Orakel-Charakter und wird zu dem, wodurch die Wahrheit sich ausspricht und ermittelt wird. Damit kann Leiris auf die quälende Alternative zwischen einer magischen Verwandlung und einem endgültigen Stillstand verzichten.

Nach dem Gesagten bleibt das Werk von Leiris eine unendliche Konfrontation mit ihm selbst; es ist ganz und gar eingespannt in eine Dialektik des Wiedererkennens, auf der Suche nach einem Objekt, »dessen Abwesenheit erklärt, weshalb sein Leben in einem Zustand der Angst und der Untätigkeit verfließt«, in der Sehnsucht »nach einem Schicksal, das ihn im Rückblick würdig machte, geliebt zu werden«. Er definiert sich selbst als Menschen der Sehnsucht, »der die Dinge in der Ferne läßt, um das Verlangen nach ihnen zu bewahren oder das Bedauern über ihren Verlust zu haben«, er glaubt immer, »daß ihn nur eine Haaresbreite davon trenne, mit sich selbst in Kontakt zu kommen«. Kurz, er kann sich nicht wirklich von sich losreißen, er bleibt von dem Blick des Anderen bedroht, und von dem jenes absoluten Anderen, das der Tod ist, und er kennt keine Rast, außer wenn er sich »vollkommen gesehen, aber befreit vom angemaßten Urteil der Blicke« glaubt (ein Fehlen der Gegenseitigkeit, das ihn der menschlichen Auseinandersetzung entzieht). Er weiß sich völlig abhängig von den Objekten (und hält sie umso mehr in der Distanz), einer Existenz geweiht, deren eingeengter Charakter ihm niemals entgeht.

Nun aber los!, verlangen die Freunde des Lebens mit Ungeduld. Aber sieh da, unser Mann will nichts davon wissen. Es sind immer dieselben Tatsachen, die er enträtselt, dieselben Mythen, »Prismen von Brocken des Innern«, die er umkreist, dasselbe Wörterbuch, das er buchstabiert, dieselbe Neurose, wenn man unbedingt will, »vergebliche Rose des Gehirns«, die er entblättert, dieselbe Angst, »schmieriger Schuppen, der von hundert Würgewerkzeugen wimmelt«, der er entgegentritt, derselbe Tod, »Minotaurus, der Menschen liebt, brackiges Trauma«[12], den er erleidet, beschwört, zähmt. Merkwürdige Hartnäckigkeit; man täte aber besser, an ihr die Bewegheit wahrzunehmen, als ihr die

---

12 Diese Definitionen sind *Glossaire j'y serre mes gloses* entnommen.

vorgeblichen Gewißheiten dessen entgegenzusetzen, was man, etwas rasch und mit weniger Vorsicht und Humor als Leiris, das Mannesalter (l'âge d'homme) nennt.

Es ist wahr, daß es andere Wege gibt, sich am Tod zu messen, als die Literatur, daß es eine andere Literatur gibt (das ist schon weniger sicher) als die, die sich von einer Existenz nährt, welche sich dazu bestimmt weiß, sich auszusagen, ihre Lage zu bestimmen, ihr einziges Verlangen in der verwirrenden Vielfalt der Meditationen, die sie sich aufgibt, den leuchtenden Gegenstand ihres leidenschaftlichen Bemühens in dem Grau in Grau der Aufgaben, die sie in Beschlag nehmen, zu erkennen. Es soll also nicht geleugnet werden, daß es andere Weisen gibt, seine Freiheit zu leben. Wie aber könnte man Leiris vorwerfen, gerade diese gewählt zu haben? Eher wird man die unvergleichliche Redlichkeit bewundern, mit der er seine Unternehmung ausführt, und seine Weigerung, die Antinomien zwischen Leben und Tod, Mythos und Wirklichkeit, Arbeit und Wort, literarischer Sprache und Alltagsprosa aufzuheben; denn das ist es, was seinen Schriften ihre unvergleichliche Gespanntheit verleiht.

Der Leser und sein Autor
Zu zwei Erzählungen von Henry James

I

Es gibt viele Arten, *The figure in the carpet* (1896) zu lesen. Man kann darin nur eine Fabel mit ironischer, aber banaler Moral sehen. Ein Schriftsteller, Vereker, vertraut einem seiner Leser, der ihn sehr bewundert, an, daß sein ganzes Werk nur eine einzige Aussage enthalte, »die ebenso handgreiflich ist wie der Marmor dieses Kamins«, und daß er sich nicht erklären könne, wieso sie immer unbemerkt geblieben sei. Der Leser – ein junger Kritiker – macht sich auf die Suche nach diesem zugleich verborgenen und offenbaren Sinn, trägt aber nichts als eine Migräne und Überdruß an seinem geliebten Autor davon. Einer seiner Freunde indessen, George Corvick, den er ins Vertrauen gezogen hat, behauptet nach vielem Hin und Her, das Geheimnis gefunden und die Bestätigung seines Fundes von Vereker persönlich erhalten zu haben. Darüber stirbt der Schriftsteller, Corvick ebenfalls, und seine Witwe, die im Besitz des Geheimnisses zu sein behauptet, weigert sich, es preiszugeben. Die Moral: was heißt lesen? Laufen, rennen, wie der Esel hinter der Rübe herläuft. Das gefällt Ihnen nicht? Indes, was haben Sie als Leser von *The figure in the carpet* getan? Sie haben mitgemacht! James hat ihnen bewiesen, daß die Kunst nur eine Falle ist, deren Mechanismus Sie selbst in Gang gesetzt haben.

Ganz entsprechend sieht die Moral in Bezug auf den Schriftsteller aus, nur noch ironischer: er wird in seiner eigenen Falle gefangen. Denn es ist nicht gesagt, daß Vereker sich einfach etwas vormacht; vielleicht kennt er sein Geheimnis gar nicht und erwartet, ganz wie der Leser, vom *Anderen* seine Enthüllung. Er hat schon viel geschrieben – zwanzig Bände –, aber dem großen Publikum ist er unbekannt; man liest ihn, man bewundert ihn, aber nicht so, wie man sollte. Alle, Freunde oder Gegner, »laufen daran vorbei«. Er versichert indes, es sei etwas in seinen Büchern, ein kleiner Fund, den man bemerken müßte. Warum aber, wenn niemand ihn darin sieht? Weil es sein muß: woher nähme der Schriftsteller jeden Tag das Selbstvertrauen, das ein so eigentümliches Unternehmen wie das seine erfordert? »Unter einem kleinen Fund verstehe ich – wie soll ich mich ausdrücken? – das gewisse Etwas, um dessentwillen ich meine Bücher schreibe. Hat nicht jeder Schriftsteller einen Antrieb dieser Art, der ihn anspornt, sein Mögliches zu tun, über sich selbst hinauszuwachsen, und ohne den er überhaupt nicht schriebe?« Ansporn, Trost des Schriftstellers: das, was er schafft – oder erreicht –, soll zumindest ebenso handgreiflich sein wie der Marmor des Kamins. Andernfalls wäre die Literatur nur eine Illusion. Aber vielleicht ist die Schriftstellerei Verekers – die von James – nichts anderes? Die Ironie der Erzählung wendet sich gegen den Autor: wenn der Leser nur ein Betrogener ist, ist er seinerseits nur ein Taschenspieler, und das Spiel »Wer haut wen übers Ohr« fordert zwei Opfer; bei einem solchen Spiel gibt es keinen Gewinner.

Auf das Vorhandensein dieses Paares gründet sich James' Erzählung; von Anfang an stellt er uns durch den Erzähler mitten hinein: wir suchen wie er, unsere Neugierde ist geweckt, wir beschuldigen den Autor, er entziehe sich, wir fürchten, daß er mit uns sein Spiel treibt. In unserer Eigenschaft als *Leser* werden wir hineingezogen. Nun ist der Leser gewöhnlich unschuldig, hält sich für unschuldig, geschützt von seinem Schweigen. Es ist der Autor, der auf und ab läuft, sich exponiert, sich selbst darstellt; wendet er sich an uns, so in der Absicht, uns an seinen Gefühlen, seinen Träumen, seinem Haß teilnehmen und sie so gut begründet, vielleicht so wahr erscheinen zu lassen, wie sie es erfordern; wir antworten diesem Anruf, wir sind guten Willens. So sieht sich zumindest der Leser: von Natur gut und verständnisvoll. Solange er liest und der Autor schreibt, herrscht ungetrübtes Glück. Einer bedarf des anderen, und seelenruhig ignorieren sie einander. Sobald aber jeder seine Forderungen vorbringt, beginnt der Streit.

Eine kurze Erzählung illustriert diesen Wandel. Zwei Jungen entschließen sich eines Abends, an einem sehr miesen Abend, in schlechter Laune, der ersten besten Frau auf gut Glück zu folgen (die Geschichte heißt *The followers,* sie ist von Dylan Thomas). Sie irren im Regen umher, eingetaucht in süße Phantasien, und finden sich endlich in einem Zustand unklarer Erregung unter einem Fenster wieder. Zwei Frauen tun nichts anderes, als friedlich zu Abend zu essen, sie wechseln ein paar belanglose Worte über ihren Tageslauf. Dann blättern sie in einem Photoalbum und machen hie und da eine Bemerkung zu den Bildern; bei einer der Photographien verweilen sie und rufen sich die dargestellte Person ins Gedächtnis, »Tante Katinka«, ihre Kleider, ihre Art sich zu geben; dadurch verleihen sie dem Schatten Leben, und es ist Tante Katinkas Stimme, die man sagen hört: »Warum sehen denn die beiden Buben durch das Fenster?«

Hier wird der Leser gefesselt. An ihn nämlich richtet sich die Frage. Er fährt auf, blickt um sich, aber eben diese Geste klagt ihn an. Gestehen wir ihm die Gegenwart der zwei jungen Leute zu. Ich, der Leser, bin dort bei ihnen, ich, der Schnüffler, der ich mich von der Dunkelheit geschützt glaube; und plötzlich klagt mich eine schrille Stimme an, von der man nicht weiß, woher sie gekommen ist, während meine Komplizen in aller Eile entfliehen.

Die Anekdote berichtet von dem Augenblick, in dem die laut verkündete Unschuld des Lesers – nur eine Zerstreuung für die freien Abende, dem ersten besten nachzugehen – umschlägt in Schuld. In flagranti ertappt, wendet er ein: zugegeben, ich habe geschaut, aber das war deswegen, weil es etwas zu sehen gibt; und ich muß euch wohl heimlich beobachten, weil ihr etwas versteckt. Hier verrät der gute Wille des Lesers seine Absicht: den Autor zu demaskieren, ihm seine Geheimnisse zu entreißen; was den Autor betrifft, so ist er bereit, seine Geister hervorzurufen, aber im Grunde will er nicht, daß man versucht, ihn von außen zu überraschen, ihn zu verraten. Sein Gebäude ist kein Glashaus, sondern ein Spiegelkabinett, in dem er uns nach seinem Wohlgefallen irrezuführen wünscht. Die Folge ist ein großes wechselseitiges Mißtrauen.

Hören wir Vereker. Er erklärt, »er lebe fast einzig und allein, um zu sehen, ob sein Geheimnis jemals entdeckt werde«, fügt aber zugleich hinzu: »Ich brauche mich nicht zu beunruhigen: es wird nie entdeckt werden!« Später glaubt er, zuviel darüber gesagt zu haben: »Ich bin so viel deutlicher zu Ihnen gewesen, als es zu meinem Spiel gehört, daß dieses Spiel – ich meine das Vergnügen, mich ihm zu widmen – darunter beträchtlich leidet. Ich habe es, um es klar zu sagen, zum guten Teil verdorben«. Er ist in der Klemme; er soll reden und nicht reden, sich mehr als ein anderer exponieren, sich aber zugleich entziehen, sich zurückziehen, und seine Abwesenheit sozusagen in den Vordergrund rücken. Er will, daß man ihn versteht, ohne daß er sich erklären müßte; um diesen Preis hat er die Chance, vollkommen verstanden zu werden, unter dieser Bedingung hat er sein Vergnügen an der Sache – nur werden die wirklichen Leser sie schwerlich respektieren. Dummköpfe sind sie, wenn sie mit der Bezauberung zufrieden sind und sich einen Bären aufbinden lassen; schamlos, *vulgär,* wenn sie ihrerseits das Wort ergreifen, um den Zauber aufzuhellen. Da kann sich der Autor nicht mehr zurückhalten: »Was ich habe sagen wollen, mein Herr, habe ich gesagt. Gehen Sie erst noch einmal in die Schule!« Mallarmé bemerkt ironisch: »Angesichts der Aggression ziehe ich es vor zu erwidern, daß die Zeitgenossen nicht lesen können.« Das ist verständlich. Wenn die Sorge um die Ehrungen einmal vorbei ist – eine oft lächerliche Sorge, aber vielleicht können sich nur die Schöpfer einer schüchternen Kunst erlauben, gut erzogen zu sein, die anderen verlieren die Beherrschung –, wenn einmal sicher ist, daß sein Werk kein Selbstgespräch, kein großer Wachtraum oder gar ein Fieberwahn ist, dann findet der Schriftsteller lästige Freunde. Wozu all die Glossen, die ihn nur verraten? Alles, was die Kritiker berühren, wird platt. Sie wollen nichts anderes, als der allgemeinen, zugelassenen, festgesetzten Rede eine Sprache einzugliedern, die ihren Antrieb gerade darin hat, daß sie sich in jener weder ereignen konnte noch wollte und sich einen Stil erfinden mußte. Die gewöhnlich bescheidenen Erklärungen des Kritikers über seine Absichten ändern an seinem Vorgehen nichts; tatsächlich erklärt er, vergleicht, deutet. Diese Worte können einen verrückt machen. Sie setzen eine merkwürdige Überlegung voraus: danach würde der Autor einen klaren Sinn, den er aber für sich behielte, zum Zweck des Verbrauchs verhüllen –, und eine gewisse Anmaßung: mit dem Auftreten des Kritikers schlüge die Stunde der Wahrheit; er behauptet, den ursprünglichen Sinn und den Grund der Verhüllung zu entschleiern, während er doch nichts anderes tut, als seinen Patienten, der sich nicht wehren kann, den Normen der gerade modernen psychologischen Maschinerie zu unterwerfen. Es war, glaube ich, Gide, der eines Tages auf das beklagenswerte Schicksal des musikalischen Kunstwerks hinwies, das ohne Ende dazu verdammt sei, *interpretiert* zu werden. Sind die Bücher besser daran? Jeder interpretiert sie.

Der Leser wird antworten, daß er kaum anders könne; er bittet demütig um eine Stütze, um eine Ermutigung. Vielleicht hat er sich geirrt, er ist bereit, wieder von vorn anzufangen. Aber jeder Schriftsteller antwortet wie Vereker: »Ihm helfen? Tue ich denn etwas anderes, sooft ich zur Feder greife? Ich schreie ihm doch meine Absicht mitten in sein dämliches Mondgesicht!«

Man sehe sich den Erzähler in *The figure in the carpet* an (nennen wir ihn W., das heißt Wir). Eine literarische Zeitschrift bittet George Corvick um eine Analyse des letzten Buches von Vereker; Corvick beauftragt W. damit. Erstes Paradox: Corvick – die ganze weitere Erzählung wird es zeigen – steht dem Werk Verekers näher als W.; gerade diese Nähe verbietet ihm, von ihm zu sprechen. Man bringt es nicht fertig, seinen Lieblingsschriftsteller in ein paar Zeilen abzuhandeln? Darum handelt es sich nicht. Corvick gibt Vereker nicht den ersten Preis; nur, was man über ihn schreibt, ärgert ihn, und das, was er selbst über ihn sagt, kaum weniger. Kurz, er ist der Leser, den jeder Autor zu finden träumt, und den er zu verdienen überzeugt ist, ein in höchstem Maß schweigsamer, ein bißchen grämlicher Leser, der eine andere Kategorie von Lesern gründlich entmutigt, nämlich die, die begierig sind, ihre Erkenntnisse über den großen Mann zu vermehren. Zu dieser Kategorie gehört W., ein sehr tüchtiger Leser, ein sehr tüchtiger junger Mann, der sich gerade sehr darum bemüht, vorwärtszukommen (» wenn ich den zurückgelegten Weg überblicke«), und der ohne Mühe einen kleinen Artikel schreibt, zu dem jeder ihn beglückwünscht, Vereker eingeschlossen, denn jener gehört zu der Sorte von Leuten, die glücklich sind, wenn sie ihre großen Schriftsteller leibhaftig vor sich sehen. Vereker aber, in vertraulicher Stimmung, ein bißchen ernüchtert, oder auch nur bestrebt, den jungen Mann, der über seinen Erfolg sichtlich glücklich ist, ein bißchen zu ärgern, fügt

auf einmal hinzu: sehr gut, Ihr kleiner Aufsatz. Nur – Sie sind wie die andern, Sie haben gar nichts davon verstanden. Und dabei springt es doch in die Augen.
Was macht nun der junge Mann? Das, was jeder von uns, was jeder naive Leser an seiner Stelle täte: er nimmt die Gesammelten Werke Verekers und liest sie aufmerksam noch einmal durch. Einer polizeilichen Untersuchung kann das Geheimnis nicht entwischen. Wenn es einmal auf Karteiblätter aufgetragen vor uns liegt, hat das Werk kein Inneres mehr; entwaffnet wird es sich uns dann ergeben.
Als Corvick die Sache wieder übernommen hat, bettelt W. bei ihm um eine Antwort, dann bei seiner Frau Gwendolen, schließlich bei Deane, ihrem zweiten Mann; er erreicht nichts. Also sind die Trauben zu sauer, Vereker macht schlechte Witze, Corvick ist ein Angeber, ein Lügner, der Andere weiß nicht mehr als er davon, das Ganze ist nur eine Farce; so, wie er Verekers vertrauliche Äußerung verstanden hat, hat er auch nicht unrecht. Er hat nach dem Sinn gesucht wie nach einem verlorenen Gegenstand in einem Zimmer, der einem bei einer sorgfältigen Untersuchung nicht entgehen kann. Die Frage jedoch, die ein Geständnis stellt, ist die nach seiner Wahrheit, und die Antwort wird nicht in der Wirklichkeit enthüllt. W. hätte in den Reden Verekers einen Anhaltspunkt finden können: der Kritiker ist kein »gewöhnlicher Mensch«. Wäre er einer, ich frage mich, was er im Garten seines Nachbarn zu suchen hätte.«
Corvick seinerseits ist sehr wohl von der Notwendigkeit einer »Initiation« überzeugt; deshalb scheint er auch zu Beginn dieses Wettlaufs nach dem Schatz besser placiert zu sein als sein Freund und Rivale; besser placiert auch in dem anderen Wettlauf, der während der ganzen Erzählung dem ersten sehr nah steht, ja mit ihm verknüpft ist: dem Erringen einer Frau. Er liebt Gwendolen, er wird von ihr geliebt.
Hier lohnt es sich vielleicht, James' Erzählung zu lesen, wie Vereker sein Buch zu lesen empfiehlt: indem man den Sinn nicht jenseits der Erzählung, sondern in ihrem eigenen Ablauf sucht. Explizit ist die Rede nur von dem Unglück, Kritiker zu sein; die Aufmerksamkeit, abgelenkt von den Ereignissen, von ihrer eigenartigen Anordnung, von dem Bild, das sich unter unseren

Augen zusammensetzt, richtet sich damit auf Fragen von lebhaftem Interesse, aber harmloser Natur.[1]
In einem ersten Teil der Erzählung beschränkt sich Corvick darauf, bei W.s Platitüden mit den Achseln zu zucken. Unfähig zwar, den geheimen Sinn dieses Werks, das ihn fasziniert, zu entschleiern, hat er doch zumindest immer gespürt, daß es einen solchen hat. Die Zweideutigkeit von Verekers vertraulicher Äußerung beunruhigt ihn und bestärkt ihn in seinem Glauben. Daß Corvick in einer sehr persönlichen Beziehung zu Vereker steht, hat dieser selbst doch offenbar erraten, wenn er, weit davon entfernt, W. die erwarteten Vorwürfe darüber zu machen, daß er Corvick den vertraulichen Hinweis weitergegeben hat, ihm ungefähr sagt: wenn Ihr Freund Corvick sich verheiraten sollte, so kann das vieles ändern; aber »man muß ihnen Zeit lassen«.
Tatsache ist, daß die Lektüre, wie sie George Corvick unternimmt, von ganz anderer Art ist als die von W.: sie ist ein Experiment. Die leidenschaftliche Lektüre wird unterstützt von der Liebesbeziehung zu Gwendolen. Zusammen gehen sie daran, zusammen scheitern sie. James, hier wie in jedem anderen Augenblick der Erzählung, begnügt sich damit, festzustellen; er erklärt nicht. »Sie stürmen auf falschen Pfaden los ... Sie spielen eine Schachpartie mit einem Schatten.« Warum? James verläßt sich wie Vereker auf uns: er konstruiert einen sehr geistreichen Mechanismus und überläßt es uns, ihn auszulösen; aber, wieder wie Vereker, scheint er uns den Sinn seiner Kunst anzuvertrauen, uns einen Schlüssel zu reichen. Sucht keine »esoterischen Botschaften«, keine »philosophischen Ideen«; bohrt nicht in die Tiefe, lest nur: es ist da, im Text. Was sagt aber der Text? Daß George und Gwendolen sich nicht in solche Höhen erhoben hätten, wären sie nicht verliebt gewesen (Gwendolen allein hat keine Aussichten: »Eine Frau findet das nie«; noch mehr, die Untersuchung würde sich für sie nicht *lohnen*, und, fügt Vereker hinzu, für mich ebensowenig); sie scheitern, und Corvick erträgt dieses Scheitern so wenig, daß er seine Verlobung auflöst

---

[1] In seinen *Vorworten* behandelt James lediglich Probleme der literarischen Technik; und in seinen *Tagebüchern* trifft man kaum auf anderes als auf Themen für Romane und Novellen.

und, entgegen allem, was nach seinen bisherigen Interessen vorauszusehen war, als Journalist nach Indien geht.
»Die Literatur und das Leben, für ihn war das ein und dasselbe.« Man stürzt sich nicht blindlings, wie er es tut, in ein Werk, nur um dort ein Kreuzworträtsel-Problem zu lösen; man zieht nicht seine Liebe mit hinein, man setzt sie nicht deswegen aufs Spiel. Corvick hat nur darum so viel Widerwillen, von Verekers Büchern zu sprechen, so viel Leidenschaft, sie zu ergründen, weil sie ihn auf das höchste persönlich betreffen. Warum flieht er, als hätte er sich mehr als erlaubt dem Unaussprechlichen genähert? Wir wollen versuchen, jetzt nicht W.s Irrtum zu wiederholen; wenn es ein Geheimnis gibt, ist es nicht versteckt wie beim Versteckenspielen. Folgen wir nur weiter unserem Führer.

Corvick und Gwendolen sind besser geeignet, heißt es, das Bild, das Motiv zu entdecken, weil sie ein Paar sind; nun finden sie es aber nicht, obwohl sie allen wünschenswerten Eifer daran wenden, *also* sind sie kein Paar. James greift das Thema nicht direkt auf; er deutet nur an, daß die jungen Leute die Absicht haben, zu heiraten, daß sich Gwendolens Mutter dem aber widersetzt; dann scheitert Corvick, und von Hochzeit ist nicht mehr die Rede; schließlich findet sie statt, als Corvick erklärt, das Geheimnis zu besitzen.² Haben wir ein Recht zu schließen, daß zwischen der Suche nach dem Geheimnis und der nach Gwen-

---

2 Man ist, wenn man einfach nur die *Tagebücher* durchblättert, in denen James notierte, was sein Interesse ausgelöst hatte, was er für ein *schönes Thema* hielt, verblüfft über die Anzahl der Geschichten, die von nicht zustande kommenden Heiraten, von aufgelösten Verlobungen handeln. Gleich auf der ersten Seite ist es die Geschichte von zwei jungen Männern, engen Freunden, die sich beide in dieselbe junge Frau verlieben und die Ereignisse so einrichten, daß weder der eine noch der andere sie heiraten kann. Oder: ein junger Lord liebt eine verheiratete Frau; unter dem Druck seiner Familie verlobt er sich mit einem jungen Mädchen; der plötzliche Tod des Ehemanns läßt die erste frei werden. Was tun? Ein anderer Fall: ein reicher junger Mann will sich vor den Mädchen, die verheiratet werden sollen, schützen und schließt mit einem jungen Mädchen einen Vertrag; sie wollen sich für Verlobte ausgeben. Dem Mädchen bietet sich die Gelegenheit, zu heiraten; er ist einverstanden, daß sie die List aufdeckt. Sie verheiratet sich, hatte aber den ersten geliebt und gehofft, er werde ihre Verlobung für gültig erklären; er seinerseits hatte sie auch geliebt, wollte sie aber nicht drängen, aus Angst, »es könnte so aussehen, als legte er ihr Gefühle der Habsucht bei, denen sie beide sich hatten entziehen wollen«. (Man beachte, wie unnatürlich das angebliche Motiv klingt.)

dolen eine Verbindung besteht, zwischen der Entdeckung des ersteren und dem Erlangen der letzteren? Daß der Held der Erzählung jedenfalls eine solche Verbindung sieht, unterliegt keinem Zweifel. Im Augenblick seiner Abreise nach Indien spielt Corvick den Erstaunten, als sein Freund W. ihn auf Gwendolen anspricht: »Es ist absolut keine Rede von Verlobung zwischen uns!« Eine merkwürdige Flucht übrigens, mit der Corvick sich seiner Unzulänglichkeit anzuklagen scheint; dieser feingebildete Mann wird »Sonderkorrespondent«, was für ihn die höchste Stufe der Erniedrigung bedeutet; und er übertreibt es noch, »bereit, sich noch großmäuliger zu zeigen als der großmäuligste Journalist«. Wütend bestraft er sich selbst. Und aus Bombay telegraphiert er an Gwendolen: »Heureka, großartig!« In der Tat, es wäre großartig für ihn wie für sie, wenn er die Antwort auf seine Frage gefunden hätte. Aber hat er sie gefunden?
Auch da genügt es, den Text zu lesen, um auf mehr als einen auffälligen Zug zu stoßen. Corvick behauptet, im Besitz des Geheimnisses zu sein, weigert sich aber, es mitzuteilen. Er antwortet W., dessen Ungeduld angesichts des Siegesrufs seines Rivalen begreiflich ist, er wolle ihm den Schlüssel erst bei seiner Rückkehr nach London übergeben, um das Vergnügen zu haben, sein Gesicht dabei zu sehen. Diese Antwort ist ironisch und wirkungsvoll, jedoch dilatorisch. Danach behauptet er, er müsse erst Vereker treffen, um sich von ihm bestätigen zu lassen, daß er das Richtige getroffen habe. Aber er teilt immer noch nichts mit. Dieses Verhalten ist bei aller seiner Unbekümmertheit so verdächtig, daß W., der als Rivale natürlich besonders wenig Neigung hat, sich etwas vormachen zu lassen, ihn der Aufschneiderei verdächtigt. Er hat ja auch in Wirklichkeit keinen Beweis, und wir ebensowenig, für die Wahrheit von Corvicks Behauptungen; er ist gezwungen, ihm auf Treu und Glauben zu vertrauen, und sein Vertrauen wird auf eine harte Probe gestellt. Gwendolen zeigt sich weniger skeptisch, weniger verärgert; sie mißt der Lösung des Rätsels so viel Wichtigkeit bei, daß sie sich von Corvick zur Heirat bestimmen läßt; das Geheimnis wird er ihr nachher eröffnen. Tatsächlich bedient er sich des vorgeblichen Besitzes des Geheimnisses, um sie zu erlangen. Sie heiraten also, da ja auch das letzte äußere Hindernis passenderweise verschwindet

(die Mutter stirbt). Auf der Hochzeitsreise haben die jungen Eheleute jedoch einen merkwürdigen Unfall: Corvick nimmt seine Frau auf einen Ausflug im Wagen mit, während doch frühere Erfahrungen ihm gezeigt hatten, daß er recht schlecht Pferde zu lenken versteht. Er hält seinen Dogcart plötzlich an, sie werden zu Boden geschleudert; er ist tot, sie unverletzt.

Eingegliedert in die Reihe, die sie bilden, sobald der Leser die Schicksale der einzelnen Personen je für sich verfolgt, sind diese Ereignisse *sprechend*. Sie sind es aber nie genug. Oder vielmehr, der Leser, der sie vor sich hat, kann sie nicht für nicht bedeutungsvoll halten, der Autor jedoch behält sich die Möglichkeit vor zu antworten: was suchen Sie da? Sind wir z. B. versucht zu sagen: Corvick ist impotent (und ohne Zweifel homosexuell), er hat geglaubt, in Vereker (und wir fügen hinzu: in James) einen Komplizen zu entdecken, einen Gleichgearteten, der ihm helfen könnte, seine »Krankheit« zu gestehen oder zu überwinden; er flieht in Angst und Schuldgefühl die Frau, die sein Versagen kennt, gibt vor, oder redet sich ein, daß er es besiegt habe, tötet sich jedoch am Tag nach seiner Hochzeit bei einem Unfall, der einem Selbstmord gleichsieht; wenn wir einen solchen Zusammenhang herstellen, was tun wir dann? Ein bißchen mehr als lesen – und genau das ist es, was James will: daß der Leser aus seiner passiven, harmlosen Rolle heraustritt; wir tun aber auch mehr, als auf eine bloße Andeutung hin verstehen – und das genau ist es, was er nicht will: eine derart *aggressive* Interpretation; schließlich nehmen wir eine Art von Montage vor: die Erzählung dreht sich nicht um eine oder selbst um mehrere Personen, denen sie sich nacheinander zuwendete, sie beschreibt vielmehr eine Kreisbewegung; das Geheimnis, oder sein Schatten, läuft wie ein Wiesel vom einen zum andern der Betroffenen, und die Absicht der Erzählung ist, seine Spur zu verfolgen, nicht, es zu fangen.

Deshalb wird der Leser, der sich darum bemüht, es einzufangen, bei jedem Schritt enttäuscht. Kommt er überhaupt vorwärts? Er erlebt lediglich eine Reihe von Ausweichmanövern, bei denen nur der Ort wechselt, die Wiederholung einer identischen Situation.[3] Am Ende hat er nichts zu fassen bekommen als sich selbst.

3 »Die ganze Situation ist als eine Art unausweichlicher Drehbewegung ein-

Nach Corvicks Tod erhofft er sich, ganz wie W., etwas aus Gwendolens Mund zu erfahren. Diese erklärt wohl, das Geheimnis, das ihr Mann entdeckt hatte, geerbt zu haben, weigert sich aber, es weiterzugeben, »aus Treue zu dem Heimgegangenen«. Ein merkwürdiger Grund, handelte es sich wirklich darum, das Verständnis des Werks eines großen Schriftstellers radikal zu erneuern: warum sollte sie nicht andeuten, in welcher Richtung Corvick seine Arbeit über Vereker weiterzuführen gedachte? Denn er ist natürlich genau in dem Augenblick gestorben, als er alles enthüllen wollte. Aber Gwendolen schweigt, als sei es, mehr als das Geheimnis, Corvick selbst, der ihr hinfort als Eigentum gehöre: eine Witwe, die mit ihrer Witwenschaft Mißbrauch treibt, und die man vielleicht heiraten müßte, um endlich klar zu sehen. Diese Idee kommt W. auch einen Augenblick lang: »Hat sich das Muster im Teppich vielleicht nur den Ehegatten gezeigt, nur von ihnen beschreiben lassen? Nur den Liebenden, die das höchste Band vereint hat?« Schon damals, als Corvick den Mut verlor und abgereist war, hatte W. sich gefragt, ob diese Abreise nicht den Zweck habe, sie beieinander zu lassen, Gwendolen und ihn; und die Wendungen, in denen Corvick von seiner Entdeckung sprach, waren recht exaltiert: »Der verborgene Schatz sei ein Haufen Gold und Edelsteine ... Nichts könne in solchem Maß das Gefühl geben, vor einem noch vollkommeneren Erfolg zu stehen.[4] Ein außerordentliches Erlebnis! Das Verlangen, es in seiner ganzen Frische zu schmecken, halte ihn dort unten zurück, bei der Quelle,« usw. Unglücklicher W.! er erhält nichts von Gwendolen als ein *Nein*, das wie eine Ohrfeige klingt. Wenn er einen Augenblick lang ganz nah daran war, wenn er hatte glauben können, die Enthüllung stehe unmittelbar bevor, so bleibt ihm jetzt nichts anderes, als einen schon gegangenen Weg in umgekehrter Richtung wieder zu durchlaufen; ein Zugang nach dem anderen verschließt sich ihm: Vereker stirbt, bald gefolgt von seiner Frau; ein Abstieg in die abgründigen Romane Gwendolens – die mit neunzehn Jahren drei Bände mit

gerichtet, was man einen circulus vitiosus nennen könnte«: so formuliert James anläßlich des ersten Entwurfs von *The Golden Bowl*.
4 Der englische Text ist hier stärker und deutlicher: »Nothing, in especial, once you were face to face with it, could show for more consummately *done*.«

dem Titel *Deep down* herausgebracht hatte – offenbart nichts als ihr eigenes Bild, nicht aber das, welches W. interessiert. Schließlich stirbt auch Gwendolen.

Zweifellos haben wir es ein bißchen leichter als W., eben weil wir ihn beobachten können, wie er in dem Kreis gefangen ist; je gewisser er sich seines Scheiterns wird, desto mehr läßt er sich von dem Thema faszinieren, von der *Sache,* deren er sich bemächtigen möchte; außer Atem läuft er hinter dem Wild her; er hat sich verirrt, läuft auf der Spur und sieht sie nicht. Er klagt sein Geschick an, den Dämon, der ihn immer wieder von dem Ziel fernhält: Schon bei Corvicks Rückkehr hatte ihn eine Krankheit seines Bruders auf dem Kontinent festgehalten; darauf folgte diese »Serie so merkwürdig sich durchkreuzender Ereignisse«, wie er selbst bemerkt.

Bleibt Dean, dieser sehr lebendig, ein bißchen zu sehr für W.s Gefühl, der ihn auf seinem Weg trifft: Dean bringt Verekers letztes Buch zu Gwendolen, er bespricht es in der literarischen Zeitschrift, er heiratet Gwendolen, alles das an W.s Stelle. »Seine Spezialität bestand darin, Wahrheiten vorzubringen, denen die Anderen auswichen, wie er sich ausdrückte, oder die sie nicht zu sehen verstanden; aber nie verlor er ein Wort über die einzige Wahrheit, die in meinen Augen von Bedeutung ist.« Dieser Mann, »mit dem man sich nicht unterhalten kann«, dieser »bornierte« Mann mit der »großen kahlen Stirn« ist es auch, der, nebenbei bemerkt, Gwendolen zur Mutter zweier Kinder macht. W., gedemütigt, befragt ihn, aber Dean weiß offensichtlich nichts von der Geschichte mit dem Geheimnis und läßt W. damit das bittere Vergnügen der Rache: jeder ist in gleicher Weise bankrott, wir eingeschlossen.

Denn nicht wenige Leser werden sich an der Nase herumgeführt vorkommen und, je nach Temperament, ärgerlich oder begeistert sein. Aber es wird ihnen schwer fallen, dabei stehenzubleiben. Zugegeben, James mag sich über uns lustig gemacht haben, er macht sich aber über seine Kunst noch mehr lustig: hier entmystifiziert der Mystifikateur. Jorge Luis Borges hat irgendwo bemerkt, als er an »gewisse Plätze« erinnerte, »die uns etwas sagen wollen oder es uns gesagt haben – und wir hätten es nicht verloren gehen lassen dürfen –, oder die im Begriff sind, uns etwas zu sagen: dieses unmittelbare Bevorstehen einer Offenbarung, die nicht geschieht, ist vielleicht das Ästhetische.« Die ganze Kunst des Schriftstellers besteht darin, an diese Offenbarung glauben zu machen (manchmal auch darin, selbst an sie zu glauben). James nun verrät den Trick. Man ist versucht, darin mehr als nur den Beweis für eine seltene künstlerische Luzidität zu sehen, nämlich eine vertrauliche Äußerung über den Menschen. Er scheint uns zu sagen: ich kenne mich ganz genau, nur will ich einfach nicht sagen, was ich weiß. Sie haben alle Bestandteile in der Hand, rechnen Sie aber nicht damit, daß ich sie Ihnen zusammensetze, sie zu dem Geständnis anordne, auf das Sie warten. Wenn der Romanschriftsteller sich weigert, eine *Version* der Geschehnisse vorzulegen – die immer genau so verdächtig ist wie die irgendeiner Gestalt der Erzählung –, dann ist der Leser dazu gezwungen. Aber daß der Autor nicht dahin gelangt, vollkommen zu verschwinden, daß er es in gewisser Weise auch gar nicht will, auch das sagt uns *The figure in the carpet*.

Die Erzählung drückt eine Ermüdung aus; wenn er allzu sehr die Distanz wahrt, sich allzu gut entzieht, wenn er nur Fallen stellt, in denen sich der Leser fangen und verraten soll, macht der Schriftsteller die Erfahrung einer unerträglichen Einsamkeit. Vereker, »gräßlich intelligent«, vertraut sich einem jungen Leser an; er beklagt sich, daß man niemals in seinem Werk »das belebende Organ« bemerkt habe. Wer andern eine Grube gräbt, fällt selbst hinein. Wenn keiner etwas merkt, ist die Sache verfehlt; wenn es keiner versteht, wozu überhaupt reden? Muß man also anders reden? Zur selben Zeit notiert sich James: »Jetzt kann ich wirklich das Werk meines Lebens verwirklichen. Und ich werde es tun. Ich muß meinen Problemen nur gerade ins Gesicht sehen. Aber all das hängt von dem Unaussprechlichen ab, das zu tief und zu rein ist, um ausgesprochen zu werden. Lassen wir es ruhen, versenkt in das heilige Schweigen.«[5] Er wird sich in unserer Erzählung also auf das ironische Spiel mit der Schwierigkeit der Kommunikation mit dem Leser beschränken, auf den Hinweis, daß die Anlage seiner Bücher nicht nur ein Bollwerk, sondern auch eine Zufahrtstraße ist; er wird ihm nur zu verstehen geben, daß sich ein Geständnis aus

5 Tagebücher, 27. Januar 1895. Ein Passus sehr ungewohnten Tonfalls.

den Umwegen herauslesen läßt, die er benutzt, um sich zu entziehen. Mehr zu sagen, wäre *vulgär (artless)*.
Die Vulgarität ist überhaupt eine Hauptsünde: »Die Vorstellung von dem armen Mann, der sein ganzes Leben lang versucht, ein vulgäres Werk zustande zu bringen... Lange, vergebliche Bemühung: immer wird es als zu subtil beurteilt, immer als zu fein, niemals, niemals als vulgär genug.«[6] In der Tat ein glücklicher Mensch, weil er so behütet ist. In einer der unseren ganz entsprechenden Geschichte – *The Death of the Lion* (1894) – beschreibt James die schreckliche Lage des Schriftstellers, der lange Zeit ziemlich unbekannt war und plötzlich von Bewunderen gehetzt wird. Als ihm die Idee zu dieser Erzählung kommt, notiert er sich: »Sie werden ihn wohl töten müssen, hm? – ihn töten gerade durch die Raserei ihrer egoistischen Ausbeutung, ohne im mindesten zu ahnen, warum sie ihn töten... Alles könnte auf einem völligen Versehen beruhen, auf einem Irrtum über Art und Form seines Werks.« An anderer Stelle hält er »das Fehlen jeglicher Trennung zwischen dem Öffentlichen und dem Privaten« für »eines der erschütterndsten Zeichen unserer Epoche«, für das er an verschiedenen Stellen hundert Beispiele gibt. Vulgarität ist Mord. Es ist begreiflich, daß James sich überwacht, daß er komplizierte Berechnungen anstellt, um nicht zu sagen, was er sich selbst gesagt hat, und sich trotzdem verständlich zu machen. Aus diesem Widerspruch kommt seine Kunst.

Kurze Zeit nach *The figure in the carpet* erzählt James die Geschichte eines kleinen Mädchens, Maisie, die den Erwachsenen völlig ausgeliefert ist, sich in der Lage eines Geldstücks befindet, ein bloßer Tauschgegenstand, versehen mit dem Plus- oder dem Minus-Zeichen. Vergeblich versucht sie sich auf die Gefühle zu verlassen, die man ihr entgegenbringt, oder die die Erwachsenen einander entgegenbringen: auch sie wechseln das Vorzeichen. Jedesmal, wenn Maisie begriffen zu haben glaubt, was man von ihr erwartet, trifft sie das Falsche; jedesmal wenn sie einer ihrer Gefühlsregungen vertraut, kommt sie im unpassenden Moment. Gelegentlich hofft sie, daß die *Andern* »mattgesetzt werden könnten«. Ihre Hoffnung wird immer getrogen.

6 Tagebücher, 26. Januar 1895

Sie beherrscht die Situation nie. Aber dadurch, daß Maisie spricht, mitteilt, was sie *weiß*, vermeidet sie das Schlimmste, sichert sich eine Zuflucht in der unaufhörlichen Bewegung, die sie wie einen Ball vom einen zum anderen wirft, in der Kreisbewegung, der niemand entgeht, und von der man höchstens einen Moment lang profitieren kann, je nach dem Platz, den man in ihr einnimmt.

Ein wenig begeisterndes Bild, das indes dem vorzuziehen zu sein scheint, was geschähe, wenn die Einzelnen nicht nur Stützpunkte für diese Bewegung wären, sondern unmittelbar aufeinanderträfen. Die Konflikte, die alle möglichen Kombinationen einer Unmöglichkeit hervorbringen, haben zumindest den Vorteil, daß der Mord vermieden wird. Damit beschäftigt, sie aufzulösen, weichen die Menschen der direkten Begegnung Auge in Auge aus. Wenn man James bezichtigt, ein lächerliches Bild der Spielregeln gegeben zu haben, kann er auf nicht schuldig plädieren; seine Schuld ist es nicht, wenn sie so farblos geworden sind. Hinter James' Höflichkeit und Ironie, in seiner Gereiztheit gegen die Eindringlinge, die keine Ahnung vom Geheimnis haben, steckt etwas wie eine Angst, die des Kindes Maisie, das den Launen, der Gier und der Gewalttätigkeit derer ausgeliefert ist, die, wie die Kritiker bei Vereker, versichern, sie wollten nur sein Bestes!

II

Ein Mann weiß, daß ein Ereignis wie ein Tier im Dschungel auf ihn niederstürzen wird, er lebt in dieser Überzeugung, in dieser absoluten Erwartung, wie ein Wettkämpfer, der sich für eine entscheidende Begegnung, die er fürchtet, schont. Er bemerkt zu spät, hoffnungslos zu spät, daß die Begegnung schon stattgefunden hat, unter seinen Augen, und ohne sein Wissen: die Leidenschaft, die ihn aufwühlen und verwandeln sollte, hat eine Frau, seine Vertraute und Komplizin, erfahren, sie hat sie reifen, außer sich geraten lassen, während er, John Marcher, zur gleichen Zeit sich aus Egoismus und Angst weigert, sie anzuerkennen; sie, May Bartram, siecht darüber hin und stirbt. Man bereitet sich auf ein schicksalhaftes Geschehen vor und vergißt dabei, daß es sich bereits vollzieht, auf eine außergewöhnliche Liebe, ohne zu sehen, daß man daran vorbeigeht: ist das die – wie man zugeben wird, fade – Moral von James' Erzählung?

Nehmen wir einen Moment an, sie wäre es. Bliebe zu verstehen, warum Marcher sich in diesem Maß selbst täuscht. Die Kritiker bringen vor: Kommunikationsunfähigkeit (das war eine Zeitlang die Meinung von Marguerite Duras), viktorianische Prüderie (sie erinnern sich, einmal James gelesen zu haben). Das befriedigt Sie nicht? Man wird Ihnen zugeben, daß die Novelle rätselhaft ist.[7]

Und es ist wohl wahr, daß sie das ist. Weniger durch ihr Schweigen als durch ihre Erklärungen, die statt der Lösung des Rätsels das Gefühl geben, daß es kein Rätsel gibt, daß das Geheimnis, das die Hauptpersonen wohlgefällig hegen, nicht den Stempel »Sphinx«, sondern »Hanswurst« trägt. Ein solches Spiel spielt James mit seinem Leser. *Verstehe, wer kann.* Die Formel ist wörtlich zu nehmen: Sie können verstehen. Scheitern Sie, ist Ihre Dummheit, d. h. Ihr eigenes Verkennen daran schuld; sagen Sie aber: das hier ist die Bedeutung dieser Geschichte, so offenbaren Sie nie etwas anderes als Ihre eigenen Interessen, als Ihre Ängste. Beschränkt oder scharfsichtig, in jedem Fall verraten Sie sich. Und das ist es, was einen an James' ironischer Kunst, wie an dem Prinzip des projektiven Tests, wirklich zu ärgern vermag. Es zwingt den Leser, sich bloßzustellen, während der Autor sich um jeden Preis entzieht.

Diese Kunst wäre in der Tat nur ärgerlich, wenn sie James lediglich als Ausflucht diente. Sie dient ihm aber zu etwas anderem: das kunstvolle Mißbehagen, das er seinen Lesern schafft, ist in seinen Augen das Modell eines Mißverständnisses von einer ganz anderen Tragweite, nämlich des zugleich wohlgesitteten und außerordentlich heftigen Kampfes, der unter den Menschen ausbricht, sobald ihre Begierde im Spiel ist. Daß sie das in dieser Novelle offener als anderswo in James' Werk ist, zeigt schon der Titel ohne Umschweife. Die Begierde steht jedoch von Anfang an unter dem Zeichen des Geheimnisses: Marcher fürchtet vor allem,

---

7 Diese Überlegungen sind von der Bühnenbearbeitung angeregt worden, die John Lord und Marguerite Duras 1962 von James' Erzählung *The Beast in the Jungle* hergestellt haben.

daß *man* wissen könnte, was ihn quält. Trotzdem muß er es sagen. Die Eigenart dessen, was man nicht zugeben kann, ist es, daß es früher oder später doch zugegeben wird, aber in einer genügend verhüllenden oder veredelnden Form, daß man, obwohl man sich verbrecherisch und schuldig fühlt, als Opfer, also unschuldig erscheinen kann. Ist das nicht der Gewinn, den Marcher sucht, wenn er May *die Sache* anvertraut? »Nur in ihrer Eigenschaft als seine alte Freundin könne er sie brauchen.«
Und die junge Frau scheint es zunächst auch so zu verstehen: »ich bin die einzige, die es *weiß*.« Ohne Frage kommt sie dabei auch auf ihre Kosten, vielleicht hofft sie (sie ist schon einige dreißig Jahre alt, wenn die Geschichte beginnt), daß sie, bereit, nichts zu sein als die Treuhänderin des Geheimnisses, bereit, ihre Verbindung auf die Mitwisserschaft zu gründen, doch noch siegen werde. Ich glaube aber, daß sie ohne Illusion ist und von vornherein auf Verzicht gestimmt. Ganz gegen ihren Willen beginnt sie, Marcher zu lieben, wird ihr ganzes Verhalten eine »unausgesprochene Erklärung«.
Auf diese Weise kommt ihr Dialog in Gang, ein Dialog, bestehend aus Hintergedanken, Verschweigen, dem Bemühen, den Partner und sich selbst zu schonen, und der immer wieder abbricht, wenn die Sonde unerträglich schmerzhaft den Nerv des Partners trifft. Je mehr sie entdeckt, in welche Sackgasse sie sich gewagt hat, und je mehr er merkt, daß er sie ganz einfach umbringt, um so komischer und pathetischer wird ihr Pakt, was auf der Bühne die Folge der Szenen gut zum Ausdruck bringt. Das Geheimnis ist immer da, gut gehütet, es ist aber nicht mehr dasselbe für den einen wie für den anderen Wächter und bedeutet für jeden eine verschiedene Angst: für Marcher, daß er mehr, als ihm lieb ist, und ohne Zweifel über das hinaus, was er von sich selbst weiß, durchschaut wird; für May, sich völlig verstoßen zu sehen, wenn sie eingestünde, nicht mehr die »alte Freundin«, sondern Liebende zu sein. Man muß sie ohne daran zu glauben versichern hören, »die Tür ist ja immer offen«...
Marcher seinerseits will sie nicht verlieren. Das ist, wie mir scheint, ein Vorzug des Stücks gegenüber der Novelle, daß sie sein Entsetzen sichtbar macht, das ihn bis zur Panik erfaßt bei dem Gedanken, verlassen zu werden. Wenn sie sterben sollte,

ihn stehen lassen, ihn seinem Dämon ausliefern sollte! Denn was sie ihm gibt, ist viel mehr, als wenn sie ihn nur gegen die Gesellschaft abschirmte, ihm nur das Alibi einer Liaison oder selbst den Trost eines Freispruchs böte. »Wenn Sie nicht da sind, ist überhaupt nichts da.« Marchers freimütiger Egoismus läßt ihn die Wahrheit der Trauer entdecken: es ist unser eigenes Bild, das unerträglich wird, wenn wir einen anderen, der wie mit Ketten an uns geschmiedet war, entbehren müssen.

Es besteht eine Art von Übereinkunft zwischen Marcher und May, die auf keinen Fall gebrochen werden darf – das wissen beide –, so schmerzhaft sie aufrechtzuerhalten auch sein mag. Der Bund des Verbrechers mit der Heiligen, von dem Genet spricht, hier der des Homosexuellen mit der alten Jungfer, dieser beiden *Ausgestoßenen*, zur Einsamkeit Verdammten, James nennt ihn natürlich nicht mit Namen, er führt ihn uns jedoch vor. Das ist sogar noch zuviel gesagt, er verläßt sich auf uns, daß wir ihn benennen, und überläßt so den Kritikern die Wahl, ob sie böse Zungen oder Schwachköpfe sein wollen. Daher bedürfen die, welche Ohren haben, ihn zu hören, der Kritiker nicht, um den Faden in dem scheinbaren Labyrinth nicht zu verlieren, in das er sie hineinzieht; wie dieses kurze Zwiegespräch beweist, das ich in der Pause mit angehört habe, und für dessen genaue Wiedergabe ich mich verbürge: Er (fünfzig Jahre, eher »blöd« – ein Wort, das er liebte): »Dieser junge Mann ist sehr merkwürdig. Aber na ja, so etwas gibt es nur in England.« Sie (knochiges Gesicht, verkniffene Lippen): »Das ist nicht gesagt.« Moral: Die »Bestie« läuft immer noch herum.

IV Ein Gespräch

Analyse eines Wunders
Gespräch mit Françoise Dolto*

J.-B. P. – Dieses Wunder, schien mir, war zunächst das einer Begegnung: der Begegnung zwischen einem Mädchen von acht Jahren, taub, stumm, blind, aber außerordentlich lernbegierig und intelligent; und einem jungen Mädchen von zwanzig Jahren, auch sie begierig, aber zu schenken: ihrer Schülerin die Sprache zu schenken. Beide sind sie von derselben Heftigkeit.

F. D. – Eine Heftigkeit, die in dem Buch – *Geschichte meines Lebens* von Helen Keller – nicht zum Ausdruck kam. Dazu muß man sagen, daß es gegen 1900 von einem wohlerzogenen jungen Mädchen geschrieben worden ist, das die Beziehungen, die es als Kind zu Miss Sullivan gehabt hatte, in einer versüßlichten Weise sah (vielleicht hat auch die kindliche Amnesie mitgewirkt ...).

J.-B. P. – Das Buch war zu erbaulichen Zwecken geschrieben worden, während das Stück ... Man hat gesagt: das ist Heilgymnastik mit Mitteln des Catch.

F. D. – Sagen wir eher, im Kampf Körper an Körper: man muß verstehen, dieses Kind lauerte ständig auf Möglichkeiten, Kontakte aufzunehmen, und konnte das ja nur in diesem Kampf. Man sieht in dem Stück gut, wie die Dinge ablaufen. Jedes Mal, wenn sie einen Kontakt aufzunehmen versucht, erscheint eine ungeheure Angst: Helen provoziert die Aggressionen der Kinder um sie herum, wie sie bei den Erwachsenen Abwehrmechanismen provoziert, die sie ohne Zweifel als Bruch wahrnimmt. Denn sie hat ja nur den Mund zu ihrer Verfügung, d. h. das Verschlingen, und die Psychoanalytiker kennen die Tiefe dieser Angst vor

---

* Françoise Dolto hat mir liebenswürdigerweise gestattet, die Aufzeichnung, die ich von unserem Gespräch angefertigt habe, hier wiederzugeben. Ich danke ihr sehr herzlich dafür. *Miracle en Alabama*, von M. Gibson, bearbeitet von Marguerite Duras und Gérard Jarlot, ist im Oktober 1961 in Paris aufgeführt worden.

dem Verschlungenwerden. Die kleine Keller lebte vor der Ankunft von Miss Sullivan vom Verschlingen.
Aber selbst wenn die anderen sich anfallen ließen, mußte sie vor ihnen fliehen (das ist es, was man »instabiles« Verhalten nennt). Indem sie das *Objekt,* mit dem sie in körperliche Verbindung tritt, verwirft, erschafft sie sich als *Subjekt,* wird sie nicht ihrerseits von all *dem,* was nicht sie ist, verschlungen – es gibt genau genommen keinen *Anderen* für sie zu Beginn des Stücks.

J.-B. P. – Sie denken an ein besonderes Verhalten?

F. D. – Ja, die Inszenierung stellt sehr mit Recht zwei aufeinanderfolgende, unbewußte Stadien heraus. Erinnern Sie sich an die rasende Mimik der Umarmung, gefolgt von Schlägen auf ihre Puppe, auf ihren eigenen Kopf, nach ihrer Mutter? Und die leblosen Gegenstände? Sie bemächtigt sich ihrer, reißt sie dann an sich oder versteckt sie oder läßt sie auch wieder los und wirft sie weit fort. Es gibt da eine ganze körperliche Dialektik. Das wunderbare Spiel der jungen Schauspielerin gibt dem Körper diesen ursprünglichen Zeichenwert wieder, den uns das Hinzutreten der gesprochenen Sprache teilweise verkennen, vergessen läßt, und dessen Verständnis uns das Mimodram hat wiederfinden lassen. Der Zuschauer spürt das, wenn es ihm vielleicht auch nicht bewußt wird.

J.-B. P. – Sie wird ja auch gezeigt, wie sie Neuangekommene beriecht, wittert.

F. D. – Ja, und das ist für die Umgebung etwas derart Tierhaftes! Die zivilisierten Erwachsenen unterdrücken die Wahrnehmung durch den Geruchssinn. Die Mimik des Witterns der kleinen Helen ist im Stück nur gerade angedeutet, aber sie hatte sicherlich große Bedeutung für sie. Bedenken Sie doch, daß die ganze Energie eines Mädchens von acht Jahren, das physiologisch gesund war, daß die ganze Kraft ihrer Begierden sich einer sehr engen und sehr primitiven Skala von Möglichkeiten fügen muß: Geruch, Berührung, Einverleiben, Zurückstoßen. Daher ihre verzehnfachte Kraft, die Schlauheit, mit der sie die einzigen

Mittel zur Befriedigung verteidigt, die ihr blieben. Es ist nicht erstaunlich, daß es ihr gelungen ist, ihre Leute verrückt zu machen.

J.-B. P. – Mit Ausnahme von Miss Sullivan, die es wagt, auf die Aggressivität des Kindes zu antworten.

F. D. – Das Stück macht ihre Originalität begreiflich: auch sie war zu einer Anpassung gelangt, jedoch mit einer phantastisch aggressiven und fordernden Leidenschaft. Niemand anderes, der nicht ihre Geschichte gehabt hätte, hätte das Wunder tun können.

J.-B. P. – Es ist ganz sicher, daß das keine Frage der Methode ist. Hätte die Mutter versucht, das Kind zu dressieren ...

F. D. – Helen Keller wäre nicht nur nicht intelligent geworden, sondern wahrscheinlich schwachsinnig. Daß sie die Erlaubnis erhalten hat, ohne jede Einengung eine Dschungel-Existenz zu führen, hatte zumindest den Vorteil, alle ihre instinktbedingten Möglichkeiten zu bewahren. Mit Miss Sullivan beginnt die Dressur; aber in Wahrheit ist das nur eine Etappe und der *Anschein* einer Dressur.
Miss Sullivan gibt Helen Löffel und Gabeln, sie zwingt sie dazu, sitzen zu bleiben. Helen hatte keine Ahnung von der Art, in der die Andern sich benehmen: man hatte sie nie mit den Händen tasten lassen, daß sie sitzen blieben; sie hatte keinerlei Möglichkeit, mit dem Gehör ein Sich-Entfernen und ein Näherkommen festzustellen. Sie war also vollkommen zu dem Glauben berechtigt, daß alle Welt ein Dschungelleben führe wie sie selbst. Miss Sullivan mußte sie zunächst in die Gewalt bekommen, sie dann Gesten ausführen lassen, die denen zivilisierter Menschen entsprachen, und die Kleine mußte schließlich merken, daß man damit in ihr eine mögliche Identifikation mit Miss Sullivan respektierte.

J.-B. P. – Was den Zuschauer zunächst frappiert haben wird, ist die plötzliche Umkehrung, die die Ankunft der Erzieherin bewirkt. Vorher war Helen eine arme Kranke, ein kleines Tier, das man in jedem Fall bedauern und dem man verzeihen mußte. Und diese Liebe war steril. Miss Sullivan behandelt sie auf einmal wie ein unverschämtes Gör, fast wie einen bösen Willen, den man bändigen muß, und diese Härte rettet sie.

F. D. – Sie wissen, daß manche Kinder schwere Störungen bekommen, weil sie nicht auf genügend Strenge stoßen: sie fühlen dann, wie ihre Eltern von ihrer eigenen Kraft überflutet werden. Es gibt nichts, was einem Kind mehr Angst machte. Miss Sullivan dagegen hat sich auf der Höhe der Aggressivität des Kindes gezeigt (und das Stück läßt erkennen, daß das nicht leicht ist ...).

J.-B. P. – Sie legt ihr nicht nur ihr Gesetz auf, oder vielmehr, indem sie ihr ihr Gesetz auferlegt, bringt sie sie zur Anerkennung des Gesetzes der Sprache, einer menschlichen Ordnung. Beides ist miteinander verbunden.

F. D. – Ja, sobald das Kind für den Augenblick gebändigt ist, und wäre es nur eine Sekunde lang, profitiert die Erzieherin davon und zeigt ihr das Wort, das anzeigt, was sie sie zu tun veranlassen wollte. Eben das ist es, was den Zuschauern in die Augen springt: niemals verfängt sich die Erzieherin in einem Sadismus, den das Kind wecken könnte; sie ist eine Kraft, einzig um eine Energie zu bändigen, die andernfalls in alle Richtungen ginge; sobald das Kind zum Stillhalten gebracht ist, kommt eine Berührung symbolischer Art, kein körperlicher Kampf mehr.
Aber das bedeutet noch lange nicht, daß Miss Sullivan ihr *das* Gesetz auferlegt. Nein, es ist *ihr* Gesetz, Miss Sullivans Gesetz, weil sie die Stärkere ist. Oder vielmehr, wegen ihrer Abhängigkeit von Miss Sullivan nimmt Helen ihr Gesetz an, aber ohne daß sie zu ahnen vermöchte, daß es sich um ein Gesetz handelt, das alle Menschen regiert.

J.-B. P. – Wie erklären Sie es, daß die Mutter sich sehr bereitwillig zur Mitarbeit mit der Erzieherin zeigt?

F. D. – Ihr ganzer Narzißmus kommt da ins Spiel. Sie will nicht glauben, daß ihr Kind endgültig verloren ist. Man sieht gelegentlich Kinder, für die nichts zu hoffen ist, mit cerebral bedingter motorischer Schwäche, die mit sieben oder acht Jahren nicht einmal ihren Kopf halten können, und die Mütter sagen uns: »Mein Kind versteht alles, ich bin sicher, daß man es gesund machen kann.« Die Mutterliebe ist Hoffnung.

J.-B. P. – Aber Frau Keller sieht sich doch tief in die Sache hineingezogen, weniger in ihrer Funktion als in ihrer Liebe zu ihrer Tochter, wenn Annie Sullivan ihr deutlich macht, wie zerstörerisch diese Liebe ist. Daß sie den Methoden und der Rolle von Miss Sullivan so vollkommen zustimmt, daran ist etwas Erstaunliches. Denken Sie – soweit man das damit vergleichen kann – an die Eingriffe eines Kinder-Psychotherapeuten in eine Familie: wieviel Zurückhaltung spüren wir da hinter dem Einverständnis!

F. D. – Hier können mehrere Motive eine Rolle gespielt haben: zunächst, die Mutter fühlte sich schuldig; wessen? wir wissen es nicht. Vielleicht, dem kranken, schädlichen Kind, das ihr noch die anderen Kinder hätte verderben können, böse zu sein. Wenn die Kleine Miss Sullivans Tadel empfing, mußte die Mutter fühlen, daß es der Tadel war, den auszusprechen sie selbst nicht den Mut gehabt hatte.
Und dann stand es ja so: entweder das oder nichts; entweder holt dieses junge Mädchen sie da heraus, oder Helen wird ein Pflegefall und muß in eine Anstalt. Sie wird noch ein Kind töten (die Schere am Anfang), oder sie wird von einer Mauer herunterfallen und umkommen. Endlich hat sich alles verbraucht, was an Widerstand bei der Mutter dasein konnte; seit Jahren hatte sie jemanden gesucht, der ihrem Kind helfen könnte, und als sie ihn endlich gefunden hatte, da war diese große Hoffnung da, diese Ungeduld. Jetzt ist es ihre große Angst, daß die junge Frau fortgehen könnte, bevor sie ihr Experiment zu Ende gebracht hätte; sie läßt sie ihr Experiment vornehmen, wie eine Mutter einen Chirurgen gewähren läßt, der ihrem Kind Schmerzen bereiten wird – aber er ist das einzige und letzte Bollwerk gegen den Tod.

J.-B. P. – Aber Annie Sullivan ist ja gerade kein Chirurg; es handelt sich nicht um eine Operation; es handelt sich um eine Beziehung, die das Kind weit von seiner Mutter entfernt.

F. D. – Miss Sullivan versucht nicht, das Kind zu verführen; das ist für die Mutter die Offenbarung, daß sie in ihr einen Verbündeten bei der Entwicklung ihres Kindes zur Zivilisation hat. Und noch mehr: sie spürt einen Rang, eine Entschiedenheit, ich würde fast sagen, eine Keuschheit, die diesem jungen Mädchen eine gewisse beherrschende Macht über sie gibt. Frau Keller fühlt auch, daß Miss Sullivan arm, aber nicht käuflich ist; sie hat rauhe Sitten, aber sie kommt aus der Welt der »Yankees«, die zu siegen verstehen. Die Unabhängigkeit, der unangreifbare Charakterblock, den dieses junge Mädchen darstellt, nötigen ihr den Respekt ab, den man dem Ungewöhnlichen entgegenbringt.

J.-B. P. – Wie würden Sie die Beziehung von Helen zu Annie Sullivan definieren? Was geschieht zwischen ihnen?

F. D. – Es ist sicher, wenn Helen Keller ein solches kulturelles Niveau erreicht hat, daß Miss Sullivan zu diesem Mädchen immer ein unbedingt unerotisches Verhalten gehabt hat. Anders kann man das gar nicht denken. Das Kämpfen Körper an Körper wird nur zum Zweck des Unterrichtens eingesetzt.
Aber vergessen wir eins nicht: Miss Sullivan war an ihren Meister fixiert. Übrigens, wenn wir alle Dokumente besitzen, die es erlaubt haben, das Stück zu schreiben, dann darum, weil sie jeden Tag an diesen Mann schrieb, der *ihr* das Augenlicht wiedergegeben hatte. Am Anfang, erinnern Sie sich, sehen wir eine fast hypnotische Szene, wo er sie überredet, zu den Kellers zu gehen. Wenn ich mich recht erinnere, beginnt die Szene mit einigen Nein! Nein! von einer Heftigkeit, wie sie nur eine drohende harte Prüfung hervorrufen kann.

J.-B. P. – Und sie sagt ihm so etwas wie: »Sie wollen mich loswerden!«

F. D. – Mehr als das. Sie sträubt sich: »Ich habe nur Sie auf der Welt, Sie haben mir das Augenlicht zurückgegeben, Sie haben mich eine Sicherheit erfahren lassen, wie ich sie nie gekannt habe, und Sie jagen mich weg, jetzt, wo ich dieses Haus liebe, wo ich Sie liebe!« Die Erwiderung des Meisters ist schneidend: er liebt sie nicht; er hält sie für fähig, er hält sie allein dieser schwierigen Aufgabe für fähig. Sie wird also verstoßen; aber es ist ein ehrenvolles Verstoßenwerden, das ihr Kraft und ihrem Leben Richtung und Inhalt gibt. Miss Sullivan versteht, daß sie unerwünscht geworden ist und daß sie alles verloren hat, wenn sie dem Vertrauen, das ihr Meister ihr entgegenbringt, nicht entspricht.

Eben das ist es, was ihr später erlaubt, die Eifersucht in die Heilbehandlung von Helen einzubeziehen, indem sie den kleinen schwarzen Sklaven in das Gartenhaus bringt. Sie hat sich gesagt, in Gedanken an ihren Lehrer: »Er behält die anderen Blinden bei sich und mich schickt er fort.« Sie versteht die Eifersucht. Sie hat deshalb den Einfall, den kleinen Buben heranzuziehen. Helen hat mit ihm »gekämpft« wie mit Miss Sullivan; deshalb kann sie spüren, daß sich Miss Sullivan ebenso für den kleinen Jungen interessiert wie für sie. Sie merkt mit dem Geruchssinn, daß er da ist; dies ist einer der wenigen Momente, wo man sich sagen kann: sie *riecht* die Leute ja! Das ist übrigens der Grund, weshalb man sie von ihren Eltern entfernen mußte; in der Geruchssphäre ihrer Eltern hätte sie ihre innere Haltung nicht ändern können. Es bedurfte eines Bruchs, damit sie mit Miss Sullivan eine »Zweiheit« bilden konnte. In diese Zweiheit führt sie nun den kleinen Buben ein, und es ist das Moment der Eifersucht, das die Wendung bringt.

J.-B. P. – Auf ihrer Seite ist das ein Manöver: »Ich habe ein Mittel gefunden, Dich zum Querulieren zu bringen.« Wogegen man die übrige Zeit das Gefühl hat, daß sie keine Art von Methode anwendet, so sehr ist sie selbst in die Beziehung hineingezogen.

F. D. – Sie wendet keine Methode an, aber sicher hat sie die stimulierende Eifersucht der Kinder in der Blindenschule kenkengelernt. Übrigens ist dieses junge Mädchen eine Querulantin, und sie weiß genau, daß sie selbst nicht vernünftig geworden wäre, hätte sie nicht zu querulieren begonnen.

Ohne dieses Moment der Eifersucht, wie es die Dreier-Situation schafft, *läßt* das Kind die Zweierbeziehung *passiv über sich ergehen*. Selbst wenn es von der Person, die es liebt, entfernt ist, fühlt es sich ganz von ihr erfüllt. Um sich um eine Zweierbeziehung *bemühen* zu können, muß es fühlen, daß der Andere ihm aus freien Stücken Nein gesagt hat, und dieses Nein ist verkörpert in der Beziehung des Andern mit einem Dritten, einem Dritten, der ihm nimmt, was er für sein Eigentum zu halten gewohnt war. Dieses Moment der Eifersucht ist bei der kleinen Helen besonders entscheidend; es macht ihr Lust, Zeichen zu lernen: »Beschäftige Dich mit mir, nicht mit ihm!« Genau so bemerken wir, wenn ein Kind laufen kann, daß es es ungern hat, wenn seine Mutter mit einer anderen Person spricht; es stellt sich zwischen beide. Eine Mutter, die sich systematisch mit ihrem Kind isoliert, untergräbt einen der Antriebe seiner Entwicklung: das sehr frühreife Leiden an der Eifersucht.

J.-B. P. – Kommen wir zu den Zeichen zurück. Das Stück hat in diesem Punkt wirklich didaktischen Wert: es zeigt, was alles das Erlernen von Signalen durch Reflexbildung von der Entdeckung des Symbols trennt. Während des ganzen Aufenthaltes im Gartenhaus lernt Helen, Gesten zu wiederholen.

F. D. – Sie wiederholt die Gesten, aber sie haben nicht den Wert von Zeichen.

J.-B. P. – Das ist in dem Stück nicht völlig klar. Zum Beispiel klopft sie auf ihrer Hand das Wort »Kuchen«, und Miss Sullivan gibt ihr ein Stück Kuchen.

F. D. – Für sie ist das in diesem Augenblick nicht symbolisch, es ist magisch: man muß diese bestimmte Geste machen, die-kuchen-kommen-läßt.

J.-B. P. – Ich denke nicht, daß sie die mindeste Verbindung (warum von Magie reden?) zwischen Geste und Ergebnis sieht.

Das ist es, was die Erzieherin herstellen möchte, aber es gelingt ihr nicht. Genau das gehört zu dem Interessanten an dem Stück, daß es zeigt, wie viel schwerer es ist, die Reflexe eines Kindes an Signale zu gewöhnen, als die eines Tieres; ein Hund – ich rede nicht von dem im Stück, der besonders stumpfsinnig zu sein scheint; aber schließlich ist es vielleicht kein Zufall, daß er in diesem Moment erscheint – läßt sich »pawlowisieren«. Nicht so die kleine Keller, die von der Sprache völlig ausgeschlossen bleibt bis zu dem Augenblick, in dem sie ihr ebenso vollkommen geschenkt wird: dieser Augenblick, der bei dem wirklichen Erwerben der Sprache fast unmöglich zu datieren ist, dieser fast mythische Augenblick, an dem das Stück den Zuschauer teilhaben läßt wie an dem Wunder des Ursprungs der Sprache. Das ist die Szene mit dem Wasser; in diesem Augenblick haben wir die Gewißheit, daß das Kind *sprechen* kann, wenn auch sein Sprechapparat noch nicht funktioniert. Und nun kann rückwirkend die ganze Arbeit der Reflexbildung nachgeholt werden: die Gesten erhalten den Wert von Signifikanten.
Daß Helen Keller durch das Wasser zur Sprache gelangt, ich bin sicher, daß das für Sie einen Sinn hat...

F. D. – Einen enormen Sinn. Der Durst ist das ursprünglichste Bedürfnis des menschlichen Wesens. Ein krankes Kind, das nichts hinunterschlucken kann, braucht trotzdem Wasser; eine Mutter, die den Hunger nicht stillen kann, kann immer noch den Durst stillen. Und eben durch einen Strom von Flüssigkeit erhält das Kind zuerst Kontakt mit seiner Mutter.
Und dann findet die Entdeckung gerade anläßlich eines *Nein* zum Wasser, einer Weigerung statt, nach dem Kampf, bei dem Miss Sullivan unbedingt will, daß Helen das Wasser, das sie verschüttet hat, wieder in den Krug tut; man kann sagen, daß sich das Kind mit diesem Krug identifiziert: sie will nicht, daß man die Begriffe der Anderen in sie *hinein* tut.

J.-B. P. – Übrigens scheint sie sofort gefühlt zu haben, daß sie sich vor der Neuangekommenen schützen müsse. Gleich am Tag ihrer Ankunft schließt sie Miss Sullivan ein.

F. D. – Das ist verwickelter. Es handelt sich um ein Kind, das alles in seinem Innern aufbewahrt: als Miss Sullivan sich einrichtet, interessiert sich das Kind für alles, was in ihrer Tasche ist, für ihre Unterröcke usw., und hebt sich das alles in einem verschlossenen Wandschrank auf, sie versteckt alles, und Miss Sullivan dazu; sie bewahrt *sie* für sich auf, genau wie sie alle ihre Empfindungen für sich behält. Diese symbolische Geste des alles Einschließens findet man auch bei manchen zurückgebliebenen Erwachsenen. Das Merkwürdigste ist, daß Helen den Schlüssel an dem Tag herausgibt, an dem sie das Wasser findet (ich glaube, daß das eine glückliche Erfindung des Stücks ist), den Schlüssel zu ihrem endlich offenen Gefängnis.

Insofern sie der Krug ist, entzieht sie sich; aber da strömt das Wasser auf einmal über ihre Hände, über ihr Gesicht, über ihren ganzen Körper, wie die Wasser der Geburt. Es findet ja auch eine Wiedergeburt statt, und das macht diese Szene so ergreifend.

J.-B. P. – So daß Ihrer Meinung nach die ganze voraufgegangene Arbeit nötig war, um in einem gewissen Augenblick die Erleuchtung sich ereignen zu lassen; aber diese Erleuchtung konnte nur durch etwas außerordentlich Ursprüngliches geschehen, durch ein so ursprüngliches und an Symbolkraft reiches Element wie das Wasser.

F. D. – Unbedingt; und durch das Wasser *auf* ihr, das ihr den Atem nahm, nicht *in* ihr, durch das Trinken.

J.-B. P. – Wenn aber das Auftauchen des Symbols, wie es eine große Anzahl erster Kinderspiele deutlich macht, mit einer gewissen Meisterschaft im Entbehren zusammenfällt, wieso ist das Wasser...

F. D. – Wir vergessen, daß uns gesagt wird, das erste Wort, das Helen gesagt habe, dasjenige, das ihr die gesprochene Sprache eröffnet hat (als sie noch sah und hörte), sei *water* gewesen; das war das Wort, das sie vor ihrer Krankheit mit dem größten Vergnügen sagte.

J.-B. P. – Es ist also ein wiedergefundenes Wort.

F. D. – Und dann glaube ich, daß das Wasser für das Kind ein Symbol der Mutter ist. Ich erlebe, wie es mit Kindern zwischen achtzehn Monaten und drei Jahren mit verschiedenartigen Störungen (Labilität, Schlaflosigkeit, Appetitlosigkeit) besser wird, sobald wir sie zwei bis drei Stunden am Tag mit Wasser spielen lassen; als ob sie in der Beherrschung des Wassers eine Kompensation für das Unverständnis ihrer Mutter fänden, eine Linderung für allzu viel Mangel an Anerkennung, eine ursprüngliche Versöhnung.

J.-B. P. – Sie erinnerten eben an zurückgebliebene Kinder. Aber Helen Keller stellte keine Zurückgebliebene dar.

F. D. – Nein; aber Sie wissen ja, daß wir heute dem Begriff des angeborenen Schwachsinns mit größter Zurückhaltung gegenüberstehen. Bei allen stark behinderten, zurückgebliebenen Kindern, deren erste motorische und physiologische Entwicklung nicht gehemmt gewesen ist, suchen wir nach Unterbrechungen, nach Störungen des Symbolaustauschs mit ihrer Umgebung.
Es gibt noch einen anderen Augenblick im Stück, der für mich sehr ergreifend war: die Episode der abgerissenen Miederknöpfe ihrer Tante. Diese gute, ein bißchen törichte Frau mit ihrer affenmäßigen Wohlerzogenheit versteht überhaupt nicht, was passiert; sie will nur eins, nämlich daß die Kinder gut erzogen sind. Trotzdem trifft sie die Geste des Kindes, das ihre Knöpfe abreißt, tief: »Oh, seht mal, sie will ihrer Puppe Augen anmachen!« Tatsache ist, daß die Kleine in fast fetischistischer Weise (sie, die ein Fetisch für ihre Eltern ist) ihrer Puppe etwas wie ein Bewußtsein zu geben versucht.

J.-B. P. – In einer sehr verworrenen Erinnerung an sich selbst?

F. D. – Wir dürfen nicht vergessen, daß sie nicht als Blinde geboren ist; bis zum Alter von neunzehn Monaten hat sie den Glanz des Blicks ihrer Mutter gekannt. Diesen Blick der Mutter, dieses Bewußtsein, die ihr jetzt fehlen, versucht sie, ihrer Puppe wiederzugeben. Sie wissen, daß ein Baby nicht saugen kann, ohne die Augen seiner Mutter zu suchen; es scheint, daß der Glanz dieses Blicks für es Zeichenwert hat: was es ißt, ist gut, ist ungefährlich ...

J.-B. P. – Sie sagten: Fetisch für ihre Eltern. Das stimmt für viele Kinder, die keine andere Existenzberechtigung zu haben scheinen als die, bei der Mutter eine Lücke zu füllen; aber in Helens Fall ...

F. D. – Sie haben recht, es hätte viel schlimmer sein können. Frau Keller ist eine gefühlsbestimmte Frau, auf der genitalen Stufe; sie ist weit davon entfernt, Helen keinen Schritt von ihrer Seite zu lassen. Im Gegenteil, man sieht die Kleine hin- und herlaufen, Treppen steigen, alles Dinge, die eine ängstliche Mutter nicht erlaubt hätte. Aber schließlich, aus Schuldgefühl, und weil die Kleine beinahe gestorben wäre, kann sie nur denken wie die meisten, die ein krankes Kind haben: soll es bleiben wie es ist, Hauptsache es bleibt *mir* erhalten!
Denken Sie an die Leute, die sich ein Tier halten; ich meine die passive Ergänzung, die für Manche ein Haustier darstellt, das keine Kameraden von seiner Art hat, kastriert ist, eine Wurst mit Beinen wird ... Das meinte ich mit Fetisch-Kind, ein Kind, das nicht um seiner selbst willen geliebt wird.

J.-B. P. – Für den Vater ist Helen übrigens nicht sehr verschieden von dem Hund, den er ihr gegen Ende der Probezeit von vierzehn Tagen mitbringt.

F. D. – Das bedeutet, daß er das Kind lieben würde, selbst wenn es nur eine Hündin bliebe. Und das ist wahr, man merkt es zu Anfang: sie ist ein schönes Kind, sie ist wild, sie ist wie ein richtiger Hund, nicht dressiert.

J.-B. P. – Es scheint, als wollte der Vater in der Krankheit seiner Tochter nur ein Versagen der Natur sehen.

F. D. – Auf diese Weise gibt er die Sache verloren und überwindet die Verletzung seines Narzißmus. Das ist ein bei Vätern sehr häufiges Verhalten. Während die Mütter, ohne sich durch Mißerfolge entmutigen zu lassen, wollen, daß man sich mit ihrem Kind beschäftigt, sagen die Väter: »Aber es ist doch absolut nichts zu machen, man muß sich damit abfinden, so ist es nun einmal, reden wir nicht mehr davon.« Als ob man, um männlich zu sein, die Ereignisse, die »Realität« annehmen müßte. Für eine Mutter beginnt die Realität viel früher: ein Kind, das noch kein lebensfähiger Foetus ist, ist für sie schon eine Realität; dasselbe gilt auch für ein Kind auf dem Wege der Destrukturierung, das über gar nichts verfügt, und in dem ein Mann nur einen Abfall sehen wird.

J.-B. P. – Wir haben von den Eltern gesprochen und, im Vorbeigehen, sogar von der Tante und dem Hund. Aber wir haben gar nichts von dem Bruder gesagt, von dem älteren Halbbruder, der in dem Stück indes eine andere Funktion hat als die, die übliche auflockernde Komik hineinzubringen.

F. D. – Er ist von Anfang an eifersüchtig, und zwar in mehrdeutiger Weise: eifersüchtig auf das Interesse, das *man* seiner Schwester entgegenbringt, und eifersüchtig auf die Frau seines Vaters; in der Folge überträgt er den Reiz, den Frau Keller in seinen Augen hat, auf Miss Sullivan.

J.-B. P. – Er wird auch von der Aggressivität Miss Sullivans gewonnen; sie dient ihm dazu, sich dem Vater zu widersetzen.

F. D. – Ohne daß es ihn viel kostete: wenn er sich zum Verteidiger des jungen Mädchens macht, so ehrt ihn das. Er behauptet sich als junger Mann gegenüber dem alten, seinem Vater, mit geringerem Risiko, als wenn der Gegenstand der Rivalität seine Stiefmutter wäre.

J.-B. P. – Miss Sullivan ist übrigens für jeden nützlich. Sie nützt dem Sohn, der trotz seiner Ironie, trotz seinen frechen Angriffen, zutiefst gehorsam bleibt; die Ankunft des jungen Mädchens, das den Hauptmann Keller wirklich in Frage stellt, erlaubt ihm, seinem Vater die Stirn zu bieten. Sie nützt auch Frau Keller, die nicht unzufrieden darüber scheint, ihren Mann in seiner Autorität angezweifelt, ihn in Distanz gehalten zu sehen, und mit ihm den ganzen patriarchalischen Stil, den er durchsetzen wollte, und den die Energie dieser kleinen Jungfrau aus dem Norden zusammenbrechen läßt. Es scheint wirklich, daß Miss Sullivan eine Übertragungsrolle für jedes Mitglied dieser Familie hat, daß sie einem jeden dazu verhilft, eine Etappe zurückzulegen. Man müßte auch wissen, wozu sie dem Zuschauer nützlich ist. Denn dieses Stück hat eine starke bewegende Kraft; jeder fühlt, daß es sich nicht nur um das Gelingen einer außergewöhnlichen Erziehungskur handelt.

F. D. – Ich glaube, daß dieses Stück vor zwanzig Jahren niemanden interessiert hätte. Es ist schwierig festzustellen, warum es heute überwältigt. Vielleicht, weil es ein Sieg über das Eingemauertsein ist; jeder Mensch weiß, daß es in ihm eine Grenze gibt, unterhalb derer er nicht zum Ausdruck gelangen kann; wenn er ein Wesen sieht, das in solcher Weise des Kontakts beraubt ist, kommt das ins Spiel, was in ihm selbst dessen unfähig ist. Vielleicht auch, weil wir auf der Lauer liegen, um das zu fassen zu bekommen, was das Wesentliche des zwischenmenschlichen Austauschs ausmacht. Die Worte haben nur dann einen Sinn, wenn sie von einer Liebe getragen werden, die sie sinnvoll gemacht hat; ich glaube, daß eben das in das Stück eingeht.

J.-B. P. – Was vor allem zum Ausdruck kommt, ist, in welchem Maß die menschliche Liebe zerstörerisch sein kann. Man kann wirklich nicht von Annie Sullivan sagen, daß sie als Verkörperung der Liebe auftritt. Sie behandelt das Kind mit einer Härte, die zu Beginn die Zuschauer schockiert, denn die gewöhnliche Reaktion ist die der Eltern, welche dem, was unerträglich an diesem Kind ist, mit einer Art von Mitleid begegnen. Die Liebe muß tüchtig eins einstecken!

F. D. – Die Liebe zu sich selbst, ja. Es ist wahr, daß die Liebe der Eltern zerstörend wirken kann. Aber sehr bald wird in

Miss Sullivans Verhalten die Liebe zu dem Kind sichtbar, selbst in dem Kampf Körper an Körper. Ich habe Ihnen gesagt: sobald das Kind ruhig ist, bekommt es ein Zeichen in die Hand. Miss Sullivan wird weder des Kampfes müde, das Kind in die Hand zu bekommen, noch in ihrer Bereitschaft, der Neugierde des Kindes bis ans Ende zu folgen. Man spürt, daß sie für das Kind da ist, nicht für sich selbst ...

J.-B. P. – Einverstanden. Man spürt, daß sie das Kind nicht nimmt, um irgendeine Leere auszufüllen oder ihr eigenes Verlangen zu befriedigen.

F. D. – Ich glaube, daß der Gegenstand ihres Verlangens der ist, ihren Meister zu befriedigen, ihm zu zeigen, daß er recht gehabt hat, ihr zu vertrauen; ihm den Beweis liefern zu können: was er für sie getan hat, trägt seine Früchte.

J.-B. P. – Man könnte also fast sagen, Helen ist das Kind, das sie zusammen gehabt haben.

F. D. – Fast, ja. Und dieses Kind, ein Beweis dafür, was eine keusche Liebe vermag, ist eine außerordentliche kulturelle Schöpfung geworden. Sie wissen, daß Helen Keller mehrere Sprachen und Mathematik gelernt hat, daß sie Philosophie studiert hat. Miss Sullivan übersetzte allen Unterricht in die Hand ihrer Schülerin; sie gab ihn ihr, ohne ihn immer selbst zu verstehen, sie war nur ein Werkzeug der Bildung.

J.-B. P. – Haben sie immer zusammen gelebt, bis zu Miss Sullivans Tod?

F. D. – Ja, es war wirklich eine Symbiose.

J.-B. P. – Aber darf man bei Helen Keller tatsächlich von kultureller Entwicklung sprechen? Ich glaube nicht, daß sie wirklich schöpferisch tätig oder originell gewesen ist.

F. D. – Ich habe nicht gesagt, sie sei ein Genie.

J.-B. P. – Nein, aber es scheint, daß auch sie mehr ein Werkzeug der Kultur und fast ein Fetisch für die Humanisten geworden ist.

F. D. – Sie ist von ihrer Rolle angesteckt worden. Das ist kein Einzelfall.

J.-B. P. – Ich spreche als Zuschauer, der das sehr starke Empfinden hat, daß in dem, was er hat entstehen sehen, mehr Kraft ist als in all dem, was daraus hervorgeht, und der sich fragt, wo alle diese Kraft hingeht.

F. D. – Auch das ist häufig. Der Erwachsene hält nicht, was das Kind verspricht. Im Fall Helen Kellers muß man sagen, daß sie an Miss Sullivan fixiert geblieben ist, daß sie ihre Gefühlsbindung nie überwunden hat. Und wenn Helen Keller nicht ein Tagebuch geführt hat, das nach ihrem Tod veröffentlicht werden kann, so werden wir nie erfahren, wie diese Beziehung wirklich gelebt worden ist.
Was wir von ihren Anfängen sehen, gibt uns auf jeden Fall die Gewißheit, daß diese Beziehung nicht unter die Perversionen zu zweien gehört. Aber daß in der Folge das Fehlen einer dauernden Trennung, eine wechselseitige Abhängigkeit die Existenz eines »Paares« besiegelt haben, das ist möglich ... Man könnte auch denken, daß sie dadurch, daß sie sich dem weltweiten Aufschwung der Erziehungsarbeit an den Taubstumm-Blinden gewidmet haben, in dieser sehr anstrengenden Arbeit gemeinsam ihre schöpferische Kraft, ihr Verlangen nach Gebären sublimiert haben ...

J.-B. P. – Das »ich liebe Helen« spricht Miss Sullivan erst am Ende des Stücks aus, als Helen die Sprache entdeckt.

F. D. – Auf dieser Ebene haben sich zwei außergewöhnliche Menschen gesucht und gefunden.

Nachweise

Das Vorwort wurde für die Erstauflage in der *Collection les Temps Modernes* – Paris 1965 – geschrieben. Deutsch von Herrmann Lang.

»Freuds Entdeckung« stellt die nur geringfügig abgeänderte Fassung einer Reihe von Artikeln dar, die anläßlich des hundertsten Geburtstages von Freud unter dem Titel »Freud aujourd'hui« in *Les Temps Modernes* erschienen sind (1956, Nr. 124-125-126). Deutsch von Herrmann Lang.

»Das Problem des Unbewußten bei Merleau-Ponty« erschien in einem Merleau-Ponty gewidmeten Sonderheft der *Temps Modernes*, 1961, Nr. 184-185. Deutsch von Herrmann Lang.

»Die Freudsche Utopie« erschien in der Freud gewidmeten Nummer der Zeitschrift *L'Arc*, Nr. 34, Januar 1968. Deutsch von Eva Moldenhauer.

»Homo Psychoanalyticus«: *Les Temps Modernes*, 1962, Nr. 188. Deutsch von Peter Assion.

»Vom Vokabular der Psychoanalyse zur Sprache des Psychoanalytikers«: *Archives européennes de Sociologie*, 1963, Nr. 2. Deutsch von Peter Assion.

»Wortfragen« erschien unter dem Titel »Les mots du psychanalyste« in *Information sur les Sciences sociales* (Bd. VI, Nr. 2-3, 1967) anläßlich der Veröffentlichung von J. Laplanches und J.-B. Pontalis' *Vocabulaire de la Psychoanalyse*. Deutsch von Eva Moldenhauer.

»Unser Eintritt ins Leben nach Melanie Klein« ist die stark veränderte Fassung eines in *Les Temps Modernes* (1954, Nr. 105) erschienenen Aufsatzes. Deutsch von Peter Assion.

»Die falschen Wege der Psychoanalyse, oder Karen Horneys Kritik an Freud« ist die umgearbeitete Fassung eines in *Les Temps Modernes* (1954, Nr. 99) erschienenen Aufsatzes. Deutsch von Peter Assion.

»Ein neuer Heiler: J.-L. Moreno«: *Les Temps Modernes*, 1954, Nr. 108. Deutsch von Annette und Georg Roellenbleck.

»Die Gruppentechniken: von der Ideologie zu den Phänomenen« erschien in einer der Gruppe gewidmeten Sondernummer des *Bulletin de Psychologie* 1958/59, Nr. 6-9. Deutsch von Annette und Georg Roellenbleck.

»Die kleine Gruppe als Objekt«: *Les Temps Modernes*, 1963, Nr. 211. Deutsch von Annette und Georg Roellenbleck.

»Flauberts Krankheit«: *Les Temps Modernes*, 1954, Nr. 100–101. Deutsch von Annette und Georg Roellenbleck.

»Michel Leiris oder die unendliche Analyse«: *Les Temps Modernes*, 1955, Nr. 120; 1956, Nr. 121. Deutsch von Annette und Georg Roellenbleck.

»Der Leser und sein Autor«: *Les Temps Modernes*, 1958, Nr. 145. Deutsch von Annette und Georg Roellenbleck.

»Analyse eines Wunders«: *Les Temps Modernes*, 1961, Nr. 187. Deutsch von Annette und Georg Roellenbleck.

Alphabetisches Verzeichnis der
suhrkamp taschenbücher wissenschaft

Adorno, Ästhetische Theorie 2
– Kierkegaard 74
– Philosophische Terminologie 1 23
– Philosophische Terminologie 2 50
Arnaszus, Spieltheorie und Nutzenbegriff 51
Barth, Wahrheit und Ideologie 68
Benjamin, Charles Baudelaire 47
– Der Begriff der Kunstkritik 4
Bernfeld, Sisyphos 37
Bilz, Studien über Angst und Schmerz 44
– Wie frei ist der Mensch? 17
Bloch, Das Prinzip Hoffnung 3
– Geist der Utopie 35
Blumenberg, Der Prozeß der theoretischen Neugierde 24
Bucharin/Deborin, Kontroversen 64
Chomsky, Aspekte der Syntax-Theorie 42
– Sprache und Geist 19
Einführung in den Strukturalismus 10
Erikson, Identität und Lebenszyklus 16
Erlich, Russischer Formalismus 21
Foucault, Wahnsinn und Gesellschaft 39
Griewank, Der neuzeitliche Revolutionsbegriff 52
Habermas, Erkenntnis und Interesse 1
Materialien zu Habermas' ›Erkenntnis und Interesse‹ 49
Hegel, Phänomenologie des Geistes 8
Materialien zu Hegels ›Phänomenologie des Geistes‹ 9
Kant, Kritik der praktischen Vernunft 56
– Kritik der reinen Vernunft 55
– Kritik der Urteilskraft 57
Kant zu ehren 61
Materialien zur ›Kritik der Urteilskraft‹ 60
Kenny, Wittgenstein 69
Koselleck, Kritik und Krise 36
Kracauer, Geschichte – Vor den letzten Dingen 11
Kuhn, Die Struktur wissenschaftlicher Revolutionen 25
Lange, Geschichte des Materialismus 70
Laplanche – Pontalis, Das Vokabular der Psychoanalyse 7
Lévi-Strauss, Das wilde Denken 14
Lorenzen, Methodisches Denken 73
Lorenzer, Sprachzerstörung und Rekonstruktion 31
Luhmann, Zweckbegriff und Systemrationalität 12
Lukács, Der junge Hegel 33
Macpherson, Politische Theorie des Besitzindividualismus 41
Marxismus und Ethik 75
Mead, Geist, Identität und Gesellschaft 28
Minder, Glaube, Skepsis und Rationalismus 43
Mittelstraß, Die Möglichkeit von Wissenschaft 62
Mommsen, Max Weber 53
Moore, Soziale Ursprünge 54
Piaget, Das moralische Urteil beim Kinde 27
– Einführung in die genetische Erkenntnistheorie 6
Plessner, Die verspätete Nation 66
Pontalis, Nach Freud 108
Quine, Grundzüge der Logik 65
Ricœur, Die Interpretation 76
Scholem, Zur Kabbala und ihrer Symbolik 13

Seminar: Die Entstehung von Klassengesellschaften 30
Seminar: Politische Ökonomie 22
Seminar: Religion und gesellschaftliche Entwicklung 38
Spinner, Pluralismus als Erkenntnismodell 32
Solla-Price, Little Science – Big Science 48
Szondi, Die Theorie des bürgerlichen Trauerspiels 15
– Poetik u. Geschichtsphilosophie I 40
– Poetik u. Geschichtsphilosophie II 72
Uexküll, Theoretische Biologie 20
Weizsäcker, Der Gestaltkreis 18
Wittgenstein, Philosophische Grammatik 5
Zimmer, Philosophie und Religion Indiens 26